东方文化集成

日本文化编

《山海经》在日本的传播和研究

张西艳‖著

国家出版基金项目
NATIONAL PUBLICATION FOUNDATION

线装书局

图书在版编目（CIP）数据

《山海经》在日本的传播和研究 / 张西艳著 . -- 北京 :
线装书局 , 2020.9
(东方文化集成 . 日本文化编)
ISBN 978-7-5120-3791-5
Ⅰ . ①山… Ⅱ . ①张… Ⅲ . ①历史地理－中国－古代
②《山海经》－传播－研究 Ⅳ . ① K928.631
中国版本图书馆 CIP 数据核字 (2019) 第 225360 号

东方文化集成

日本文化编

《山海经》在日本的传播和研究

张西艳 著

出 品 人：王利明
项目主持：李　媛
责任编辑：李　媛
出版发行：线装书局
地　址：北京市丰台区方庄日月天地大厦 B 座 17 层（100078）
电　话：010-58077126（发行部）010-58076938（总编室）
网　址：www.zgxzsj.com
经　销：新华书店
印　制：河北清静堂印刷有限公司
开　本：850mm × 1168mm　1/32
印　张：15
字　数：355 千字
版　次：2020 年 9 月第 1 版第 1 次印刷

线装书局官方微信

定　价：61.00 元

本书为国家重点文化工程“全球汉籍合璧工程”专项经费资助子项目“《山海经》在日本的流布与影响研究”(项目编号:HBY201913)和北京外国语大学基本科研业务经费项目“《山海经》在日本的接受与变异研究”(项目编号:2021JJ023)的阶段性成果。

《东方文化集成》编辑委员会

编委会声明

为铭记季羡林等多位已故前辈对《东方文化集成》的历史贡献，为表达对他们的怀念，编委会特决定，在编委和顾问名单中保留他们的名字，不做变动。

《东方文化集成》总序

季 羡 林

我们正处在一个新的"世纪末"中。所谓"世纪"和"世纪末"，本来是人为地创造出来的。非若大自然中的春、夏、秋、冬，秩序井然，不可更易，而且每岁皆然，决不失信。"世纪"则不同，没有耶稣，何来"世纪"？没有"世纪"，何来"世纪末"？道理极明白易懂。然而一旦创造了出来，它就产生了影响，就有了威力。上一个"世纪末"，19世纪的"世纪末"，在西方文学艺术等意识形态领域中就出现过许多怪异现象，甚至有了"世纪末病"这样的名词，这是众所周知的事实，无待辩论与争论。

当前这一个"世纪末"怎样呢？

我看也不例外。世界上许多国家和地区都出现了政治方面天翻地覆的变化，不能不令人感到吃惊。就是在意识形态领域内，也不平静。文化或文明的辩论或争论就很突出。平常时候，人们非不关心文化问题，只是时机似乎没到，争论不算激烈。而今一到世纪之末，人们非常敏感起来，似乎是憬然醒悟，于是东西各国的文人学士讨论文化的兴趣突然浓烈起来，写的文章和开的会议突然多了起来。许多不同的意见，如悬河泄水，滔滔不绝，五光十色，纷然杂陈。这样就形成了所谓"文化热"。

在这一股难以抗御的"文化热"中，我以孤陋寡闻的"野狐"之身，虽无意随喜，却实已被卷入其中。我是一个有话不说辄如骨鲠在喉的人，在许多会议上，在许多文章中，大放厥词，多次谈到我对文化，特别是东方文化与西方文化的联系，以及东方文化在未来的新世纪中所起的作用和所占的地位等等的看法，颇引起了一些不同的反响。

为说明问题计，现无妨把我个人对文化和与文化有关的一些问题的看法简要加以阐述。我认为，在过去若干千年的人类历史上，民族和国家，不论大小久暂，几乎都在广义的文化方面做出了自己的贡献。这些贡献大小不同，性质不同，内容不同，影响不同，深浅不同，长短不同：但其为贡献则一也。人类的文化宝库是众多的民族或国家共同建造成的。使用一个文绉绉的术语，就是“文化多元主义”。主张世界上只有一个民族创造了文化，是法西斯分子的话，为我们所不能取。

文化有一个很突出的特点，就是，文化一旦产生，立即向外扩散，也就是我们常说的“文化交流”。文化决不独占山头，进行割据，从而称王称霸，自以为“老子天下第一”，世袭珍藏，把自己孤立起来。文化是“天下为公”的。不管肤色，不择远近，传播扩散。人类到了今天，之所以能随时进步，对大自然，对社会，对自己内心认识得越来越深入细致，为自己谋的福利越来越大，重要原因之一就是文化交流。

文化虽然千差万殊，各有各的特点，但却又能形成体系。特点相同、相似或相近的文化，组成了一个体系。据我个人的分法，纷纭复杂的文化，根据其共同之点，共可分为四个体系：中国文化体系，印度文化体系，阿拉伯伊斯兰文化体系，自古希腊、罗马一直到今天欧美的文化体系。再扩而大之，全人类文化又可以分为两大文化体系：前三者共同组成东方文化体系，后一者为西方文化体系。人类并没有创造出第三个大文化体系。

东西两大文化体系有其共同点，也有不同之处。既然同为文化，当然有其共同点，兹不具论。其不同之处则亦颇显著。其最基本的差异的根源，我认为就在于思维方式之不同。东方主综合，西方主分析，倘若仔细推究，这种差异在在有所表现，不论是在人文社会科学中，还是在理工学科中。我这个观点曾招致不少的争论。赞成者有之，否定者有之，想同我商榷者有之，持保留意见者亦有之。我总觉得，许多人（包括我自己在内）对东西方文化了解研究得都还不够深透，有的人连我的想法了解得也还不够全面，不够实事求是，却唯争论是尚，所以我一概置之不答。

有人也许认为，我和我们这种对文化和东西文化差异的看法，是当代或近代的产物。我自己过去就有过这种看法。实则不然。法国伊朗学者阿里·玛扎海里所著《丝绸之路》这一部巨著中有许多关于中国古代发明创造的论述，大多数为我们所不知。我在这里不详细介绍。我只引几段古代波斯人和阿拉伯人论述中国文化和希腊文化的话：

由扎希兹转载的一种萨珊王朝（226—Ca. 640 年）的说法是："希腊人除了理论之外从未创造过任何东西。他们未传授过任何艺术。中国人则相反。他们确实传授了所有的工艺，但他们确实没有任何科学理论。"（329页）

羡林按：最后一句话不符合事实，中国也是有理论的。这就等于黑格尔说：中国没有哲学。完全是隔膜的外行话。

书中还说：在萨珊王朝之后，费尔多西、赛利比和比鲁尼等人都把丝绸织物、钢、砂浆、泥浆的发现一股脑儿地归于耶摩和耶摩赛德。但我们对于丝织物和钢刀的中国起源论坚信不疑。对于诸如泥浆——水泥等其余问题，它们有 99%的可能性也是起源于中国。我们这样一来就可以理解安息——萨珊——阿拉伯——土库曼语中一句话的重大意义："希腊人只有一只眼睛，唯有中国人才有两只眼睛。"约萨法·巴尔巴罗于 1471 年和 1474 年在波斯就曾听到过这样的说法。他同时还听说过这样一句学问深奥的表达形式："希腊人仅懂得理论，唯有中国人才拥有技术。"（376 页）

关于一只眼睛和两只眼睛的说法，我还要补充一点：其他人同样也介绍了另外一种说法，它无疑是起源于摩尼教：

"除了以他们的两只眼睛观察一切的中国人和仅以一只眼睛观察的希腊人之外，其他的所有民族都是瞎子。"（329 页）

我之所以这样不厌其烦地引这许多话，绝不是因为外国人夸中国人有两只眼睛而沾沾自喜，睥睨一切。令我感兴趣的是，在这样漫长的时间以前，在波斯和阿拉伯地区就有了这样的说法。我们今天不能不佩服他们观察的细致与深刻，一下子就说到点子上。除了说中国没有理论我不能同意之外，别的意见我是完全同意的。在当时的世界上，确实只是中国和希腊有显著、突出、辉煌的文化。现在中国那一小撮言必称希腊的学者们或什么“者们”，可以憬然醒悟了。

但是这也还不是令我最感兴趣的问题。我最浓烈的兴奋点在于，正如我在上面所说的那样，畅谈东西文化之分，极富于近现代的摩登色彩。波斯和阿拉伯传说都证明：东西文化之分的说法，古已有之，于今为烈而已。其次，令我感到欣慰的是，文化的东西二分法，我并非始作俑者，古代的“老外”已先我言之矣。令我更感到欣慰的是我讲的东西方思维方式是东西文化的基础。波斯和阿拉伯古代的说法，我认为完全证实了我的看法。分析出理论，综合出技术，难道不是这样子吗？

时至今日，古希腊连那一只眼睛也早已闭上，欧洲国家继承并发扬了古希腊辉煌的文化，使欧洲文化光照寰宇。工业革命以后，技术也跟了上来，普天之下，莫非欧风。欧美人昏昏然陶醉于自己的胜利之中，以“天之骄子”自命，好像有了两三只眼睛。但他们完全忘记了历史，忽视了当前的危机。而中国呢，则在长时期内，由于内因和外因的缘故，似乎把两只眼睛都已闭上。古代灿烂文化不绝如缕。初则骄横自大，如清初诸帝那样，继则震于西方的船坚炮利，同样昏昏然拜倒在西方的什么裙下，一直到了今天，微有苏醒之意，正在奋发图强中。

从上面谈到的历史事实中，我得出了一个结论：上下五千年，纵横十万里，东西文化的变迁是“三十年河东，三十年河西”。这本来是两句老生常谈，是老百姓的话，并不是我的发明创造。我提出来说明东西文化的关系，国内外都有赞成者，国内外也有反对者，甚至激烈反对者。我窃以为这两句话只说明了一个事实。中国古代哲学讲变易，佛家讲无常，连辩证法也讲事物时时都在变化中。大自然、人类社会和人类内心，无不证明这两句话的正确。我不过捡来利用而已。《三国演义》开宗明义就说：“话说天下大势，分久必合，合久必分。”说的不也就是这个浅显的道理吗？

可是东西方都有人昧于这个浅显的道理。特别是在西方，颇有人在有意识或无意识中，觉得自己的辉煌文化会万岁千秋地辉煌下去的。中国追随者也大有人在。他们根本没有意识到，文化也像世间的万事万物一样，不会永驻的，也是有一个诞生、发展、成长、衰竭、消逝的过程的。

但是，中国有一句俗话：是非自在人心。人是能够辨是非，明事理的。以自己的文化自傲的西方人也不例外。在第一次世界大战以前，西方这种人简直如凤毛麟角。一战爆发，惊醒了某一些有识之士。事实上在一战爆发前，就有人有了预感。德国学者奥斯瓦尔德·斯宾格尔（Oswald Spengler）在1911年就预感到世界大战迫在眉睫。后来大战果然爆发。从1917年起，斯宾格尔就开始写《西方的没落》。书一出版，立即洛阳纸贵。他的基本想法是：文化都可以分为四个阶段：一，青春；二，生长；三，成熟；四，衰败。尽管他的推论方法，收集资料，还难免有主观唯心的色彩。但是，他毕竟有这一份勇气，有这一份睿智，敢预言当时如日中天的，他认为在世界历史上八个文化中唯一还有活力的文化也会“没落”。我们不能不对他表示敬意。美中不足的是，他还没有认识到东方文化和西方文化的存在和交流关系。（参阅齐世荣等译《西方的没落》上下册，商务印书馆，1995年）

在西方，继斯宾格尔而起的是英国历史学家汤因比（Arnold J. Toynbee，1889—1975年）。他自称是受到了前者的影响。二人同样反对“欧洲中心主义”，是他们有先见卓识之处。汤因比继承了斯宾格尔的意见，认为文化——他称之为“文明”——都有生长一直到灭亡的过程。他把人类历史上的文明分为21种，有时又分为26种。这些意见都表述在他的巨著《历史研究》中（1934—1961年），共12卷。他比斯宾格尔高明之处，是引入东方文化的讨论。到了70年代，他同日本社会活动家池田大作对话时，更进一步加以发挥，寄希望于东方文化。（参阅《展望二十一世纪》，国际文化出版公司，1985年）

我并不认为，斯宾格尔和汤因比——继他们之后欧美一些国家还有一批哲学家和历史学家、社会学家，赞成他们的意见，我在这里不具引——等的看法都百分之百正确。但在举世昏昏，特别是欧美人昏昏的情况下，唯独他们闪耀出一点灵光，是十分难能可贵的。他们的看法从大体上来看，我认为是正确的。如果借用上面提到的古代波斯和阿拉伯人的说法，我就想说：希腊人及其后代的那一只眼睛，后来逐渐变成了两只眼睛；可物极必反，现在快要闭上了。中国人的两只眼睛，闭上了一阵，现在又要睁开了。

闭上眼睛的欧美人士，绝大多数一点也不了解东方，而且压根儿也没有了解的愿望。我最近多次听人说到，西方至今还有人认为中国人还缠小脚，拖辫子，抽大烟，养小老婆。甚至连文人学士还有不知道鲁迅为何许人者。在这样地球越变越小，信息爆炸的时代，西方之“文明人”竟还如此昏聩，真不能不令人大为惊异。反观我们中国，情况恰恰相反。欧美的一切，我们几乎都加以崇拜。汉堡包、肯德基、比萨饼，甚至莫须有的加州牛肉面，只要加一个洋字，立即产生大魅力，群众趋之若鹜。连起名字，有的都带有点洋味。个人名字与店铺名字，莫不皆然。至于化妆品，外国进口的本来就多。中国自造的也多冠以洋名，以广招徕。爱国之士，无不痛心疾首，谴责这种崇洋媚外的风气和行为。然而，从一分为二的观点上来看，也有其有利的一面。孙子说：“知己知彼，百战不殆。”专就东西而论，现在的情况是，我们对西方几乎是了若指掌，而西方对东方则如上面所说的那样，是一团漆黑。将来一旦有事，哪一方面占有利条件和地位，昭如日月矣。

对西方的文化，鲁迅先生曾主张“拿来主义”。这个主义至今也没有过时。过去我们拿来，今天我们仍然拿来，只要拿得不过头，不把西方文化的糟粕和垃圾一并拿来，就是好事，就会对我们国家的建设有利。但是，根据我上面讲的情况，我觉得，今天，在拿来主义的同时，我们应该提倡“送去主义”，而且应该定为重点。为了全体人类的福利，为了全体人类的未来，我们有义务要送去的，但我们决不会把糟粕和垃圾送给西方。不管他们接受，还是不接受，我们总是要送的。《诗经·大雅》说：“投我以桃，报之以李。”西方文化给人类带来了一些好处。我们中国人，我们东方人，是懂得感恩图报的民族。我们决不会白吃白拿。

那么，报些什么东西呢？送去些什么东西呢？送去的一定是我们东方文化中的精华。送去要有针对性，针对的就是我在上面提到的那一个西方文化产生的“危机”。光说“危机”，过于抽象。具体地说，应该说是“弊端”。近几百年以来，西方文化产生的弊端颇多，举其大者，如环境污染、大气污染、臭氧层破坏、生态平衡破坏、物种灭绝、人口爆炸、新疾病丛生、淡水资源匮乏，等等。此等弊端，如不纠正，则人类前途岌岌可危。弊端产生的根源，与西方文化的分析的思维方式有紧密联系。西方对为人类提供生存所需的大自然分析不息，穷追不息，提出了“征服自然”的口号。“天何言哉!”然而“天”——大自然却是能惩罚的，惩罚的结果就产生了上述诸种弊端。

拯救之方，我认为是有的，这就是“改弦更张”、“改恶向善”，而这一点只有东方文化能做到。东方文化的基本思维方式是综合，表现在哲学上就是“天人合一”，张载的《西铭》是一篇表现“天人合一”思想最精辟的文章：“乾称父，坤称母，予兹藐焉，乃混然中处。故天地之塞吾其体，天地之帅吾其性。民吾同胞，物吾与也。”（下略）印度哲学中的“梵我一如”，也表达了同样的思想。总之，东方文化主张人与大自然是朋友，不是敌人，不能讲什么“征服”。只有在了解大自然，热爱大自然的条件下，才能伸手向大自然索取人类衣、食、住、行所需要的一切。也只有这样，人类的前途才有保障。

我们要送给西方的就是这种我们文化中的精华。这就是我们“送去主义”的重要内容。

我们的“李”送了出去，接受不接受呢？实际上，我们还没有正式地送，大规模地送。连我们东方人自己，其中当然包括中国人，还不知道，还不承认自己的这种宝贝，我们盲目追随西方，也同样向自然界开过战，我们也同样有那一些弊端，立即要求西方接受，不也太过分了吗？不过，倘若稍稍留意，人们就会发现，现在世界各国，不管出于什么动机，也不管是根据什么哲学，注意到上述弊端而又力求改变的人越来越多了。今年《日本经济新闻》刊载了高木韧生的文章，说 21 世纪科研重点将是“人类生存战略”。

这的确是见道之言。我体会，这里所说的“科研”包括文理两个方面。作者把科研提高到“人类生存”这个高度来看，不能不谓之有先见之明，应该受到我们大家的最高的赞扬。至于惊呼人口爆炸的文章，慨叹新疾病产生的议论，让人警惕环境污染、臭氧层破坏、生态平衡的破坏、淡水资源的匮乏等等的号召，几乎天天可见。人类变得聪明起来了，人类前途不是漆黑一片了。我想，世界各国每一个有心人，无不为之欢欣鼓舞。我这一个望九之年的耄耋老人，也为之手舞足蹈了。

我在上面刺刺不休说了那么多话，画龙点睛，不出一点：我曾在一次国际学术讨论会上说过一篇短话，题目叫做“只有东方文化能够拯救人类”。我在上面说的千言万语，其核心就是这一句短短的话。至于已经来到我们门前的21世纪究竟是什么样子？西方文化究竟如何演变？东方文化究竟能起什么具体的不是空洞的作用？人类的前途究竟何去何从？所有这一切问题，都有待于历史发展的进程来加以证明。从前我读过一个近视眼猜匾的笑话。现在新的一个世纪还没有来临，匾还没有挂出来，上面有什么字，我们还不能知道。不管自诩眼睛多么好，看得多么远，在这一块尚未挂出来的匾前，我们都是近视眼。

在这样的情况下，我认为，我们最重要的任务就是学习，就是了解。我们责怪西方不了解东方文化，不了解东方，不了解中国，难道我们自己就了解吗？如果是一个诚实的人，他就应该坦率地承认，我们中国人自己也并不全了解中国，并不全了解东方，并不全了解东方文化。实在说，这是一出无声的悲剧。

了解的唯一途径就是学习，而学习首先必须有资料。对我们知识分子来说，学习资料首先是文字，也就是书籍。环顾当今世界，在“欧洲中心论”还有市场的情况下，在西方某一些人还昏昏然没有睁开眼睛的时候，有关东方的书籍，极少极少。有之，亦多有偏见，不能客观。西方如此，东方也不例外。即使我们有学习的愿望，也是欲学无书。当然，东方各国的情况不尽相同，各国刊出书籍的多寡也不尽相同。但总之是很少的。有的小一点的国家，简直形同空白。有个别东方国家几乎毫无人知，它们的存在在一团迷雾中，若明若暗，似有似无。这也是一出无声的悲剧。

就是为了这个缘故，我们这一批人不自量力——或者更明确地说是认真“量”过了自己的“力”，倡议编纂这一套巨大空前的《东方文化集成》。虽然，我们目前的队伍，由于历史造成的原因，还不是太大；我们的基础还不是太雄厚；但是，我们相信主观能动性。我们想“挽狂澜于既倒”，我们决非徒托空言。世界人民、东方人民、中国人民的需要，是我们的动力。东方人民和西方人民的相互了解，是我们的愿望。东方人民和西方人民越来越变得聪明，是我们的追求。我们老、中、青三结合，而对著作的要求则是高水平的。我们希望，能通过这个活动，既提高了中国对东方文化的研究水平，又能培养出一批学有专长的人才，收得一举两得之效。

我们既反对“欧洲中心主义”，我们反对民族歧视。但我们也并不张扬“东方中心主义”。如果说到或者想到，在21世纪东方文化将首领风骚的话，那也是出于我们对历史发展的观察与预见，并不出于什么“主义”。本着这种精神，我们对东方几十个国家一视同仁。国家不论大小，人口不论多寡，历史不论久暂，地位不论轻重，我们都平等对待，决不抬高与贬低，拜倒与歧视。每一个东方国家都在我们丛书中占有地位。但国家毕竟不同，资料毕竟多寡悬殊，我们也无法强求统一。有的国家占的篇幅多一点，有的少一点，这是实事求是，与歧视毫无关联。我们虔诚希望，在即将来临的21世纪中，中国的两只眼睛都能睁开，而且睁得大大的，明亮而睿智。西方的一只眼睛能变成两只，也同样睁开，而且睁得大大的，明亮而且睿智。世界上各个民族也都有了两只眼睛，都要睁得大大的，明亮而且睿智。我们共同学习，努力互相了解。我们坚决相信，只要能做到这一步，人类会越来越能相互了解，世界和平越来越成为可能，人类的日子会越来越好过，不管还需要多么长的时间，人类有朝一日总会共同进入太平盛世，共同进入大同之域。

1996年3月20日

序

中国古代悠久灿烂的文化，依靠文献典籍作为主要媒体传播于域外，对人类文明的进程和文化的发展起到了积极的作用。其中，汉籍在日本的传递，无论就其历史的久远，还是规模的宏大，在世界文化史上都可以说是仅见的。它构成了中日两大民族独特的文化关系，从而共同创造了古代东亚辉煌的人文景观。百余年来，国内学术界一直关注汉籍在域外的流布，特别是在日本的流布。探讨中国文献典籍向日本流布的轨迹与形式，研究日本对汉籍的保藏与吸收，评估汉籍对日本社会生活发展在各个层面上的作用与影响，已经成为亚洲文化史研究的重大课题。我亦为此耕耘半生。

《山海经》是我国最早记录有关“倭”的史实的文献。1987年，我曾在拙著《中日古代文学关系史稿》中强调过《山海经》的文献价值，之后亦多次赘述。张西艳博士自十余年前在上海外国语大学攻读硕士期间开始关注《山海经》等中国典籍在日本的流布和影响，2014年考入北京外国语大学攻读博士课程后正式开始了该课题的研究。

《<山海经>在日本的传播和研究》一书以我国上古时代逐步形成的世界上最早的百科全书《山海经》作为研究对象，以相对丰厚的文献资料、文物考古成果、民风民俗的历史记录与实地调研为基础，较为详细地阐述了《山海经》东传日本的历史的、文化的脉络，揭示了《山海经》对日本列岛历代居住民包括精神形态、美意识、宗教信仰及文学艺术等领域的积极的影响，并进而阐述了近代以来日本学者关于《山海经》与世界相关神话传说等的多元关系，展示了较为宏大的学术视野。此书以一部中华上古经典作品为例，收集和整合材料如此周详，生动地展示了东亚古代中华文化走向域外的真实面貌，切实实践了原典实证等比较文学与跨文化研究领域的理论和方法。可以有把握地判定，此书为国内外同类主题的研究中，分析和判断符合东西文化发展真实性的论著，实为上乘之作。

西艳博士一直勤奋努力，专心致力于学术。为了考查《山海经》在日本传播的轨迹和形式，深入了解《山海经》透入日本社会的多元形态，她曾前往日本京都大学人文科学研究所访学，并作为共同研究员参与了人文科学研究所简牍研究班的学习、翻译和研究工作。京都大学人文科学研究所是日本最著名的两大汉学研究机构之一，也是日本中国学的发源地。三十余年前，我曾以客座教授的身份到访过京大人文科学研究所，那里有丰富的书籍和资料供研究者使用。西艳博士在掌握大量一手日文文献资料的基础上，还辗转奈良、出云等日本多地进行田野调查，真正做到了实证研究。

我从1995年开始招收东亚文学与文化关系研究方向的博士，迄今指导博士共25名。西艳博士此书的出版，可以说是为我的博士生指导工作画上一个圆满的句号。希望今后会有更多的学者在汉籍东传的个案研究上做出一番成果。

①

2020年5月25日

于昌平泰康燕园

① 现为全国古籍整理出版规划领导小组成员。

目 录

下编　日本学人的《山海经》研究

上编

《山海经》在日本传播的轨迹和形式

绪论

文献典籍是中国古代文化的重要载体，也是中国古代文化对外传播的主要媒介。在浩如烟海的文献典籍中，《山海经》是比较特别的一部，被称为“千古奇书”。自西汉刘秀（刘歆）校定《山海经》、晋郭璞作注以后，《山海经》曾在很长一段时期内乏人问津，直到明、清时期才引起诸多学者的注释兴趣。近代以来，王国维（1877—1927）、顾颉刚（1893—1980）、蒙文通（1894—1968）、谭其骧（1911—1992）、胡厚宣（1911—1995）等众多学者的研究使《山海经》在中国文献典籍中的地位得到重新定位。当今社会，《山海经》的学术地位得到前所未有的提高。

以下是部分现当代中国学者眼中的《山海经》：

> “这部书，是集合着各时代性质不同的作品而成的。其中，有些是释图象或绘画的，有些光是记载事物之词。因为它陆续写于东周及秦汉，而所记的又多是民间的传说、习俗、信仰，故保存了许多我国古代的文化史料（神话、传说，只是这些材料的一部分）。至于山川、草木、禽兽、金玉等记载，是有一部分可以相信的，虽然理想及无稽的也着实不少。”①

——钟敬文（1930年）

① 钟敬文：《山海经》是一部什么书，《钟敬文民间文学论集（下）》，上海：上海文艺出版社，1985年，第340页。

"这部书涉及面广泛,诸如历史、地理、生物、矿产、医药、天文、历法、气象、占验、神灵、祀神的仪式和祭品、帝王的世系及葬地、器物的发明制作,以致绝域遐方,南天北地,异闻奇见,都兼收并录,无所不包。可说是一部名物方志之书,也可以说是我国最早的类书。虽然其中夹杂着一些神话和传说,但更多的是上古社会的实况记录,它反映了我国某个时期某些地区氏族部落的文化概况,史料价值极大。"①

——吕子方(1984 年)

"在我国古代典籍中,《山海经》是一部具有独特风格的作品,自古号称奇书。全书虽说只有三万一千多字,却包含着关于我国古代地理、历史、神话、民族、动物、植物、矿物、医药、宗教多方面的内容,保存着丰富的资料,是研究上古社会的重要文献。"②

"吾国古籍,瓌伟瑰奇之最者,莫山海经若。山海经匪特史地之权舆,乃亦神话之渊府。"③

——袁珂(1980 年)

"山海经是一部奇书,好像是一块多稜的宝石,从不同的角度可以看出不同的光彩。"④

"《山海经》是一部多学科性质的书,虽然只有三万一千多字,但却包罗宏富,除了保存有大量的神话资

① 吕子方:《中国科学技术史论文集》(下册),成都:四川人民出版社,1984 年,第 1 页。
② 袁珂:《山海经校注》,上海:上海古籍出版社,1980 年,"出版说明" 第 1 页。
③ 袁珂:《山海经校注》,上海:上海古籍出版社,1980 年,"序" 第 1 页。
④ 袁珂:《山海经校译》,上海:上海古籍出版社,1985 年,"序" 第 9 页。

料外，还涉及到学术领域的各个方面：历史、地理、天文、气象、宗教、民俗、动物、植物、矿物、医药、民族学，人类学，地质学、海洋学……等等被称为是古代人们生活的日用百科全书。”①

——袁珂（1985年）

“《山海经》是真书，不是赝品……书中保存有中国上古社会和自然界丰富的原始资料。……研究他，不仅可以了解我国上古时代的一般情况，而且对于历史、民族、宗教、神话、语言、民俗、考古、地理、天文、气象、生物、矿产、医药、水利以及人类学等学科，都可提供许多真实可靠的原始资料。事实上，古今的诗词歌赋、哲理寓言、历史考证、神话传说、校勘训诂、文字音韵以及自然科学的专史，引用《山海经》资料者，比比皆是，曷可胜数。历代研究此书的也不乏其人，尤其是近半个世纪以来，不少学者从各种角度对它进行过专门研究，并已初步取得了可喜的成绩，所以，他应该成为一门综合性的独立学科：山海经学。”②

——徐南洲（1986年）

“《山海经》是我国最早记录有关“倭”的史实的文献。清代毕沅考定该书《海内经》四篇及《海外经》四篇为‘述于周秦’，实际上就是战国时代的作品。其所记故事，虽然有出于街谈巷语，道听途说者所作，但仍有不少记述，实

① 袁珂：《〈山海经〉“盖古之巫书”试探》，《社会科学研究》1985年第6期，第61－67页。
② 徐南洲：《〈山海经〉——一部中国上古的科技史书》，中国《山海经》学术讨论会编辑《山海经新探》，成都：四川省社会科学院出版社，1986年。

为文学史家与历史学家所忽视之珍贵材料。”[①]

——严绍璗(1987年)

尽管《山海经》的作者、成书时间和性质等问题历来颇有争议,但以上诸位学者的论述足以体现《山海经》的价值和独特魅力。

笔者对《山海经》的最初印象一如鲁迅在《阿长与〈山海经〉》一文中所描述的那样,“人面的兽,九头的蛇,三脚的鸟,生着翅膀的人,没有头而以两乳当作眼睛的怪物”[②]。随着对《山海经》了解的深入,笔者眼中的《山海经》已由“平面”走向“立体”,是可以从中无限挖掘古代文化知识的宝库,有着其他典籍不可替代的研究价值。

《山海经》不仅在中国广泛流传,影响深远,在我国传统文化的构成中占有十分重要的地位,而且很早就传入中国域外的其他族群国家,并在海外产生了很有价值的积极的影响。国际汉学界有许多关注《山海经》的学者,海外也有大量关于《山海经》的研究成果。

中日两国有悠久的交流史和深厚的文化渊源,在文化、思想等诸多方面有着千丝万缕的联系。近代以来,中国文献典籍在日本的流布研究一直是国内学术界所关注的对象。《山海经》中有关于“倭”的记载,是世界历史文献中关于日本的最早记录。早在奈良时代(710—794)或者更早时期,《山海经》便传入日本。江户时代以后,《山海经》中的诸多元素就已经以多元文化的形态透入日本社会内部,并深深植根于日本文化体

① 严绍璗:《中日古代文学关系史稿》,长沙:湖南文艺出版社,1987年,第102页。

② 鲁迅:《阿长与〈山海经〉》,《鲁迅全集》(第二卷),北京:人民文学出版社,2005年,第254页。

系中。20世纪以来，日本的《山海经》研究呈全面展开之势，日本已有大量《山海经》研究的成果。当今社会，《山海经》的学术价值备受人文学术界的关注，在这样的大背景下，对《山海经》在日本的传播、影响和研究进行深入的探讨，是一项十分必要且有价值的课题。

《山海经》已成为中日文化交流的载体之一。考证《山海经》传入日本的线索和轨迹，考察《山海经》透入日本文化的多元形态，把握《山海经》在日本的影响，梳理《山海经》在日本的研究，挖掘中日两国文学和文化的深层关系，不仅可以更好地阐明中日文化交流的历史，更好地理解和把握日本文化的内涵，进而可以展现古代东亚文明共同体内的中日两国共同创造古代文明的生命过程。对《山海经》在日本的传播和研究进行系统、全面、综合、深入、细致的研究，还可以为国内的《山海经》研究提供材料和方法等方面的借鉴，对中国文化在海外的传播也能起到一定的促进作用。

我国学者严绍璗在《汉籍在日本的流布研究》一书中曾指出：

> “探讨中国文献典籍向日本流布的轨迹与形式，研究日本对汉籍的保藏与吸收，评估汉籍对日本社会生活发展在各个层面上的作用与影响，便成为亚洲文化史研究的重大课题之一。”①

《山海经》作为上古时代社会生活的百科全书，有“千古奇书”之称。那么，《山海经》这部文献典籍何时开始传入日本？在每一个历史阶段，《山海经》在日本传播的轨迹如何？《山海经》以怎样的形式透入日本社会？对日本社会的诸多层面产生了怎样的影响？作为中国文献典籍向日本流布的个案，关于《山海经》在日本的传播，是一个值得探讨的问题。

① 严绍璗：《汉籍在日本的流布》“前言”，南京：江苏古籍出版社，1992年，第1页。

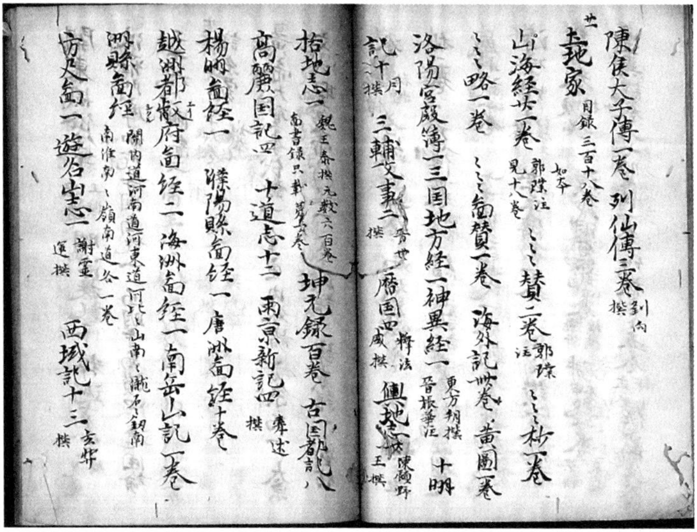
陳侯太子傳一巻 列仙傳三巻 劉向撰
卅 土地家 如本 目録三百十八巻
山海経廿一巻 郭璞注 見十八巻 々々贊二巻 郭璞注 々々抄一巻
々々略一巻 々々圖贊一巻 海外記卅巻 黄圖一巻
洛陽宮殿簿一 三国地方経一 神異経一 東方朔撰 晋張華注 十洲
記十 月撰 三輔故事二 晋世撰 歴国四 咸撰 輿地志卅 陳顧野王撰
括地志一 魏王泰撰 元数六百巻 而書録只載第五巻 坤元録百巻 古今都記八
高麗国記四 十道志十二 両京新記四 韋述撰
揚州図経一 滁陽縣図経一 唐州図経十巻
越州都督府図経二 海州図経一 南岳山記一巻
州縣図経 關内道河南道河東道河北道山南道隴右道淮南道江南道嶺南道 合一巻
方丈図一 遊名山志一 謝霊運撰 西域記十三 玄奘撰

图 1 《日本国见在书目录》中关于《山海经》的记录[①]

① 京都大学附属図書館所蔵『伴信友蔵書』第四十五冊、1831 年。

第一章 《山海经》在奈良时代传入日本的线索

《本朝见在书目录》是日本现存最古老的一部完整的汉籍目录学著作,后人改称为《日本国见在书目录》。据严绍璗先生考证,该书成书于日本阳成天皇、宇多天皇年间(876—898),由当时的长官大学头藤原佐世(847—898)奉敕编撰。[①]在这部日本文化史上具有杰出学术地位的汉籍目录学著作中,就有关于《山海经》的详细记录:

> "山海经廿一卷(郭璞注见十八卷)·山海经赞二卷(郭璞注)·山海经抄一卷·山海经略一卷·山海经图赞一卷。"[②]

根据《本朝见在书目录》中的这一记录可知,《山海经》在当时的日本朝野已成为自天皇至大臣的必读书目之一。这一不容忽略的事实也说明,在日本平安时代(794—1192)前期,日本已有《山海经》藏本,《山海经》应该早就传入日本。

那么,《山海经》究竟何时开始传入日本?漫长的历史演进中,是否有《山海经》传入日本的轨迹可以探寻?从日本现存的文献史料中,是否能找到《山海经》在奈良时代就已传入日本的线索?本章主要以此为目标,对《山海经》最早传入日本的几条线索进行考述。

---

① 严绍璗:《汉籍在日本的流布》,南京:江苏古籍出版社,1992年,第87—111页。

② 藤原佐世:『日本国見在書目録』,891年。京都大学附属図書館所蔵『伴信友蔵書』第四十五冊、1831年。

第一节 《风土记》与《山海经》的相似

日本学者伊藤清司在其监修的《怪奇鸟兽图卷》一书的“解说”中指出:“《山海经》在奈良时代或者更早以前就传入日本……有学者认为这部书成为当时编纂《风土记》的参考书。”[①] 这里的《风土记》是指日本奈良时代初期的官撰地志。

据记录奈良时代基本史料的《续日本纪》(797)记载,日本第43代天皇元明天皇于和铜六年(713)颁布诏书令各令制国[②] 编纂《风土记》。整个奈良时代,有数十个令制国都编纂了《风土记》。这些主要以汉文体编纂的地志后来被命名为《风土记》,又被称为《古风土记》。日本现存《古风土记》的抄本仅有5个,即《出云国风土记》《播磨国风土记》《肥前国风土记》《常陆国风土记》《丰后国风土记》。其中仅有《出云国风土记》保存完好,其余抄本都有部分欠缺。

奈良时代初期,元明天皇颁布编纂地志令的初衷或许是为了便于了解各令制国的情况,抑或是为了便于管理和征收各种赋税等。但是,这部地志该如何编写?有没有可供参考的对象?这应该是《风土记》的编纂者在当时首先要考虑的问题。现存的《风土记》为后人留下了宝贵的文献史料。从这些现存的文献史料中,能否找到当时的编纂者所参考的对象?这是现代学者在研究这些史料时需要考虑的问题。

---

① 伊藤清司監修:『怪奇鳥獣図巻』、工作舎、2001年、第11頁。

② 令制国是日本律令制基础上设置的日本地方行政区划,又称律令国。自奈良时代至明治初期,日本地理划分的基本单位。

1907年，日本学者武藤元信（1854—1918）在《风土记与山海经的类似》一文的开头指出："我邦各种古书，受汉文学影响者颇多。"[①] 的确，如同《日本书纪》（720）大量引用中国文献典籍一样，与《日本书纪》同时代成书的《风土记》中也有诸多《山海经》《文选》等中国典籍的烙印。对比《风土记》和《山海经》，会发现二者有许多明显的相似之处。

一、《风土记》结构中的《山海经》投影

武藤元信在《风土记与山海经的类似》一文中指出："二者都列举了山川原野，其位置情形都没有详细说明，都有相关联的神话。"[②] 通过对《风土记》与《山海经》进行对比，武藤元信找出二者在结构上的三个相似之处。具体如下：

> ①《山海经》以山经来划分；《风土记》以郡来划分。②《山海经》中的山川原野等，自山经之首，按顺序排列；《风土记》中的山川原野等以郡家为中心排列。③《山海经》在一经之终，总括一经的土地、里数；《风土记》在一郡之终，也总括所记边界、里数。[③]

即便是列举山川原野、草木鸟兽等的顺序，《风土记》与《山海经》也有相似之处。1964年，日本学者小岛宪之（1913—

---

① 武藤元信:「風土記と山海経との類似」、『東洋学芸雑誌』（306号）、1907年。
② 武藤元信:「風土記と山海経との類似」、『東洋学芸雑誌』（306号）、1907年、第18頁。
③ 武藤元信:「風土記と山海経との類似」、『東洋学芸雑誌』（306号）、1907年、第20頁。

1998）在《上代日本文学与中国文学》[①]一书中对日本现存的5个《风土记》写本的成书和内容进行了深入研究，找出了《出云国风土记》与《山海经》的诸多相同之处。小岛宪之指出："《出云国风土记》一般在记录山川原野之后，列出草木鸟兽的种类，然后再在水系的记录之后列举鱼贝的种类。"[②]

"又东四百里，曰洵山，其阳多金，其阴多玉。有兽焉，其状如羊而无口……洵水出焉，而南流注于淤之泽，其中多芘蠃。"[③]（《山海经·南山经》）

"又南水行七百里，曰孟子之山，其木多梓、桐、桃，其草多菌蒲，其兽多麋鹿。是山也，广员百里。其上有水出焉，名曰碧阳，其中多鳣鲔。"[④]（《山海经·东山经》）

对比《山海经》中的这些例句，会发现小岛宪之所指出的《出云国风土记》的框架结构与《山海经》中的这种结构如出一辙。对于《出云国风土记》与《山海经》在结构上的这些类似之处，小岛宪之认为"这无疑是《山海经》的投影"。[⑤]

二、《风土记》在性质上对《山海经》的模仿

在《风土记与山海经的类似》一文中，武藤元信还指出："二者都是含有神话的地志，都夹杂着少量史实。"

关于《山海经》的性质，虽颇有争议，但《山海经》最早的

---

① 小島憲之：『上代日本文学と中国文学』，東京：塙書房，1964年。

② 小島憲之：『上代日本文学と中国文学』，東京：塙書房，1964年，第640頁。

③ 袁珂：《山海经校注》，成都：巴蜀书社，1996年，第15页。

④ 袁珂：《山海经校注》，成都：巴蜀书社，1996年，第133页。

⑤ 小島憲之：『上代日本文学と中国文学』，東京：塙書房，1964年，第640頁。

整理者刘歆[1]在《上山海经表》中的陈述应是对《山海经》性质的最好界定。

"内别五方之山,外分八方之海,纪其珍宝其物,异方之所生,水土草木禽兽昆虫麟凤之所止,祯祥之所隐,即四海之外,绝域之国,殊类之人。"[2]

从这段陈述可以看出,刘歆眼中的《山海经》就是一部记载山海水土、物产风俗的地志。再看 713 年日本元明天皇下令编纂《风土记》的诏书:

"畿内七道诸国郡乡名著好字。其郡内所生,银铜彩色草木禽兽鱼虫等物,具录色目,及土地沃塉,山川原野名号所由,又古老相传旧闻异事,载于史籍,言上。"[3]

仔细对比,会发现这段诏书的内容明显有模仿刘歆《上山海经表》的痕迹。这也正如武藤元信所说:"《山海经》作为中国最古老的地志,其可供参考的价值是毋庸置疑的。"[4]

《山海经》中含有诸如"精卫填海""夸父逐日""鲧禹治水"等人们耳熟能详的神话。同《山海经》一样,《风土记》中也有大量的神话。尤其是《出云国风土记》中还有不同于日本"记纪神话"的"出云神话"[5]。而且,不论是《山海经》,还是《风土

① 刘歆:刘向之子,西汉后期的著名学者,古文经学的真正开创者,建平元年(公元前6年)改名刘秀。

② 袁珂:《山海经校注》,成都:巴蜀书社,1996 年,第 540 页。

③『国史大系·第 2 卷·続日本紀(卷 6)』、経済雑誌社、1897-1901 年、第 79 頁。

④ 武藤元信:「風土記と山海経との類似」、『東洋学芸雑誌』(306 号)、1907 年。

⑤ 出云神话:日本以出云地区为背景的神话,以须佐之男和大国主二神之传说为主,还包括其眷属大神的传说。

记》,都夹杂着一些史实的成分。例如,《山海经·大荒西经》中有“后稷播百谷”之事。《常陆国风土记》中有倭武天皇进奉御膳之事,《播磨国风土记》有品太天皇①宣大法之事,《肥前国风土记》有气长足姬尊②征伐新罗时“投钩得鱼”之事。

三、《风土记》与《山海经》在记述内容和方法上的相似

《风土记》与《山海经》一样,其中都列举了大量的动植物,只是《山海经》对所列动植物的形貌都有详细描述,《风土记》中所列动植物形貌并不详细。《山海经》中兼有记载部分动植物的医药功效,《风土记》中有记载温泉的功效等。如同《山海经》有列举帝尧帝喾之台等建筑物一样,《风土记》中也有列举新造院、三层塔等建筑物。

《出云国风土记》是日本现存的5个《风土记》写本中保存最完好的写本,也是现存写本中与《山海经》相似之处最多的写本。在具体的“山川水系”的描述上,《出云国风土记》与《山海经》有相似之处。

> “又东三百里,曰杻阳之山……怪水出焉,而东流注于宪翼之水。”③(《山海经·南山一经》)
>
> “又西七十里,曰英山……禺水出焉,北流注于招水。”④(《山海经·西山一经》)

① 品太天皇即应神天皇,日本第15代天皇。
② 气长足姬:神功皇后,应神天皇的母亲。
③ 袁珂:《山海经校注》,成都:巴蜀书社,1996年,第4页。
④ 袁坷:《山海经校注》,成都:巴蜀书社,1996年,第28页。

"又北四百里，曰谯明之山。谯水出焉，西流注于河。"[①]（《山海经·北山一经》）

"又南三百二十里，曰东始之山……泚水出焉，而东北流注于海。"[②]（《山海经·东山四经》）

"又东十里，曰騩山……正回之水出焉，而北流注于河。"[③]（《山海经·中山三经》）

以上几例是《五藏山经》中关于"山川水系"的最普遍的描述形式，基本上是"距离哪个方位多少里程，曰 A 山……是 B 水的源头，B 水流向"。

《出云国风土记》中也有类似描述，例如：

"筑阳川，源出郡家正东一十里一百步荻山，北流入于海。"（《出云国风土记·意宇郡》）

"意宇川，源出郡家正南一十八里熊野山，北流东折，流入于海。"（《出云国风土记·意宇郡》）

"大岛川，源出郡家东北一十二里一百一十步墓野山，南流，二水合，东流入于海。"（《出云国风土记·岛根郡》）

"都宇川，源二水（东水源出阿豆麻夜山、西水源出见椋山）合，南流入于海。"（《出云国风土记·楯缝郡》）

从以上几例可知，《出云国风土记》描述"山川水系"的形式：

---

① 袁珂：《山海经校注》，成都：巴蜀书社，1996 年，第 83 页。
② 袁珂：《山海经校注》，成都：巴蜀书社，1996 年，第 137 页。
③ 袁珂：《山海经校注》，成都：巴蜀书社，1996 年，第 153 页。

“A 水,源出距离哪个方位多少里程的 B 山, A 水流向”。如果把“A”和“B”对换,即:

“B 水,源出距离哪个方位多少里程的 A 山, B 水流向”。

这跟《山海经》中的“距离哪个方位多少里程,曰 A 山……是 B 水的源头, B 水流向”表达的意思几乎相同,只不过换了一下语序而已。从这点可以看出,《出云国风土记》的编纂者有可能参考了《山海经》关于“山川水系”的描述形式。

关于这一点,小岛宪之在《上代日本文学与中国文学》一书中认为《出云国风土记》在“水系”的描述上“未必只参考了《山海经》”。[①] 其理由是“《汉书·地理志》中也有诸多‘东为中江,入于海。导沇水,东流为济。’”[②] 这样的例子。而且,《水经注》中也有很多类似的例子。

东汉班固在《汉书·艺文志》中曾有关于《山海经》的记载,并将“山海经十三篇”列于“刑法六家”之首。《汉书·地理志》记载了 300 多条水系的源头和流向等,其水系描述大多如下:

“沾,大黾谷,清漳水所出,东北至邑成入大河,过郡五,行千六百八十里,冀州川。”[③] (《汉书》卷二十八上)

“钦口山,白渠水所出,东至列人入漳。”[④] (《汉书》卷二十八上)

“武林山,武林水所出,东入海,行八百三十里。”[⑤] (《汉书》卷二十八上)

① 小島憲之:『上代日本文学と中国文学』(上)、東京:塙書房、1964 年、第 639 頁。
② 小島憲之:『上代日本文学と中国文学』(上)、東京:塙書房、1964 年、第 639 頁。
③ (东汉)班固:《汉书》,北京:中华书局,1962 年,第 1553 页。
④ (东汉)班固:《汉书》,北京:中华书局,1962 年,第 1574 页。
⑤ (东汉)班固:《汉书》,北京:中华书局,1962 年,第 1591 页。

“辽山，辽水所出，西南至辽队入大辽水。”[①]（《汉书》卷二十八下）

“龙山，合水所出，南至布山入海。”[②]（《汉书》卷二十八下）

“义山，蕤水所出，北至寿光入海。”[③]（《汉书》卷二十八下）

从这些例子可以看出，《汉书·地理志》在水系描述上，与《山海经》有所不同。《汉书·地理志》在水系流向的描述上，总是会加上一个地点，如“清漳水”东北至“邑成”入大河，“蕤水”北至“寿光”入海等，有的则加上流向哪里、需要多少里程。如果是《山海经》的话，则可能是“清漳水，东北流入大河”“蕤水，北流入于海”这种描述方式。这是《汉书·地理志》与《山海经》在水系描述上最大的不同。

从《水经注》中可以看到“《山海经》称”“《山海经》曰”“《山海经》谓”等大量引用《山海经》的内容。据说郦道元在撰写《水经注》时，曾引用《山海经》多达八十余处。例如，《水经注》之“河水”中就有“《山海经》曰：河水入渤海，又出海外，西北入禹所导积石山”。[④]“《山海经》曰：积石之山，其下有石门，河水冒以西流，是山也，万物无不有。《禹贡》所谓导河自积石也。”[⑤]《水经注》在“山川水系”的描述上，虽然大量引用《山海经》的内容，受到《山海经》《禹贡》等典籍的影响，但与《山海经》的水系描述方法上并不相同。

① （东汉）班固：《汉书》，北京：中华书局，1962 年，第 1626 页。
② （东汉）班固：《汉书》，北京：中华书局，1962 年，第 1629 页。
③ （东汉）班固：《汉书》，北京：中华书局，1962 年，第 1634 页。
④ 陈桥驿译注、王东补注：《水经注》，北京：中华书局，2012 年，第 8 页。
⑤ 陈桥驿译注、王东补注：《水经注》，北京：中华书局，2012 年，第 15 页。

尽管小岛宪之认为《出云国风土记》在“水系”的描述上“未必只参考了《山海经》”,但通过对比《出云国风土记》和《山海经》《汉书·地理志》《水经注》的水系描述方式可以看出,《出云国风土记》的水系描述方式更接近于《山海经》。

四、《风土记》与《山海经》在语言表达上的相似

《风土记》与《山海经》在语言表达上有诸多相似点。

《山海经》在描述物产时,常用“某地,多……”或“某地,无……”之语。例如,《南山经》中就有很多这样的例句。

> “又东三百七十里,曰瞿父之山,无草木,多金、玉。”① (《山海经·南山经》)
>
> “又东五百里,曰咸阴之山,无草木,无水。”② (《山海经·南山经》)

《风土记》中也有类似表达。例如:

> “虱野、郡家西南三里一百步,无树木。”(《出云国风土记·岛根郡》)

《出云国风土记·岛根郡》中有诸如“……等之类至多,不可尽名。”“……等之类至繁,不可尽称。”等例句。这与《南山经》中“多怪蛇,多怪木,不可以上。”“多水,无草木,不可以

① 袁珂:《山海经校注》,成都:巴蜀书社,1996 年,第 13 页。

② 袁珂:《山海经校注》,成都:巴蜀书社,1996 年,第 15 页。

上。”等例句多少有些相似之处。小岛宪之认为,《风土记》中的这些语句“与《山海经》的关系是无法否定的”。[①]

另外,《风土记》在注的形式上也与《山海经》类似。

> “有兽焉,其状如狸,而有髦,其名曰类。【郭曰類或作沛髦或作髮】”[②](《山海经·南山经》)
>
> “有草焉,其状如韭,而青华,其名曰祝余【郭曰或作桂茶】”[③](《山海经·南山经》)

上述《南山经》中描述草木鸟兽的例句中都含有郭璞注。无独有偶,《出云国风土记》在描述草木鸟兽时,也有诸多含注的句子。

> “凡山野所在草木,麦门冬……杉【字或作椙】……白桐【字或作梧】……海榴【字或作椿】……栢【字或作榧】。”(《出云国风土记·意宇郡》)

由于《出云国风土记》中的“或作……”这种注的形式与郭璞注类似,而且这些注也并非后人所添加,所以,小岛宪之认为“《风土记》参考了《山海经》郭璞注的形式”。[④]

以上是《风土记》与《山海经》四个主要的相似之处。除此以外,《风土记》中还散布着《山海经》的零碎断片。

---

① 小島憲之:『上代日本文学と中国文学』(上)、東京:塙書房、1964 年、第 640 頁。
② 吴任臣:《山海经广注》,上海:商务印书馆,1937 年,第 5 页。
③ 吴任臣:《山海经广注》,上海:商务印书馆,1937 年,第 1 页。
④ 小島憲之:『上代日本文学と中国文学』(上)、東京:塙書房、1964 年、第 640 頁。

五、《风土记》中散布的《山海经》碎片

《山海经》中有多处关于桑树的记载,其中还有作为神树的"扶桑"。《释日本纪》卷七所引《尾张国风土记》的佚文中也有一段关于桑树的记载。日本武尊与尾张国的宫酢媛命婚后住在其家中,半夜入厕时将挂在腰间的剑挂到桑树上,入厕完忘记取剑就回屋。之后,当他发觉忘记取剑再回去取时,剑却闪闪发光,无法取下。这显然是与日本最有名的"草薙剑"[①]相关的故事,却也从侧面说明古代日本存在桑树作为神树的信仰。另外,《日向国风土记》的佚文中关于古代日向国的记述中更有"此国地形直向扶桑"之句。

小岛宪之曾经指出:"《汉书》《后汉书》《山海经》《水经注》和《艺文类聚》等类书确实都在上代人能够得到的范围之内。"[②]那么,《淮南子》等中国文献典籍也很有可能在奈良时代或者更早时期也已传到日本。鉴于此,《风土记》中散见的神树信仰是否源自《山海经》或是受到《山海经》的影响并无法确定。

《山海经·海内北经》中有"蓬莱山",日本《丹后国风土记》中也有一个"蓬山"。由于与《风土记》同时代成书的《日本书纪》中也有关于"蓬莱山"的记录,所以,《丹后国风土记》中的"蓬山"是否源自《山海经》亦无从考证。类似的例子还有很多。

尽管如此,《风土记》中仍然存在着一些零碎断片,与《山海经》有着无法否定的关系。例如,《海内北经》中有"鬼国在

① 草薙剑,又名天丛云剑,日本神道的三神器之一。

② 小島憲之『上代日本文学と中国文学』(上)、東京:塙書房、1964 年、第 603 頁。

贰负之尸北，为物人面而一目”。[1]《出云国风土记》的“大原郡阿用乡”一条中也有“一目鬼来而食佃人之男”的记载。《出云国风土记》中的这个“一目鬼”是日本最早有关“鬼”的记述。日本文献中第一次出现的“鬼”竟然是“一目鬼”，在当时情况下，明显是受了《山海经》的影响。

《山海经·北山经》中“精卫填海”的神话故事众所周知。《常陆国风土记》“鹿岛郡白鸟乡”一条中也有一个“白鸟造池筑堤”的故事。故事中的白鸟从天而降，白天化为僮女捡石造池筑堤，晚上则化为白鸟飞回天上，日复一日，年复一年，像精卫鸟一样徒劳地做着永远无法完成的事情。相同的故事主题，《常陆国风土记》中的“白鸟”无疑就是《山海经》中那只“精卫鸟”的翻版。

综上所述，无论是结构、性质，还是记述内容和方法以及语言表达，抑或是散布其中的零碎断片，《风土记》与《山海经》都有诸多相同或相似之处。这也正如武藤元信所说，“《风土记》中不光散布着《山海经》的零碎断片，其模仿的痕迹甚至贯穿全篇。”[2]

《风土记》与《山海经》如此多的相似之处并非偶然，种种迹象表明，在《风土记》的成书过程中，《风土记》的编纂者，尤其是《出云国风土记》的编纂者是看过《山海经》并以《山海经》为参考文献的。

---

① 袁珂:《山海经校注》,成都:巴蜀书社,1996 年,第 364 页。

② 武藤元信:「風土記と山海経との類似」、『東洋学芸雑誌』(306 号)、1907 年、第 603 頁。

第二节 平城京遗址出土木简上的“山海经”字样

平城京是日本奈良时代（710—794）的国都，建筑模仿隋唐长安城而建，其遗迹位于日本奈良市东北部。20世纪中期以来，平城京遗迹发掘工作不断开展，出土了大量木简、生活用具等。1990年5月，日本奈良国立文化财研究所公布了《平城京发掘调查出土木简概报（二十二）——二条大路木简》。该简报以“二条大路木简”为中心，公布了部分平城京遗址出土木简的图片、出土地点、出土状况及释文等。其中最后一页第二条的释文如下：

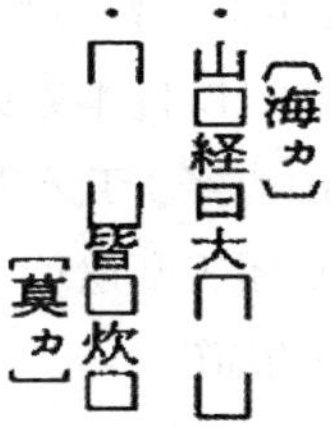

图2[①]

同年年底，由奈良国立文化财研究所编写的《平城京长屋王邸宅与木简》[②]一书出版，书中对以木简为主的长屋王宅邸遗迹、出土遗物及其发掘过程等进行了详细介绍。长屋王（684—729）是日本奈良时代的皇族，官位为左大臣正二位，其

① 奈良国立文化財研究所：「平城京発掘調査出土木簡概報」（二十二）、1990年5月、第42頁。

② 奈良国立文化財研究所：『平城京長屋王邸宅と木簡』、東京：吉川弘文館、1990年。

作为当时皇亲势力的巨头，曾成为当时政界的重镇，后因其对手藤原氏的阴谋，在“长屋王之变”事件中自杀。根据书中关于“长屋王家木简”的记载可知，继长屋王宅邸遗迹的大量木简于1988年8月被发现和发掘后，其北边面向二条大路的地段也被发掘，从二条大路南侧的大沟中发现了大量木简和土器、瓦、木器等。

关于“二条大路木简”，书中如此解释：

> “从二条大路路面上的3条东西大沟SD5100·5300·5310出土的大量木简因其全都以天平8年前后的年代为主，且在内容上也有很强的关联性，所以全都临时命名为‘二条大路木简’。”①

平城京遗址的出土木简，曾一度成为日本媒体争相报道的热点。1990年11月24日，日本《读卖新闻》以“长屋王邸木简所记汉代地理志《山海经》于天平年间传来，或为风土记范本？”为题，对奈良市长屋王邸遗址出土的这片写有疑似“山海经”字样的木简进行了报道。

> “木简长21厘米、宽1.8厘米、厚3毫米，侧柏木材质。正面有墨写‘山海经曰大□’，背面有墨写‘□皆莫炊□’。出土地是在长屋王邸遗址北侧外所挖掘的沟中，从其它木简所记年代可知，是长屋王死后的天平三年至天平十一年（731–739）间之物。”②

---

① 奈良国立文化財研究所:『平城京長屋王邸宅と木簡』、東京:吉川弘文館、1990年、第131頁。

② 「長屋王邸の木簡　漢の地理誌「山海経」記す　天平年間に伝来　風土記の手本に？」、『読売新聞』、1990年11月24日「大阪朝刊」。

该报道以奈良国立文化财研究所的调查研究为基础，不仅对木简进行了详细描述，还引用了奈良国立文化财研究所和奈良女子大学历史地理学教授千田稔的论述。报道还指出：

> “《山海经》曾被认为是在平安时代传入日本的，此次发现的木简可将《山海经》传入日本的时间往前追溯大约150年，是具有划时代意义的资料。根据此木简可知，天平年间，日本各地的《风土记》极有可能是以遣唐使带回的《山海经》为范本而编写的。”①

1990年12月11日，《读卖新闻》对奈良长屋王邸出土的含有疑似“山海经”字样的木简又作了一次报道，题目为“《山海经》于奈良时代传来，‘长屋王邸’木简上有其名，或为遣唐使带回？”该报道与前述1990年11月24日的报道内容基本相同，只是在最后更为完整地引用了奈良女子大学历史地理学教授千田稔关于木简的论述：

> “遣唐使从中国带回大量文献，其中就含有《山海经》，理所当然也就成为编纂《风土记》的参考文献。或者也有可能是新任命的遣唐使们由于不了解大陆的情况，把《山海经》当成了旅行指南。”②

关于奈良长屋王邸遗址出土的这片木简，2000年3月，日本学者川崎晃在《古代史杂考二题——山海经与越中·能登木

---

① 「長屋王邸の木簡　漢の地理誌「山海経」記す　天平年間に伝来　風土記の手本に？」、『読売新聞』、1990年11月24日「大阪朝刊」。

② 「「山海経」伝来は奈良時代　「長屋王邸」木簡に名　遣唐使が持ち帰る？」、『読売新聞』、1990年12月11日「東京夕刊」。

简》一文中指出：

"这片木简的正面第三个字是'经'，第二个字难以判读，但如果根据《概报》所推断的那样，看成'海'字的话，可以释读成'山海经'。'海'字无误的话，可以说是与天平时期的《山海经》相关的物证。木简背面与《山海经》是否相关尚无法确认。"①

2001年1月，伊藤清司在其监修的《怪奇鸟兽图卷》一书的"解说"中这样指出：

"《山海经》在奈良时代或者更早以前就传入日本。奈良市内长屋王邸遗址出土的被认为是天平年间的一片木简上有'山海经曰大'，其背面是墨写的《山海经》正文的一部分。鉴于此，可以确认《山海经》在当时被一部分人所阅读。不仅如此，还有学者认为这部书成为当时编纂《风土记》的参考书，被任命为遣唐使的官员及其同行者因不了解中国大陆的情况，还将其作为旅行指南。"②

伊藤清司在此所说的学者无疑应是前述《读卖新闻》的报道中所提到的奈良女子大学历史地理学教授千田稔。

同年，桐本东太和长谷山彰两位学者在《〈山海经〉与木简：以下之西遗址出土的绘画板为中心》一文中也指出：

① 川崎晃:「古代史雑考二題——山海経と越中·能登木簡」、『高岡市萬葉歴史館紀要』(第十号)、2000年3月、第74—82頁。

② 伊藤清司監修:『怪奇鳥獣図巻』、工作舎、2001年、第11頁。

“平城京长屋王邸以北、二条大路南侧的东西沟中出土的所谓‘二条大路木简’中，有记有‘山□经曰大[　]’之物，虽无法断定，但若是抄有《山海经》内容的习书的话，那么，在奈良时代前半期，《山海经》已经传来。”[①]

根据日本奈良国立文化研究所公布的释文，可知长屋王邸遗址出土的这片含有疑似“山海经”之名的木简正如川崎晃在《古代史杂考二题——山海经与越中·能登木简》一文中所描述的那样，木简正面的第二个字难以判读，奈良国立文化研究所公布的《概报》中将其推断为“海”字。相比较而言，《读卖新闻》的两则报道中并没有提到这一点。而且，川崎晃还指出，木简背面与《山海经》是否相关尚无法确认。从这一点来看，上述伊藤清司的“木简上有‘山海经曰大’，其背面是墨写的《山海经》正文的一部分”[②] 这一陈述则显得过于武断。

那么，平城京长屋王邸遗址出土的这片含有疑似“山海经”字样的木简其真容究竟如何？

2015 年 11 月 26 日，笔者跟随京都大学人文科学研究所简牍研究班和武汉大学简帛研究中心的几位老师一起前往奈良国立文化财研究所，对平城京遗址出土木简进行了为期一天的参观和学习。通过奈良国立文化财研究所木简研究专家马场基先生的细致讲解，不仅了解了大量与木简的发掘、处理、保存等有关的知识，而且亲眼目睹了长屋王邸遗址出土的木简上面写有疑似“山海经”的字样。这片木简虽已出土 25 年有余，但仍被保存在盛满液体的淡蓝色长方形盒子中。盒盖透

① 桐本東太、長谷山彰:「『山海経』と木簡：下ノ西遺跡出土の繪畫板をめぐって」、『史学』(70 巻 2 号)、2001 年、第 287—292 頁。

② 伊藤清司監修:『怪奇鳥獣図巻』、工作舎、2001 年、第 11 頁。

明，木简上面盖有白色纱布，盒内亦铺有白色纱布，长条形薄片木简置于其中，旁边有一个防水的白色小牌子，上面标有木简的号码、出土地和出土层等。即便不用借助专业的设备，也能看清正面的“山”和“经曰大”几个字。借助专业设备，能看清第二个字的大体字形，只是不能确定是否为“海”字。

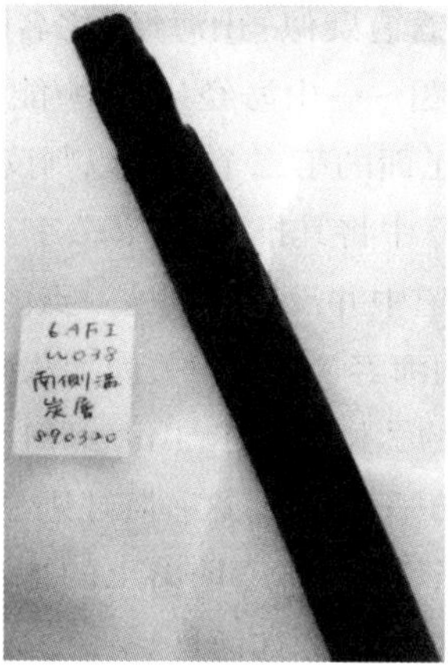

图 3[①]

之后，经过申请并获得许可，奈良国立文化财研究所的工作人员为笔者发来这片木简的图像及其相关数据资料。

根据奈良国立文化财研究所提供的数据资料，可知木简出土的具体位置，即一个被标号为 SD5100 的平城京二条大路上挖掘的沟里。木简的土层为炭层，其年代应为天平七年至天平十一年（735—739）。

① 本图片由作者于 2015 年 11 月 26 日拍摄于奈良文化财研究所。

奈良国立文化财研究所提供的数据资料中既包括前面提到过的《平城京发掘调查出土木简概报(二十二)》中所公布的释文,同时也指出,木简背面的意思不太清楚,与《山海经》的关系并不明确。另外,还有一些其他的猜测。

看来,平城京长屋王邸遗址出土的这片含有疑似"山海经"之名的木简与《山海经》是否有关,关键在于第二个字是否为"海"字。这也正如川崎晃所说,"如果根据《概报》所推断的那样,看成'海'字的话,可以释读成'山海经'。'海'字无误的话,可以说是与天平时期的《山海经》相关的物证"。[①]同时,川崎晃也指出:"这则木简的内容并非直接源自《山海经》。"[②]其依据是《艺文类聚》在引用《山海经·海外西经》中的内容时,开头都是"山海经曰"。例如:

> "山海经曰,大乐之野,夏后启于此舞九代马。"(《艺文类聚》卷六地部)
>
> "山海经曰,大乐之野,夏后启于此乘两龙。"(《艺文类聚》卷九十六鳞介部)

《艺文类聚》是我国唐代武德七年(624)成书的敕撰类书。从《日本书纪》(720)中有诸多引用《艺文类聚》的痕迹来看,作为"唐代四大类书"之一的《艺文类聚》,应是在奈良时代早期或者更早以前就被遣唐使带到日本。那么,平城京长屋王邸遗址出土的这片木简上的内容并非直接源自《山海经》也极有

① 川崎晃:「古代史雑考二題——山海経と越中·能登木簡」、『高岡市萬葉歴史館紀要』(第十号)、2000年3月、第74—82頁。

② 川崎晃:「古代史雑考二題——山海経と越中·能登木簡」、『高岡市萬葉歴史館紀要』(第十号)、2000年3月、第74—82頁。

可能。

即便如此，如果能够确认平城京长屋王邸遗址出土的这片木简正面的第二个字确为“海”字的话，至少可以证明《山海经》之名已被奈良时代前期的日本人所了解。所以，能否从日本奈良时代的相关文献或文物中找到更多的证明材料就成为解决这一问题的关键。

从前述“《风土记》与《山海经》”一节可知，在《风土记》的成书过程中，《风土记》的编纂者尤其是《出云国风土记》的编纂者是阅读过《山海经》并以《山海经》为参考文献的。

《出云国风土记》卷末附有“天平五年二月勘造”字样。那么，自和铜六年（713）元明天皇颁布诏书起，至天平五年（733）完成，历时20年。当然，也有日本学者认为，《出云国风土记》的成书要早于733年，现存附有“天平五年二月勘造”字样的写本是成书后的增补本。不管《出云国风土记》的成书是否早于733年，在《出云国风土记》编纂期间或是编纂之前，即713—733年或是713年以前，《山海经》这部中国文献典籍很可能已在当时作为日本令制国之一的古代出云国出现。

据奈良国立文化财研究所提供的数据资料显示，平城京遗址出土的上面写有疑似“山海经”字样的木简，其形成年代应为天平七年至十一年（735—739）。从木简的形成时间来看，明显晚于《出云国风土记》的编纂年代。在当时情况下，作为下属令制国的出云国已出现《山海经》这部中国文献典籍，并被当成编纂《风土记》的参考书。那么，在当时作为首都的平城京，能见到《山海经》或写有“山海经”字样的木简等，也不足为奇。更何况，平城京遗址出土的这片写有疑似“山海经”

字样木简的形成时间比《出云国风土记》的成书年代还要晚一些。由此可以推断，木简正面的第二个字为“海”字的可能性极大。

综上所述，平城京长屋王邸遗址出土的这片木简上的文字极有可能就是“山海经”。那么，这片木简也可以作为证明奈良时代早期《山海经》已传入日本的物证之一。当然，也有可能正如川崎晃所说，木简的内容可能并非直接源自《山海经》。即便如此，也至少可以说明，在奈良时代早期，《山海经》这部中国文献典籍已被日本社会所了解和熟悉。

第三节　奈良时代绘画板上的《山海经》场景

如果说《风土记》与《山海经》的相似是《山海经》在奈良时代早已传入日本的主要文献证据，平城京长屋王邸遗址出土的写有“山海经”字样的木简则是作为辅证的物证。那么，是否还能找到一些旁证呢?

1997 年，日本新潟县和岛村下之西遗址出土了 11 件木简和一批漆器、陶器等文物。翌年，新泻县和岛村教育委员会出版了《下之西遗址：以出土木简为中心》一书，公布了 1997 年对下之西遗址进行考古发掘的结果和木简的释文等。第四章“木简的概要”第二节“木简的释文、意义”中公布了日本国立历史民俗博物馆平川南教授关于木简的释文。其中对第十号木简的释文如下：

【第十号】※ 绘画板　直径 195·厚度 11　〇六一型式

圆形的底板上画着被绳子捆住的树木和两个人。中间那个人的脖子和交叉的手腕都被绑着绳状物,表情看起来很痛苦。另外一个位于画板右下方的人,身体不自然地躺着。

关于这幅图的解释,虽有点超出推测的范围,但是从被绳状物捆住的异常情形来看,并不像是普通的戏画。很有可能是描述执行律令规定的刑罚中的绞首刑或限制身体自由的刑罚。或者也有可能是对某种巫术的描述。①

在第十章的"调查成果简要"的第二节"关于出土木简"中,仅列举了关于第一号、第五号、第十号木简的简要评述。其中关于第十号木简的评述如下:

作为奈良时代前半期的绘画资料,在遗存木简中是比较稀有和珍贵的,有可能是当时律令规定的刑罚的情景,或者也有可能描述的是巫术的世界。②

根据新泻县和岛村教育委员会公布的有关下之西遗址出土木简的释文和评述,可以明确一点,这个被标为"第十号"的木简是一块奈良时代前半期的圆形木版画,但木版画上的内容和寓意尚不能确定。

---

① 和島村教育委員会:『下ノ西遺跡:出土木簡を中心として』、和島村教育委員会、1998 年,第 23 頁。

② 和島村教育委員会:『下ノ西遺跡:出土木簡を中心として』、和島村教育委員会、1998 年,第 24 頁。

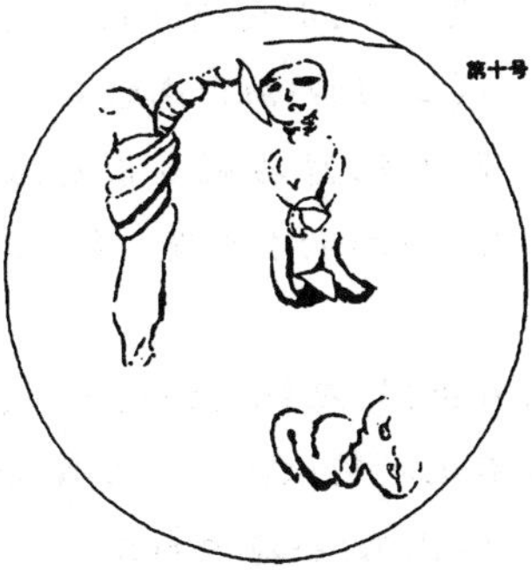

图 4[①]

2001 年，桐本东太和长谷山彰两位学者在《史学》上发表了《〈山海经〉与木简：以下之西遗址出土的绘画板为中心》一文。关于下之西遗址出土的这幅绘画板，两位学者在文中提出了这样的观点："绘画板右下边的图案其实并不是人，而是中国古代地志·博物志《山海经》中出现的人面蛇身的神兽窫窳，图案整体是将《山海经》中记载的特定场面绘画化了。"[②]

关于"窫窳"，《山海经》中有多处记载，例如：

"有兽焉，其状如牛，而赤身、人面、马足，名曰窫窳，其音如婴儿，是食人。"[③]（《山海经·北山经》）

"窫窳龙首，居弱水中，在狌狌知人名之西，其状如龙首，食人。"[④]（《山海经·海内南经》）

---

① 和島村教育委員会:『下ノ西遺跡：出土木簡を中心として』、和島村教育委員会、1998 年，第 23 頁。

② 桐本東太、長谷山彰:「『山海経』と木簡：下ノ西遺跡出土の繪畫板をめぐって」、『史学』(70 巻 2 号)、2001 年、第 139 頁。

③ 袁珂:《山海经校注》，成都：巴蜀书社，1996 年，第 91 页。

④ 袁珂:《山海经校注》，成都：巴蜀书社，1996 年，第 328 页。

“有木，其状如牛，引之有皮……其名曰建木。在窫窳西弱水。”① (《山海经·海内南经》)

“贰负之臣曰危，危与贰负杀窫窳。帝乃梏之疏属之山，桎其右足，反缚两手与发，系之山上木。”② (《山海经·海内西经》)

“开明东有巫彭、巫抵、巫阳、巫履、巫凡、巫相，夹窫窳之尸，皆操不死之药以距之。窫窳者，蛇身人面，贰负臣所杀也。”③ (《山海经·海内西经》)

“有窫窳，龙首，是食人。”④ (《山海经·海内经》)

纵观《山海经》中6处关于“窫窳”的记载，下之西遗址出土的绘画板上描述的情景与《海内西经》中描述的情形基本吻合。桐本东太和长谷山彰两位学者也在文中指出：“下之西遗址出土的木制品上所画的图案应该就是描述《海内西经》中所见的窫窳与贰负之臣受刑的场景。”⑤ 其理由如下：

“仔细观察，会发现右下方躺着的生物并无手足，而是一个身体成卷曲形状的蛇身。头部圆圆的，仅画了两只眼睛，这无非是一个蛇头。右上方的人，没有头发、耳朵的头部圆圆的，应是人面。能看出右上方的人两手被捆着，颈部被绳状物吊在树上。这与江户时代和刻本山

① 袁珂:《山海经校注》,成都:巴蜀书社,1996年,第329页。
② 袁珂:《山海经校注》,成都:巴蜀书社,1996年,第335页。
③ 袁珂:《山海经校注》,成都:巴蜀书社,1996年,第352页。
④ 袁珂:《山海经校注》,成都:巴蜀书社,1996年,第513页。
⑤ 桐本東太、長谷山彰:「『山海経』と木簡：下ノ西遺跡出土の繪畫板をめぐって」、『史学』(70卷2号)、2001年、第141頁。

海经绘图《海内西经》中所载图的场景一致。”[1]

图5[2]

对比江户时代和刻本《山海经》绘图中所描述的《海内西经》中的这一场景，与下之西遗址出土的绘画板上的图案，二者一简一繁，画风虽有差异，但在具体场景的描述上却高度一致。这也正如桐本东太和长谷山彰在文中所说：“这个绘画版上所描述的，虽与《海内西经》的记述稍有差异，但作画者应是将《海内西经》中的说明作为贰负之臣受刑的场面来理解的，没有能够否定双方相似性的相异之处。”[3]

当然，为了证明下之西遗址出土的绘画板确实是将《山海

① 桐本東太、長谷山彰:「『山海経』と木簡：下ノ西遺跡出土の繪畫板をめぐって」、『史学』(70卷2号)、2001年、第141頁。

② 江户时代和刻本《山海经》中的绘图。

③ 桐本東太、長谷山彰:「『山海経』と木簡：下ノ西遺跡出土の繪畫板をめぐって」、『史学』(70卷2号)、2001年、第141頁。

经》中的记载图案化了，桐本东太和长谷山彰两位学者还指出了许多相关联的线索。

首先，两位学者提到平城京遗址出土的含有“山海经”字样的木简，并认为“《山海经》在奈良时代前半期已经传入日本的话，把绘画板上的内容看成是以《山海经》中的记载为蓝本所画，也没有什么不自然”。[①] 不仅如此，两位学者还发现，“《出云国风土记》中所见的药草的种类有许多与《山海经》中所记载的相对应，先学已指出，《出云国风土记》在编纂时参照《山海经》的可能性很高。”[②] 根据文后注释可知，此处的“先学”是指伊藤清司和川崎晃。尽管桐本和长谷两位学者没有提武藤元信和小岛宪之两位主证《出云国风土记》参考《山海经》的学者，但他们对《出云国风土记》参考了《山海经》这一问题的观点和态度却是一致的。鉴于编纂《风土记》虽是诸国的国司受命，实际编纂工作却是由郡司以下的人来推动，桐本和长谷两位学者认为“即便是在越后国，情况也一样，郡衙乃至在相关官衙里任职的官员们通览了《山海经》，把其作为习字的一环，或是将《山海经》中所记载的内容画在圆形的底板上”。[③] 对此，两位学者还进一步推测认为下之西遗址出土的绘画板也可能原本就是以图为参考资料所画，原因是从郭璞的《山海经图赞》和陶渊明《读山海经》中的“流观山海图”可知，《山海经》原本有图。鉴于此，两位学者指出：

① 桐本東太、長谷山彰:「『山海経』と木簡：下ノ西遺跡出土の繪畫板をめぐって」、『史学』(70 巻 2 号)、2001 年、第 142 頁。

② 桐本東太、長谷山彰:「『山海経』と木簡：下ノ西遺跡出土の繪畫板をめぐって」、『史学』(70 巻 2 号)、2001 年、第 142 頁。

③ 桐本東太、長谷山彰:「『山海経』と木簡：下ノ西遺跡出土の繪畫板をめぐって」、『史学』(70 巻 2 号)、2001 年、第 143 頁。

> “现在的《山海经图》是明代以后的东西，原图的情形虽不明确，但奈良时代或者更早以前传入日本的《山海经》是有图的，绘画板上的图案以此为参考所作，这种可能性也是无法否定的。”①

其次，两位学者还认为“即便是在《山海经》中，贰负之臣和窫窳作为图案被选中并非偶然。”② 西汉刘歆在《上山海经表》中为证明《山海经》“其事质明有信”，曾举了两个例子。其中一例为东方朔所知异鸟之名即出自《山海经》。另一例内容如下：

> “孝宣帝时，击磻石于上郡，陷得石室，其中有反缚盗械人。时臣秀父向为谏议大夫，言此贰负之臣也。诏问何以知之，亦以《山海经》对。其文曰：‘贰负杀窫窳，帝乃梏之疏属之山，桎其右足，反缚两手。’”③

也许正是由于这两个能够证明《山海经》“其事质明有信”的例子，人们对于《山海经》的态度如刘歆在《上山海经表》中所言，“上大惊。朝士由是多奇《山海经》者，文学大儒皆读学，以为奇可以考祯祥变怪之物，见远国异人之谣俗”。④ 也正因如此，《海内西经》中关于贰负之臣的记载或是插图给人留下深刻印象。所以，桐本和长谷两位学者指出：“可以想象，对绘

---

① 桐本東太、長谷山彰：「『山海経』と木簡：下ノ西遺跡出土の繪畫板をめぐって」、『史学』（70 巻 2 号）、2001 年、第 143 頁。

② 桐本東太、長谷山彰：「『山海経』と木簡：下ノ西遺跡出土の繪畫板をめぐって」、『史学』（70 巻 2 号）、2001 年、第 143 頁。

③ 袁珂：《山海经校注》，成都：巴蜀书社，1996 年，第 541 页。

④ 袁珂：《山海经校注》，成都：巴蜀书社，1996 年，第 541 页。

画板的作画者来说,因为是《山海经》中印象最深的场景,所以成了绘画板的图案。”①

另外,《海内西经》还有一处关于“窫窳”的记载,即“开明东有巫彭、巫抵、巫阳、巫履、巫凡、巫相,夹窫窳之尸,皆操不死之药以距之。窫窳者,蛇身人面,贰负臣所杀也”。② 对此,桐本和长谷两位学者作出这样的猜测:“帝命巫彭等神医在窫窳的尸体周围操不死之药,是在努力防止死气临近寻求不死,故事的内容与不死的观念相关联之事,是值得关注的。”③ 所以,他们认为“关于‘窫窳’的故事里也可见祈求不老不死这一神仙思想的影响,这是作画者描述这一场面的动机之一,这一推测,也不能说是没有道理的”。④

综上所述,下之西遗址出土的木版画上的图案与《海内西经》所描述的场景完全一致。这块绘制于奈良时代前半期的绘画板,不论其作画者是参考了《山海经》的文字还是《山海经》的图,它与《山海经》的关系都不可否认。可以说,这块绘画板是《山海经》在奈良时代在日本传播的又一物证。

除以上三个可以相互印证的文献资料和地下出土资料之外,日本还有一个可以证明《山海经》在奈良时代或者更早时期就已传入日本的线索。

---

① 桐本東太、長谷山彰:「『山海経』と木簡:下ノ西遺跡出土の繪畫板をめぐって」、『史学』(70 巻 2 号)、2001 年、第 143 頁。

② 袁珂:《山海经校注》,成都:巴蜀书社,1996 年,第 352 页。

③ 桐本東太、長谷山彰:「『山海経』と木簡:下ノ西遺跡出土の繪畫板をめぐって」、『史学』(70 巻 2 号)、2001 年、第 144 頁。

④ 桐本東太、長谷山彰:「『山海経』と木簡:下ノ西遺跡出土の繪畫板をめぐって」、『史学』(70 巻 2 号)、2001 年、第 144 頁。

第四节　源于《山海经》的“中山神社”之名

日本冈山县津山市有一座“中山神社”。据《中山神社缘由》记载，神社创建于庆云四年（707）4月3日，也有说实际创建于和铜六年（713）。关于“中山神社”的社名，日本有源于《山海经》中描述铁的世界的《中山经》一说。维基百科中关于“中山神社”社名的介绍中提到，现在虽然读成训读“Nakayama”，以前曾经读作音读“Tyuuzen”“Tyuuzan”。

成书于平安时代中期的《延喜式》是藤原忠平等人于905至927年间受醍醐天皇之命编纂的法令集，由50卷构成。其中卷九、十的《延喜式神名帐》中记录了当时日本朝廷所指定的“官社”。现藏于日本天理图书馆的吉田家本《延喜式》是平安时代末期至镰仓时代初期的写本，其中卷九、十保存得非常完好。吉田家本《延喜式》中关于“中山神社”之“中山”的读音是音读“Tyuusan”。另外，成书于平安时代末期的《今昔物语集》卷第26第七“美作国神依猎师谋止生赘语”故事中有“今昔美作国有中参、高野二神，中参的神体为猿，高野的神体为蛇。”[①] “中参”在古代的音读为“Tyuusan”，与“中山”的发音完全一致，这里的“中参”同“中山”。这两个例子说明，在日本平安时代或者更早时期，“中山神社”之“中山”的发音确实是接近于汉语的音读。

中山神社的主祭神是名为“镜作神”的铸物之神、金属加工之神，也有说是名为“金山彦命”的产铁、制铁之神。日本学

---

① 『今昔物語集·巻第26』、近藤圭造（国立国会図書館蔵）、1882年、第18頁。

者志野敏夫指出：

> “中山神社的主祭神不论是‘金山彦命’，还是‘镜作命’，中山神社本身就是一个与制铁有关的神社。中山神社与制铁关系深远，正如诸位先学所指出的那样，神社周边有与制铁相关的考古遗物、遗迹，还有叫作‘金山谷’‘金山口’的地名等，可以说明这一点。”①

志野敏夫在此所说的“先学”是指真弓常忠、洼田藏郎、真锅成史等日本学者。洼田藏郎在《铁的考古学》（1975）一书中列出《山海经》中矿物产地的概数，认为《中山经》被描述成出铁、制铁的中心，《中山经》的世界是产铁的世界。② 真弓常忠在《古代的铁与诸神》（1985）一书中不仅指出中山神社的“中山神”是与制铁有关的神，而且指出：“制铁与中山联系起来，源于中国古典《山海经》中描述制铁世界的《山海经·中山经》。”③

如果“中山神社”确实始建于707年，则正处于日本飞鸟时代（592—710）末期，比奈良时代还要早。“中山神社”之“中山”在日本古代读作接近于汉语的音读“Tyuusan”，“中山神社”里所供奉的是与制铁有关的神。如果“中山神社”之名确实起源于描述制铁世界的《中山经》，那么《山海经》很可能在奈良时代以前就已传入日本。

除以上四条线索以外，陶渊明的《读山海经》一诗早在奈

① 志野敏夫：「美作中山神社とオオナムチ·物部氏——中山神社社伝を中心として」，『岡山理科大学紀要』（第41号），2005年，第18頁。

② 窪田蔵郎：『鉄の考古学』（改訂版），雄山閣出版，1975年。

③ 真弓常忠：『古代の鉄と神々』，学生社，1985年，第27頁。

良时代就被日本人所熟知。

《文选》即《昭明文选》,是我国最早的诗文选集。早在奈良时代,《文选》就被当作日本贵族必读的对象。《文选》不仅在中国历史上有深远的影响,对日本文学也有很大的影响。小岛宪之等日本学者曾经指出《日本书纪》和《万叶集》等日本文献中都有《文选》的影响痕迹。《文选》所收入的诗文中,陶渊明的有9首,其中就有《读山海经·孟夏草木长》一诗。诗文如下:

孟夏草木长,绕屋树扶疏。
众鸟欣有托,吾亦爱吾庐。
既耕亦已种,时还读我书。
穷巷隔深辙,颇回故人车。
欢言酌春酒,摘我园中蔬。
微雨从东来,好风与之俱。
泛览周王传,流观山海图。
俯仰终宇宙,不乐复何如?

《文选》中所收入的这首《读山海经·孟夏草木长》是陶渊明《读〈山海经〉十三首》中的第一首诗。日本奈良时代的贵族们曾将阅读《文选》作为基本的教养,他们在读到陶渊明的这首诗时,《山海经》之名乃至《山海经》图也必然会被他们所熟知,进而引起他们阅读陶渊明《读〈山海经〉十三首》和了解《山海经》的兴趣。可以说,《山海经》在奈良时代就已走进日本的上层社会。

小 结

日本奈良时代成书的《风土记》与《山海经》无论在结构、性质，还是记述内容和方法以及语言表达方面，都有诸多相似之处，这说明，在《风土记》的成书过程中，《风土记》的编纂者，尤其是《出云国风土记》的编纂者是看过《山海经》并以《山海经》为参考文献的。平城京长屋王邸遗址出土的奈良时代的木简上写有疑似“山海经”字样的文字，日本下之西遗址出土的奈良时代的木版画图案与《海内西经》所描述的场景完全一致，再加上日本“中山神社”之名起源于描述制铁世界的《中山经》，这一系列线索表明《山海经》自奈良时代或者更早时期就传入日本。而且，在奈良时代或者更早以前传入日本的《山海经》是有图的。

不仅如此，随着包含《读山海经·孟夏草木长》一诗的《文选》在日本奈良时代的传播，《山海经》成为奈良时代的日本人尤其是当时的贵族们所熟知的对象。这为奈良时代以后《山海经》在日本的传播作了一定的铺垫。

第二章

平安时代至安土桃山时代《山海经》在日本的传播

如前所述，平安时代成书的《本朝见在书目录》中有关于《山海经》的详细记录：

> “山海经廿一卷（郭璞注见十八卷）·山海经赞二卷（郭璞注）·山海经抄一卷·山海经略一卷·山海经图赞一卷。”[①]

关于《本朝见在书目录》“土地家”卷首的这段记载，严绍璗先生在《日藏汉籍善本书录》一书中指出：“此为日本古文献关于《山海经》的最早著录。”[②] 这一文献记载也充分说明，在日本平安时代（794—1192）前期，日本已有《山海经》的藏本。那么，在平安时代，还有哪些《山海经》在日本传播的踪迹可寻？至江户时代以前，《山海经》在日本的传播又经历了怎样的变迁？

① 藤原佐世:『日本国見在書目録』、891 年。京都大学附属図書館所蔵『伴信友蔵書』第四十五冊、1831 年。

② 严绍璗:《日藏汉籍善本书录》（中），北京：中华书局，2007 年，第 1248 页。

第一节 清凉殿“荒海障子”上的“远国异人”

“长臂国”和“长股之国”是《山海经》中有名的“绝域之国，殊类之人”。例如：

“长臂国在其东，捕鱼水中，两手各操一鱼。一曰在焦侥东，捕鱼海中。”① (《山海经·海外南经》)

“长股之国在雄常北，被发。一曰长脚。”② (《山海经·海外西经》)

关于“长股之国”，袁珂在《山海经校注》中曾引用郭璞注文：

“郭璞云：‘国在赤水东也。长臂人身如中人而臂长二丈，以类推之，则此人脚过三丈矣。皇帝时至。或曰，长脚人常负长臂人入海中捕鱼也。’”③

“长手”“长足”分别是《山海经》中“长臂国”“长股国”的典型形象。随着《山海经》在日本的流布，这些“长手”“长足”的典型形象也传到了日本，并走进日本平安时代天皇的住所，被画在京都御所的一个纸门上，即清凉殿有名的“荒海障子”。

---

① 袁珂:《山海经校注》,成都:巴蜀书社,1996 年,第 245 页。
② 袁珂:《山海经校注》,成都:巴蜀书社,1996 年,第 272 页。
③ 袁珂:《山海经校注》,成都:巴蜀书社,1996 年,第 272 页。

京都御所位于日本京都市上京区，自794年日本迁都平安京（今京都）至明治维新后的1869年，虽历经时代变迁，但一直是日本历代天皇居住、举行仪式和执行公务的场所。御所内现存的主要建筑物有紫宸殿、清凉殿等10处大殿和19处堂所。各建筑物内部，根据房间的格局和用途，装饰着各种障壁画。清凉殿的北侧，就装饰着画有《山海经》中的“远国异人”的“荒海障子”。

图6　清凉殿“荒海障子”的两侧图画[①]

从“荒海障子”上画着的左右两幅图来看，明显是画着“长手长足”的怪人在海中捉鱼的情景。尤其是左侧的图上画着“长足人”肩负着“长臂人”伸手捞鱼的情景。左侧图上所画内容与前述郭璞注《山海经》中所描述的“长脚人常负长臂人入

① 本图片为“荒海障子”两侧图画的截图。

海中捕鱼也”[1]这一情形完全一致。这说明，“荒海障子”上的画确实源于《山海经》。但是，这个画着“长手长足”的怪人在海中捉鱼的“荒海障子”是平安时代的产物吗？

现在的京都御所，除一年两次短暂的开放日外，需提前预约才能参观。笔者在日本期间，刚好赶上一次京都御所的开放日。现在清凉殿里所展出的“荒海障子”图画由江户时代末期的土佐派画家土佐光清（1805—1863）所画。“荒海障子”图画最初的作者据说是平安时代前期的宫廷画家巨势金冈[2]。漫长的历史进程中，御所曾前后发生过7次火灾，原作早已了无踪迹。所以，江户末期的画家土佐光清是否是模仿原作所画，就成为解决问题的关键。

《枕草子》是日本平安时代中期女作家清少纳言（966—1025）的随笔集。清少纳言曾在宫中为一条天皇[3]的皇后定子做了7年的女官，并深受器重。当时的清凉殿，就是一条天皇和定子皇后日常居住的殿舍。所以，清凉殿就成了《枕草子》中必不可少的场所。《枕草子》中有专门描写“清凉殿丑寅隅”的一段。

> “清凉殿东北隅那扇隔开北侧的纸门上，画着苍海及生物之怪异可怖者，如长手长脚之人。弘徽殿的门一打开，便看得见这些，真惹人嫌，大伙儿总是笑说讨厌。”[4]

---

① 袁珂：《山海经校注》，成都：巴蜀书社，1996年，第272页。
② 巨势金冈：平安初期的画师，人称大和绘之祖。
③ 一条天皇：日本第66代天皇，在位时间是986—1011年。
④ （日）清少纳言著、林文月译：《枕草子》，南京：译林出版社，2011。

"丑寅隅",就是东北方位的一角,林文月在翻译《枕草子》时直接将其译成"东北隅"。

从清少纳言在《枕草子》中的这段描述可知,在平安时代中期的清凉殿里,纸门上画着的就是苍海及长手长脚之人,而且还有点让人生厌的恐怖。镰仓时代(1185—1333)的橘成季所编故事集《古今著文集》(1254)中曾提到过这个"荒海障子",据说早在一条天皇在位以前就有。

一条天皇在位期间(986—1011),御所内里曾发生4次火灾。之后,又多次发生火灾。前后被焚7次的御所历经多次重修。《枕草子》中所描述的画着苍海及长手长脚之人的纸门画也有可能历经多次火灾和修复。现存京都御所是江户时代末期的孝明天皇(1831—1867)重建,现清凉殿里展出的"荒海障子"上的图画就是江户末期的画家土佐光清在这次重建中所画。值得一提的是,土佐派画家土佐光清对平安时代和镰仓时代的日本绘画深有研究。那么,本着修复文物的原则,对平安时代绘画深有研究的土佐光清在重画此画时,必是在原画作的基础上,对原画作进行尽量模仿。

根据日本学者水野耕嗣的考证可知,"《山海经》及其插图中'长手长足'之人的具体形象是最早的'手长足长图',而清凉殿'荒海障子'上画的是日本最早的'手长足长图'"。[①] 所以,尽管现在清凉殿所展出的"荒海障子"上的图画并没有《枕草子》中描述的那样有着让人生厌的恐怖,也无法确定清凉殿纸门上原画中的"长足人"是否背着"长臂人",但在平安时代中期,御所清凉殿的纸门上,确实画着苍海及长手长脚之人,所画

① 水野耕嗣:「「手長足長」彫刻の発生とその展開——近世山車彫刻の図様に関する研究」、『飯田市美術博物館研究紀要』、2010(3)、第39—40頁。

内容源于《山海经》,这是不争的事实。

东汉王充在《论衡·订鬼》中曾引用《山海经》的一段佚文:

> “《山海经》又曰,苍海之中有度朔之山,上有大桃木,其屈蟠三千里,其枝间东北曰鬼门,万鬼所出入也,上有二神人,一曰神荼,一曰郁垒,主阅领万鬼,恶害之鬼执以苇索而以食虎,于是黄帝乃作礼以时驱之,立大桃人门户,画神荼、郁垒与虎,悬苇索以御凶魅。”①

源自《山海经》的“东北曰鬼门”一说,后来也传到了日本。《枕草子》中画着“长手长脚之人”的纸门,就位于“丑寅”方位,即东北方位的“鬼门”位置。清凉殿的西侧还有一个叫“鬼间”的地方,“鬼间”的南墙上画着“白泽王”斩鬼的画,用来驱鬼辟邪。那么,清凉殿东北的这个“鬼门”位置的纸门上画着的《山海经》中的“远国异人”,就如同《山海经》佚文中的神荼和郁垒二位神人,起到门神的作用,用来驱鬼辟邪。

水野耕嗣还提到“据说宫中所画的长手长脚之人是被当作不老长寿的神仙,用于祈愿天皇的长寿”。② 由此可知,不管是被当作“门神”,还是被当作神仙,源自《山海经》的“长手长脚”之人的形象和功能已经发生了变异。

除“荒海障子”上的绘画之外,平安时代的一些艺术品中也可寻觅到《山海经》的踪影。

① 王充:《论衡》,上海:上海古籍出版社,1990 年,第 217 页。

② 水野耕嗣:「「手長足長」彫刻の発生とその展開——近世山車彫刻の図様に関する研究」、『飯田市美術博物館研究紀要』、2010(3)、第 40 頁。

图 7　平等院凤凰堂顶的金铜凤凰

现位于日本京都府郊区宇治市的平等院凤凰堂（又名阿弥陀堂）始建于平安时代天喜元年（1053），原为贵族府邸中供奉阿弥陀佛的佛堂，其建筑整体造型如凤凰展翅，而且堂顶两端站立着两只展翅欲飞的金铜凤凰。日本学者谷川源通过考察瑞兽和《山海经》中有关“凤皇、鸾鸟、凤鸟”等的记述，认为《山海经》中出现的“凤皇”即“凤凰”。“与凤凰同类的鸟，不仅出现在《山海经》中，也以多种种类出现在各种文献中。《山海经》中出现的‘凤皇’或‘凤鸟’可以说是后世凤凰的基础。”[①]《山海经》在平安时代早已传入日本，那么，凤凰的图像以及与凤凰相关的知识也随之传入日本。通过考证，谷川源指出：“日本的凤凰其外形为自汉代至唐代定型的鸡一样的外形，并且有以《山海经》为首的《广雅》《说文解字》《宋书》《尔雅》等书籍中出现的各种凤凰的特征。”[②]

根据上述内容可知，在平安时代中期或者更早些时候，《山海经》的内容通过艺术的形式已经渗透到日本上层社会的

①　谷川源：「平等院·金銅鳳凰（鳳凰堂中堂旧棟飾）の制作に関する考察」、三重大学 2011 年度修士論文、第 15 頁。

②　谷川源：「平等院·金銅鳳凰（鳳凰堂中堂旧棟飾）の制作に関する考察」、三重大学 2011 年度修上論文、第 16 頁。

日常生活中。

第二节　平安文学和类书中的《山海经》

日本平安时代（794—1185）御所清凉殿的“荒海障子”上画着《山海经》里的“远国异人”，被誉为“中古文学双璧”之一的《枕草子》中也有关于“荒海障子”的描述。这说明，《山海经》的内容不仅渗透到日本平安时代上层社会的日常生活中，也已蔓延到平安时代的文学作品中。

不光《枕草子》中有着与《山海经》相关的内容，平安时代的众多文学作品中都能找到《山海经》的踪影。1954 年 6 月，日本学者新美保秀在《国语与国文学》杂志上发表了《日本文学中出现的汉籍统计研究》一文，文中对日本上代至近世文学中出现的汉籍数量进行了统计，所列 530 种汉籍中，《山海经》与《游仙窟》以 31 例并列第 41 位。这说明，《山海经》在日本古代文学中的出现频率还是比较高的。

1994 年，日本学者松田稔的《〈山海经〉的基础的研究》一书出版，其中第五章“《山海经》的接受”中收录了一节“日本文学主要作品中的《山海经》”。在这一节中，松田稔以岩波书店 1958 至 1967 年间陆续发行的《日本古典文学大系》为对象，对其中所收入的日本上古至近世 100 卷主要古典文学作品中与《山海经》相关的记载进行了检索和统计。从松田稔所列数据可知，平安时代有很多作品中出现与《山海经》有关的记载，具体情况如表 1 所示：

表1　平安文学中与《山海经》有关的记载统计[①]

作品名称	成书年代	作品介绍	《山海经》相关内容
《伊势物语》	平安初期	日本文学史上第一部和歌物语	1
《宇津保物语》	平安中期	日本最早的长篇物语	3
《今昔物语集》	平安末期	民间传说故事集	1
《本朝文粹》	平安中期	汉诗文集	5
《三教指归》	平安初期	真言宗始创人空海之出家宣言书	1
《性灵集》	平安前期	空海汉诗文集	1
《菅家文草》	平安前期	汉诗文集,菅原道真著	8
《和汉朗咏集》	平安中期	歌谣集	4
《梁尘秘抄》	平安末期	歌谣集	1
《滨松中纳言物语》	平安后期	深受《源氏物语》影响的王朝物语	1
《荣华物语》	平安后期	历史物语	1

岩波书店《日本古典文学大系》(1958—1967年版)所收日本上代至近世古典文学作品共100卷,其中平安时代的有44卷,共32部。根据松田稔的统计可知,《日本古典文学大系》所收上代至近世100卷77部作品中,含有与《山海经》相关记载的有31部。平安时代的32部作品中,有11部作品中有与《山海经》相关的记载,其中菅原道真所著《菅家文草》中多达8处。

那么,《日本古典文学大系》所收平安时代的32部作品中,除松田稔所列11部之外,另外21部作品中是否也有与《山海经》相关的内容呢?

① 本表数据来源:松田稔:『「山海經」の基礎的研究』、笠間書院、1995年,第481—483頁。

《竹取物语》是日本最早的物语，被誉为日本物语的鼻祖。《竹取物语》的作者和具体的成书年代皆不详，据说最晚也于平安时代10世纪中期已成书。在这部日本最早的物语中，也有明显与《山海经》相关的内容。

《山海经·海外西经》云：

"奇肱之国在其北，其人一臂三目，有阴有阳，乘文马。"①

关于"奇肱之国"，郭璞注为：

"其人善为机巧，以取百禽，能作飞车，从风远行。汤时得之于豫州界中，即坏之，不以示人。后十年西风至，复作遣之。"②

根据郭璞注可知，《山海经》中"奇肱之国"的人不仅能做"飞车"，还可乘"飞车"顺风远行。巧合的是，在《竹取物语》中，八月十五之夜，从"飞车"上下来的王者模样的人宣称赫映姬必须返回月宫。最后，赫映姬坐上天人们的"飞车"，同天人们一起离开。

关于"飞车"一词，平安时代中期成书的类书《倭名类聚抄》曰：

"兼名苑注云，奇肱国人，能做飞车，从风飞行，故曰

① 袁珂：《山海经校注》，成都：巴蜀书社，1996年，第257页。
② 袁珂：《山海经校注》，成都：巴蜀书社，1996年，第257页。

飞车。”①

《兼名苑》是我国梁代的名物辞典,早已失传。其中关于“飞车”一词的解释,既有可能参考了深受《山海经》影响的《博物志》,也有可能参考了郭璞注《山海经》。江户时代的学者狩谷棭斋(1775—1835)在《笺注倭名类聚抄》(卷第三)“舟车部第七”中给“飞车”作注时,就直接引用了郭璞关于《山海经》中“奇肱之国”的注文。

说到《倭名类聚抄》这部成书于934年的日本最早的类书,其中引用了汉籍、和书、佛经等近300种文献,不仅成为了解平安时代社会、风俗等的史料,也有很高的文学价值,成为日本历代古代文学或古代史研究者必备书籍之一。岩波书店1985年版《日本古典文学大辞典》(第六卷)和明治书院1998年版《日本古典文学大事典》中都有关于《倭名类聚抄》的相应介绍。现存的《倭名类聚抄》有10卷本和20卷本两种。江户时代后期,狩谷棭斋以10卷本的《倭名类聚抄》为底本,对其进行注释,于1827年著成《笺注倭名类聚抄》一书。在日本新潮社1937年出版的《日本文学大辞典》中,日本语言学家龟田次郎(1876—1944)曾评价此书为《倭名类聚抄》研究中“空前绝后的名著”。

在这部文学价值较高的日本最早类书中,也有一些与《山海经》有关的内容。例如:《倭名类聚抄》卷第1的“天地部·神灵类”中关于“魑魅”的解释中就有“山海经云,魑,鬼类也”。②卷第8“龙鱼部·龙鱼类”中关于“人鱼”的解释中又有“山海

① 狩谷棭斎:『箋注倭名類聚抄』(卷第3)、印刷局、1883年,第71頁。
② 狩谷棭斎:『箋注倭名類聚抄』(卷第1)、印刷局、1883年,第44頁。

经注云，声如小儿啼，故名之”。[1]

这些实例说明，平安时代的源顺在编纂《倭名类聚抄》时，《山海经》也是其参考文献之一。当然，这也从另一方面说明，《竹取物语》的作者让天人们乘上了“飞车”，应并非巧合，很可能是受到郭璞注《山海经》中“飞车”的启发。

《山海经·海内北经》中有“蓬莱山在海中”。[2]《竹取物语》中的赫映姬给向他求婚的车持皇子提出了一个难题：“东海中有一座叫蓬莱的山，山上有一种银根金茎结白玉的树，叫他去给我折一个树枝来！”[3] 由于《列子·汤问》《史记·孝武本纪》等中国古典文献和成书于720年的《日本书纪》中都有关于“蓬莱山”的记载，虽无法确定《竹取物语》中位于东海之中的“蓬莱山”是否源于《山海经》，但也不能完全否定《竹取物语》中的“蓬莱山”与《山海经》有关。

从前述《枕草子》中关于“荒海障子”上所画“长手长脚之人”的描述已知，《枕草子》中确实含有与《山海经》中的记载相关的内容。《源氏物语》与《枕草子》并称日本古典文学双璧。在《源氏物语》中，也并非没有与《山海经》相关的内容。

《源氏物语》“末摘花”一回的结尾有一段关于“紫姬”的描述：

> “她那位遵从古风的祖母平日管教有方，虽尚未把她的牙齿染黑，但由于最近开始化妆，眉际清秀，显得十分清丽。”[4]

---

① 狩谷棭斎:『箋注倭名類聚抄』(巻第8)、印刷局、1883年，第44頁。

② 袁珂:《山海经校注》，成都：巴蜀书社，1996年，第378页。

③ 物集高量校注:『新釈日本文学叢書·第4巻·竹取物語』、日本文学叢書刊行会、1923年，第6頁。

④ 紫式部:『源氏物語』(巻三)、中央公論社、1939—1941年，第58頁。

关于把牙齿染黑这一古俗,有些《源氏物语》的版本或注释书中有相应的注解。例如,永井一孝的《源氏物语新考:集注》中就有关"齿黑"一词的注解:

> "山海经云,东海有黑齿国,其俗妇人齿黑染。今案,日本即为东海中之国,习彼俗也……所以,未满十岁的紫姬尚未把牙齿染黑。"①

关于"黑齿国",虽然《吕氏春秋》《淮南子》《三国志》《文选》等中国文献典籍中都有相应的记载,但最早出现有关"黑齿国"记载的却是《山海经》。《山海经》中有2处关于"黑齿国"的记载:

> "黑齿国在其北,为人黑,食稻啖蛇,一赤一青,在其旁……下有汤谷。汤谷上有扶桑,十日所浴,在黑齿北。"②(《山海经·海外东经》)
>
> "有黑齿之国。帝俊生黑齿,姜姓,黍食,使四鸟。"③(《山海经·大荒东经》)

那么,《山海经》中所描述的"黑齿国"是否就是日本呢?

从永井一孝的《源氏物语新考:集注》中关于"齿黑"一词的注解可知,《山海经》中所描述的"黑齿国"就是日本,而平安时代的日本,恰恰保留着《山海经》中所记载的"黑齿"这一

① 永井一孝:『源氏物語新考:集注』(第1卷)、国民図書、1930年,第572頁。
② 袁珂:《山海经校注》,成都:巴蜀书社,1996年,第306页。
③ 袁珂:《山海经校注》,成都:巴蜀书社,1996年,第401页。

古俗。由于《源氏物语》的原作已无从寻觅，所以无法知晓原作或平安时代的注解中是否有关于“齿黑”一词的注解。尽管如此，《源氏物语》中所出现的“染黑齿”这一古俗源于《山海经》却是不可否认的。

同样涉及“染黑齿”这一内容的，还有平安时代后期成书的短篇故事集《堤中纳言物语》。

除此以外，《日本古典文学大系》中所收《日本灵异记》中也可见《山海经》的影响痕迹。

《日本灵异记》全称《日本国现报善恶灵异记》，由日本奈良药师寺的僧人景戒于日本平安时代初期著成，是日本最早的民间故事集。在其卷一的“道场法师打退鬼”故事中，“东北”这一“鬼门”方位多次出现，“道场法师”被塑造成一个镇护“鬼门”的圣人，“道场法师”所在的元兴寺也对平城京起到“鬼门镇护”的作用。直到今天，日本奈良市元兴寺所售祈愿牌“绘马”的两面还分别画着“道场法师”和“鬼”。购买“绘马”时还会得到一张纸条，上面写着：

“除厄招福的护身符，请挂到丑寅（东北）方向。”①

《日本灵异记》中这个“道场法师打退鬼”的故事，应是受到前述东汉王充在《论衡·订鬼》中所引《山海经》佚文的影响。

《竹取物语》《枕草子》和《源氏物语》，再加上《堤中纳言物语》和《日本灵异记》，这几部作品或多或少都与《山海经》

① “绘马”是日本的神社和寺庙里所出售的木制祈愿牌，长约15厘米，高约10厘米。购买者可以在上面的空白处写上或画上自己的愿望后将其挂在神社或寺庙内，现在也有好多人将其带回家。“绘马”起源于奈良时代有钱人向神社奉纳马匹，平安时代演变成在木板上画马，即“绘马”。现在的“绘马”图案已经丰富多彩，各式各样。

中记载的内容有关。所以,前述《日本古典文学大系》中所收的 32 部平安时代的作品中,含有与《山海经》的记载有关内容的,并不止松田稔所统计的 11 部,而是 16 部。

从日本上代至近世,文学作品浩如烟海,除了上述《日本古典文学大系》中所收的 77 部作品外,那些未被收入的古典文学作品中,仍会有许多含有与《山海经》相关的内容。在佳作频出的平安时代,除了上述《日本古典文学大系》中所收 32 部作品外,同样还有大量未被收入的作品。这些未被收入《日本古典文学大系》的作品中,也仍然会有一些渗透着《山海经》的内容。

从以上内容可以看出,不论是平安时代的艺术作品,还是文学作品,抑或是文学价值较高的类书中,都可以寻觅到《山海经》的诸多踪影。这也正如日本学者小松茂美所说:"《山海经》及其图赞中的兽身人面等虽然颇为奇怪,但是不难想象,这些书给当时的平安贵族带来很大的影响。"[①]

第三节　镰仓至安土桃山时代走向民间的《山海经》

平安时代之后,江户时代以前,日本历经了镰仓时代(1185—1333)、建武新政(1333—1336)、室町时代(1336—1573)、安土桃山时代(1573—1603)。其中 1336 年至 1392 年又被称为南北朝时代,1467 年至 1590 年又被称为战国时代。在这 400 余年的历史变迁中,中国文献典籍《山海经》在日本

① 小松茂美編:『日本絵巻大成 25 能恵法師絵詞·福富草紙·百鬼夜行絵巻』,中央公論社,1979 年,第 138 頁。

经历了怎样的沉浮？

一、镰仓至安土桃山时代文学中的《山海经》

根据松田稔的统计，前述《日本古典文学大辞典》中所收镰仓至安土桃山时代的文学作品中，有5部作品中含有与《山海经》相关的内容，具体情况如表2所示：

表2　镰仓至江户时代以前的文学中与《山海经》有关的内容统计[①]

作品名称	成书年代	作品介绍	与《山海经》有关的记载
《新古今和歌集》	镰仓时代初期	敕撰和歌集	2
《平家物语》	镰仓时代	军纪物语	1
《太平记》	南北朝时代	军纪物语	4
《义经记》	室町时代初期	军纪物语	1
《古今著闻集》	镰仓时代中期	故事集	2

在这5部作品中，《新古今和歌集》中有源自《山海经》的"邓林"，《平家物语》中有《山海经》中为西王母取食的"青鸟"，《太平记》中不仅有"青鸟"，还有《山海经》中所记载的"精卫"，另外还有《枕草子》中出现过的清凉殿里的"荒海障子"。《义经记》中的"龙伯公"之名源于郭璞注《山海经》中的"龙伯国"。《古今著闻集》中不仅有关于清凉殿的"荒海障子"在一条天皇在位以前就已存在的记录，还有一篇关于"人鱼"的记载。《古今著闻集》的编者橘成季认为"所谓人鱼，乃此种鯑鱼之物

① 本表数据来源：松田稔：『「山海經」の基礎的研究』、笠間書院、1995年，第481—483頁。

乎！”[1] 他的这一推测与《山海经》中关于“人鱼”的记载也是一致的。

尽管如此，同样是400年左右，对比平安时代，在镰仓时代至安土桃山时代的文学作品中，含有与《山海经》相关内容的作品仅有5部，数量明显减少。那么，在军纪物语盛行的镰仓时代至安土桃山时代的400余年间，除了以上5部文学作品之外，还有没有《山海经》的踪迹可寻？

“九尾狐”是中国古代的诸多文献中都曾出现过的怪奇异兽，但有关“九尾狐”的最早记载却出自《山海经》。

> “又东三百里曰青丘之山，其阳多玉，其阴多青頀。有兽焉，其状如狐而九尾，其音如婴儿，能食人，食者不蛊。”[2]（《山海经·南山经》）
>
> “青丘国在其北，其狐四足九尾。一曰在朝阳北。”[3]（《山海经·海外东经》）
>
> “有青丘之国，有狐，九尾。”[4]（《山海经·大荒东经》）

如上所示，《山海经》中有多处关于“九尾狐”的记载。《山海经》之后的诸多文献中，“九尾狐”一方面作为祥瑞的象征，一方面也被逐步妖化。早在六朝时期，李逻在其所注《千字文》的“周伐殷汤”处就有记“纣不知妲己是妖魅转更怜爱横恶百姓受害”。[5] 当召公不忍杀掉貌美的妲己时，“太公谓召公曰纣

① 永積安明、島田勇雄校注．日本古典文学大系84、古今著聞集．第534頁。

② 袁珂:《山海经校注》,成都:巴蜀书社,1996年,第7页。

③ 袁珂:《山海经校注》,成都:巴蜀书社,1996年,第304页。

④ 袁珂:《山海经校注》,成都:巴蜀书社,1996年,第400页。

⑤ (梁)周兴嗣撰、(后梁)李逻注:《纂图附音增广古注千字文》(3卷),日本国立国会图书馆藏元和年三年(1617)活字印本,第6页。

之亡国丧家皆由此女不杀之更待何时"[①]，妲己被杀后"即变作九尾狐狸"[②]。这应该是《封神演义》最早的蓝本之源。

关于《山海经》中的"九尾狐"，伊藤清司在《〈山海经〉中的鬼神世界》一书中指出："青丘之狐虽有狐形，但并非一般的野兽，九尾是其为妖怪的标志。"[③] 正如伊藤清司所说，《山海经》中的"九尾狐"在出现之初，就已具备了妖怪的特征，为后来成为"狐妖故事"的主角作了铺垫。不仅如此，"九尾狐"化身为美女的故事后来也传到了日本。

"玉藻前"是日本传说中源自中国的狐妖。据说这只狐妖跟随遣唐使吉备真备的船只东渡日本后，变成平安时代末期鸟羽天皇的宠妃，使得鸟羽天皇怪病缠身，后被阴阳师安倍泰成看破，现出九尾狐原形，之后又逃到那须野化为杀生石。

关于日本传说中的狐妖"玉藻前"，日本南北朝时代末期成书的史书《神明镜》中有关鸟羽天皇的记载中有关于"玉藻前"的记述。室町时代颇为流行的"御伽草子"之一《玉藻草子》（通称"玉藻前"）和谣曲《杀生石》中也都有关于"玉藻前"的详细描述。室町时代成书的辞书《下学集》（1444）中有关于"犬追物"这种骑射运动的介绍，据说这种骑射运动的命名因镰仓时代的武士们为治退"九尾狐"以狗来练习而起。

关于《玉藻草子》等作品中出现的东渡到日本的"九尾狐"，伊藤清司指出："不用说，这些妖狐是青丘九尾狐的正统后裔，因为九尾狐原本就是食人的妖怪。"[④] 这也就是说，尽管"九

---

① （梁）周兴嗣撰、（后梁）李暹注：《纂图附音增广古注千字文》（3卷），日本国立国会图书馆藏元和年三年（1617）活字印本，第6—7页。

② （梁）周兴嗣撰、（后梁）李暹注：《纂图附音增广古注千字文》（3卷），日本国立国会图书馆藏元和年三年（1617）活字印本，第7页。

③ 伊藤清司：『中国の神獣·悪鬼たち—山海経の世界』，東方書店，1986年，第18頁。

④ 伊藤清司：『中国の神獣·悪鬼たち—山海経の世界』，東方書店，1986年，第19頁。

尾狐”不论在中国，还是在日本，都发生了很大的变异，但《山海经》中所记九尾狐“能食人”等本质都没有改变。

如同流行于室町时代的《玉藻草子》一样，自镰仓时代末期至江户时代初期，日本出现了大量带有插图的短篇民间传说故事，后被称为“御伽草子”。这一文学形式在室町时代最为盛行，据说有400余篇，其中流传于世的有100余篇。江户时代中期享保年间（1716—1736），大阪的出版商涉川清右卫门出版了由23篇集成的《御伽文库》，又称《御伽草子》。所以，狭义的“御伽草子”是指江户中期出版的仅含23篇的短篇故事集《御伽草子》，而广义的“御伽草子”是指以室町时代为中心的中世小说，又被称为“室町物语”。

从这种流行于室町时代的“御伽草子”中，不仅能看到最早出现在《山海经》中的“九尾狐”的传说，也能看到与《山海经》相关的其他故事。

《山海经·海外南经》云：

> “周饶国在其东，其为人短小，冠带。一曰焦侥国在三首东。”①

关于“周饶国”，郭璞注为：“其人长三尺，穴居，能为技巧，有五穀也。”②

关于“焦侥国”，郭璞注为：“《外传》云：‘焦侥民长三尺，短之至也。’《诗含神雾》曰‘从中州以东西四十万里，得焦侥国人，长尺五寸也。’”③

---

① 袁珂：《山海经校注》，成都：巴蜀书社，1996年，第243页。
② 袁珂：《山海经校注》，成都：巴蜀书社，1996年，第243页。
③ 袁珂：《山海经校注》，成都：巴蜀书社，1996年，第243页。

《山海经·大荒东经》云：

"有小人国，名靖人。"[1]

对此，郭璞注为"《诗含神雾》曰：'东北极有人长九寸。'殆谓此小人也。或作竫，音同。"[2]

从以上《山海经》中的记载和郭璞注可知，《山海经》中不仅有"长三尺"的"周饶国人"和"焦侥国人"，更有"长九寸"的"小人国人"。

《一寸法师》是日本广为流传的民间故事，形成于室町时代，是室町时代的"御伽草子"之一，讲述了一个一寸小人靠智慧和勇气不仅娶到宰相的女儿而且将鬼治退的故事。另外，日本民间还流传着一个叫《御曹子渡岛》的故事，也是形成于室町时代的"御伽草子"，其中有记主人公源义经在北行途中游历过各种奇怪的小岛，有岛上全是裸体人的"裸岛"，有岛上全是女人的"女护岛"，有岛上住着身高如扇的"小人岛"，还有的岛上住着"马人"。

日本小学馆出版的《日本大百科全书》中有关于"小人说话"[3]一词的解释，其中提到《山海经》和郭璞注《山海经》中关于"周饶国""焦侥国"和"小人国"的记述，并指出"日本的小人国受到中国文献的影响"。[4]

如同室町时代之后的《和汉三才图会》（1712）和《风流志道轩传》（1762）等日本文献受到《山海经》等中国文献的

① 袁珂：《山海经校注》，成都：巴蜀书社，1996年，第395页。
② 袁珂：《山海经校注》，成都：巴蜀书社，1996年，第395页。
③ 日语中"说话"一词的意思相当于中文的"民间故事"。
④ 秋庭隆：『日本大百科全書9』、小学館、1986年、第489頁。

影响一样，流行于室町时代的“御伽草子”应是更早地受到《山海经》等中国文献的影响。所以，《一寸法师》《御曹子渡岛》等室町时代的“御伽草子”中所描述的奇人奇岛明显带有《山海经》中所描述的“远国异人”的特征，可以说是《山海经》在“御伽草子”中的投影。

除以上文学作品外，从镰仓时代至安土桃山时代的一些画作中，也能看到一些《山海经》的影子。

二、镰仓至安土桃山时代的绘画与《山海经》

《百鬼夜行绘卷》是日本有名的绘卷之一，据说在室町时代或者更早以前就已存在。室町时代后期，土佐派画家土佐光信（1434—1525）以原《百鬼夜行绘卷》为范本绘制了新的《百鬼夜行绘卷》，现藏于日本京都市大德寺真珠庵的《百鬼夜行图》就是其中一卷，是日本“重要文化财”之一。现在日本虽有十几家博物馆藏有《百鬼夜行绘卷》，但图案、年代等各有所异。藏于日本京都市大德寺的“真珠庵本”是其中最古老也最具原作代表性的《百鬼夜行绘卷》。

2003年，日本长野市立博物馆举行了“彼世·妖怪——信州异界万花镜”的特别展览，不仅展出了长野市真田宝物馆所藏《百鬼夜行绘卷》，而且在公开出版的“展示解说图录”中指出：“《百鬼夜行绘卷》《百怪图卷》等画着日本的妖怪，但是后半部分画的是《山海经》里的东西。”[①] 由于最具原作代表性的“真珠庵本”只是《百鬼夜行绘卷》中的一卷，现已无法知晓室町时代的《百鬼夜行绘卷》的后半部分画的是否是《山海经》

① 長野市立博物館編:『あの世·妖怪 信州異界万華鏡』、長野市立博物館、2003年，第32—33頁。

里的东西。但是,从仅存的“真珠庵本”中,也能发现些许《山海经》的影响痕迹。

1979 年,日本学者小松茂美在《日本绘卷大成(25)》中指出:

> “真珠庵本《百鬼夜行绘卷》中出场的主角虽然都是器物妖怪,但是围绕在器物妖怪周围的人物形象,如同《鸟兽人物戏画》中一样,也是猴子、青蛙等。这种将动物拟人化的绘画,究竟诞生于何时?首先映入脑海的就是《山海经》。”①

鉴于平安时代前期的《本朝见在书目录》中已有《山海经》藏本和《山海经图赞》的记载,小松茂美认为“《山海经》及其图赞中的兽身人面等虽然颇为奇怪,但是不难想象,这些书给当时的平安贵族带来很大的影响”。② 不仅如此,小松茂美还指出:

> “《百鬼夜行绘卷》的原形与《鸟兽人物戏画》一样,可以追溯到平安时代末期。之所以这么说,是因为《百鬼夜行绘卷》中围绕在妖怪周围的点景人物同《鸟兽人物戏画》一样,以猴、兔、狐为中心,再搭配上犬等。”③

---

① 小松茂美編:『日本絵巻大成 25 能恵法師絵詞·福富草紙·百鬼夜行絵巻』,中央公論社、1979 年,第 137 頁。

② 小松茂美編:『日本絵巻大成 25 能恵法師絵詞·福富草紙·百鬼夜行絵巻』,中央公論社、1979 年,第 138 頁。

③ 小松茂美編:『日本絵巻大成 25 能恵法師絵詞·福富草紙·百鬼夜行絵巻』,中央公論社、1979 年,第 138 頁。

小松茂美在文中多次提到的《鸟兽人物戏画》是日本的国宝，形成于平安时代末期至镰仓时代初期，由甲乙丙丁四卷构成，各卷形成的年代不一，作者也不同。《鸟兽人物戏画》原藏于日本京都高山寺，现甲卷和丙卷寄藏在东京国立博物馆，乙卷和丁卷寄藏在京都国立博物馆。其中甲卷以拟人化的猴、兔、蛙等鸟兽的滑稽百态而有名，其绘画手法常见于现在的漫画中，也因此被称为“日本最古老的漫画”。乙卷中既有常见的动物，也有想象中的动物，其中许多日本没有的动物，据说是根据从中国传入的动物绘画所画。

尽管不能确定《鸟兽人物戏画》乙卷中的动物绘画是否有参考《山海经》，但其甲卷中将动物拟人化的手法却与《山海经》中人面兽身的动物描写方式有异曲同工之妙。也许正是这个原因，小松茂美才认为，真珠庵本《百鬼夜行绘卷》如同《鸟兽人物戏画》一样，其将动物拟人化的绘画方式，首先让人想到的就是《山海经》这部中国文献典籍。

鉴于《百鬼夜行绘卷》和《鸟兽人物戏画》的原形都可以追溯到平安时代末期，而平安贵族又受到《山海经》的影响，室町时代的《百鬼夜行绘卷》中的动物拟人化手法很可能是间接受到《山海经》的影响。

总之，同平安时代一样，镰仓时代至安土桃山时代，《山海经》仍然以文学和艺术的形式渗透到日本社会。但是，与平安时代相比，《山海经》在这段时间内对日本社会的影响并不明显，散见的影响痕迹也从上层社会走向了民间。

小结

平安时代成书的敕撰汉籍目录《本朝见在书目录》中有关于《山海经》的详细记录，京都御所清凉殿的“荒海障子”上画着《山海经》中的长手长脚之人。这说明，早在平安时代前期，日本已有《山海经》的藏本。在平安时代中期或者更早些时候，《山海经》已通过艺术的形式渗透到日本上层社会的日常生活中，给当时的平安贵族带来不小影响。不论是平安时代的绘画作品，还是文学作品，抑或是文学价值较高的类书中，都可以寻觅到《山海经》的诸多踪影。

同样是400年左右，不论是平安时代，还是镰仓时代至安土桃山时代，《山海经》都以文学和艺术的形式渗透到日本社会。但是，与平安时代相比，镰仓至安土桃山时代被收入《日本古典文学大辞典》的作品中，含有与《山海经》相关的内容明显减少。但是，在“御伽草子”等民间文学中，仍可散见一些《山海经》的影响痕迹。除文学作品外，从室町时代的《百鬼夜行绘卷》等绘画作品中，也能看到一些《山海经》的影子。

总体而言，《山海经》在镰仓时代至安土桃山时代这段时间内对日本社会的影响并不明显，这与日本当时社会的频繁变迁有很大关系。自镰仓时代至室町时代，正是日本的“五山文化”时代，“五山文学”占据了日本文坛的主流，加上军纪物语盛行，当时的社会文化背景并没有给《山海经》在日本的传播提供合适的土壤。但是，由于“五山时代日本禅宗与中国非佛学文化相互通达”[①]，所以《山海经》同其他非佛学典籍一样，

① 严绍璗:《汉籍在日本的流布研究》，南京:江苏古籍出版社，1992年，第40页。

并没有因日本当时主流文化的冲击而销声匿迹。

另外，与平安时代不同的是，在镰仓时代至安土桃山时代这段时间内，《山海经》对日本的影响层面从上层社会走向民间，这为之后江户时代《山海经》在日本的广泛传播奠定了基础。

第三章

江户时代《山海经》在日本的传播

严绍璗先生在《汉籍在日本的流布研究》一书中曾经指出江户时代(1603—1868)中国文献典籍东传日本的三个特点:

"第一,中国文献典籍东传日本的规模,前所未有。第二,中国文献典籍东传日本的速度,前所未有。第三,江户时代中国文献典籍的东传,进入了商业流通领域,与以前各个时代显著的不同之处,还在于它主要是作为商品在中日两国商人之间进行贸易买卖。"[1]

如严先生所言,中国文献典籍在江户时代主要通过商业渠道进入日本,《山海经》也不例外。进入江户时代以后,诸多明、清版《山海经》传入日本,《山海经》在日本被广泛阅读。日本不仅出现了和刻本《山海经》,也出现了大量深受《山海经》影响的类书、绘画和文学作品等。

① 严绍璗:《汉籍在日本的流布研究》,南京:江苏古籍出版社,1992 年,第 59—62 页。

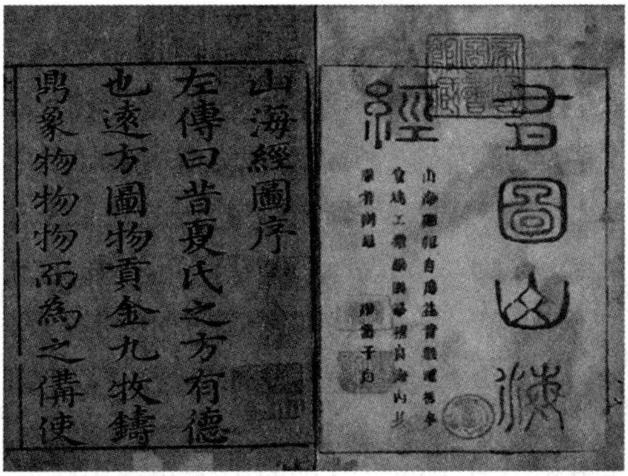

山海經圖序

左傳曰昔夏氏之方有德也遠方圖物貢金九牧鑄鼎象物物物而為之備使

图 8　明刊本《山海经》(日本国立国会图书馆藏)

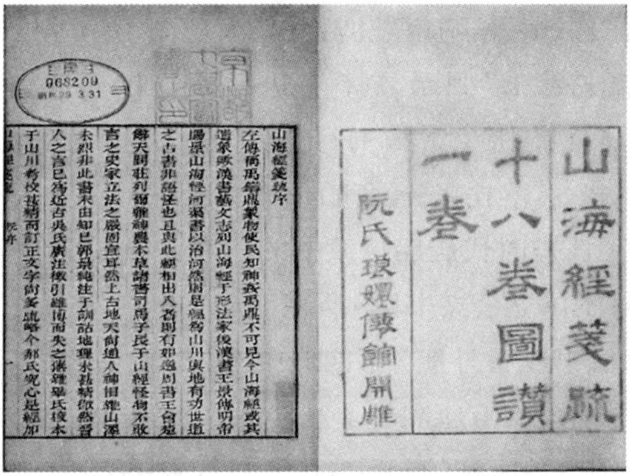

山海經箋疏　十八卷圖讚一卷

阮氏瑯嬛僊館開雕

图 9　京都大学附属图书馆藏郝懿行

《山海经笺疏》(阮氏娘嬛仙馆嘉庆十四年本)

第一节 《山海经》传入日本的记载及和刻本的出现

江户时代，德川幕府虽然实行了长达221年（1633—1854）的锁国政策，但因保留了长崎与中国、荷兰贸易往来，所以仍有大量中国书籍传入日本。

“唐船持渡书”是指日本在江户时代通过长崎进口的中国书籍，这些书籍对日本江户时代的学术和文化产生了很大的影响。1967年，日本学者大庭修在《江户时代唐船持渡书的研究》一书中对日本内阁文库、宫内厅书陵部、国立国会图书馆、县立长崎图书馆、长崎市立博物馆、天理图书馆等机构所藏的各种“唐船持渡书”目录、资料等进行了汇集、整理和研究。这些书目和资料包括《赍来书目》《大意书》《书籍元帐》《直组帐》《见帐》《落札帐》《商舶载来书目》等。

根据《江户时代唐船持渡书的研究》一书可知，日本内阁文库（现日本国立公文书馆）所藏四册宝历四年（1755）的《舶来书籍大意书戌番外船》第四册中有记“山海经 壹部壹套四本 但脱纸一张（右有康熙二十八年重梓晋郭璞注释）”。[①] 日本国立国会图书馆所藏的《商舶载来书目》中有记“宝永六已丑年山海经释义 一部四本”“元文四已未年山海经广注 一部五本”“宝历六丙子年山海经 一部一套”。[②]

关于《山海经》在江户时代传入日本的记载，我国学者

① 大庭脩：『江戸時代における唐船持渡書の研究』、関西大学東西学術研究所、1967年、第343頁。

② 大庭脩：『江戸時代における唐船持渡書の研究』、関西大学東西学術研究所、1967年、第659—736頁。

严绍璗在《日藏汉籍善本书录》一书中进行了专门考查，具体如下：

"东山天皇宝永六年(1709年)中国商船'佐字号'载《山海经释义》一部运抵日本。樱町天皇元文四年(1739年)中国商船'世字号'载《山海经广注》一部运抵日本。桃园天皇宝历四年(1754年)《舶来书籍大意书》著录《山海经》一部四册，并注曰：'脱纸一张。'桃园天皇宝历六年(1756年)中国商船'世字号'载《山海经》一部运抵日本。"①

从两位学者的考查结果可知，《山海经》在江户时代传入日本的这四条记载在时间和内容上完全吻合。

据大庭修先生的《江户时代唐船持渡书的研究》所载《落札账》记载，"弘化二年巳贰番割"中有如下内容：

"增补山海经广注 壹部 十四匁八分 菱屋、十匁 铁屋、六匁 安田屋"②。

"落札"一词在日语中是"(投标后)中标"的意思，所以"落札账"是指"投标账本"。现九州大学九州文化史研究所所藏"落札账"即"书籍投标账本"。

关于《山海经》在日本江户时代投标一事，严绍璗先生的《日藏汉籍善本书录》中也有一条记录：

---

① 严绍璗:《日藏汉籍善本书录》(中)，北京：中华书局，2007年，第1248页。

② 大庭脩:『江戸時代における唐船持渡書の研究』、関西大学東西学術研究所、1967年、第626頁。

"据《汉籍发卖投标记录》,仁孝天皇弘化二年(1845年)《增补山海经》一部,标价为安田屋六匁、铁屋十匁、菱屋十四匁八分。"[1]

从书籍投标的价格一致来看,两位学者所考查的应是同一部《山海经》。这部《增补山海经广注》在仁孝天皇弘化二年(1845年)拍卖时的投标价格分别为安田屋六匁、铁屋十匁、菱屋十四匁八分。

除此以外,1972年,由大庭修编著的《宫内厅书陵部藏舶载书目》影印本出版,其中的《舶载书目十一》有如下记载:

"山海经释义 四本共十八卷(晋记室参军郭璞注、晋河东郭璞景纯父著传、王崇庆德徵父释义、董汉儒学舒父校定、序 董汉儒)"[2]。

仅从影印的《舶载书目十一》中,并无从知道四本十八卷的《山海经释义》传入日本的具体时间。

大庭修在《江户时代唐船持渡书的研究》第二章"江户时代书籍进口的概观"中曾指出:

"在江户时代,日本与中国的贸易仅限长崎一港,贸易在严格的限制下进行。长崎是闭关锁国的日本唯一的开放港口,因此也成为颇有魅力的中国特产、药物、典籍、珍器、异品、胜锦的到来之所。从中国的船只上新运来的

① 严绍璗:《日藏汉籍善本书录》(中),北京:中华书局,2007年,第1248页。

② 大庭脩:『江戸時代における唐船持渡書の研究』、関西大学東西学術研究所、1967年、第46頁。

东西，成为江户时代人人垂涎的对象。”[①]

如大庭先生所说，从中国进口的典籍也是江户时代的日本人羡慕的对象，《山海经》就是其中之一。当然，也同样正如大庭先生所说，锁国条件下日本与中国的贸易在严格的限制下进行。不仅如此，为防止基督教思想的传入，江户幕府还于宽永七年（1630）制定了禁书令，并在长崎设立了“书物改役”一职，专门调查进口的汉籍中是否混入基督教的内容。宽永十六年（1639），江户儒医向井元升（1609—1677）担任“书物改役”后，于正保四年（1647）建立“圣堂”，并开办“立山书院”传授儒学。

现长崎市立博物馆所藏“圣堂文书”是江户时代长崎圣堂遗品中的文书，由向井元升的后代向井兼德所捐赠。大庭修认为“从文书的形态来看，应是书物改役秘密私藏，而且是非常重要的东西”。[②] 正是在这样一部“书物改役”秘密私藏的文书中，能够看到当时的“禁书目录”。其中有记：

“元禄十五（1702年）增补山海经广注 六本十八本仁和吴任臣注”[③]。

由于文书的纸缝部分因虫害而脱落成三部分，经复原后，有关《山海经》的内容还能看出如下内容：

---

① 大庭脩：『江戸時代における唐船持渡書の研究』、関西大学東西学術研究所、1967年、第8頁。

② 大庭脩：『江戸時代における中国文化受容の研究』、同朋社、1984年、第65頁。

③ 大庭脩：『江戸時代における中国文化受容の研究』、同朋社、1984年、第64頁。

"增补山海经广注 右者元禄十五壬午年持渡 墨消。"[1]

从江户时代"书物改役"向井元升所私藏的"禁书目录"可知,禁书令颁布之后,《山海经》也曾一度被列于禁书之列。直到享保五年(1720)禁书令缓和之后,才正常流通。

《山海经》在日本江户时代虽曾一度被列入禁书之列,但仍不断传入日本,上述宝永6年(1709)等《山海经》传入日本的确切记录很好地证明了这一点。

另一方面,自江户时代初期开始,日本就已出现和刻本《山海经》。根据"日本所藏中文古籍数据库"的统计,现藏于日本各大藏书机构的和刻本《山海经》中,确定为日本江户时代翻刻、印刷的有10部,具体情况如下:

表3:江户时代日本翻刻印刷的《山海经》[2]

书名	刊年	所藏机构
《山海经十八卷》附图 晋郭璞传 明蒋应镐绘图	江户中期 刻本	中央大学图书馆
《山海经十八卷》附图 晋郭璞传 明蒋应镐绘图	江户 刊本	东京大学综合图书馆
《山海经十八卷》附图 晋郭璞传 明蒋应镐绘图	江户 刊本	东京大学综合图书馆
《山海经十八卷》附图 晋郭璞传 明蒋应镐绘图	江户 刊本 大坂河内屋吉兵卫后印本	东京大学综合图书馆
《山海经十八卷》附图 晋郭璞传 明蒋应镐绘图	江户后期 刻本	长野县尹那市立高远町历史博物馆
《山海经十八卷》晋郭璞传 明蒋应镐画	江户 刊本	国立国会图书馆

① 大庭脩:『江戸時代における中国文化受容の研究』、同朋社、1984年、第69頁。

② 本表根据日本"全国漢籍データベース",即"日本所藏中文古籍数据库"检索结果制定。(检索时间:2016年3月15日)

续表

书名	刊年	所藏机构
《山海经十八卷》晋郭璞传 明蒋应镐画	江户 刊本	大阪府立中之岛图书馆
《山海经十八卷》附图 晋郭璞传 明蒋应镐绘图	江户 刻本 后 重印本	实践女子大学图书馆
《山海经十八卷》晋郭璞注 明蒋应镐画	江户 刊本 后印	国立公文书馆
《山海经十八卷》晋郭璞注 明蒋应镐画	江户 刊本	山形县酒田市立图书馆

除以上10部确定为江户时代翻刻印刷的《山海经》以外，根据“日本所藏中文古籍数据库”的检索结果，日本关西大学、东洋文库等6家藏书机构所藏的6部日本刊本《山海经》中，也可能还有一些是江户时代的刊本。

另外，日本的一些私人藏书中，也有可能还藏有江户时代的《山海经》刊本或写本。例如，日本爱知县西尾市岩濑文库所藏丛书《艺海珠尘》[①]是江户时代末期的日本抄本，4册抄本中有《山海经图赞》1卷。日本东京千代区神田神保町有一家叫“大和书房”的专卖江户古籍的书店，前几年就曾出售过一套江户时代文化八年（1811年）的和刻本《山海经》（18卷5册）。这套和刻本《山海经》由江户时代京都的胜邦文德堂刊印，卷末有“（浪华）浅井龙章堂藏板”。

严绍璗先生在《汉籍在日本的流布研究》一书中曾指出：“和刊本汉籍是中国古代文献在日本流传的一种特殊形式，它构成了我国典籍在国外传播与保存的一个特殊系统。”[②]同时，严先生在书中还明确提出，日本古代和刻本汉籍使“中华民族

① 清嘉庆年间（1796—1820）藏书家吴省兰（？—1810）辑，共八集，163种。后经其婿钱熙辅（1790—1861）又续42种。

② 严绍璗：《汉籍在日本的流布研究》，南京：江苏古籍出版社，1992年，第121页。

辉煌的文化由此而源源传入日本，并日益深入”。[①] 如严先生所言，中国明、清版《山海经》不断传入日本，加上自江户时代初期，就不断出现的和刻本《山海经》，《山海经》在日本被广泛阅读，其影响也渗透到江户时代的日本文化深处。

第二节　江户类书中的《山海经》

一、《和汉三才图会》中的《山海经》

《三才图会》（1609）是明代文献学家王圻（1530—1615）与其子王思义于明万历年间共同编写完成的百科式图录类书，由108卷构成，其中有许多源自《山海经》的内容。《三才图会》传入日本后，江户时代中期，日本大阪的医师寺岛良安受其启发，开始模仿《三才图会》，历时30余年于1712年编写出由105卷81册构成的日本类书《和汉三才图会》。

《和汉三才图会》不愧是《三才图会》的模仿之作，其图录解说中的句首多为“三才图会云”。其中卷第十四“外夷人物”中有羽民、扶桑、穿胸、不死国、长脚、长臂、女人国、无腹、聂耳、小人、君子国、氐人、长毛、一臂、奇肱、无臂、一目、柔利、三首等典型的源自《山海经》中的“远国异人”，但都在解说中直接引用了《三才图会》的内容。例如，关于“氐人”的解说如下：

“三才图会云，氐人国在建木之西，其状人有鱼身无

① 严绍璗：《汉籍在日本的流布研究》，南京：江苏古籍出版社，1992年，第166页。

足，胸以上似人，以下似鱼也。”①

同样，在卷第四十“寓类、恠类”中解释魃、魍魉、水虎等异兽时，也都直接引用了《三才图会》的内容。

不仅如此，寺岛良安在《和汉三才图会》卷第十四“外夷人物”之后的附录之首指出：

“按山海经所载异形异类，三才图会、博物志等亦备也。”

这说明，在寺岛良安看来，由于《山海经》中所记载的异形异类，《三才图会》《博物志》等类书中也都有，所以他在编纂《和汉三才图会》时就直接引用了《三才图会》《博物志》等典籍的内容。在“外夷人物”之后的附录中，寺岛良安还列举了烛阴、帝江、强良等《山海经》中有名的神兽、神人，但仍然引用的是《三才图会》中的内容。

尽管如此，在《和汉三才图会》中那些原本源自《山海经》的“远国异人”中，也有一些解说提到了《山海经》。例如，“柔利国”是《山海经》中的“远国异人”之一，《山海经·海外北经》云：“柔利国在一目东，为人一手一足，反膝，曲足居上。一云留利之国，人足反折。”②《和汉三才图会》中关于“柔利”的解释如下：

“三才图会云，柔利国人曲膝向前一手一足；山海经

① 寺島良安:『和漢三才図会』(上巻)、日本随筆大成刊行会、1928年、第242頁。
② 袁珂:《山海经校注》,成都:巴蜀书社,1996年,第279页。

云，柔利国在一目国之东。”①

除此以外，《和汉三才图会》卷第四十“寓类、恠类”中关于“山狎”的解释间接引用了《本草纲目》中《山海经》的内容。

“本纲载北山经云山狎状如犬而人面，善投，见人则笑，其行如风，见则天下大风。”②

在卷第四十五“龙蛇部”中不仅有原本出自《山海经》的“应龙”，在关于“蛟龙”的解释中，直接引用了《山海经》中的内容。

“山海经云，池鱼，满二千六百，则蛟来为之长。”③

在卷第四十六“介甲部”中关于旋龟、贲龟、能鳖等动物的解释中，也都引用了《山海经》的内容。例如，关于“旋龟”的解释：

“山海经云，旋龟鸟首虺尾，声如破木，佩之巳聋，亦此鹗龟之类也。”④

关于“贲龟”的解释：

---

① 寺島良安:『和漢三才図会』(上巻)、日本随筆大成刊行会、1928年、第244頁。
② 寺島良安:『和漢三才図会』(上巻)、日本随筆大成刊行会、1928年、第459頁。
③ 寺島良安:『和漢三才図会』(上巻)、日本随筆大成刊行会、1928年、第509頁。
④ 寺島良安:『和漢三才図会』(上巻)、日本随筆大成刊行会、1928年、第517頁。

“山海经云，狂水西注伊水中，多三足龟。”①

关于“能鳖”的解释：

“山海经云，从水多三足鳖，食之无蛊。近亦有人误食而无恙者，何哉？盖有毒害人，亦未必至于骨肉顿化也。”②

还有，在卷第四十四“山禽类”中关于“橐𩀨”“白鹇”等鸟类的解释中也都直接引用了《山海经》的内容。在关于“鹬鵌”的解释中，虽然引用的还是《三才图会》的内容，但在后面专门加了一句：

“按山海经，此等异鸟有数多，以繁，不记之。”③

从以上诸多实例可以看出，寺岛良安在编纂《和汉三才图会》时，在大量直接引用《三才图会》的同时，也把《山海经》作为重要的参考文献之一。不管是直接引用，还是间接引用，从《和汉三才图会》中，能找到大量《山海经》中的内容。因此，可以说《和汉三才图会》是一部深受《山海经》影响的类书。

二、日本版《山海经》——《姬国山海录》

《和汉三才图会》发行50年后，日本又有一部深受《山海

① 寺島良安:『和漢三才図会』(上巻)、日本随筆大成刊行会、1928年、第517頁。
② 寺島良安:『和漢三才図会』(上巻)、日本随筆大成刊行会、1928年、第518頁。
③ 寺島良安:『和漢三才図会』(上巻)、日本随筆大成刊行会、1928年、第504頁。

经》影响的图录类书问世，即《姬国山海录》。现藏于日本东北大学附属图书馆“狩野文库”的《姬国山海录》成书于江户时代宝历十二年（1762），从书中多次出现的“南谷按”和末尾处的“南谷先生山海录终”可知，著者为笔名“南谷先生”的文化人。

关于“姬国山海录”这一书名的来源，南谷先生在《姬国山海录自序》中先从天地万物说起，引出记载珍奇神异之物的《山海经》，进而指出：

> “本邦近也所见山川之异物亦无数……颇可比山海经。出乡里之俗说而近虚诞者多矣，今省之撰其正者，戏题之名姬国山海录。看人勿笑之也。”①

由南谷先生的这一自序可知，《姬国山海录》书名完全是模仿《山海经》而起。不仅如此，《姬国山海录》中所记日本各地山川中所见幻兽、妖虫，其形式也有模仿《山海经》之处，并多处引用《三才图会》的内容。例如，关于“永宝寺之虫”的描述如下：

> “此虫出于下总国葛饰郡山冈村永宝寺境内之池，其长六尺九寸，恶臭甚矣，惣身如虾蟇。其声如雏。”②

《姬国山海录》或许更多的是模仿《三才图会》，但书名因

---

① 近藤瑞木編:「姫国山海録」、『百鬼繚乱——江戸怪談·妖怪絵本集成』国書刊行会、2002年、第254頁。

② 近藤瑞木編:「姫国山海録」、『百鬼繚乱——江戸怪談·妖怪絵本集成』国書刊行会、2002年、第259頁。

模仿《山海经》而起，且书中对日本各地所见幻兽、妖虫的记载形式也多有模仿《山海经》之处，所以《姬国山海录》被称为日本版的《山海经》。

三、《古今图书集成本书考》中的《山海经》

除《三才图会》外，我国清代类书《古今图书集成》也在江户时代传入日本。《古今图书集成》自康熙四十年（1701）由陈梦雷（1650—1741）奉康熙之命开始编写，至雍正六年（1728）经蒋廷锡（1669—1723）等增补后印制完成，历时28年。全书10 000卷，共分为5020册，是我国现存规模最大、内容最丰富的类书。《古今图书集成》印制完成后不久，日本江户幕府第八代将军德川吉宗（1684—1751）就从中国订购了9995册。

这批初版《古今图书集成》运抵日本长崎时，曾在长崎港引起不小的轰动，后被藏于江户幕府当时的藏书机构"红叶山文库"中。[①] 大庭修在《江户时代中国文化受容的研究》一书中就曾指出：

> "《古今图书集成》的进口，成为日中文化关系史上一个大话题，并引起江户时代有代表性的文化人的关注。"[②]

不仅如此，江户时代还出现了专门考证《古今图书集成》的书籍《古今图书集成本书考》，但原书已佚失。大庭修曾在

① 明治维新以后，这批《古今图书集成》成为明治政府的藏书，后经明治天皇赏赐给东京大学。1923年关东大地震时，东京大学图书馆发生火灾，这批书被烧毁。

② 大庭脩：『江戸時代における中国文化受容の研究』、同朋社、1984年、第295頁。

国立公文书馆所藏立原杏所(1786—1840)的《见闻书目》(上)中找到112页介绍《古今图书集成本书考》的内容。在这仅有的112页介绍《古今图书集成本书考》的内容中,有多处出现《山海经》之名。例如:

关于"龙鱼"的考证:

"第八十二卷至八十三卷,右三才图会、本草纲目、山海经等有之。"[①]

关于"鸟兽"的考证:

"第八十四卷至第八十八卷,右山海经、三才图会、本草纲目等有之。"[②]

"第八十九卷至第九十四卷,右山海经、三才图会等有之。"[③]

关于"神异"的考证:

"第一百二十八卷至第一百二十九卷,右三才图会、山海经等有之。"[④]

根据大庭先生所找到的介绍《古今图书集成本书考》的内容可知,《山海经》在日本江户时代同《三才图会》《本草纲目》

① 大庭脩:『江戸時代における中国文化受容の研究』、同朋社、1984年、第299頁。
② 大庭脩:『江戸時代における中国文化受容の研究』、同朋社、1984年、第299頁。
③ 大庭脩:『江戸時代における中国文化受容の研究』、同朋社、1984年、第299頁。
④ 大庭脩:『江戸時代における中国文化受容の研究』、同朋社、1984年、第300頁。

一样，成为考证《古今图书集成》等类书的必备工具书之一。

如上所述，《三才图会》和《古今图书集成》等中国类书的传入，《和汉三才图会》《姬国山海录》《古今图书集成本书考》等日本类书及考证的出现，使江户时代的日本人对这些书中所含的《山海经》内容更加熟悉，并对江户时代的日本绘画、文学产生了一定的影响。

第三节 《山海经》对江户时代妖怪绘画的影响

明、清时期，我国学者王崇庆的《山海经释义》、吴任臣的《山海经广注》、汪绂的《山海经存》、毕沅的《山海经新校正》和郝懿行的《山海经笺疏》等《山海经》版本陆续出现。这些注解详细的《山海经》版本陆续传入江户时代的日本，对《山海经》在日本的传播起到了很大的推动作用。不仅如此，这些版本中的精美插图也对江户时代的日本绘画产生了一定的影响。

一、《山海经》与《怪奇鸟兽图卷》

现藏于日本成城大学图书馆的卷子本《怪奇鸟兽图卷》是日本有名的妖怪绘卷，由江户时代的无名画师绘制。绘卷为彩色毛笔画，宽27.5厘米，长13.12米，绘有76种不同的鸟兽。根据伊藤清司在《怪奇鸟兽图卷——来自大陆的异形鬼神们》一书中的“解说”可知，成城大学图书馆所藏卷子本《怪奇鸟兽图卷》所绘鸟兽多为想象中的动物，属于鸟类的有30种，属于兽类的有46种。除两成以外，大部分的怪异鸟兽都与《山海经》的绘图基本一致。《怪奇鸟兽图卷》的每幅精致绘画中都有相应的墨书鸟兽名称和草书撰写的简短说明，对此，伊藤清司认为，“绘画者与墨写说明者应为同一人”。①

鉴于江户时代遗留下的卷子本《怪奇鸟兽图卷》的作者已无从考证，伊藤清司认为“尽管作者不明，但这些怪兽奇鸟无疑都源自中国大陆。这些江户时代的人们未曾见过的怪异鸟兽类，大多出现在远远早于江户时代的中国的《山海经》一书中”。②

关于江户时代《怪奇鸟兽图卷》的诞生，伊藤清司指出：

> “明代以后，有中国学者认识到《山海经》的价值，不仅出现了关于《山海经》的详细注释，而且插图版《山海经》开始出版后，《山海经》也开始流行于日本的街头巷尾。江户时代和刻本《山海经》上市，进而有模仿和刻本的‘和制山海经’这种面向好奇之人的书籍出现，并附带插图。”③

如伊藤清司所言，《怪奇鸟兽图卷》就是在江户时代《山海经》在日本广为流行的大背景下产生的。

伊藤还认为“除《怪奇鸟兽图卷》以外，江户时代有可能

---

① 伊藤清司:『怪奇鳥獣図巻——大陸からやってきた異形の鬼神たち』、工作舎、2001年、「解説」第18頁。

② 伊藤清司:『怪奇鳥獣図巻——大陸からやってきた異形の鬼神たち』、工作舎、2001年、「解説」第10頁。

③ 伊藤清司:『怪奇鳥獣図巻——大陸からやってきた異形の鬼神たち』、工作舎、2001年、「解説」第11頁。

还有类似的画集”。[①] 为了让更多的读者看到《怪奇鸟兽图卷》的精美绘画，也为了让至今仍埋没在民间的同类画集能够浮出水面，伊藤对江户时代遗留下来的《怪奇鸟兽图卷》进行了复印，并于2001年监修出版了《怪奇鸟兽图卷——来自大陆的异形鬼神们》一书。

从伊藤监修的《怪奇鸟兽图卷——来自大陆的异形鬼神们》一书来看，日本《怪奇鸟兽图卷》中的怪异鸟兽大都见于《山海经》文本，也有少量鸟兽或名称是中国的《山海经》文本中未曾出现过的。对此，伊藤指出：“日本的《怪奇鸟兽图卷》主要模仿了清代的《山海经》绘图，但也并不是完全照抄。”[②] “图卷主要依据《山海经》而作一事已经说明，但仔细对比每一幅图和文字，还是有相当多的不同的。”[③]

2002年，我国学者马昌仪在《明代中日山海经图比较——对日本〈怪奇鸟兽图卷〉的初步考察》一文中从设图、编排、造型、线条运用和艺术风格等多个角度对明代胡文焕的《山海经图》和日本的《怪奇鸟兽图卷》进行了仔细对比，认为“绘制和问世于日本江户时代的《怪奇鸟兽图卷》，可能是受中国明代杭州（钱塘）著名编选家和出版家胡文焕《山海经图》的影响或根据其摹写而成”。[④]

除《怪奇鸟兽图卷》以外，江户时代后期著名的妖怪画家鸟山石燕在其绘画中也多有参考《山海经》的内容。

---

① 伊藤清司:『怪奇鳥獣図巻——大陸からやってきた異形の鬼神たち』、工作舎、2001年、第19頁。

② 伊藤清司:『怪奇鳥獣図巻——大陸からやってきた異形の鬼神たち』、工作舎、2001年、第13頁。

③ 伊藤清司:『怪奇鳥獣図巻——大陸からやってきた異形の鬼神たち』、工作舎、2001年、第13—14頁。

④ 马昌仪：明代中日山海经图比较——对日本〈怪奇鸟兽图卷〉的初步考察，《中国历史文物》，2001年第2期，第42—49页。

二、《山海经》与鸟山石燕等的妖怪绘画

鸟山石燕(1712—1788)是日本江户时代后期有名的浮世绘画家,以擅长妖怪绘画著名,著有《画图百鬼夜行》(1776)、《今昔画图续百鬼》(1776)、《今昔百鬼拾遗》(1780)、《百器徒然袋》(1784)等妖怪绘卷,对后世的日本妖怪绘画产生了很大的影响,有“江户时代的妖怪画伯”之称。

早在《画图百鬼夜行》的自跋中,鸟山石燕就写道:

> “中国有《山海经》,吾朝有(狩野)元信的《百鬼夜行》,余亦学习之,拙而污纸笔。”[①]

这说明,鸟山石燕在创作《画图百鬼夜行》时,是以《山海经》和狩野元信的《百鬼夜行》为参考对象的。也正是这个原因,《画图百鬼夜行》才出现了《山海经》中的凶兽“穷奇”。

鸟山石燕的诸多妖怪绘卷中,受《山海经》影响最为明显的是《今昔百鬼拾遗》。《今昔百鬼拾遗》是鸟山石燕四大妖怪绘卷中唯一的一部彩色绘卷,由“云”“雾”“雨”三部构成。其中“云”部的第二幅图为“烛阴”,图中有如下日文说明:

> “山海经曰,钟山之神,名曰烛阴,身长千里,人面龙身,赤色,钟山在北海之地。”[②]

① 鳥山石燕:『画図百鬼夜行』(前編)、長野屋勘吉出版(国立国会図書館蔵)、1805年、“石燕自跋”。

② 见鸟山石燕《今昔百鬼拾遗》“云”部“烛阴”图。

图 10 鸟山石燕《今昔百鬼拾遗》中的“烛阴”

“烛阴”又名“烛龙”,是《山海经》中有名的神兽,《山海经·海外北经》和《山海经·大荒东经》中都有关于“烛阴”的记载。

“钟山之神,名曰烛阴,视为书,瞑为夜,吹为冬,呼为夏,不饮,不食,不息,息为风,身长千里……其为物,人面,蛇身,赤色,居钟山下。”[①] (《山海经·海外北经》)

“有神,人面蛇身而赤,直目正乘,其瞑乃晦,其视乃明,不食不寝不息,风雨是谒。是烛九阴,是谓烛龙。”[②] (《山海经·大荒北经》)

① 袁珂:《山海经校注》,成都:巴蜀书社,1996 年,第 277 页。
② 袁珂:《山海经校注》,成都:巴蜀书社,1996 年,第 499 页。

对比《山海经》中有关“烛阴”的记载，会发现鸟山石燕《今昔百鬼拾遗》中“烛阴”的说明文字接近《山海经·海外北经》中的原文，但仍有些出入。例如，《山海经·海外北经》中的“烛阴”是“人面蛇身”，而《今昔百鬼拾遗》中的“烛阴”却是“人面龙身”，这与明代胡文焕《山海经图》中“人面龙身”的“烛阴”一致。

《今昔百鬼拾遗》“云”部第四幅是“人鱼”，从图左上方的日文说明文字来看，应是间接引用了《山海经·海内南经》中的内容，即“氐人国在建木西，其为人人面而鱼身，无足”。[①]

图 11　鸟山石燕《今昔百鬼拾遗》中的“人鱼”

① 袁珂:《山海经校注》,成都:巴蜀书社,1996 年,第 330 页。

《今昔百鬼拾遗》“雨”部中的倒数第二幅图为“白泽”。《山海经》文本中虽然并没有关于“白泽”的记载，但明代胡文焕的《山海经图》中却有“白泽”这种神兽，其形象虽为狮子，但头似龙头，毛发似行云流火。江户时代，我国明代类书《三才图会》(1607)已传到日本，日本也出现了模仿《三才图会》的类书《和汉三才图会》(1712)。《三才图会》和《和汉三才图会》中都有“白泽”的身影。《三才图会》中的“白泽”虽也是狮子形象，但头上有两只角，还有山羊胡子。鸟山石燕在《今昔百鬼拾遗》中所绘制的“白泽”，头仍似龙头，毛发似行云的特点更加明显，只是头上有角，身上和额头上都有眼睛。所以，对比其他“白泽”形象，鸟山石燕所创造的“白泽”形象应是在参考明代胡文焕的《山海经图》《三才图会》等众多“白泽”形象基础上的创新。

图 12　明胡文焕《山海经图》中的“白泽”

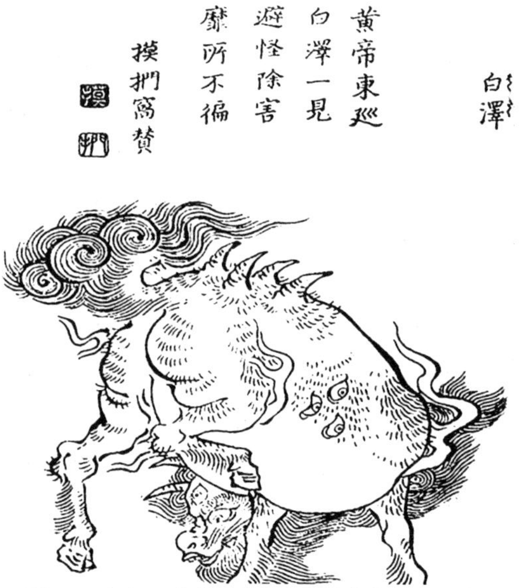

图 13　鸟山石燕《今昔百鬼拾遗》中的“白泽”

另外，鸟山石燕的《今昔画图续百鬼》中也有“魃”“水虎”“魍魉”等与《山海经》有关的异兽。然而，从《今昔画图续百鬼》这些绘画中的日文说明文字来看，应是引用了江户时代中期成书的日本类书《和汉三才图会》。如前所述，《和汉三才图会》是我国明代类书《三才图会》的模仿之作，而《三才图会》中的许多内容都源自《山海经》。那么，鸟山石燕在创作《今昔画图续百鬼》中的这些原本出自《山海经》中的怪奇异兽时，也或多或少间接受到了《山海经》的影响。

江户时代中后期，妖怪绘画盛行。除鸟山石燕外，富川吟雪[①]、葛饰北斋（1760—1849）、歌川国芳（1798—1861）、河锅

① 富川房信（生卒年不详），江户时代中期的浮世绘画家、通俗小说作家，号富川吟雪。

晓斋(1831—1889)等画家的画中,都有与《山海经》相关的妖怪绘画。

富川吟雪的《朝比奈岛渡》(1776)中画有源自《山海经·海外南经》的“贯胸人”。葛饰北斋的《北斋漫画》(第三编)中,有长臂、长脚、飞头蛮、三首、长耳聂、小人、狗国、柔利、羽民、无腹、三身、贯胸等《山海经》中的“远国异人”。在《北斋漫画》(第十二编)中题名为“蛮国的灸治”的画中,也画有“手长足长”的异人。歌川国芳的《朝比奈诸国巡回图》中画有“长耳国”,《朝比奈诸国巡回图》和《浅草奥山生人形》(1855)中都有“手长足长”的异人。

对于葛饰北斋和歌川国芳绘画中的这些“远国异人”,水野耕嗣认为葛饰北斋漫画中的这些“异人”应视为“《山海经》系谱”,而歌川国芳的《朝比奈诸国巡回图》中的多种远国异人的状态则是“将《山海经》系谱的《北斋漫画》(三编)进一步一元化了”[1],但《浅草奥山生人形》中的“异人”也属于《山海经》的系谱。

河锅晓斋既是歌川国芳的弟子,同时又学习土佐光信和鸟山石燕的妖怪画画风,被称为日本的“末代妖怪绘师”。在河锅晓斋的《狂斋百图》(1863—1866)中有一幅题名为“柿之曲食”的画,上面画着“贯胸人”和“手长足长”的异人。另外,在河锅晓斋的《朝比奈三郎绘卷》(1868)中,也有出现胸中有孔的“贯胸人”和“聂耳人”等《山海经》中的“远国异人”。

① 水野耕嗣:「「手長足長」彫刻の発生とその展開——近世山車彫刻の図様に関する研究」、『飯田市美術博物館研究紀要』、2010(3)、第 42 頁。

图 14 《北斋漫画》(三编)中的各种“异人”①

从《怪奇鸟兽图卷》和鸟山石燕等画家的妖怪绘画来看，对江户时代的妖怪绘画产生影响的不光是《山海经》文本本身，还有在江户时代颇为流行的明、清版《山海经》绘图和含有大量《山海经》内容的《三才图会》《和汉三才图会》等类书。江户时代的日本，刮起一股妖怪绘画的风潮。这些含有《山海经》绘图的妖怪绘画在日本的流行，也反过来对《山海经》在日本的传播又起到了一定的促进作用。

在日本各地举办的大型祭祀活动中，“山车”（又称“花车”“屋台”等）巡游历来都是非常重要的一环。“山车”外形如缩小版的神社建筑，雕梁画栋一应俱全。“山车”上的精美雕刻中往往蕴藏着丰富的日本文化，其中也不乏诸多中国元

① 葛飾北斎:『北斎漫画』(三編)、片野東四朗出版(国立国会図書館蔵)、1878 年。

素。根据水野耕嗣的考证，江户时代制作的“山车”中，雕刻有“手长足长”之人的有14个，其中爱知县丰田市挙母本町的“山车”是现在可知的最古老的，造于江户时代末期文政二年（1812）。关于这些“山车”上的“手长足长”之人的雕刻，水野耕嗣指出：“‘手长足长’之人的绘图之类自古就有，但作为雕刻确实是在江户后期，诹访大工、立川和四郎富昌以葛饰北斋的《北斋漫画》（三编）的出版为契机最早将其作成雕刻。”[①] 对此，水野耕嗣认为“这可以说是在江户后期的文化文政时期，全国流行各种节目、展示品，日本人喜欢外国且嗜好外国之物的倾向很强”。[②] 这也应是江户后期的画家喜好以《山海经》中的“异人”为题材进行创作的原因之一。

水野耕嗣提到的“文化·文政时期”（1804—1829）是日本江户时代后期以江户（现东京）为中心发展的町人文化时期，在此之前还有江户时代前期町人文化繁荣的以上方（大阪和京都地区）为中心的元禄文化时期（1688—1703）。江户时代日本町人阶层的壮大一方面为冲破“锁国”等封建政治规范创造了条件，为《山海经》等中国典籍通过商业途径进入日本提供了便利；另一方面，町人文化的盛行也为《山海经》在各方面透入日本文化内部提供了合适的土壤，以上诸多实例便是很好的证明。

---

① 水野耕嗣：「「手長足長」彫刻の発生とその展開——近世山車彫刻の図様に関する研究」、『飯田市美術博物館研究紀要』、2010(3)、第84頁。

② 水野耕嗣：「「手長足長」彫刻の発生とその展開——近世山車彫刻の図様に関する研究」、『飯田市美術博物館研究紀要』、2010(3)、第77頁。

第四节　江户文学中的《山海经》

根据前述松田稔的《日本文学主要作品中的〈山海经〉》一文可知，被收入岩波书店《日本古典文学大系》的江户时代的文学作品中，含有与《山海经》相关内容的作品情况如下：

表4　江户文学中与《山海经》有关的内容统计[①]

作品名称	成书年代	作品介绍	与《山海经》有关的内容
《日本永代藏》	1688年	井原西鹤的“浮世草子”（日本古典大众文学的一种）	1
《风流志道轩传》	1763年	平贺源内的滑稽本小说	2
《根无草后编》	1769年	平贺源内的通俗小说《根无草》的续集	1
《作诗志彀》	江户中后期	江户中后期儒学家山本北山的诗学理论著作	1
《淡窗诗话》	江户后期	江户后期汉学家广濑淡窗的汉诗理论著作	1
《孔雀楼笔记》	1768年	江户中期儒学家清田儋叟的随笔	2
《山中人饶舌》	江户后期	江户后期画家田能村竹田的画论	2
《椿说弓张月》	1807–1811年	曲亭马琴的读本小说	4
《东海道中膝栗毛》	1802–1814年	十返舍一九的滑稽本小说	1

① 本表数据来源：松田稔：『「山海經」の基礎的研究』、笠間書院、1995年，第481—483頁。

除以上9部江户时代的文学作品之外，根据松田稔的统计，被收入岩波书店《日本古典文学大系》的还有《芭蕉句集》《芭蕉文集》《江户汉诗集》和《近世俳文集》，这几部经后人整理出版的江户时代的作品中也含有与《山海经》相关的内容。

在这些作品中，平贺源内和曲亭马琴的小说中有着明显深受《山海经》影响的痕迹。

一、《山海经》与《风流志道轩传》

平贺源内（1728—1780），号风来山人，是日本江户时代中期有名的本草学家、地质学家、兰学家、医生、作家、发明家、陶艺家、画家，堪称“全才”。《风流志道轩传》是平贺源内于1763年发表的热销滑稽本小说，共有5卷构成。小说以当时有名的说书人深井志道轩为原型，通过描述主人公遍游大人国、小人国、长脚国、长臂国、穿胸国、女儿国等诸国的经历，以诙谐的笔触讽刺人心世相。如同室町时代的“御伽草子”《御曹子渡岛》中的主人公源义经游历过各种奇岛，《风流志道轩传》中所描述的这些奇人异国也明显有着《山海经》中所描述的“远国异人”的特征。

不仅如此，《风流志道轩传》中还配有平贺源内所画的“远国异人”的插图。日本京都御所清凉殿“荒海障子”上所画“手长足长”怪人在海中捉鱼的情景，与郭璞注《山海经》中所描述的“长脚人常负长臂人入海中捕鱼”[①]一致。从《风流志道轩传》卷4中“长足人”肩负“长臂人”的插图来看，其人物形象与清凉殿“荒海障子”上的形象有相似之处，但描述的不是在

① 袁珂：《山海经校注》，成都：巴蜀书社，1996年，第272页。

海中捕鱼的情形，二者有明显的不同。除《风流志道轩传》以外，平贺源内的小说《根无草后编》中还出现了最早出自《山海经》的"燕石"。

图 15 《风流志道轩传》插图 ①

平贺源内自 24 岁就奉藩主之命在长崎学习兰学，也因此有更多机会接触从长崎传入日本的明、清版《山海经》。另一方面，在平贺源内创作《风流志道轩传》的 50 年前，含有大量《山海经》内容的日本类书《和汉三才图会》已被当时的日本人所熟知。所以，平贺源内在《风流志道轩传》中所创造的"长臂人""长足人"等远国异人的形象，一方面有可能是受到在江户时代的日本颇为流行的绘图版《山海经》的直接影响，另

① 風来山人:『風流志道軒伝』(巻 4)、刊年不明(国立国会図書館蔵古典資料)、第 8 頁。

一方面也可能是受到含有大量《山海经》内容的《和汉三才图会》等类书的间接影响，更有可能是二者共同影响的结果。

二、《山海经》与曲亭马琴的读本小说

曲亭马琴（1767—1848）是江户时代后期的读本小说作家，本名龙泽兴邦，又被称为“龙泽马琴”。《椿说弓张月》是曲亭马琴的代表作之一，其中不仅出现原本出自《山海经》的“精卫”“人鱼”“雷兽”，还有东汉王充在《论衡·订鬼》中所引《山海经》佚文中的“神荼”和“郁垒”。另外，《椿说弓张月》第三十一回中还出现了一种不知名的鱼，这种鱼“状如鲤而有鸟翼，苍文、白首、赤嘴、其音如鸾鸡”。[1]《山海经·西山经》中有关于“文鳐鱼”的描述：

> “观水出焉，西流注于流沙。是多文鳐鱼，状如鲤鱼，鱼身而鸟翼，苍文而白首赤喙，常行西海，游于东海，以夜飞。其音如鸾鸡，其味酸甘，食之已狂，见则天下大穰。”[2]

对比《山海经》中的这段文字可知，曲亭马琴在《椿说弓张月》中所描述的无名之鱼正是《山海经》中的“文鳐鱼”。

除《椿说弓张月》外，曲亭马琴的其他作品中也能找到诸多《山海经》的影响痕迹。例如，《山海经·海内南经》云：

---

① 曲亭主人:『椿説弓張月：鎮西八郎為朝外伝』(続編巻 1-3)、東京稗史出版社、1883 年、第 2 頁。

② 袁珂:《山海经校注》,成都：巴蜀书社，1996 年，第 52 页。

“巴蛇食象，三岁而出其骨……其为蛇青黄而赤黑。”①

《昔语质屋库》是马琴于1810年发表的读本小说，其卷之三中有“俵藤太入龙宫之弓袋”的故事，其中插入了一段“巴蛇退治”的故事，蒋武受白象之托将巴蛇斩杀后，发现蛇洞里全是象骨。这一场景的描述无疑是受《山海经·海内南经》所记“巴蛇食象”的影响。

对于《山海经·海内北经》中的“犬封国”，晋郭璞注为：

“昔盘瓠杀戎王，高辛以美女妻之，不可以训，乃浮之会稽东海中，得三百里地封之，生男为狗，女为美人，是为狗封之国。”②

《南总里见八犬传》是马琴的另一长篇传奇小说，也是马琴的代表作之一，自1814年开始发表，至1842年才刊发完毕。小说讲述了安房领主里见的女儿伏姬与爱犬八房所生的八犬士的故事。《南总里见八犬传》中不仅出现“九尾狐”“人鱼”“天狗”等与《山海经》相关的内容，其人犬通婚并生子的故事结构则有可能是受到郭璞注《山海经》中所述“盘瓠”神话的启发。

《杀生石后日怪谈》是曲亭马琴在1824至1833年间发表的长篇小说，在小说的初版序中，马琴曾经写道：

“中国的《列仙传》《山海经》《封神演义》皆为天朝

① 袁珂：《山海经校注》，成都：巴蜀书社，1996年，第331页。
② 袁珂：《山海经校注》，成都：巴蜀书社，1996年，第359页。

的下学集，无论虚实，早就传入，在此以三国狐妖的怪谈为题材，著成《后日杀生石》。"[1]

从《杀生石后日怪谈》初版序中的这段话可知，马琴在创作《杀生石后日怪谈》时，不仅读过《山海经》等中国传入日本的书籍，而且将其作为小说创作的素材。这也是马琴的《椿说弓张月》《昔语质屋库》《南总里见八犬传》等小说中都含有与《山海经》相关内容的原因。

三、《山海经》与江户"狂歌"

江户时代的日本，还流行一种内容卑俗滑稽的和歌，即"狂歌"。江户时代中期，"狂歌"尤其盛行。1785年，当时十分活跃的四方赤良等十六位狂歌诗人以比赛的形式竞相创作了百首狂歌集《百鬼夜狂》。

关于《百鬼夜狂》，日本学者石川了《江户狂歌中的另一个古典知识——〈山海经〉与〈狂歌百鬼夜狂〉等》一文中指出："江户狂歌《百鬼夜狂》正如其书名所示，主要以石燕的《画图百鬼夜行》系列中的妖怪为题材"。[2] 同时，石川了还指出，鸟山石燕不仅参考《山海经》创作了《画图百鬼夜行》等作品，而且他对《山海经》的内容非常熟悉。所以，石川了认为，《百鬼夜狂》等江户狂歌中也含有《山海经》的内容。石川了在文中这样写道：

① 竜沢馬琴:『殺生石後日怪談』,共隆社,1887年,第1頁。

② 石川了:「江戸狂歌におけるもう一つの古典知:『山海経』と『狂歌百鬼夜狂』のことなど」、『アジア遊学』(155巻)、2012(7)、第170頁。

"古代中国的《山海经》作为其出典之一并与其交错关联……江户狂歌尤其是最鼎盛时期的天明狂歌的这一特征,我只想通过此文再次强调。"[1]

到了江户时代后期,狂歌虽然走向衰落,但仍有不少坚持创作的狂歌诗人。江户末期的狂歌诗人细木香以(1822—1870)就是当时典型的代表之一,他所著的狂歌集[2]《斋谐记山海经》(1853)甚至借用了中国典籍《斋谐记》与《山海经》的书名,并将二者合二为一。

由此可见,《山海经》对狂歌的影响一直持续到江户末期。

四、《山海经》与《万国山海经》

在《江户狂歌中的另一个古典知识》一文的最后,石川了还指出:"含有《山海经》内容的通俗小说,还有同时期天明三年序、宽正四年出版的读本小说《万国山海经》。"[3] 如石川了所言,《万国山海经》也是江户时代的一部深受《山海经》影响的作品。

现藏于日本京都大学附属图书馆和爱知县西尾市岩濑文库的《万国山海经》由五卷本组成,原书为1785年出版的《和汉古今角伟谈》,1792年重新出版时由大江文坡[4]更名为《万国

---

① 石川了:「江戸狂歌におけるもう一つの古典知:『山海経』と『狂歌百鬼夜狂』のことなど」、『アジア遊学』(155卷)、2012(7)、第179頁。

② 狂歌:江户时代流行的鄙俗的滑稽和歌。

③ 石川了:「江戸狂歌におけるもう一つの古典知:『山海経』と『狂歌百鬼夜狂』のことなど」、『アジア遊学』(155卷)、2012(7)、第179頁。

④ 大江文坡(?—1790)名匡弼,号菊丘卧山人、卧仙子、天赐观等。江户时代中期的通俗小说作家,曾在日向(宫崎县)做过僧侣,在京都还俗后倡导神仙道,之后又从事怪谈、奇谈等的创作,著有《万国山海经》《运气考》《小野小町形状记》等。

山海经》，副标题为“古今奇谈万国山海经”，书中有大江文坡在天明 3 年（1783）所作的自序。书中记录了聚集在大江文坡身边的 12 位友人竞相讲述的 37 个奇闻怪谈，其中大部分原本都是日本、中国、印度的故事，也有的源自荷兰、南非、朝鲜等国家。小说的最后一章出现了两位倡导神佛仙三教合一的老翁。

《万国山海经》中描述了大量异国异人和异俗，其中有许多有着《山海经》中所出现的“远国异人”的影子。例如兔须老人所讲的“无疫病之国”“长人国”，南山隐士所讲的“大人国”，紫石散人所讲的“龙伯国”等等，还有《万国山海经》中散见的“巨人”与《山海经》中的“夸父”形象也极其相似。对于《万国山海经》中的“巨人”故事，日本学者清野谦次在《太平洋的民族文化交流》一书中指出，日本《风土记》中早已出现过有关“巨人足迹”的记载。但是，从本书第一章第一节的论述已知，日本《风土记》的编纂者是看过《山海经》并以《山海经》为参考文献的。

图 16 《万国山海经》中的“巨人足迹”插图[①]

① 清野謙次:『太平洋に於ける民族文化の交流』,創元社、1944 年、第 318 頁。

对于《万国山海经》与《山海经》的关系，日本学者松岡芳惠在《大江文坡的对外观》一文中曾指出：

"《和汉古今角伟谈》(即《万国山海经》)的卷一至卷三的典故出处多为《本草纲目》《五杂俎》《山海经》《日本书记》等被广泛阅读的博物学书和历史书。"①

在对大江文坡的对外观进行总结时，松岡芳惠又指出：

"文坡在《和汉古今角伟谈》(即《万国山海经》)中所引用的文献，除西川如见和新井白石的作品②以外，还有《山海经》和《五杂俎》这种载有荒诞无稽之事的博物学书，可以说所有文献都是处在同一水平线上的。"③

由以上内容可知，《山海经》确实是《万国山海经》的参考文献之一。

不仅如此，《万国山海经》卷二中商山隐士的讲述中提到《山海舆地图》的书名。《山海舆地图》是1584年由当时居住在中国的意大利传教士利玛窦制作的世界地图。1602年，明代科学家李之藻(1565—1630)将其译成中文后在北京刊发，命名为《坤舆万国全图》。江户时代初期，《坤舆万国全图》由中国传入锁国状态下的日本，成为日本了解世界地理的重要

① 松岡芳恵:「大江文坡 の対外観」、東洋大学院紀要(45集)、2008年、第2頁。

② 江户时代中期的天文学家西川如见(1648-1724)的《华夷通商考》和儒学家新井白石(1657-1725)的《采览异言》。

③ 松岡芳恵:「大江文坡 の対外観」、東洋大学院紀要(45集)、2008年、第10頁。

资料，并对日本应用科学的兴起产生了重要影响。但是，处于锁国状态下的日本，人们对世界地理的认识又是怎样的呢？

清野谦次在《太平洋的民族文化交流》一书中指出：

> "古往今来，巨人、小人的故事在世界各地流传着，在这个时代（江户时代），即便是正儿八经的地理书也会受其影响。"①

松冈芳惠在《大江文坡的对外观》一文中指出：

> "在锁国状态下，对外国感兴趣者并非全都拥有与当今世界地图一致的认识。认为现实的世界地理与《山海经》中出现的长人、小人、一目国、鬼门、神界等有关的人并不少。"②

正如两位学者所说，处于这种时代背景下的大江文坡虽然对传入日本的《坤舆万国全图》等地理知识有所知晓，但仍然深受《山海经》等书籍的影响。或许也正是这个原因，大江文坡将《坤舆万国全图》和《山海经》两书的书名融合在一起，于1792年重新出版《和汉古今角伟谈》一书时，将其更名为《万国山海经》。

综上所述，江户时代的日本文学作品中，受《山海经》影响的作品主要有三种情况。一是从作品的内容中可以看到《山海经》的影响痕迹；二是从书名到内容都模仿《山海经》，如《万国山海经》；三是仅仅模仿《山海经》的书名，例如《拟山海经》。

---

① 清野謙次:『太平洋に於ける民族文化の交流』、創元社、1944年、第317頁。
② 松岡芳恵:「大江文坡の対外観」、東洋大学院紀要(45集)、2008年、第4頁。

现藏于日本东洋大学附属图书馆“哲学堂文库”的五卷本小说《拟山海经》成书于1702年，著者为江户时代前期的僧侣独庵玄光（1603—1698），书名虽然借用了《山海经》之名，书中内容却少见《山海经》的影响痕迹。

除以上文学作品之外，江户时代中后期的大名松浦静山（1760—1841）的随笔集《甲子夜话》（1821—1841）中也有“长脚人”“人鱼”等异人异兽的出现。松浦静山的随笔中出现的异人异兽，如同平贺源内作品中的远国异人一样，既有可能是受到《山海经》的直接影响，也有可能是受到《和汉三才图会》等类书的间接影响。

小 结

江户时代的日本，德川幕府虽实行锁国政策，但因保留了长崎与中国、荷兰的贸易往来，仍有大量中国书籍传入。中国文献典籍在这一时期主要通过商业渠道东传日本。《山海经》在日本江户时代虽曾一度被列入禁书之列，但仍不断传入日本。日本不仅有不少《山海经》传入的确切记录，而且出现了和刻本《山海经》。

《山海经》在日本被广泛阅读，从《和汉三才图会》中，可以找到大量《山海经》中的内容，《姬国山海录》不仅书名因模仿《山海经》而起，且书中对日本各地所见幻兽、妖虫的记载形式也多有模仿《山海经》之处，所以被称为日本版《山海经》。《三才图会》和《古今图书集成》等中国类书的传入，《和汉三才图会》《姬国山海录》《古今图书集成本书考》等日本类书及考证的出现，使江户时代的日本人对这些书中所含的《山海经》内容更加熟悉。

诸多明、清《山海经》版本陆续传入，不仅对《山海经》在日本的传播起到很大的推动作用，这些版本中的精美插图也对江户时代的日本绘画产生了一定的影响。在《山海经》广为流行的大背景下，江户时代的日本不仅出现了模仿《山海经》的《怪奇鸟兽图卷》，鸟山石燕等妖怪画家在绘画中也多有参考《山海经》的内容。这些含有《山海经》绘图的妖怪绘画在日本的流行，反过来对《山海经》在日本的传播又起到一定的促进作用。

《山海经》对江户时代的文学作品产生了很大的影响，主要有三种情况：一是从作品的内容中可以看到《山海经》的影响痕迹；二是从书名到内容都模仿《山海经》；三是仅仅模仿《山海经》的书名。这些文学作品中所包含的《山海经》的内容，有的可能是受到《山海经》的直接影响，有的可能是受到《和汉三才图会》等类书的间接影响。

江户时代的诸多实例表明，《山海经》的相关内容及其影响已经渗透到日本文化的深处。

第四章 明治维新以来《山海经》在日本的传播

明治维新以后，日本走上发展资本主义的道路，不仅在科学技术方面努力学习西方，在社会文化方面也开始学习西方，吸收和借鉴西方文化，引进西方文学作品和典章制度等。无论是自然科学，还是人文社会科学，诸多研究领域从无到有，各方面研究都取得前所未有的发展。在这种多元文化的社会背景下，《山海经》这部中国典籍也成为日本学术界所关注的对象之一，被越来越多的日本人认识和了解。直至今天，《山海经》已经以多元的形态透入到日本社会的方方面面。

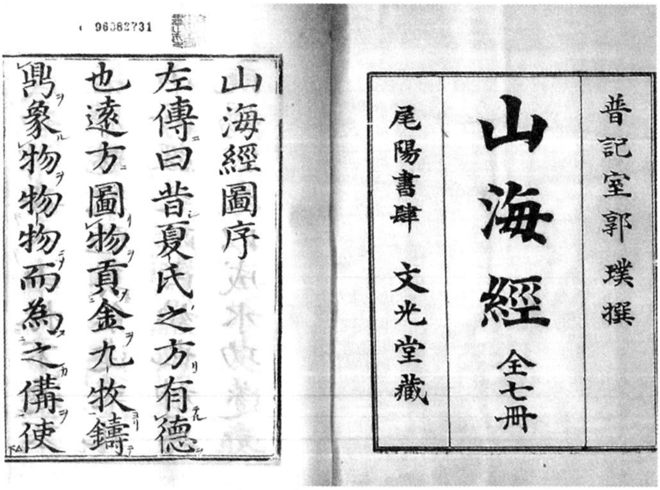

图 17　京都大学附属图书馆所藏郭璞撰《山海经》(梶田勘助，文光堂，1902 年)

第一节 明治、大正时代《山海经》在日本的传播

一、明治刊本《山海经》的出现

进入明治时代（1868—1912）以后，仍有《山海经》版本传入日本。例如，1911 年春天，富冈谦藏（1873—1918）就从中国华南地区带回一本单行本的清代黄晟校本《山海经》送给小川琢治（1870—1941），小川琢治认为此校本为乾隆年间用明活字体覆刻的明本。

另一方面，和刻本《山海经》继续出现。根据"日本所藏中文古籍数据库"的检索结果，现藏于日本各大藏书机构中的明治刊本《山海经》仍有不少，具体情况如下：

表 5 明治时代日本翻刻印刷的《山海经》①

书名	刊年	所藏机构
《山海经十八卷》晋郭璞 传 明 杨慎 补注	明治三十五年 名古屋梶田勘助 刊	国立国会图书馆
《山海经十八卷》晋郭璞 传 明蒋应镐画	明治中 刊本 重印	千叶县里中央图书馆
《山海经十八卷》晋郭璞 传 明蒋应镐画	明治三十五年 名古屋梶田勘助 刊	大阪府立中之岛图书馆
《山海经十八卷》晋郭璞 传 明蒋应镐画	明治三十五年 印	东京都立中央图书馆
《山海经十八卷》晋郭璞 撰	明治三十五年 刊（旧版重印）文光堂	国士馆大学图书馆
《山海经十八卷》晋郭璞 传 明蒋应镐画	明治三十五年 刊 印名·文光堂梶田勘助	山梨县立图书馆

① 本表根据日本"全国漢籍データベース"，即"日本所藏中文古籍数据库"检索结果制定。（检索时间：2016 年 3 月 15 日）

表中所列出的6部明治刊本中，除日本千叶县立中央图书馆所藏《山海经十八卷》没有明确是明治中期的具体哪一年外，其余5部均为明治三十五年刊本。除此以外，笔者所见京都大学附属图书馆所藏郭璞撰《山海经》（18卷）和早稻田大学图书馆所藏郭璞撰、蒋应镐绘图《山海经》（第1—18）也都是明治刊本，均由名古屋的文光堂于明治三十五年刊印。这些明治三十五年所刊印的《山海经》，有可能都是名古屋的书肆梶田勘助（文光堂）所印。

由于“日本所藏中文古籍数据库”的数据也在不断更新，所以，除以上8部明治刊本《山海经》外，未被列入“日本所藏中文古籍数据库”的藏书机构和私人藏书中，应该还有一些明治时代的《山海经》刊本。

二、《山海经》与明治、大正时代的绘画和雕刻

江户时代的《山海经》，曾对日本的妖怪绘画产生很大影响。进入明治时代以后，《山海经》对日本绘画的这种影响态势发生了很大变化。

本书前述第三章中所提到的妖怪画家河锅晓斋（1831—1889）有“江户最后的画家”之称。在江户时代末期，河锅晓斋的作品中，曾出现“手长足长”“贯胸人”“聂耳人”等《山海经》中的“远国异人”。进入明治时代以后，河锅晓斋曾于1870年10月因绘有批判新政府官员的讽刺画被判入狱，翌年出狱后，河锅晓斋的画风有了很大转变，由妖怪绘画转向描绘地狱、花鸟、美人等。除1871年完成一幅“手长足长图”外，河锅晓斋的绘画作品中，再未见任何与《山海经》内容相关的妖怪绘画。

图 18　河锅晓斋的《手长足长图》(出自《晓斋妖怪百景》)

1912年4月，日本画家冨田溪仙（1879—1936）的画集《山海经》[1]出版。笔者曾对日本同志社大学图书馆所藏冨田溪仙画集《山海经》进行过考察，画集以“山海经”命名，其中收入了冨田溪仙所绘33幅山水画。这些描绘日本各地的山水画，如同《山海经》中所描述的“山川道里”，从中还可以看到一些日本的民俗。例如，第三十三幅名为“濑棚三本杉”的画中，远山朦胧，近处的山脚下，独立在风中摇摆的树上挂着庆祝五月五日男孩节的“鲤鱼旗”。

值得一提的是，年轻时的冨田溪仙曾经致力于学习“狩野派”的画风。江户时代著名的妖怪画家鸟山石燕就是“狩野派”的代表人物之一，其作品多有参考《山海经》的内容，冨田溪仙对此理应有所知晓。所以，冨田溪仙在借用《山海经》为画集之名时，应是对中国典籍《山海经》颇为熟知的。

另一方面，雕刻有“长手长脚”之人的“山车”自江户时代后期出现以来，至明治、大正时期，仍然出现在日本各地的祭祀活动中。根据水野耕嗣的考察，现存的雕刻有“手长足长”之人的山车中，大阪府熊取町“野田”彩车完成于明治二十二（1889）年，现在还在使用的岐阜县羽岛市上锅屋町的“布袋山”山车购于明治三十三（1904）年，岐阜县海津市末广町的山车制作于明治三十六（1903）年，静冈县磐田市掛塚町的“屋台”建造于明治三十九（1906）年，但其雕刻却完成于大正8—9（1919—1920）年，还有爱知县南知多町山海西村区山车购于大正时代前期，等等。这些“山车”有的已被藏于博物馆，有的迄今仍在使用，其雕刻中“手长足长”之人的形象同绘画一样，给日本大众留下最直观的印象。

① 冨田溪仙画:『山海経』、富田燕巣樓、1912年。

图 19　爱知县南知多町山海西村区山车前棚右柱上的“长足人”

总体而言，明治和大正时代的日本并未出现多少与《山海经》有关的绘画。可以说，进入明治时代以后，《山海经》对日本绘画的影响力并不像江户时代那么明显，这与明治维新以后西洋绘画和西洋雕刻的发展所带来的冲击和影响有一定的关系。

三、明治、大正文学中的《山海经》

在明治时代的文学中，日本作家高山樗牛（1871—1902）在其随笔《人生终奈何》（1891）中提到原本出自《山海经》的

“夸父逐日”。日本评论家兼诗人北村透谷（1868—1894）的《对于死亡的观念》[①]（1892）一文中有出现原本出自《山海经》的“九尾狐”。除此以外，很难找到《山海经》的踪影。

到了大正时代（1912—1926），这种情况稍微有所改变。

芥川龙之介（1892—1927）是日本著名的小说家，早在中学时期，芥川龙之介就撰写了小说《木曾义仲论》，其中就提到《山海经》中的“精卫填海”和“祝融”。1920 年，芥川于《红鸟》杂志上发表了著名的短篇小说《杜子春》。小说不仅将中国古典《杜子春传》童话化了，而且文中出现了与《山海经》有关的“西王母”。之后，在芥川发表在《新小说》杂志上的小说《诸神的微笑》（1922）中有提到“人鱼”。另外还有其短篇小说《二人小町》（1923）中有提到“九尾狐”。芥川龙之介自中学时代就开始阅读中国典籍，《西游记》《水浒传》等都是他爱读的小说。同时，芥川也喜欢日本江户时代的文学，尤其喜欢曲亭马琴的《南总里见八犬传》。所以，芥川龙之介对中国典籍《山海经》也并不陌生。也正是这个原因，芥川龙之介的小说中才会出现“精卫填海”“祝融”“西王母”“人鱼”“九尾狐”等与《山海经》有关的字眼。当然，这些原本与《山海经》相关的内容在传播的过程中大都发生了不同程度的变异。

除芥川龙之介外，作家冈本绮堂（1872—1939）在《演艺画报》上发表了《小坂部传说》[②]（1925），其中不仅指出日本鬼怪故事大都从印度、中国、朝鲜传入，日本固有的鬼怪故事很少，而且在文中提到原本出自《山海经》的“九尾狐”。室生

① 北村透谷:「他界に対する観念」、『国民之友』(169 号—170 号)、民友社、1892 年 10 月。

② 岡本綺堂:「小坂部伝説」、『演芸画報』、1925 年 2 月号。

犀星（1889—1962）在《不可思议的鱼》[①] 一文中虽然提到“人鱼”之名源自中国，但并没有指出是源自中国的《山海经》。

1922 年 1 月，和歌诗人川田顺（1882—1966）的和歌集《山海经》[②] 出版。对于这部和歌集的初版，1922 年 1 月 7 日，《读卖新闻》在其朝刊上专门进行了宣传，并在 1 月 17 日和 18 日的朝刊文学专栏里连载了教育家兼诗人花田比露思（1882—1967）关于这部和歌集的评论。这年 9 月 16 日，《读卖新闻》又一次在其朝刊上为川田顺的和歌集《阳炎》和《山海经》进行了宣传。川田顺这部名为《山海经》的和歌集，收入了川田顺自 1918 至 1921 年所创作的 36 组共 356 首和歌，描述其游历日本各地所看到的风景。川田顺同名歌集《山海经》出版后，在当时甚至后来很长一段时间里，有许多人都以为是以中国典籍《山海经》为题材的和歌集，甚至有人为此特意购买一探究竟。

1926 年 11 月，作家田中贡太郎（1880—1941）的《贡太郎见闻录》[③] 出版，其中收入了一篇名为《土佐山海经》的游记，讲述了作者于 1920 年 4 月至 9 月在日本高知县土佐市游历的见闻。作品内容虽与《山海经》无关，却取《土佐山海经》之名，应是同和歌诗人川田顺一样，通过借用《山海经》之名，描述作者所游历的土佐各地的见闻。

除芥川龙之介和冈本绮堂的作品以及川田顺的同名和歌集《山海经》和田中贡太郎的游记《土佐山海经》以外，大正时代的文学作品中也并不多见《山海经》的踪影。

① 室生犀星:「不思議な魚」、『キング』、1926 年 11 月号。
② 川田順:『山海経』、東京:東雲堂書店、1922 年。
③ 田中貢太郎:『貢太郎見聞録』、大阪毎日新聞社、1926 年。

四、日本《山海经》研究的发端

明治时代的日本，处于全方位学习西方的洪流中，近代科学飞速成长和壮大。在这样的时代背景下，日本学者开启了研究《山海经》的步伐。

1907 年，日本学者武藤元信（1854—1918）在《东洋学艺杂志》上发表了《〈风土记〉与〈山海经〉的类似》一文，从此掀开日本《山海经》研究的篇章。之后，自 1911 年至 1921 年，日本学者小川琢治在《艺文》杂志上陆续发表了《〈山海经〉篇目论》《山海经篇目补遗》《关于〈山海经〉的错简》《作为中国上古地志的〈禹贡〉与〈山海经〉的价值》《中国上古的天地开辟及洪水传说》《昆仑与西王母》《中国上古的开辟传说补遗》等诸多《山海经》的研究论文。作为日本当时较有影响力的历史地理学家，小川琢治这一系列《山海经》研究论文的发表，使日本学术界对《山海经》有了更充分的了解，并认识到《山海经》的价值。

在此期间，自 1908 年起，日本政治家佐佐木安五郎（1872—1934）以“照山”之名在《读卖新闻》朝刊的文化专栏连载其作品《2900 年前的西域探险日志》，对《圣经》和《穆天子传》《山海经》以及中国上古神话进行了比较。1909 年 10 月 12 日，《学界的新发现 2900 年前的西域探险日志（26）〈山海经〉与〈圣经〉》一文刊出。佐佐木照山在文中对《山海经》与《圣经》进行了比较，指出《圣经》与《山海经》的一些相似之处。1910 年，佐佐木安五郎的《西域探险日志：二千九百年前》（上卷）一书由日高有伦堂出版，1912 年又以《二千九百年前西域探险日志》之名再版。曾在蒙古探险并有“蒙古王”之称的佐佐木安五郎是日本当时较有影响力的政治家，其作品

《2900年前的西域探险日志》的连载及之后的成书和再版，对当时正热衷于学习西方文明的日本大众了解《山海经》起到一定的促进作用。

另一方面，我国学者王国维自1911年12月与罗振玉一起远避日本京都后，开始了与内藤湖南（1866—1934）、小川琢治等京都学派学者的深入交往。在小川琢治一系列有关《山海经》研究论文的启发下，本就对《山海经》颇为熟悉的王国维，重新燃起了阅读《山海经》的兴致。1917年2月28日，王国维完成了《殷卜辞中所见先公先王考》。从王国维在书中的记述可知，王国维在考证王亥时，运用了《山海经》等文献作为考证的依据。另外，内藤湖南在撰写《王亥》（1916）之前，不但跟王国维进行了讨论，还采纳了王国维的观点。

1919年冬天，王国维模仿陶渊明的《读山海经》，完成其诗作《冬夜读山海经感赋》。在与日本学者的交往过程中，王国维的这些作品对日本学者产生了一定的影响。例如，受王国维影响，内藤湖南曾绘制一幅《流观山海图》送给小川琢治。"流观山海图"之句正是出自陶渊明的《读山海经》一诗。据小川琢治之子汤川秀树在《观〈山海经〉的绘图》[1]一文中回忆，内藤湖南送给小川琢治的这幅《流观山海图》曾在小川家的客厅里悬挂了很久。1922年，内藤湖南在《禹贡制作的年代》[2]一文中还提到《山海经》中关于"山脉"的记载非常详细。

同我国学者王国维一样，将《山海经》作为考证依据的还有日本学者南方熊楠。南方熊楠（1867—1941）是日本有名的生物学家兼民俗学家。自1914年至1923年，南方熊楠一直在《太阳》杂志上连续发表关于当年干支的考证性文章，例

① 湯川秀樹:「『山海経』の絵図を見て」、『湯川秀樹著作集6』、1989年、第67頁。
② 内藤湖南:「禹貢製作の時代」、『東亜経済研究』(第六巻第一号),1922年2月。

如,《关于"虎"的史话与传说民俗》《关于"兔"的民俗与传说》等等。南方熊楠的这些考证性文章总称《十二支考》。由于南方熊楠在中学时就熟知《本草纲目》《和汉三才图会》等中日典籍,在《十二支考》中,南方熊楠也引用了大量中国典籍。在《十二支考》中关于"虎""兔""龙""蛇""马""猴""鸡"等动物的考证中,南方熊楠都多处引用了《山海经》的内容作为论证的依据。

1921年,神田喜一郎(1897—1984)参加京都大学的毕业答辩时因在论文中引用了《山海经》的内容作为论文依据,引起答辩审查人桑原骘藏(1871—1931)的质疑,同样作为答辩审查人的小川琢治为此与桑原骘藏展开激烈争论,此事在日本学术界产生了一定的影响。争论的结果是,神田喜一郎不仅顺利通过了答辩,并于1922年发表了《从〈山海经〉看中国古代的山岳崇拜》[①]一文,进一步肯定了《山海经》的文献价值。

从以上内容可以看出,日本的《山海经》研究一经起步就持续不断,这也成为明治、大正时代《山海经》在日本传播的主力。

总之,明治维新以后,日本处于全方位向西方学习的洪流中。明治时代的日本,依然出现了不少和刻本《山海经》,明治时代的绘画中也依然能看到《山海经》的影响痕迹。在西方文学的影响下,明治时代的日本文学中已少见《山海经》的踪影,大正时代的文学中也并不多见。但是,日本学者关于《山海经》的研究却取得了突破性的成果。这些研究让日本学者认识到《山海经》的价值,对后来的《山海经》研究学者产生重要影响,增进了日本人对《山海经》的了解。

---

① 神田喜一郎:「『山海経』より観たる支那古代の山岳崇拝」、『支那学』(第二卷第五号)、1922年。

第二节 昭和时代《山海经》在日本的传播

昭和时代（1926—1989）早期，由于经济大萧条，日本社会处于不安之中。自1931年发动"九·一八事变"扩大了侵略中国的行动，日本在侵略者的道路上越走越远，直到二战结束。二战以后，日本经济迅速恢复并飞速发展。在这样一个激荡的社会时代，社会文化也深受影响，但《山海经》在日本文学、艺术等方面的影响依然清晰可见，在学术领域也得到前所未有的重视。

一、《山海经》与昭和前期的文学

与明治、大正时代不同的是，昭和时代前期的文学中，出现了不少含《山海经》内容的作品。

1928年，日本作家冈本绮堂的《冈本绮堂随笔集》由岩波书店出版，在其中收入的《妖怪漫谈》一文中，冈本绮堂不仅再次指出日本的鬼怪故事大都从中国传入，而且提到与《山海经》有关的"人鱼""水虎"等动物。在提到日本三大妖怪之一的"天狗"时，冈本绮堂指出："《山海经》中有记'阴山，有兽焉。其状如狸而白首，名曰天狗。'我国的天狗并非如此。我国所谓天狗，是鹫类，因会把人抓走而让人恐怖。"[①] 冈本绮堂在文中的这一论述也说明了一点，即日本的天狗与《山海经》中的天狗截然不同。

① 岡本綺堂：「妖怪漫談」、『岡本綺堂随筆集』、岩波書店、2007年、第341頁。

1931年，日本历史学家喜田贞吉（1871—1939）在《"穴藤"与"真人"》一文中解释"毛人"一词时提到《山海经》中有"毛民国"之名。[①] 之后，喜田贞吉又在《国号的由来》（1937）一文中提到《山海经》中有关于"盖国"的记载。[②]

1935年，日本作家太宰治（1909—1948）于《新潮》杂志上发表了短篇小说《地球图》，其中出现了"长人国""小人国"等原本出自《山海经》中的"远国异人"。[③] 不仅如此，太宰治的《人鱼之海》《女人训诫》《十五年间》等短篇小说中，都有出现"人鱼"。关于日本的"人鱼"，日本学者九头见和夫深有研究，据其考证，"'人鱼'一词的使用，最早可以确认的日本文献为受中国汉代地理书《山海经》影响的和汉辞典《倭名类聚钞》"。[④] 太宰治文学中的人鱼等或许与《山海经》中的人鱼并无任何关系，但熟悉中国文化的读者在读到这些作品时多会想到《山海经》等中国文献典籍中的"人鱼"之名。

1936年，日本女作家冈本加乃子（1889—1939）[⑤] 在《三田文学》杂志上发表了短篇小说《庄子》，其中在提到《山海经》中的"文鳐鱼"时，还专门列出了《山海经》中关于"文鳐鱼"的记载内容。1939年，日本推理小说作家小栗虫太郎（1901—1946）在其秘境探险小说系列第一篇《有尾人》中提到《山海经》中有"一臂民"。1942年5月，日本作家中岛敦（1909—1942）于《文学界》杂志上发表了中篇小说《光与风与梦》，其中提到"小人国"。

---

① 喜田貞吉:「「ケット」と「マット」」、『歴史地理』(第五八巻第五号)、1931年11月。

② 喜田貞吉:「国号の由来」、『日本精神読本』、新潮社、1937年11月号。

③ 太宰治:「地球図」、『新潮』(第三十二年第十二号)、1935年12月。

④ 九頭見和夫:「日本の「人魚」像——『日本書紀』からヨーロッパの「人魚」像の受容まで」、和泉書院、2012年、第56頁。

⑤ 岡本かの子(1889—1939):日本大正、昭和时代的小说家、和歌诗人、佛教研究家。

这些活跃在昭和时代前期的日本作家都有一个共同的特点，他们虽然受到西方文化的洗礼，但几乎都从中学时代就接触中国典籍，熟悉中国文化并受到中国文化的影响。在他们的作品中，《山海经》等中国典籍自然而然地出现，也是他们的中国文化修养在作品中的具体体现。

同样在昭和时代前期，曾于大正时代就已出版的川田顺的和歌集《山海经》又多次再版。另外，日本高知县志刊行会于1933年出版的《高知县志》中，有一篇名为《土佐山海经》[①]的文章。这篇文章虽与日本大正时代的作家田中贡太郎的游记《土佐山海经》同名，内容却完全不同。同样是借用《山海经》之名，却并非游记，而是一篇专门介绍“土佐”的文章。

1941年，日本中国文学研究学者佐久节（1882—1961）所著《陶渊明的诗》一书出版，其中有收入陶渊明的《读山海经》一诗，诗文后附有现代日语译文和作者的解释。[②]1948年，由日本作家幸田露伴校阅的《陶渊明集：译注》出版，其中收入了陶渊明的《读山海经十三首》。[③]这两部书的出版，让昭和时代的日本人在熟悉陶渊明的《读山海经》一诗的同时，也加深了对中国典籍《山海经》的了解。

二战以后，日本文学作品中依然存在《山海经》的影响痕迹。鉴于版权问题，日本目前还没有可以对战后的文学作品进行检索和统计的文库，笔者将此作为今后的课题之一，在以后阅读日本现当代文学作品的过程中，会对此进行细致的考察和研究。

---

① 高知県誌刊行会：「土佐山海経」、『高知県誌』、高知県誌刊行会、1933年。

② 佐久節：『陶淵明の詩』、日本放送出版協会、1941年。

③ 幸田露伴校閲：『陶淵明集：訳注』、岩波書店、1948年。

二、昭和时代后期的《山海经》

虽然暂时无法统计和把握二战后的日本文学对《山海经》的接受情况，但在二战以后的昭和时代，日本有关《山海经》的介绍、研究、译注、刊本、漫画等次第出现，《山海经》在日本的传播进入一个全新的阶段。

1959 年，日本平凡社出版了《亚洲历史辞典》，其中收入了日本历史学家森鹿三（1906—1980）关于《山海经》的介绍。自 1967 年至 1975 年，日本平凡社出版了全 60 卷的《中国古典文学大系》。在 1969 年出版的《中国古典文学大系》第 8 卷中收入了由高马三良（1911—2004）翻译的《山海经》。1973 年，在平凡社出版的《中国古典系列》第 4 卷中，高马三良所翻译的《山海经》又被收入其中。到了 1975 年，由日本集英社出版的《全释汉文大系》第 33 卷中收入了由前野直彬（1920—1998）译注的《山海经·列仙传》[①]。

森鹿三是日本有名的历史学家，高马三良和前野直彬都是中国文学研究学者，他们关于《山海经》的介绍、翻译和译注，对《山海经》在日本的传播起到很大的推动作用。

另一方面，在昭和时代，中国大陆和台湾地区出版的一些《山海经》相关书籍和研究成果也陆续传入日本，并为日本学者的《山海经》研究提供了诸多文献资料。例如，早在 1950 年，我国神话学研究专家袁珂（1916—2001）所著的《中国古代神话》就由商务印书馆出版，此后多次再版。1960 年，此书经袁珂修订后由中华书局出版。在这本书的导言中，袁珂指出：

① 前野直彬訳注:『山海經·列仙傳』(全釈漢文大系 / 宇野精一、平岡武夫編、第 33 卷)、集英社、1975 年。

“保存神话资料最多的一部古书，是山海经。”[1]袁珂所著《中国古代神话》一书不仅一经出版就很快传到日本，而且同在1960年，由伊藤敬一等日本学者所译的日文版《中国古代神话》也由日本美篶书房出版。[2]此后，袁珂所著《中国神话传说》（1984）和《中国神话传说词典》（1985）等也一经出版就很快传到日本，并被翻译成日文。袁珂的这些著作中，都有大量关于《山海经》的研究和论述。

日本京都大学人文科学研究所是日本有名的汉学研究机构，也是日本中国学的发源地之一。1964年，日本京都大学人文科学研究所制作刊印了东京静嘉堂文库所藏嘉靖十五年江夏冯氏刊本《山海经十八卷》的景照本。之后，又于1980年制作刊印了台北国立中央图书馆所藏万历四十七年序大业堂刊本《山海经图五卷》（清阙名绘）和明王崇庆撰《山海经释义十八卷》及图一卷的景照本。这些《山海经》景照本的制作和刊印，不仅为日本的《山海经》研究提供了方便，也引起了日本学者对《山海经》的关注。

明治、大正时代的日本，小川琢治等学者关于《山海经》的研究曾取得突破性的成果。进入昭和时代以后，《山海经》的研究成果依然不断涌现。小川琢治于1928年、1929年出版了汇集其《山海经》等研究成果的《中国历史地理研究》及其续集。1934年，日本岩波书店出版的《岩波讲座地理学》中收入了小川琢治的《中国古代地理学史》。在小川琢治所讲的《中国古代地理学史》中，就有《〈山海经〉的地理学价值》[3]等与

① 袁珂：《中国古代神话》，中华书局，1960年，导言第1页。

② 袁珂著、伊藤敬一、高畠穣、松井博光訳：『中国古代神話』、みすず書房、1960年。

③ 小川琢治：「山海経の地理学的価値」、『支那古代地理学史』、『岩波講座地理学』（第1）、岩波書店、1934年、第29—34頁。

《山海经》相关的研究论文。之后，赤津健寿、藤田元春、冈本正、伊藤清司、枥尾武、松田稔、松冈正子等诸多《山海经》研究学者陆续涌现，共发表有关《山海经》研究的论文 60 余篇。在这些《山海经》研究学者中，伊藤清司（1924—2007）不仅发表了《山川的诸神——〈山海经〉的研究》《山海经与铁》《古代中国的民间医疗——〈山海经〉的研究》等 18 篇多方面《山海经》研究的论文，还于 1986 年出版了《中国的神兽·恶鬼们——山海经的世界》一书。

除了这些《山海经》研究的专著和论文之外，整个昭和时代，还有众多日本学者的研究涉及《山海经》的内容。例如，1953 年，被誉为“日本植物学之父”的植物学家牧野富太郎（1862—1957）以 90 岁的高龄出版了关于 100 种植物的随笔集《植物一日一题》，在其中关于“地榆”这种植物的随笔中，提到《本草纪闻》所引《山海经》中的记载。1987 年，日本著名的汉字学家白川静（1910—2006）在其《文字逍遥》第二章“鸟的民俗学”中曾指出：“《山海经》是向人们告知古代山岳信仰的奇书，记载了许多的异形神及诸神居住的金字塔式的神殿。其中‘大荒东经’中有王亥的故事……。”[①] 诸如此类，在论文或著作中提到《山海经》或以《山海经》的内容作为论证依据的还有很多。

昭和时代的绘画中，《山海经》的影响渗透到漫画作品中。1977 年，日本科幻、传奇漫画家诸星大二郎的漫画作品《孔子暗黑传》[②] 在漫画杂志《周刊少年 JUMP》上连载，其中绘有《山海经》中的神兽“开明兽”。1978 年，《孔子暗黑传》全 2 卷由

① 白川静:『文字逍遥』、平凡社、1987 年、第 107 頁。

② 諸星大二郎：「孔子暗黒伝」、『週刊少年ジャンプ』、集英社、1977 年 50 号 -1978 年 9 号。

日本集英社出版，后又多次再版。

另外，从日本妖怪漫画家水木茂（1922—2015）的作品中也能找到《山海经》的影响痕迹。例如，水木茂的代表作《鬼太郎》中就有原本出自《山海经》的“女魃”。

综上所述，昭和时代虽然是一个激荡多变的时代，但《山海经》这部中国典籍并没有被日本人所遗忘。昭和时代前期的文学中，有不少《山海经》的影响痕迹。二战以后的昭和时代，有关《山海经》的介绍、翻译及日本《山海经》刊本的出现，对《山海经》在日本的传播起了很大的推动作用。日本学者对《山海经》更加关注，并取得了大量《山海经》研究的成果。

第三节 20世纪90年代以来《山海经》在日本的译介和传播

进入20世纪90年代，自90年代初泡沫经济崩溃以后，日本经济虽然陷入长期的低迷状态，社会文化却在全球化的背景下向更加多元化的方向发展。在这种时代背景下，《山海经》这部中国典籍在日本的传播方式也趋向多元。

《山海经》在当代日本的传播和译介情况，主要表现为三个方面的特征：第一，《山海经》译本及其相关书籍的出版为《山海经》在日传播方式的多元化奠定了文本基础。第二，在日本各地举办的各种文化展览中，有许多涉及《山海经》相关内容，这对《山海经》在日本的普及和推广起到了很大的宣传作用。第三，近年来，日本各地举办的讲座和学术会议演讲、口头发表中，《山海经》成为频繁出现的对象，这无疑为《山海经》

在当代日本的传播增添了“有声”的力量。

一、《山海经》译本及相关书籍的出版

日本平凡社继昭和时代出版了含高马三良译《山海经》的《中国古典文学大系》和《中国古典系列》之后，又于1994年出版了高马三良译《山海经——中国古代的神话世界》文库本的单行本。日本的文库本是指出版社出版的一种平装小开本，与大型精装本相比，文库本不但便于携带而且价格便宜，非常便于普及。在高马三良所译《山海经——中国古代的神话世界》文库本的文后，还附有鬼怪漫画家水木茂通俗易懂的“解说”，这让中国典籍《山海经》变得不再那么晦涩难懂。连中小学生都能轻松读懂的现代日文版文库本《山海经》，成为日本人能够广泛阅读的书籍之一。

如前所述早在1960年，我国神话学家袁珂所著《中国古代神话》一书就被伊藤敬一等日本学者译成日文并由日本美篶书房出版。之后，袁珂所著《中国神话传说》（1984）和《中国神话传说词典》（1985）等书也是一经出版就很快传到日本。1993年，日本学者铃木博将袁珂所著《中国神话传说》译成日文，由日本青土社出版。之后，铃木博又耗时几年，将袁珂的《中国神话传说词典》译成日文《中国神话·传说大事典》，由日本大修馆书店于1999年出版。[①]

关于袁珂这两部著作的日译本，截止到2016年10月，日本高校图书馆中，现藏有铃木博所译《中国神话传说》的图书馆有249个，藏有铃木博所译《中国神话·传说大事典》的有

① 袁珂著、鈴木博訳:『中国神話·伝説大事典』、大修館書店、1999年。

385个。不论是《中国神话传说》还是《中国神话传说词典》，其中都有大量与《山海经》有关的内容。袁珂的这些与《山海经》密切相关的著作传入日本并被译成日文出版，无疑对《山海经》在当代日本的传播起到很大的推动作用。

1998年，在日中国学者徐朝龙[①]的《三星堆·中国古代文明之谜——作为史实的〈山海经〉》一书由日本大修馆书店出版。书中以我国四川省三星堆出土的青铜面具为基础，找出了古代奇书《山海经》中所隐藏的史实记录。[②]徐朝龙此书的出版，肯定了《山海经》的史学价值，在日本历史学界产生了一定的影响，也增进了日本人对中国三星堆遗址和《山海经》的了解。

2002年，日本朝日新闻社出版了一套精装大开本的《朝日百科：世界的文学》（全13卷），其中收入了日本当代学者武田雅哉的《〈山海经〉——活跃至今的怪物幻想》一文。[③]《朝日新闻》是日本三大报纸之一，其在日本的影响力毋庸赘言。2005年至2009年，日本明治书院出版了全12卷本的现代日文版《中国古典小说选》，其中第1卷中就收入了《山海经》。[④]由于明治书院在编辑这套《中国古典小说选》过程中力求语言的通俗易懂，所以读者读起来丝毫不会觉得晦涩难懂。目前，日本高校图书馆中，藏有含《山海经》的《中国古典小说选》

① 徐朝龙（1955-），四川成都人，毕业于四川大学历史系。1983年赴日留学，从京都大学考古学专业博士毕业后，于日本茨城大学、国际日本文化研究中心担任副教授。1998年转行商务。

② 徐朝龍:『三星堆·中國古代文明の謎——史實としての『山海經』』、大修館書店、1998年。

③ 武田雅哉:「『山海経』——いまも息づく怪物幻想」、『朝日百科:世界の文学(全13巻)』(101号)、東京:朝日新聞社、2002年、第18—20頁。

④ 竹田晃、梶村永、高芝麻子、山崎藍:『穆天子伝·漢武故事·神異経·山海経他(漢·魏)』(中国古典小説選Ⅰ)、明治書院、2007年。

(第 1 卷)的有 246 个。

武田雅哉在《朝日百科:世界的文学》所收《〈山海经〉——活跃至今的怪物幻想》一文中对《山海经》的介绍和论述激起日本人阅读《山海经》的兴趣,明治书院《中国古典小说选》所收现代日文版《山海经》则对当代日本人了解《山海经》起到很大的普及作用。

除以上《山海经》相关译作和书籍的出版以外,1991 年,台湾民俗学者李岳勋的三卷手写本《我的山海经:古代日本的风土记》由日本日野史谈会出版。[①]1992 年,日野史谈会又出版了李岳勋与日本学者田中纪子共著的《山海经绘图解读 日本太古的风土记》一书。[②] 自 1895 年,清政府被迫与日本签订不平等的"马关条约"以后,直到 1945 年,台湾一直处于日本殖民统治之下,这段时间被称为台湾日据时期。1920 年出生的李岳勋,自幼受"皇民化运动"的影响,认为自己就是日本天皇的子民。李岳勋的这种思想,甚至渗透到《我的山海经:古代日本的风土记》一书中。从《我的山海经:古代日本的风土记》和《山海经绘图解读 日本太古的风土记》两书的内容可以看出,自幼接触《山海经》的李岳勋对《山海经》非常熟悉,但由于在台湾日据时期成长起来的经历,思想上受"皇民化运动"洗脑的后果也根深蒂固。在《我的山海经:古代日本的风土记》一书中,李岳勋认为《山海经》不是一部与中国大陆的地理相关的书,《山海经》所描述的是太古时期的日本列岛,《山海经》就是一部日本太古时期的《风土记》。

当然,李岳勋在书中所举的一些所谓实例,让人读罢都有

---

① 李岳勲:『わたしの山海経:古代日本の風土記』、日野史談会、1991 年。

② 李岳勲、田中紀子 共著:『山海経絵図解読:日本太古の風土記』、日野史談会、1992 年。

一种牵强附会、荒唐可笑之感。笔者曾询问过一些日本学者对李岳勋这两本书的态度，所有被询问到的日本学者都认为这两本书的内容实在荒诞无稽。2014年，日本才藏杂志社出版了一册《日·韩·中 荒诞书籍的世界》，其中第二章所列中国的荒诞书籍中，首先被列举的就是李岳勋与田中纪子共著的《山海经绘图解读 日本太古的风土记》。日本学者原田实在文中对《山海经》进行了介绍，并通过分析李岳勋在书中所举的一些例子，指出李岳勋的《我的山海经：古代日本的风土记》和《山海经绘图解读 日本太古的风土记》两书篡改了日本和中国的历史。[①] 由于李岳勋所著两书内容的荒诞，目前，日本的高校读书馆中，藏有《我的山海经：古代日本的风土记》仅有8家，藏有《山海经绘图解读 日本太古的风土记》的仅有4家。尽管这两部书的被收藏量较低，笔者也曾担心这两部荒诞著作在日本的出版，会对不了解《山海经》和中日古代史的日本年轻人造成负面影响。但是，从日本学者的态度和《日·韩·中 荒诞书籍的世界》一书对这两本书的评价来看，但凡有一点历史知识的人，都能正确判断出李岳勋所著两书内容的荒诞和不可靠，不会受到其负面的影响。不仅如此，读者在对书中的内容产生疑问时，还会产生阅读和研究《山海经》文本的兴趣。

另外，进入20世纪90年代以来，日本还有许多作品中或多或少会出现与《山海经》相关的内容。例如，日本作家草野巧的《幻想动物事典》[②] 中就有提到《山海经》中的“贯胸人”。

① 『日·韓·中 トンデモ本の世界』、サイゾー、2014年。
② 草野巧：『幻想動物事典』新紀元社、1997年5月、第96頁。

二、《山海经》相关展览的举办

从前述第一章第三节的“奈良时代绘画板上的《山海经》场景”这部分内容已知，1997年，日本新泻县河岛村下之西遗址出土了一块奈良时代前半期的圆形木版画。对于木版画的图案，桐本东太和长谷山彰两位日本学者在《〈山海经〉与木简：以下之西遗址出土的绘画板为中心》（2001）一文中曾指出：“下之西遗址出土的木制品上所画的图案应是描述《海内西经》中所见的窫窳与贰负之臣受刑的场景。”[1] 此后，新泻县立历史博物馆不仅展出了下之西遗址出土绘画板的复制品，而且在对绘画版的介绍中指出，这个绘有奇妙图案的绘画板被发现之后，最初据说是描述绞首刑或限制身体自由的刑罚，根据最近的研究可知，是将中国古代地理书《山海经》中的一节绘画化了。

图20　新潟县立历史博物馆展出的木版画复元模板

① 桐本東太、長谷山彰:「『山海経』と木簡：下ノ西遺跡出土の繪畫板をめぐって」、『史学』(70巻2号)、2001年、第141頁。

2003年4月19日至6月1日，日本长野县长野市立博物馆举办了题为“彼世·妖怪——信州异界万花镜”的特别展览，在公开出版的“展示解说图录”中指出：“《百鬼夜行绘卷》《百怪图卷》等画着日本的妖怪，但是后半部分画的是《山海经》里的东西。”①2006年10月17日至11月12日，日本国立科学博物馆举办了“妖怪的文化志展”。在“生活在日本的妖怪们”第一展览会场中关于“妖怪传来”的介绍中指出，江户时代妖怪的分类和比较的依据，源于《本草纲目》和《山海经》等中国书籍。2008年4月9日至5月12日，位于日本山形县山形市的山寺芭蕉纪念馆举办了“《山海经》的怪兽展”的主题展览，并在展览中展示了江户时代的和刻本《山海经》。

2007年1月20日至4月1日，中国当代艺术家邱黯雄于日本东京都现代美术馆举办了“邱黯雄展”，展览中的代表作是名为《新山海经》的动画。从展览中的介绍可知，邱黯雄将现代社会中所面临的诸多问题与中国古代地理书《山海经》中的珍奇异兽结合在一起，塑造了一系列现代怪兽，并运用现代技术制作了播放时长30分15秒的水墨动画作品《新山海经》。

2008年5月12日至24日，日本版画家长岛充在位于东京千代田区的青木画廊举办了题为“神话与传说”的个人版画展。在其中展出“一角兽”和“比翼鸟”的介绍中都指出，作品原型出自中国的《山海经》，是作者根据中国古代博物志《山海经》的记载经过想象创作出来的作品。此后，这两幅作品又多次在长岛充举办的个人版画展中展出。

2008年11月，日本国立民族学博物馆在“本月珍宝”展览活动中展出了江户时代画家歌川国芳的《浅草奥山生人形》

① 長野市立博物館編:『あの世·妖怪 信州異界万華鏡』、長野市立博物館、2003年，第32—33頁。

（1855）。从前述第三章“《山海经》对江户时代妖怪绘画的影响”这一节可知，歌川国芳的绘画中，有出现“长耳国”、“手长足长”的异人。在2008年11月的“本月珍宝”展览活动中，作为日本国立民族学博物馆副馆长的日本人类学家吉田宪司在关于《浅草奥山生人形》的介绍中不仅首先提到了中国地志《山海经》，而且指出源自《山海经》的“穿胸国”“长臂国”“长股国”“巨人国”等异人形象通过明代写本传到日本，并在江户时代的绘画中被反复再塑造。

2009年9月15日至10月25日，日本大阪府立中之岛图书馆举办了题为“道教的美术”的特别展，在展览中展出了馆藏的明代刊本《山海经》等中国典籍。自2007年起，日本国立公文书馆以“本月藏本”的形式在其网站的主页上展示馆藏珍贵书籍的图像资料，每月展出一部。2013年1月，日本国立公文书馆展出了其馆藏的中国典籍《山海经》的部分图像资料，并对《山海经》进行了介绍。

2009年12月9日至2010年1月25日，在日本山梨县立博物馆举办的“神？兽？夔神降临”展中，除展出了山梨冈神社所藏夔神神像和山梨县立博物馆所藏夔神之图等资料外，还展出了日本成城大学图书馆所藏康熙6年（1667）刊本《山海经》，并对《山海经》这部中国典籍进行了介绍。

2012年11月3日至2013年1月14日，日本画家瑷呕在广岛市现代美术馆举办了题为“瑷呕 重逢虹之彼岸”的特别展。在展览中展出了瑷呕于2011年创作的作品《精卫·夸父·刑天——源自山海经图——或是勇气》。

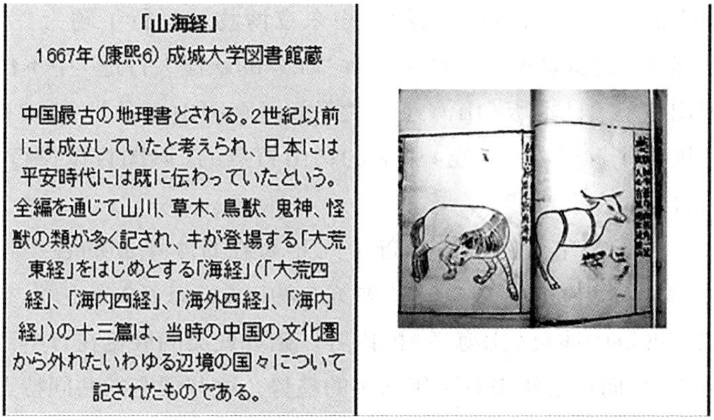

图 21 山梨县立博物馆所展出的成城大学图书馆所藏《山海经》及介绍

2015 年 10 月 1 日至 11 月 30 日，为纪念日本天理大学成立 90 周年，天理大学附属天理参考馆举办了第 75 届计划展“中国的灵兽百态”。整个展览期间，展室外的大屏幕上一直在循环播放《山海经》中的珍奇异兽。[①] 同年 11 月初，日本成城学园（东京都世田谷区）文化节上展出了其大学图书馆所藏江户时代的卷子本《怪奇鸟兽图卷》及其相关资料，文化节开幕的宣传资料上写着“关于这个卷子本，以前除了知道其与中国古代成书的《山海经》有关之外，详情不明。结合此次调查首次弄清的内容等，以图片展示的方式进行说明”。[②]

2016 年 7 月 16 日至 9 月 4 日，位于日本岩手县一关市的芦东山纪念馆举办了题为“圣兽獬豸与奇书《山海经》——中国的妖怪与传说的世界”的夏季特别展。2016 年 7 月 5 日至

① 笔者于 2015 年 11 月 25 日前去天理参考馆参观时，拍摄了部分循环播放的《山海经》中的内容。之后，天理参考馆的工作人员又将所播放的全部《山海经》相关图片发给笔者，为笔者研究《山海经》在日本的传播提供了资料上的便利。

② 成城学園企画広報部：「成城学園文化際 2015 開催——「大学図書館の江戸時代の巻子本『怪奇鳥獣図巻』」、2015 年 11 月 2—3 日、第 1 頁。

8月28日，位于日本东京的江户东京博物馆举行了题为“大妖怪展”的特别展览。在第一章“江户的妖怪大行进”中不仅展出了有“日本版《山海经》”之称的《姬国山海录》(1762)，还展出了深受《山海经》影响的鸟山石燕的《画图百鬼夜行》(1776)。

以上是笔者所汇总的近十几年来在日本举办的各类与《山海经》相关的展览。这些展览有的以《山海经》为主题，有的在展览中涉及《山海经》的内容。诸如此类的展览在日本还有不少，而且近年来有逐年增多的趋势。这些展览的共同特点是面对公众开放，不仅影响面比较广，而且持续时间较长。可以说，展览在很大程度上促进了《山海经》在当代日本的普及和推广。

另外，从上述日本各地举办的与《山海经》有关的展览可知，从当代日本的绘画中，仍然可以看到《山海经》的影响痕迹。

三、讲座、学术会议中的《山海经》

2000年5月28日，日本学者古田武彦在日本大阪泉北考古资料馆作了一场题为“真实的近畿 三世纪以后”的演讲。在演讲中，古田武彦提到《山海经·海内北经》中关于“盖国”和“倭”的记载。

2001年3月24日，在第26届早稻田大学东洋史座谈会大会上，当时在早稻田大学攻读博士学位的我国学者格日乐图作了题为“《山海经》五藏山经中的昆仑之丘”的公开演讲。

2004年10月，日本学者松浦史子第56届日本中国学会上作了题为“关于江淹《遂古篇——以其与郭璞《山海经》注的关系为中心》”的口头发表。2005年10月，松浦史子又在第

56 届日本道教学会上作了题为"从《天地瑞祥志》来看《山海经》的受容——以郭璞的影响为中心"的口头发表。值得一提的是，近年来，松浦史子展开了对《山海经》的一系列研究，对《山海经》在当代日本的传播起到一定的促进作用。

2008 年 11 月 29 日，日本学者下西纪子在京都国立近代美术馆讲堂作了题为"作为地理书的《山海经》五藏山经"的讲座。在讲座中，下西纪子就《山海经》的地理价值进行了详细的讲解。

2009 年 6 月 4 日，国际日本文化研究中心教授安田喜宪在日本五井平和财团主办的第 23 届"演讲会系列：21 世纪的价值观"上作了一场题为"为了拉紧生命的连锁"的演讲。在演讲中，安田喜宪提到《山海经》中的长江文明神话。

2009 年 11 月 16 日，日本学者枋尾武在日本东洋文库主办的"2009 年度秋季东洋学讲座"上作了一场题为"日本的山海经图——山海经绘画与山海异物"的讲座。2010 年 10 月 2 日至 12 月 4 日，作为成城大学名誉教授的枋尾武，每周六都在成城大学举办的"秋冬讲座"上作题为"图解《山海经》——怪异鸟的世界"的讲座，连续作了 6 场。在讲座中，枋尾武不仅以《山海经》中的怪异鸟为中心对《山海经》图进行了细致的讲解，而且指出《山海经》图是日本的人面鸟等怪兽漫画的源泉。

2011 年 11 月 5 日，在日本第 15 届"六朝学术学会大会"上，日本筑波大学研究生加藤文彬作了题为"陶渊明《读山海经》诗的连续性结构——超越与回归"[①] 的口头发表。

2012 年 1 月 21 日，日本北海学园大学法学部副教授中根

---

① 加藤文彬:「陶淵明「讀山海経」詩の連作的構造—超越と回帰—」、中国文化学会大会論文、2012 年 6 月 30 日。

研一于北海道大学综合博物馆作了一场题为“中国怪兽总进击——媒体中的怪兽文化”的讲座。中根研一在讲座中提到，中国的怪兽文化的源泉是奇书《山海经》,《山海经》中所记载的各种怪兽是后世媒体(画报)的原素材。

2012年8月13日，在日本名古屋大学中国文学研究室举办的研究会上，名古屋大学研究生川路梨月作了题为“关于《山海经》”的毕业论文开题报告。之后，在11月20日的名古屋大学中国文学研究室研究会上，川路梨月又作了题为“《山海经》及其受容”的毕业论文中期报告。

近年来，在日本各地举办的各种讲座和学术会议中，《山海经》成为频繁出现的对象。有的演讲或发表以《山海经》为主题，有的是在演讲或发表中涉及《山海经》的内容。

以上是笔者所汇总的近十几年来在日本各地举办的各类与《山海经》相关的部分讲座或学术发表。这些讲座或发表，虽然规模大小不等，但都是以一对多的“有声”讲解，所面对的对象已从学术界扩展到普通大众。这种“有声”力量对《山海经》在当代日本传播也能起到很大的促进作用。

从以上部分讲座或发表的情况也可看出，近年来，越来越多的人开始关注《山海经》,以《山海经》为研究对象的学者也越来越多。进入20世纪90年代以来，日本有近100篇关于《山海经》的研究论文，另有多部专门研究《山海经》的著作出版。

除以上传播方式以外，影视、网络等现代媒体也促进了《山海经》在日本的传播。例如，2015年7月，由许诚毅导演的电影《捉妖记》在中国内地公开上映，上映不久就成为中国影史上的票房冠军。早在电影上映前的5月，人民网日语版就对《捉妖记》即将上映的消息进行了专门宣传。电影上映之后，日本有多家网站对此进行报道。2015年10月22日至31日第28届东京国际电影节举办期间，在其中的“中国电影周”环节，播放了《捉妖记》《大圣归来》等10部中国电影。值得一提的是，《捉妖记》取材于《山海经》，与同期播放的《大圣归来》都借用了《山海经》的素材，这两部影片的导演在采访中也都提到《山海经》。所以，像《捉妖记》《大圣归来》这种取材于《山海经》的电影传入日本，对《山海经》在日本的传播也能起到一定的作用。2016年5月，日本川柳诗人但见石花菜将其于2009年至2014年间所作的2400句川柳汇集成自选川柳集《山海经》出版。日本朝日新闻网对此进行了报道，并在报道中指出，《山海经》是但见石花菜的第四本自选川柳集，题名取自中国古代地理书《山海经》。①

总之，20世纪90年代以来，《山海经》在日本的传播方式呈现多元化的倾向，《山海经》以这种多元的方式走进日本人的生活，被越来越多的日本人所认识和了解。

小 结

明治维新以后，日本依然出现了不少和刻本《山海经》，明治时代的绘画中也依然能看到《山海经》的影响痕迹。在西方文学的影响下，明治时代的日本文学中已少见《山海经》的踪影，大正时代的文学中也并不多见。但是，日本学者关于《山海经》的研究却取得了突破性的成果。这些研究让日本学者认识到《山海经》的价值，对后来的《山海经》研究学者产生了

① “川柳”是日本的一种诗歌形式，音节与俳句相同，也是“5、7、5”的形式。与俳句不同的是，没有“季语”的限制，内容轻松诙谐，多用于表达心情或讽刺世相。

重要影响，增进了日本人对《山海经》的了解。

昭和时代虽然是一个激荡多变的时代，但《山海经》这部中国典籍并没有被日本人所遗忘。昭和时代前期的文学中，有不少《山海经》的影响痕迹。二战以后的昭和时代，有关《山海经》的介绍、翻译及日本《山海经》刊本的次第出现，对《山海经》在日本的传播起了很大的推动作用。日本学者对《山海经》更加关注，并取得大量《山海经》研究的成果。

20世纪90年代以来，《山海经》译本及其相关书籍的出版为《山海经》在日本传播方式的多元化奠定了文本基础。在日本各地举办的各种文化展览中，有许多涉及《山海经》相关内容，这对《山海经》在日本的普及和推广起到了很大的宣传作用。日本各地举办的讲座和学术会议的演讲、发表中，《山海经》成为频繁出现的对象，这为《山海经》在当代日本的传播增添了"有声"的力量。日本不仅有大量《山海经》的研究成果，影视、网络等现代媒体对《山海经》在日本的传播也起了一定的促进作用。

《山海经》在日本的传播方式呈现多元化倾向，《山海经》正以多元的方式走进日本人的生活，被越来越多的日本人所认识和了解。

《山海经》在日本传播的过程中，还有一些一直都在无形中对《山海经》的传播起到推动作用的元素。例如，本书第一章所提到的陶渊明的《读山海经·孟夏草木长》一诗，早在奈良时代就已走进日本的上层社会。在漫长的历史进程中，陶渊明的诗对日本文学产生了很大的影响，陶渊明及其诗也成为日本学术界广泛研究的对象。随着陶诗在日本的广泛流传，《读〈山海经〉十三首》也走入众多日本人的内心深处，在无形中增进了日本人对《山海经》的了解。与此类似的还有鲁迅的《阿长与〈山海经〉》。随着鲁迅作品在日本的广泛传播,《阿长与〈山海经〉》也随着鲁迅成为日本学者的研究对象,《山海经》也随之走进更多日本人的视野。

另外,在《山海经》在日本传播的过程中,还有一部不能忽略的书籍,即《天地瑞祥志》。日本平安时代成书的《本朝见在书目录》中有关于《天地瑞祥志》的记载,日本前田育德会尊经阁文库藏有江户时代贞亨三年(1686)的《天地瑞祥志》写本,现京都大学人文科学研究所所藏的《天地瑞祥志》就是以尊经阁文库本为底本的抄写本。关于《天地瑞祥志》究竟是唐代佚书,还是由唐高宗时的新罗人编纂,中日韩三国学者仍颇有争议。尽管如此,二十卷本的《天地瑞祥志》中引用了大量《山海经》的内容却是不争的事实。《天地瑞祥志》在日本的传播对《山海经》在日本的传播也起了一定的推动作用。不仅如此,中日韩三国学者关于《天地瑞祥志》的研究也从侧面反映了一个问题,即《山海经》在朝鲜半岛的传播也间接对《山海经》在日本的传播起到一定的促进作用。

总之,《山海经》在日本的传播轨迹与日本的时代背景尤其是社会文化背景有很大关系,并随着社会的变迁而历经沉浮。《山海经》在日本传播的过程中以多元的形态透入到日本社会的方方面面,并在对日本社会、文化产生影响的过程中被选择性地接受,诸多《山海经》元素在被接受的过程中发生不同程度的变异,成为日本文化的一部分。

《山海经》研究也是《山海经》透入日本社会的一种形态,更是《山海经》对日本社会产生影响的具体体现。笔者将在下编中对近代以来《山海经》在日本的研究进行专门探讨。

下编

日本学人的《山海经》研究

20 世纪以来,《山海经》成为现代学术界所关注的对象,以《山海经》为研究对象的日本学者也越来越多。日本不仅有多部研究《山海经》的专著,迄今公开发表的以《山海经》为主题的论文有 200 余篇。《山海经》的研究已成为《山海经》在日传播的一股主要力量。本编主要从文献学、神话学、民俗学、地理学、博物学、比较文学等多个层面对日本学人的《山海经》研究进行仔细探讨。

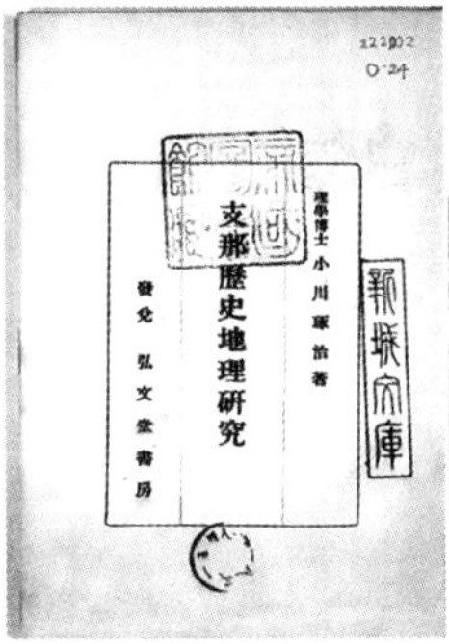

图 22

图 23

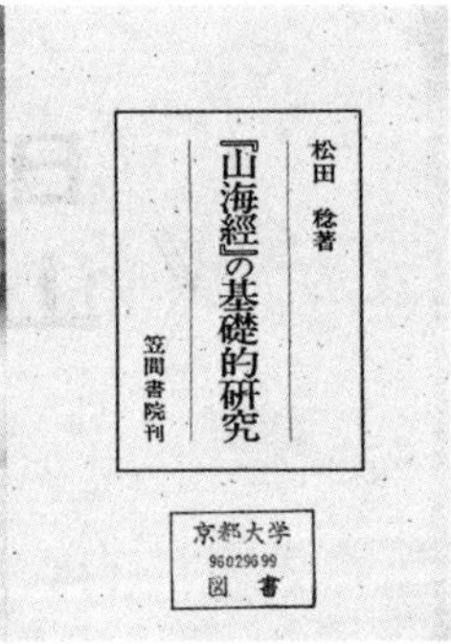

图 24

第五章

文献学层面的《山海经》研究

文献学是人文学术研究的基础层面。关于“文献学”，张舜徽在《中国文献学》一书中指出：

> “我国古代，无所谓文献学，而有从事于研究、整理历史文献的学者，在过去称为校雠家。所以校雠学无异成了文献学的别名。”①

赵国璋和潘树广在《文献学辞典》中这样界定“文献学”的概念：

> “文献学是研究文献的产生、发展、整理和利用的学科……文献学可分为古典文献学和现代文献学。古典文献学一般指广义的校雠学，即由西汉末年刘向、刘歆父子所开创，又为历代学者不断发展扩充的，以研究古代典籍的分类、编目、版本、校勘、辨伪、辑佚、注释、编纂、校点、翻译和流通等为主要内容的学科。”②

关于刘向、刘歆父子所开创的“文献学”这一学问，多年之后，潘树广在《论古典文献学与现代文献学的交融》一文中又作了专门论述：

① 张舜徽：《中国文献学》，郑州：中州书画社，1982年，第4页。
② 赵国璋、潘树广：《文献学辞典》，南昌：江西教育出版社，1991年，“前言”第1页。

“我国古代并无‘文献学’之名,却有文献学之实。这个‘实’,就是把目录学、版本学和校雠学(校勘学)三者融为一体的学问。这门学问开创于西汉末年的刘向、刘歆父子。刘氏父子整理群书,广泛搜集各种本子,把同一种书的不同的本子进行校雠,缮写出比较完备的本子,同时撰写叙录(相当于提要),然后编纂出群书的分类目录,以揭示学术源流,并供考查之用。刘氏父子所做的工作,就是古典文献学最基础的研究工作。后人或以广义的‘校雠学’来概括刘氏父子所开创的学问,也就是说,把目录、版本、校雠三者统统塞进‘校雠学’的大口袋中。于是,校雠学几乎成了文献学的别名。”①

如上所言,刘向、刘歆父子在开创“文献学”这一学问上所作的贡献功不可没,千古奇书《山海经》就是刘氏父子所整理的群书之一,有“中国第一部综合性图书分类目录”之称的《七略》也由刘歆在其父所编《别录》的基础上编纂而成。《七略》虽在唐代已散佚,但由于班固的《汉书·艺文志》根据《七略》编写,所以《七略》得以借《汉书·艺文志》被后人所知。刘歆(刘秀)在《上山海经表》中将《山海经》定为“一十八篇”,而根据《七略》所编的《汉书·艺文志》却是“山海经十三篇”。不论是《山海经》,还是《七略》,同为刘氏父子的“文献学”成果,却在《山海经》篇目上存在龃龉之处,刘氏父子在给后人留下一个难以破解之谜的同时,也为后人创造了更多的研究余地。

我国学者从文献学层面对《山海经》的诸多研究无须赘

① 潘树广:《论古典文献学与现代文献学的交融》,苏州大学学报(哲学社会科学版),2000年第4期,第29—34页。

言，本章主要对小川琢治、前野直彬、大野圭介、高马三良等日本学者在文献学层面对《山海经》的研究进行探讨。

第一节 《山海经》篇目研究

关于《山海经》的篇目研究，日本学者冈本正指出："最早对《山海经》篇目进行真正研究的是毕沅，在其《山海经新校正》中附有《山海经古今篇目考》。"[①] 那么，日本学者对《山海经》篇目的研究始于何时？

1911 年，小川琢治（以下简称"小川"）在《艺文》杂志上连续发表了《〈山海经〉篇目论》和《〈山海经〉篇目论补遗》。这两篇论文被收入《中国历史地理研究》[②] 一书时，被改为《〈山海经〉篇目考证》和《〈山海经〉篇目考证补遗》，并陆续被蒋经三、江侠庵等中国学者译成中文。

在《〈山海经〉篇目考证》中，小川提到"偶于病榻间取而熟读之，追山脉、顺水道，推其地名之所在，错简杂出，茫然不知津梁。因知非先正其编次，无由以定山川之位置"。[③] 此语可谓道出了考证《山海经》篇目的必要性。小川认为，考证《山海经》篇目的变迁，古今版本大体可分为三种：

> "一为汉本，即经刘秀校定的两汉时代所传之简编。二为隋唐本，即晋时郭璞加注解编次而传于隋唐之卷子

① 岡本正：「『山海經』について」、中国古代史研究会編『中国古代史研究』、吉川弘文館、1960 年、第 390 頁。

② 小川琢治：『支那歴史地理研究』、東京：弘文堂書房、1928 年。

③ 小川琢治：『支那歴史地理研究』、東京：弘文堂書房、1928 年、第 69 頁。

本。三为现行本，即宋以后传至今日之写本及刻本。”[①]

关于《山海经》的汉本篇目，小川指出：“《山海经》最古之见于书籍目录者，为班固摘自刘向《七略》而揭载于《汉书·艺文志》刑法家之首的‘山海经十三篇’”。《汉书·艺文志》中的“山海经十三篇”即为小川所说的汉本。

关于汉本十三篇与现行本比较有何异同，中国学者早有论述。小川认为，毕沅在《山海经新校正》中的考证最为精透。但是，毕沅认为“三十二篇”之“二”字为“四”字之误，刘秀所上之“三十四篇”，即禹益所作《山海经》“三十四篇”。对此，小川指出：“然以此二字为四字之误，除前述《海内经》以前篇数以外，更无其他理由。《玉海》中所引之‘三十二篇’之句却有二处，皆作二字。”[②] 所以，在他看来，“毕氏之说，别无所据，可谓近于大胆的臆定”。[③] 对于毕沅以为《山海经》三十四篇为禹益所作这种观点，小川也并不认可。

对于《汉书·艺文志》所言“十三篇”与刘秀《上山海经表》中所言“十八篇”不相符这一点，小川认为法国人拉克培里在《古代中国文明西源论》中关于《山海经》的论述甚为精到。拉克培里将《五藏山经》与《海外南经》以下十三篇相区别，正合其意。小川指出：

“如强欲为之比较，则所谓十三篇者，想与今之经文《五藏山经》五篇，《海外经》四篇及《海内经》四篇合共十三篇相当；而此十三篇加上《大荒经》四篇及《海内经》

① 小川琢治：『支那歴史地理研究』、東京：弘文堂書房、1928年、第70頁。
② 小川琢治：『支那歴史地理研究』、東京：弘文堂書房、1928年、第73—74頁。
③ 小川琢治：『支那歴史地理研究』、東京：弘文堂書房、1928年、第74頁。

一篇，即等于刘表中之十八篇。”①

关于《山海经》古本之篇目，在对毕沅、郝懿行的论述进行细致分析之后，小川指出：“据吾人之意，汉代所行之经文，是将《五藏山经》二十六篇缀合成十三篇再合为五篇，加上海外海内两经八篇，而袭用古经文十三篇之目。”② 小川认为汉代所行之经文袭用旧篇目，含有夸示古书价值之意。所以，刘秀在校订时自然亦从此篇目。至于郭璞遵循刘氏“定为一十八篇”之语，小川认为郭璞也可能起因于同样的动机。

关于《山海经》十八篇之篇目，郭璞在《海内经》下注有“此《海内经》及《大荒经》本皆进在外”等语。对此，毕沅和郝懿行都解作“校进时在外”。小川发现日本版《山海经》(明版覆刻本)中的注文是“皆逸在外”。清代瞿镛的《铁琴铜剑楼藏书目录》所载《山海经》十八卷(明刊本)之解题，与日本版同作“逸在外”。鉴于瞿氏的藏书以保存六朝及唐古本的旧面目善本著称，小川认为，“毕、郝两氏无非是取明道藏本之讹字强加解说”。③ 他指出：“若就逸在外而解，则仅此五篇本逸在外，将其收下附加于前十三篇后。但非刘氏所收，而是注者(恐为郭璞)所收并将其附记于此。”④ 因此，小川认为毕沅、郝懿行两人有关《大荒东经》以下五篇为刘氏进本所有之说不可靠。

茅盾在《中国神话研究ABC》一书中论及《山海经》的篇目时，也曾指出：

---

① 小川琢治:『支那歷史地理研究』､東京:弘文堂書房､1928年､第77頁。
② 小川琢治:『支那歷史地理研究』､東京:弘文堂書房､1928年､第80—81頁。
③ 小川琢治:『支那歷史地理研究』､東京:弘文堂書房､1928年､第83頁。
④ 小川琢治:『支那歷史地理研究』､東京:弘文堂書房､1928年､第83頁。

> “明刊道藏本目录‘《海内经》第十八’条下有注云：‘本一千一百十一字，注九百六十七字’；此《海内经》及《大荒经》，本皆进在外。”①

对于郝懿行的的观点，茅盾也指出：

> “然据《铁琴铜剑楼藏书目录》所载明刊本《山海经》十八卷之提要，则作‘逸在外’。大概明道藏本的‘进’字就是‘逸’字之误。据此则郝懿行的主张就不能成立，而《荒经》及《海内经》之是否为刘歆所见，是一个疑问了。”②

对比茅盾和小川琢治关于《山海经》十八篇篇目的论述，两者论点和论据基本一致。值得一提的是，茅盾开始撰写《中国神话研究ABC》一书时，正值小川琢治的《中国历史地理研究》一书出版，小川琢治早在1911年就发表的《〈山海经〉篇目论》就收录其中。所以，茅盾书中的观点与小川琢治如此一致应并非巧合。

关于《山海经》三十二篇之篇目，小川认为，要明白《山海经》古本之篇目，必须先考证当时《山海经》的状况。他指出，海外海内两经原有图，经文只是说明。由于图画要占据每篇的大部分，所以每篇如再各分为二，则为十六篇。《五藏山经》十三篇及海外海内两经十六篇，再加上《隋书·经籍志》中所记的“水经三卷”，则合为三十二篇。当然，对于这种解释，小川指出：“吾人此种见解，无非揣摩之臆说，然吾以为可以最简单

① 茅盾：《中国神话研究初探》，上海：上海古籍出版社，2011年，第20页。
② 茅盾：《中国神话研究初探》，上海：上海古籍出版社，2011年，第21页。

地说明山海经三十二篇之篇目。”[1]

小川对《山海经》汉本之篇目的考证，既继承前人成果，又提出自己的见解。然而，在对汉本篇目考证进行总结时，小川却阐述了这样的观点：“离现行本而考察，为研究古本篇目的方法之一。古书目中所见篇数之差异，必有与其内容无关者。又依现行本之篇目直接推论古本似亦不可能。”[2] 他认为，《山海经》“十三篇”与“十八篇”之差异，只是其中一例。最后，小川得出如下结论：

> “刘向《七略》及《艺文志》之《山海经》十三篇与刘秀校定本十八篇之不同，只是外观，其实则同一者也。”[3]

关于《汉书·艺文志》所言“十三篇”与刘秀《上山海经表》中所言“十八篇”不相符这一点，前野直彬、大野圭介等日本学者也都有所研究。

1975 年，由前野直彬译注的《山海经·列仙传》[4] 被收入集英社出版的“全译汉文大系”。在此书的“解说”中，前野对《山海经》的篇目也有所论述。由于东汉班固所著《汉书·艺文志》中记有“山海经十三篇”，而《汉书·艺文志》基本上沿袭了刘向、刘歆父子所编纂的《七略》目录，所以前野认为“‘山海经十三篇’应是刘氏父子整理结果的记录”。[5]

---

① 小川琢治:『支那歴史地理研究』、東京:弘文堂書房、1928 年、第 86—87 頁。

② 小川琢治:『支那歴史地理研究』、東京:弘文堂書房、1928 年、第 88 頁。

③ 小川琢治:『支那歴史地理研究』、東京:弘文堂書房、1928 年、第 88 頁。

④ 前野直彬訳注:『山海經·列仙傳』(全釈漢文大系 / 宇野精一、平岡武夫編、第 33 巻)、集英社、1975 年。

⑤ 前野直彬訳注:『山海經·列仙傳』(全釈漢文大系 / 宇野精一、平岡武夫編、第 33 巻)、集英社、1975 年、第 10 頁。

鉴于现行本《山海经》所附刘秀叙录中将《山海经》定为十八篇，那么刘氏父子编纂的《七略》中也应为十八篇，沿袭《七略》目录的《汉书·艺文志》也应与其一致，但《汉书·艺文志》中却是十三篇，明显相矛盾。对此，前野作出这样的推测："刘向校订时的十三篇被记入《七略》中以后并被《汉书·艺文志》沿袭，但后来刘秀又发现了五篇，所以留给后世的是十八篇。"[①] 关于前野的这一推测，他自己也认为并不严谨。原因是现行本《山海经》的第九篇和第十三篇的结尾都有由刘秀校订的记载，如果后面的五篇为刘秀所校订的话，结尾处也应有所记载，但是并没有。所以，关于刘秀所校订的《山海经》是否为十八篇这一问题，历代学者都有争议。对于现行本《山海经》所附刘秀的叙录，清代的《四库全书提要》中则"疑其赝托"。

大野圭介在《关于刘歆〈上山海经表〉》一文中指出刘歆《上山海经表》的几个问题点。首先就是《上山海经表》中的"十八篇"与《汉书·艺文志》的"十三篇"相矛盾这一点。根据刘歆校订《山海经》时的社会背景，大野圭介对刘歆校定《山海经》的目的进行了探讨。

大野圭介认为，刘歆校定《山海经》带有政治目的。汉成帝至汉哀帝时期正是外戚王莽和汉室对立加深时期，刘歆虽为汉室的一员，却受到王莽的提拔，处于一种复杂的立场。刘歆在从事宫中秘书的校定工作时站在拥护汉室、排除外戚的立场，这也是他推行古文经学并上奏《山海经》的原因。但是，《山海经》校定的时间紧急，可以说是"拙速完成"。不仅如此，大野还指出：

① 前野直彬訳注:『山海經·列仙傳』(全釈漢文大系 / 宇野精一、平岡武夫編、第 33 巻)、集英社、1975 年、第 10 頁。

"刘向并未把《山海经》看作补充经书的价值较高之书，所以将其归于形法家之类，'十三卷'也是他确定的卷数。刘歆最初对《山海经》虽高度评价，但却无暇顾及对刘向确定的分类进行变更和订正。《山海经》的校定就留下了在非常紧迫的政治状况下紧急完成的痕迹。"①

大野不仅认为《汉书·艺文志》和《上山海经表》中的卷数不相符的原因就在于此，而且认为"刘向并未见过大荒、海内经五卷，但刘歆见过，也就是说，大荒、海内经五卷是刘歆所附加"。②

总而言之，大野认为刘歆校定《山海经》的意图是拥护宗室、批判王莽。对此，大野还指出：

"这正是刘歆的目标，也就是正适用于暗中排除王氏的主张。刘向为了达到排除宦官、外戚的目的，曾经编辑了《列女传》《说苑》《新序》。刘歆在大荒、海内经中也寄托了同样的思想，这并非不可思议。"③

《山海经》的校定以"拙速"完成。对此，大野认为"正是由于《山海经》的校定的确拙速，《山海经》尤其是大荒、海内经才在很大程度上保留了先秦古貌。"④

---

① 大野圭介:「劉歆「上山海経表」をめぐって」『中国文学報』(51巻)、1995年10月、第18頁。

② 大野圭介:「劉歆「上山海経表」をめぐって」『中国文学報』(51巻)、1995年10月、第19頁。

③ 大野圭介:「劉歆「上山海経表」をめぐって」『中国文学報』(51巻)、1995年10月、第21頁。

④ 大野圭介:「劉歆「上山海経表」をめぐって」『中国文学報』(51巻)、1995年10月、第23頁。

结合刘歆的生平和他校定《山海经》时的社会背景来看，笔者认为大野圭介的上述论述很有道理，但也只是一种基于史实的合理推测。

从以上小川琢治、前野直彬、大野圭介的研究可知，《山海经》两汉古本的篇目已难以确知。而且，晋郭璞作注时，《山海经》的保存状态已如《水经注》中所述：

> "穆天子竹书及山海经，皆埋缊岁久，编韦稀绝，书策落次，难以缉缀，后人假合，多差远意。"①

郭璞对《山海经》进行整理校定，小川认为是郭璞的一大功劳。然而，郭璞注解本之篇目在隋唐宋各书志中却有不同。对此，小川指出："唐宋间书志或作二十三卷，或作十八卷，其篇目之不同，近代学者已穷其考证。"② 对于毕沅的"案即用刘秀十八篇，篇为一卷也"③ 之说，小川认为毕沅是置隋唐所举之二十三卷于不顾。对于郝懿行的《旧唐书》所列十八卷以外加入图赞、音等充当二十三卷的主张，小川通过考证《本朝见在书籍目录》中《山海经》的卷数，认为郝懿行的依据非常薄弱。根据南宋《中兴书目》的记载，小川认为"十八卷由二十三篇而成，是必须认可的"。④ 另外，根据清代张金吾《爱日精庐藏书志》续志所载宋代尤袤的跋语，小川指出："隋唐间流行之《山海经》篇目，绝非一经为一卷或一篇。"⑤ 小川认为，现行本《山海经》十八卷，是在尤袤校定《山海经》时固定下来的。他

① 郦道元:《水经注》,北京:商务印书馆,1958 年,第 12 页。
② 小川琢治:『支那歴史地理研究』,東京:弘文堂書房、1928 年、第 91 頁。
③ 小川琢治:『支那歴史地理研究』,東京:弘文堂書房、1928 年、第 91 頁。
④ 小川琢治:『支那歴史地理研究』,東京:弘文堂書房、1928 年、第 93 頁。
⑤ 小川琢治:『支那歴史地理研究』,東京:弘文堂書房、1928 年、第 93 頁。

也因此推想，流传于日本的《山海经》二十一卷之篇目“或即为《五藏山经》十三篇，与海外、海内、大荒及海内各经八篇相加而成”。[①]

经过对《山海经》篇目的考证，小川指出：

“古本篇目之变迁，如若上述所述，《山海经》名称之起源，应在司马迁以前，秦汉之间，附加海外海内两经之时。其在春秋战国间，当被视为《五藏山经》或《山经》。”[②]

关于《山海经》最初的篇目，高马三良提出了与小川琢治完全相反的观点。

1969年，由高马三良（1911—2004）所翻译的日文版《山海经》[③]被收入平凡社出版的《中国古典文学大系》。高马三良不仅最早将《山海经》译成日文，而且早在1951年就发表了关于《山海经》的研究论文。

在《山海经原始》一文中，高马三良认为《山海经》后半部分的《海外四经》《海内四经》《大荒经》和《海内经》这一结构是建立在一种世界观基础上的，这种世界观就是中国“天圆地方”的思想。关于《山海经》的篇目，通过研究《山海经》的经文内容尤其是文字的特点，高马三良指出：

“我认为《山海经》最初的状态应是除去现行本《山海经》前半部分的《山经》……由剩下的《海外四经》《海

① 小川琢治:『支那歴史地理研究』､東京:弘文堂書房､1928年､第95頁。

② 小川琢治:『支那歴史地理研究』､東京:弘文堂書房､1928年､第95頁。

③ 本田済、沢田瑞穂、高馬三良訳:『抱朴子　列仙傳·神仙傳　山海經』(中国古典文学大系8)､平凡社､1969年。

内四经》《大荒四经》《海内经》这十三经构成，即《汉书·艺文志》中所说的《山海经》十三篇。”①

高马三良的这一观点与一般学者完全不同。

从以上日本学者对《山海经》篇目的研究可知，刘氏父子给后人留下的谜仍然没有得到破解，原因正如前野直彬所说：“无论哪种说法，都只是推论而已，没有确切的证据。”②

第二节 《山海经》版本研究

一、《山海经》现行版本研究

“我在从事《山海经》篇目研究时搜集善本，已确认南葵文库所藏的深草元政手泽本在嘉靖以前的覆宋明刊本中占据第一位，比明道藏本及四部丛刊中所收的成化监本的影印本更好，决定以此为底本继续研究。”③

如小川琢治所言，他在考证《山海经》篇目的过程中，也在研究《山海经》诸现行版本。在《〈山海经〉篇目考证》一文的最后，小川还附加了一节“现行本的种类”。这一节汇集了小川对《山海经》诸现行版本的研究，其中包括毛扆手跋本等十

① 高馬三良:「山海經原始」、女子大文學(大阪女子大學紀要)(1)、1951年3月、第34頁。

② 前野直彬訳注:『山海經·列仙傳』(全釈漢文大系/宇野精一、平岡武夫編、第33卷)、集英社、1975年、第11頁。

③ 小川琢治:『支那歷史地理研究』、東京·弘文堂書房、1928年、第8頁。

余个版本。

早在考察《山海经》篇目时，小川就从清代张金吾所编《爱日精庐藏书志》续篇所载尤袤的跋文中得知“南宋初年，山海经之异本已颇多。其京师旧印本，应为北宋刻本”。[1]《爱日精庐藏书志》续志卷三还记有“乙酉毛扆手跋”。小川根据毛扆手跋认为确实有尤氏校定的南宋刻本。但是，由于张金吾藏书已散佚，如何去考证其书志中所记的尤氏校定本呢？小川认为幸好有杨绍和的《楹书隅录》。清代目录学家杨绍和在《楹书隅录》中对所录之书都有详记，其卷三中的宋本《山海经》虽无尤氏跋文，但属于尤氏校定本。对此，小川认为“尽管张氏之旧本今无由寻觅，幸由此本，仍可知宋代以后《山海经》之体裁”。[2]

鉴于宋本《山海经》如此之少，小川不得已而求其次古者，即元刊本。依据清宫所藏《天禄琳琅书目》，元刊本《山海经》仅有一本。但是，小川认为杨绍和藏书中的明钞本《山海经》可视为元刊本的复本，原因是杨绍和藏书中所收明钞本《山海经》为吴匏庵手钞。小川根据其卷末吴匏庵的跋文，认为明钞本《山海经》应为明内阁元刊本而归之于清朝。

关于明刊本《山海经》，小川认为现存者颇多。例如，清代吴任臣在《山海经广注》中曾引用“刘会孟评山海经十八卷”。刘会孟是明代著名学者，小川认为附有刘会孟点评的“山海经十八卷”很有价值。至于清宫所藏《天禄琳琅书目》卷八中载有“水经山海经三函二十四册”，因其解题中有嘉靖甲午十三年黄省曾的序文，虽然“靖”字被改成“定”字，小川仍将其视为假充宋刊本的明刊本。除此以外，小川对《皕宋楼藏书志》

① 小川琢治:『支那歴史地理研究』、東京:弘文堂書房、1928年、第99頁。

② 小川琢治:『支那歴史地理研究』、東京:弘文堂書房、1928年、第101頁。

列举的明覆宋刻本、坊间流传的胡文焕新刻本、王崇庆的《山海经释义》等也都有所考察。

根据《四库全书总目》的解题，小川认为《四库全书总目》中所列举的是万历年间的覆刻本。根据《铁琴铜剑楼藏书目录》，小川认为坊间流传的吴琯《古今逸史》本之《山海经》无特举之价值。那么，哪个现行明刊本才是最有价值的呢？小川指出："明道藏本为现行本最正确者，毕、郝两氏依据此本处颇多。"[①] 小川虽未能亲见白云观所藏明藏本，但从其友人内藤湖南处得知"日本内阁藏本与白云观本相同"。[②]

小川曾在日本书肆发现七册日本版《山海经十八卷》，但无一记有刊行年月，这让他深感遗憾。根据日本元禄[③]三年（1690）的书籍目录，他仅能判断这七册书为元禄以前的旧刻。根据体裁和内容，小川认为这七册书应属中国明清间的普通本。

关于清代的《山海经》版本，小川列举了吴任臣的《山海经广注》、汪绂的《山海经存》、毕沅的《山海经新校正》和郝懿行的《山海经笺疏》。对于吴任臣的《山海经广注》，毕沅曾批评其滥引路史，小川却认为"此书之驳杂，固如毕氏所言，然继王应麟之后涉猎古今群书而成之杂述，其旁征博引之处，吾人亦受益不少。故不应以其芜杂之故而舍弃怠慢"。[④] 关于汪绂的《山海经存》，小川认为其卷首有"明杨慎注山海经序"和"汉刘秀上山海经疏"，而对郭璞序却略而不载，加上内容亦与其他现行本有不同之处，判断其为异本。

小川对毕沅的《山海经新校正》评价最高，认为其为考究

① 小川琢治:『支那歷史地理研究』、東京:弘文堂書房、1928 年、第 107 頁。
② 小川琢治:『支那歷史地理研究』、東京:弘文堂書房、1928 年、第 108 頁。
③ 元禄：日本江户时代的年号之一，自 1688 年至 1703 年。
④ 小川琢治:『支那歷史地理研究』、東京:弘文堂書房、1928 年、第 113 頁。

《山海经》的“津梁”。

“毕沅序文中论《山海经》为地理书，举出当今尚可考证的山水名称，并与郦道元《水经注》对比，创新之处颇多。断定《山海经》非为语怪之书，其篇目考如前章所述，颇致力于考究。其注文必记‘沅曰’，以区别郭注，尤其致力于地名考证。”①

对于郝懿行的《山海经笺疏》，小川认为郝懿行与毕沅并列为《山海经》之功臣。

在对上述《山海经》诸现行本进行研究之后，1911 年 6 月，小川得到一次调查日本内阁图书和南葵文库藏本的机会。根据日本南葵文库藏明覆刻本的体裁、卷首朱印、封面题字以及印刷材质等，小川认为其为深草元政②手书，是明本中嘉靖以前的覆宋刻本，与宋本同保有隋唐本旧面目。小川认为深草本《山海经》是他见过的诸本中最好的，在没见到尤袤校定本之前，他把深草本看作流布本中的正统。

关于日本内阁所藏明郑煾校本，小川根据其卷首题字等，认为其为深草本的覆刻。关于日本内阁所藏的另外一本卷首有“林氏藏书”和“深草文库”印章的明刊本，小川认为其为日本版《山海经》的底本，应是明刊本中的俗本，且是万历以后的刊本。关于日本内阁所藏的明王世懋重刻本，小川指出其卷末无刘秀的跋文，是其重大缺陷。

1911 年春天，小川的朋友富冈谦藏（1873—1918）从中国

---

① 小川琢治：『支那歴史地理研究』、東京：弘文堂書房、1928 年、第 115—116 頁。

② 元政：通称元政上人（1623—1668），日本江户前期日莲宗僧人，因在京都深草创建瑞光寺被称为“深草元政”，擅长汉诗、和歌。

为他带回一本单行本的清代黄晟校本《山海经》，小川认为此校本为乾隆年间用明活字体覆刻的明本。对于日藏明胡文焕新校本，小川认为其与深草本有相同之处。对于日本宫内省书寮所藏的明道藏本，小川虽未得到亲自查看的机会，但他根据福井学圃（1868—1918）的报告，认为“其与深草本不同而自为一系统无疑”[①]。在详细考察日本所藏《山海经》诸本之后，小川列了一份简单的“日本现存本之系统”表，以便区分上述诸本的系统。

从以上内容可以看出，小川对《山海经》诸现行版本的研究已经非常全面，也比较透彻。

二、《山海经》原本研究

除小川琢治外，竹内康浩对《山海经》版本也有所研究。

根据司马迁在《史记·大宛列传》中关于《山海经》的记述，竹内认为，在司马迁撰写《史记》的年代，确实有《山海经》这部书存在，虽为记录山川等地理之书，但其中也有不少怪物出场。但是，由于司马迁并没有在《史记》中直接引用《山海经》的内容，也没有言及《山海经》的篇目，所以无法知晓司马迁所见到的《山海经》与现行本有何异同。

从刘歆的《上山海经表》可知，刘歆对《山海经》进行了重新编辑，在篇数上将“三十二篇”定为“十八篇”。至于刘歆校订前的三十二篇版本为何面目，现已无法知晓，经刘歆校订后的《山海经》也已散佚。自晋代郭璞注《山海经》以后，郭璞本《山海经》成为定本，即现行本。通过回顾《山海经》的版本历

① 小川琢治：『支那歴史地理研究』、東京：弘文堂書房、1928 年、第 128 頁。

史，竹内将其分为三个阶段：

"一、刘歆校订以前的本子；二、刘歆校订本；三、郭璞注本。"①

关于现行本和刘歆校订本，竹内指出：

"现行本《山海经》虽然沿袭了刘歆校订本，但由于刘歆校订本已散佚，所以现行本与刘歆校订本不可能完全相同。两者之间存在多大差异就成为问题。根据差异的多寡，可以弄清现行本《山海经》与原本的接近程度。因此，对其进行确认，对于研究现行本《山海经》的成立有相当大的意义。"②

竹内认为，刘歆校订以前的本子状况，现在虽然基本没有线索可寻，但关于刘歆校订本时的状况，却有不少线索。

首先，根据《上山海经表》中"《山海经》凡三十二篇，今定为十八篇"③ 这一记述，竹内认为，刘歆校订时，宫中书库中的《山海经》应是三十二篇。

其次，刘歆在讲述其父指出"反缚盗械人"为《山海经》中的"贰负之臣"之后，"朝士由是多奇《山海经》者，文学大儒皆读学，以为奇可以……"。④ 根据这一记述，竹内认为，"当时的

① 竹内康浩：「後漢時代における『山海經』——現行本の成立の問題について」『道教と宗教文化』、平河出版社、1987 年，第 63 頁。

② 竹内康浩：「後漢時代における『山海經』——現行本の成立の問題について」『道教と宗教文化』、平河出版社、1987 年，第 64 頁。

③ 袁珂：《山海经校注》，成都：巴蜀书社，1996 年，第 540 页。

④ 袁珂：《山海经校注》，成都：巴蜀书社，1996 年，第 541 页。

《山海经》在某种程度上已经广为传播，而且也存在宫中书库以外的本子”。[①]

再次，通过考察《山海经》中多达66处的“一曰”这一记述，竹内发现，66处“一曰”除《大荒北经》中有1处外，其余65处都集中在海外、海内诸经中。鉴于《海内东经》中的“都州在海中，一曰郁州”[②]这一记述中有郭璞注“郁音鬱”，竹内认为，“一曰”的记述既然加了郭璞注，那就可以确定是郭璞以前的人所为。竹内指出：

> “郭璞以前校订《山海经》的人，唯有刘歆被知。而且，在66处‘一曰’的记述中占65处的海外、海内诸经的末尾处，有标明刘歆校订的记述，那么，可以认为添加‘一曰’的人应为刘歆，这一想法并不为过。”[③]

鉴于《海外南经》中关于“狄山”的记述和《海外东经》中关于“嗟丘”的记述中都有2处“一曰”，竹内认为，“在刘歆所依据的底本之外，至少存在两种本子，也就是说，可以认为当时至少存在三种本子。而且，再加上刘歆校订本，应该有四种本子”。[④]之后，对于晋郭璞时的状况，根据郭璞在《西山经》中关于“羭次之山”的“其阳多婴垣之玉”这一记述中注有“垣或作短，或作根，或作埋”，竹内认为当时应该有四种本子。

然后，为了弄清东汉时期《山海经》的状况，竹内对许慎所

---

① 竹内康浩:「後漢時代における『山海經』——現行本の成立の問題について」,『道教と宗教文化』,平河出版社,1987年,第64頁。

② 袁珂:《山海经校注》,成都:巴蜀书社,1996年,第382页。

③ 竹内康浩:「後漢時代における『山海經』——現行本の成立の問題について」,『道教と宗教文化』,平河出版社,1987年,第65頁。

④ 竹内康浩:「後漢時代における『山海經』——現行本の成立の問題について」,『道教と宗教文化』,平河出版社,1987年,第65頁。

著《说文解字》和高诱所注《淮南子》中引用《山海经》的情况进行了研究。由于《说文》第十三篇中有“山海经曰,惟号之山”,竹内认为许慎看过《山海经》是确定无疑的,但现行本《山海经》中并没有“惟号之山”。再加上通过将《说文》中关于“食象蛇”“发鸠山”“蚼犬”等内容的记述与《山海经》进行比较,竹内认为“许慎所看到的《山海经》无论在字句还是内容上都与现行本有相异之处,应是另一系统的《山海经》。”[①]

由于高诱注《淮南子·地形训》中关于“黑齿民”和“玄股民”的记述中都有“见山海经”之句,竹内认为高诱也看过《山海经》。关于“黑齿民”和“玄股民”,现行本《山海经》中都有两处记述。通过对比高诱注《淮南子》和《山海经》中关于“黑齿民”和“玄股民”的记述,竹内发现高诱注《淮南子》中的这两处记述都接近于《海外东经》中的记述,与《大荒东经》中的记述则完全不同。高诱注《淮南子》中关于“夸父”的记述中也有“见山海经”之句,但与《大荒东经》和《大荒北经》所述“夸父”相比,高诱注《淮南子》中的“夸父”与《海外北经》中的“夸父”有更多相同之处。另外,高诱注《淮南子·地形训》中的“形残之尸”与《海外西经》中的“刑天”极其相似。与《大荒北经》中的“烛龙”相比,高诱注《淮南子·地形训》中关于“烛龙”的记述更接近于《海外北经》中的“烛阴”。鉴于以上原因,竹内指出:

> “高诱看过《山海经》是可以确定的,不仅如此,从高诱注中所看到的《山海经》的内容,虽与现行本《山海经》

① 竹内康浩:「後漢時代における『山海經』——現行本の成立の問題について」『道教と宗教文化』、平河出版社、1987年,第68頁。

有相似之处，却并非完全相同，这也是能够确定的。”①

那么，许慎、高诱所看到的《山海经》究竟是什么样的本子呢？通过探究许慎、高诱的生平，竹内发现他们二位都是古文学派的学者。所以，竹内认为他们所看到的《山海经》应是古文本《山海经》。对于《海内西经》中关于“仁羿”的记述，竹内不仅认为“仁羿”是古文的残余，而且是“夷羿”的误写。鉴于此，竹内指出：

“许慎、高诱所看到的《山海经》是用古文写成，且在篇目上的最大特征是没有《大荒东经》以下五篇。”②

“如果许慎、高诱所看到的《山海经》是用古文写成且没有《大荒东经》以下五篇的话，那么可以说这个本子就是刘歆校订本的可能性很大。之所以这么说，首先是因为刘歆校订本是用古文书写的，其次是因为刘歆校订本由十三篇构成，比现行本少五篇。”③

由于现行本所附刘秀（歆）《山海经叙录》中《山海经》篇目定为“十八篇”，从竹内的这一观点来看，他所说的“刘歆校订本由十三篇构成”应是指《汉书·艺文志》沿袭刘氏父子所编纂的《七略》中的“十三篇”。

另外，竹内还指出：

---

① 竹内康浩:「後漢時代における『山海經』——現行本の成立の問題について」,『道教と宗教文化』,平河出版社,1987年,第75頁。

② 竹内康浩:「後漢時代における『山海經』——現行本の成立の問題について」,『道教と宗教文化』,平河出版社,1987年,第78頁。

③ 竹内康浩:「後漢時代における『山海經』——現行本の成立の問題について」,『道教と宗教文化』,平河出版社,1987年,第78頁。

"尽管可以看出现行本《山海经》基于刘歆校订本,但其实两者之间存在很大差异。而且,《汉书·艺文志》中所说的十三篇显然没有《大荒东经》以下五篇。那么,《大荒东经》以下的五篇可能成立于后汉到晋之间。"①

之后,在《海外诸经的成立——〈山海经〉现行本的成立问题(二)》一文中,竹内通过考察《海外诸经》的叙述形式和48处"一曰"这一记述,在对《海外诸经》的成立进行探讨的同时,也对刘秀(歆)所校订的《山海经》和刘秀(歆)校订以前的《山海经》状况进行了研究。竹内指出:

"现行的《海外诸经》是刘秀(歆)根据多个原本再构成的。而且,在这个过程中,多个原本因被修改的程度不同,其叙述的形式也相异。关于《海外四经》,刘秀(歆)尽可能将其整理成统一的形式,所以能看出《海内四经》是难以放入《海外四经》的内容的汇集。"②

竹内认为,刘秀(歆)所校订的《山海经》由《五藏山经》和《海外诸经》构成。关于刘秀(歆)校订以前的《海外诸经》的状况,竹内指出:

"关于《海外诸经》这一部分,在刘秀(歆)校订以前

① 竹内康浩:「後漢時代における『山海經』——現行本の成立の問題について」,『道教と宗教文化』,平河出版社,1987年,第78頁。

② 竹内康浩:「海外諸経の成立——『山海経』現行本の成立の問題について(二)」,『史流』(31巻),1991年3月,第48頁。

就经过多人的修改，这是可以确定的。”[①]

从以上内容可知，在《山海经》版本研究方面，小川琢治的着眼点主要在《山海经》诸现行版本上，竹内康浩的着眼点在于现行本《山海经》之前的原本，对郭璞作注前的《山海经》原本进行了探讨。

除小川琢治、竹内康浩以外，杤尾武对日本国立国会图书馆所藏明代蒋应镐绘图《山海经》的明刊本和和刻本进行了影印，并在《明·蒋应镐〈山海经〉：明刊本和和刻本》[②]一文中用360多页的篇幅将两个版本的内容逐页并列刊出，将两个版本的相同和相异之处一一展现。所以，尽管杤尾武并未对两个版本进行比较研究，也没有展开任何论述，但通过杤尾武的影印，明代蒋应镐绘图《山海经》的明刊本和和刻本之异同已让人一目了然。

第三节 《山海经》成书研究

如前所述，早在考证《山海经》篇目时，小川琢治就曾指出：

“山海经名称之起源，应在司马迁以前，秦汉之间，附

① 竹内康浩:「海外諸経の成立——『山海経』現行本の成立の問題について(二)」、『史流』(31巻)、1991年3月、第49頁。

② 杤尾武:「明·蒋應鎬畫『山海経』:明刊本と和刻本」、『成城國文學論集』(29巻)、2004年3月、第1—221頁;杤尾武:「明·蒋應鎬畫『山海經』続:明刊本と和刻本」、『成城國文學論集』(30巻)、2005年3月、第1—145頁。

加海外海内两经之时。其在春秋战国间，当被视为五藏山经或山经。”[①]

之后，在《中国战国以前的地理认知界限》[②]一文中，小川进一步指出：

“如前所述，可推测《山海经》中最初的五卷《五藏山经》形成于东周。理由之一是《五藏山经》远远早于其后的《海外经》，《海外经》四卷又比其后的《海内经》四卷更早，而《海内经》四卷在刘向、刘歆校订以前，即汉武帝时就已基本是现在的样子，依次往前追溯，《海外经》四卷成书于战国时期，可见《五藏山经》五卷在春秋末期已经形成。”[③]

茅盾在《中国神话研究ABC》(1929)一书中对《山海经》的成书时代也有所探讨。在对陆侃如在《论山海经的著作年代》[④]中的主张表达异议之后，茅盾指出：

“如上所言，对于《山海经》的成书时代，大概可以定为(1)《五藏山经》在东周时，(2)《海内外经》在春秋战国之交，(3)《荒经》及《海内经》更后，然亦不会在秦统一以后(或许本是《海内外经》中文字，为后人分出者)。”[⑤]

---

① 小川琢治:『支那歴史地理研究』、東京:弘文堂書房、1928年、第95頁。
② 小川琢治:「支那戦国以前の地理上知識の限界」、『芸文』(6)、1915年。
③ 小川琢治:『支那歴史地理研究』、東京:弘文堂書房、1928年、第210—211頁。
④ 陆侃如:《论山海经的著作年代》,《新月》(第1卷第5期),1928年7月。
⑤ 茅盾:《中国神话研究初探》,上海:上海古籍出版社,2011年,第23页。

对比茅盾和小川琢治的观点，又足见其一致之处。这应与茅盾撰写《中国神话研究ABC》一书时，正值小川琢治的《中国历史地理研究》一书出版不无关系。加上前述茅盾在论述《山海经》篇目时也有与小川琢治的相似之处，关于《山海经》的成书年代，茅盾应是受到小川琢治的影响。

另外，关于《海内东经》中"国在流沙中者埻端、玺㬇……在流沙中"。[①] 这一记述，小川琢治认为"埻端玺㬇"四字由原本记作"埻(端)皇(㬇)"的四字转讹而来，也因此推测《海内经》四篇应在汉武帝开拓西北边境设郡前就已形成。

继小川琢治之后，神田喜一郎在《〈山海经〉中所见中国古代的山岳崇拜》一文中，在考察《山海经》中的中国古代山岳崇拜思想之前，先就《山海经》的性质和创作年代进行了一番说明。关于《山海经》的成书，神田喜一郎指出：

> "《山海经》非一时之作，基本上从《五藏山经》结尾处的说明可以明确。也就是说，毫无疑问《山海经》的原形是《五藏山经》，《海外经》以下诸篇都是后来添加的。"[②]

从神田喜一郎的这一论述可知，他与小川琢治一样，都认为《五藏山经》为《山海经》最初形态。在这一点上，二者的观点是一致的。

对于《五藏山经》结尾处的说明与《管子》末尾的《地数篇》几乎相同这一问题，神田喜一郎表达了这样的观点：

① 袁珂：《山海经校注》，成都：巴蜀书社，1996年，第379页。

② 神田喜一郎：「『山海経』より観たる支那古代の山岳崇拝」、『支那学』(第二卷第五号)、1922年，第28頁。

"这又暗示了《五藏山经》成书的年代。虽然不能以此确定是《管子》引用了《山海经》,还是《山海经》引用了《管子》,但同一文章互见于不同的书中,却在战国时期的著作中屡见不鲜。而且,《地数篇》更多地被认为是《管子》中较晚出现的篇章。"①

鉴于此,神田确信《五藏山经》的成书无论如何都不会早于战国。但神田同时又指出:

"纵使《五藏山经》成书于战国时期,《海外经》以下为战国以后所添加,但许多读《山海经》的人都不认为《山海经》的内容是战国时期或战国以后的个人意识的产物。其中所含《楚辞》《天问》中也有的许多神话传说和祭祀山神的原始风俗……其本质无疑是从古老时代就奠定的民族传统。"②

因此,神田认为《山海经》的成书年代在战国和秦汉时代之间。

杤尾武在《明·蒋应镐〈山海经〉:明刊本和和刻本》一文中虽未对明代蒋应镐绘图《山海经》的明刊本和和刻本的异同展开论述,却在文末的"跋"中写道:

"此次影印的六至十八卷与上次影印的五卷(即被称为《五藏山经》的最古老部分的《山海经》)相比,可以说

---

① 神田喜一郎:「『山海経』より観たる支那古代の山岳崇拝」、『支那学』(第2卷第5号)、1922年,第28頁。

② 神田喜一郎:「『山海経』より観たる支那古代の山岳崇拝」、『支那学』(第2卷第5号)、1922年,第29頁。

是较晚写成的。虽然不能确定最古老部分《山海经》成书的确切时间,但截至目前的说法是成书于战国至西汉间。”①

从杤尾武在文末“跋”中的记述可知,在他看来,《五藏山经》是《山海经》中最古老的部分,成书于战国至西汉间。

杤尾武的观点与小川琢治、神田喜一郎可谓一脉相承。他们都认为《五藏山经》是《山海经》最古老的部分,只是在《五藏山经》的成书时间上存在争议。

高马三良在《山海经原始》一文中却认为:

“《山海经》最初的状态应是除去现行本《山海经》前半部分的《山经》……由剩下的《海外四经》《海内四经》《大荒四经》《海内经》这十三经构成,即《汉书·艺文志》中所说的《山海经》十三篇。”②

高马认为《山经》的成书要晚于《海经》,《汉书·艺文志》中所说的《山海经》十三篇只包含《海经》的内容。

伊藤清司(1924—2007)自20世纪60年代起发表了大量《山海经》研究的论文。1979年,在《羬羊与箴石——〈山海经〉的研究》一文的开篇,伊藤就提到《山海经》的成书问题。

“据说《山海经》不同篇目的成立时代各异。例如,

① 杤尾武:「明·蒋應鎬畫『山海經』続:明刊本と和刻本」『成城國文學論集』(30巻)、2005年3月、第143頁。

② 高馬三良:「山海經原始」、女子大文學(大阪女子大學紀要)(1)、1951年3月、第34頁。

陆侃如、顾颉刚等人认为《山经》五篇成书于战国时期，《海外》、《海内》各四篇成书于西汉，《大荒》四篇以下为西汉以后之作。郑德坤认为《山海经》成书于春秋时期，海外、海内各经最晚成书于春秋战国之交，最后的大荒经以下也可以看作是秦统一以前的作品。蒙文通则认为海外、海内诸经及大荒经各篇与成书于春秋末期至战国前半期成书的《山经》五篇更古老，其中大荒四经的成书更早。高马三良认为《海外四经》以下的十三篇即《汉书·艺文志》中所记载的'山海经十三篇'，《山经》五篇则是后来添加的。"[①]

对于《山海经》各篇目的成书时间，伊藤虽未展开详细论述，但他指出："前半部分的《山经》五篇和后半部分的《海外经》以下十三篇，其成书时期不同，是论及此书时几乎一致的见解。"[②] 同时，他还指出："《山海经》的前半部分和后半部分，不论在编录形式上，还是在内容上，都有明显的不同。"[③]

关于《山经》和《海经》的成书孰早孰晚这一问题，松田稔在《中国古代的神——〈山海经〉山经与海经的关系》一文中根据《海经》先有图后有文的特点，不仅认为《海经》中的神被画入图画的时间比《海经》被记录的时间要早，而且指出："《海经》的绘画时期应早于《山经》内容记述的时期"。[④]

---

① 伊藤清司:「羬羊と箴石——『山海經』の研究」、『東洋史·考古學論集:三上次男博士頌壽記念』、朋友書店、1979年、第77頁。

② 伊藤清司:「羬羊と箴石——『山海經』の研究」、『東洋史·考古學論集:三上次男博士頌壽記念』、朋友書店、1979年、第78頁。

③ 伊藤清司:「羬羊と箴石——『山海經』の研究」、『東洋史·考古學論集:三上次男博士頌壽記念』、朋友書店、1979年、第78頁。

④ 松田稔:「中国古代の神——「山海経」山経と海経との関係」、『学苑』(577)、1988年1月号，第174頁。

森和在《〈山海经〉五藏山经中的山岳祭祀》一文中通过研究《中山六经》祭祀记事中“岳”和“诸岳”等词指出：

> “这反映出《五藏山经》现行本被编纂之时，已经存在五岳观念。反过来说，《中次六经》以外的祭祀记事在《五藏山经》编纂以前，即各山系的记录完成时就已存在。”①

除森和外，柴叶子对《五藏山经》中的山岳祭祀也有所研究。她在《〈山海经〉的神话研究——神话的编纂与变化》一文中不仅指出《五藏山经》中关于山岳神和祭品的记述缺乏一贯性，而且认为“《中山经》的完成要晚于《五藏山经》的其他各经”。②

从森和和柴叶子的论述可以看出，二者都试图从对《五藏山经》山岳祭祀的研究推测《五藏山经》具体内容的完成时间，只是并未展开进一步的研究，所以也未能得到更具体的结果。

关于《海内四经》的成书，大野圭介在《〈山海经〉海内四经的成立》一文中指出：

> “关于《山海经》的成书时期和地点，自古以来议论百出，比较有影响力的是袁珂主张的楚国成立说和蒙文通主张的蜀地成立说。但是，在性质各异的《山海经》各部分内容中，《海内四经》中可以看到许多战国时期的赵、燕、齐实际存在的地名，从中可以窥探一些与《山海经》成书

① 森和:「『山海経』五藏山経における山岳神祭祀」、『日本中国学会報』(53巻)、2001年、第12頁。

② 柴葉子:「『山海経』の神話的研究——神話の編纂と変化」、『史觀』(第165冊)、2011年9月、第167頁。

相关的内容。”[①]

大野圭介以《山海经》中实际存在的战国时期赵、燕、齐的地名为主要线索，结合《战国策》《汉书》等文献的记载和陆侃如、高马三良等中日两国学者的研究成果，对《海内四经》的成书时期和地点进行了探讨，并将《海内四经》的成书过程简要归纳如下：

“海内南经的南海诸蕃，海内西、北、东经中的赵、齐、燕的地名，海内南经的苍梧山，海内南、西经的氐国，都是在公元前四世纪后半期，因齐的稷下学士的知识而成立。海内西、北经的昆仑及其周边国家，海内北经的蓬莱山及其周边，都是在公元前四世纪后半期到公元前三世纪前半期之间，在神仙家的宇宙山传说的基础上成立。海内东经后半部分的河川记述，则是汉代以后所增补。”[②]

关于《大荒经》和《海内经》的成书，大野在《〈山海经〉大荒、海内经原始》一文中提到“位于《山海经》最后的大荒、海内经，由于《汉书·艺文志》中著录为十三篇，毕沅和郝懿行都认为不在原本《山海经》内。关于大荒、海内经的性质和成书，至今颇有争议”。[③]

1929年，我国学者陆侃如在《〈山海经〉考证》一文中认为

---

① 大野圭介:「『山海経』海内四経の成立」、『富山大学人文学部紀要』(28卷)、1998年3月、第196頁。

② 大野圭介:「『山海経』海内四経の成立」、『富山大学人文学部紀要』(28卷)、1998年3月、第180頁。

③ 大野圭介:「『山海経』大荒·海内経原始」、『富山大学人文学部紀要』(第30号)、1999年3月、第1頁。

《大荒经》和《海内经》成书于后汉至魏晋间，并列出了五个证据来证明。大野在《〈山海经〉大荒、海内经原始》一文中对陆侃如所列出的四个证据提出怀疑，认为这些证据并不能证明大荒、海内经成书于汉以后。经过对《大荒经》和《海外四经》中位置的表述形式进行研究，大野指出：

"《大荒经》和《海外经》在表示位置的记述上明显是不同的体系，可以说并非出自同一人之手。"①

其次，通过对《大荒经》和《海内经》中关于系谱的记述进行研究，并将《大荒经》和《海内经》中关于"国"的记述与《吕氏春秋》《淮南子》进行比较，大野认为，《大荒经》和《海内经》成书于战国末期，且《海内经》与《大荒经》的成书地点不同的可能性较大。

从以上内容可以看出，日本学者对于一直以来都颇有争议的《山海经》成书这一问题上，同中国学者一样，也是众说纷纭，各有千秋。尽管如此，关于这个问题，如伊藤清司所说，《山经》和《海经》成书时期不同是论及此书时几乎一致的见解。

第四节 《山海经》作者研究

茅盾在《中国神话研究 ABC》（1929）一书中指出：

① 大野圭介：「『山海経』大荒·海内経原始」、『富山大学人文学部紀要』（第 30 号）、1999 年 3 月、第 11 頁。

> “要研究《山海经》的著作时代，首先就得弄明白《山海经》的著作者是谁。”①

刘秀在《上山海经表》中有记：“《山海经》者……禹别九州，任土作贡；而益等类物善恶，著《山海经》。”② 自刘秀（歆）校订《山海经》以后，《山海经》作者就有“益说”“禹说”“禹、益说”“夷坚说”等多种。近代以来，关于《山海经》的作者，更是众说纷纭。当代学者陈连山在《〈山海经〉学术史考论》一书中的概括较为恰当。

> “自从刘歆校进《山海经》开始，至今流行了差不多两千年的传统的作者‘禹、益说’，经过现代学术批判，基本沦为一种古史传说。现代学术界针对这一问题提出了各种假说：刘师培‘邹衍说’、卫聚贤‘随巢子说’、顾颉刚‘周秦河汉间人说’、茅盾‘东周洛阳人说’、袁珂‘楚人说’、蒙文通‘蜀人说’、‘东方早期方士说’等……现代学术界一般倾向于承认：《山海经》非一人一手之作。”③

尽管“禹、益说”已沦为一种古史传说，前野直彬还是对这一说法进行了一番探讨。前野认为，《山海经》为禹、益所作这一说法的产生是有充分理由的。

首先，《山海经》有地理书的特征，为治水走遍天下的禹、益被认为是对中国上古地理知识最熟悉者。

其次，《左传·宣公三年》中有关于“禹铸九鼎”的记载。

---

① 茅盾：《中国神话研究初探》，上海：上海古籍出版社，2011年，第17页。
② 袁珂：《山海经校注》，成都：巴蜀书社，1996年，第540页。
③ 陈连山：《〈山海经〉学术史考论》，北京：北京大学出版社，2012年，第2页。

大禹将百物铸于鼎上的目的就是为了“使民知神奸”，所以禹也被认为是对《山海经》中所见异神和怪物最为熟悉者。在设定《山海经》的作者时，禹就成了不二人选。

《山海经》为禹、益所作的说法自古以来就饱受质疑。前野指出，质疑这一说法最有代表性的是宋代的朱熹和清代的《四库全书总目提要》。对于《山海经》为禹、益所作遭质疑的理由，前野认为“最大的理由之一就是《山海经》中有远远晚于大禹的周王先祖等人名和秦汉郡县制度确立以后的郡县名”。[①]

不仅如此，对于“禹、益说”，前野也提出了自己的疑问，即“先秦书籍中未见《山海经》之名，至汉代司马迁时才在文献中出现。此书如果真是禹或益所作的话，那么在先秦时代的书中理应留有痕迹。然而，先秦书籍中关于禹、益巡天下、禹铸九鼎、大禹治水传说等的记录，但都没有任何关于禹著《山海经》的记录”。[②] 如《尚书》中的《禹贡》，大禹被儒家尊为圣人。那么，先秦书籍中没有关于禹著《山海经》记录的这一问题，是否是因为至前汉初期的儒家一直遵从孔子“子不语怪力乱神”的训诫？前野发现并非如此。因为孔子本身就有博学的异物知识。儒家经典《国语·鲁语》中也有关于“防风氏”这一神话传说的人物。

经过一系列的考察，前野不仅没有发现能够证明《山海经》为禹、益所作的材料，反而找到许多否定《山海经》为禹、益所作的材料。那么，《山海经》究竟是何时由何人著成？前

① 前野直彬訳注:『山海經·列仙傳』(全釈漢文大系 / 宇野精一、平岡武夫編、第33卷)、集英社、1975年、第12頁。

② 前野直彬訳注:『山海經·列仙傳』(全釈漢文大系 / 宇野精一、平岡武夫編、第33卷)、集英社、1975年、第13頁。

野认为不可能找到这个问题的答案，也没有必要去确定这一答案。前野之所以这么认为，其理由如下：

“我推测《山海经》在写成之前，经历了漫长的口头传承时代。传承当然会随着时代的变化而变化，并在某个时期被写成文字。文字化后的内容传给后世的同时，另一方面，口头传承的内容还在变化着，然后在某个时期又被文字化。这样如此反复，形成了现在的《山海经》。在某个时期将口头传承变成文字的人，与其说可能是无名之人，倒不如说原本就是无名之人的可能性更高。而且，这种无名之人有很多，时代也不同。所以，很难从中找出一个人的人名，也没有多大意义。”①

前野结合现行本《山海经》各经的实际状况，最后总结道：“《山海经》在中国古代漫长的历史中记录了许多无名之人的观念。这一功绩不能归功于某一个人。”②

除前野直彬外，伊藤清司在《山海经与铁》一文中也曾指出：

“《山经》当然既不是禹、益所作，也不是特定的某一个人对全国的山川进行考察而作。可能由各地的报告集录而成。”③

---

① 前野直彬訳注:『山海經·列仙傳』(全釈漢文大系 / 宇野精一、平岡武夫編、第 33 巻)、集英社、1975 年、第 14 頁。

② 前野直彬訳注:『山海經·列仙傳』(全釈漢文大系 / 宇野精一、平岡武夫編、第 33 巻)、集英社、1975 年、第 15 頁。

③ 伊藤清司:「山海経と鐵」、『社会経済史の諸問題』(森嘉兵衛教授退官記念論文集)、法政大学出版、1969 年，第 189 頁。

伊藤得出这一结论主要有两方面的依据，一方面是《山经》五篇的各篇都有区分，各山系都有记述其山神的祭祀方法；另一方面是与《山经》表达形式上的统一性相比，在记述内容上则有明显的不统一性。

关于《山海经》的作者，前野直彬、伊藤清司等日本学者也都否定了“禹、益说”，认为《山海经》的作者并非特定的某一个人。这也是前述陈连山所提到的现代学术界的一般倾向。中日两国学者在《山海经》作者问题的探讨上，观点是一致的。至于今后在这一问题的探讨上会不会有新的变数，应如前野直彬所言：

> “关于《山海经》的作者，除非有划时代意义的考古学的发现，否则永远都是一个谜。”[①]

第五节 《山海经》错简讹字研究

一、《山海经》错简研究

在对《山海经》篇目和版本进行考证的过程中，小川琢治以日本南葵文库所藏深草本为底本，开始考证《山海经》的内容。关于内容，错简颇多是小川首先注意到的问题。

1911年，小川在《艺文》杂志上发表了《关于〈山海经〉的错简》一文，文章开头便指出，流传过程中产生的误字错简，是

① 前野直彬訳注:『山海經·列仙傳』(全釈漢文大系/宇野精一、平岡武夫編、第33卷)、集英社、1975年、第11頁。

《山海经》自司马迁以来其记录价值被怀疑的原因之一。小川在郝懿行校定的基础上，结合《逸周书·王会篇》和《淮南子·地形训》的内容，认为《海内西经》《海内北经》和《海内东经》的错简最严重。由于这些篇目中含有日本、朝鲜、辽东等地的地名，是史家屡次引用的部分，小川决定对这部分内容中明显的错简进行订正。为便于指出错简及订正意见，小川在经文前加了序号。例如：

(一)海内东北陬以南者。

(二)钜燕在东北陬。

(三)国在流沙中者埻端玺㬇……不为郡县在流沙中。

(四)国在流沙外者……月支之国。

(五)西胡白玉山……皆在西北。

如上所示，小川认为(三)(四)(五)属于西北的地方，明显不应放在《海内东经》中，接在(二)后的内容应是《海内北经》中自“盖国在钜燕南，倭北。倭属燕”[①]至“大人之市在海中”[②]。而且，小川指出，这部分内容中的大蟹、陵鱼、大鯾等本是《海内东经》图中的动物，应是其所在位置被错误地列入地名中。

关于《海内北经》，小川指出：

“《海内北经》开头就以‘海内西北陬以东者’为题，接着却列举了‘蛇巫之山’、‘西王母’等内容，而《海内西经》的后面却列举了‘昆仑之墟在西北’等等，这里如果

① 袁珂:《山海经校注》,成都:巴蜀书社,1996年,第374页。

② 袁珂:《山海经校注》,成都:巴蜀书社,1996年,第378页。

与《海内东经》的例子相对照的话,《海内西经》后面的内容必须放在《海内北经》之首。”[①]

小川所说的《海内西经》后面的内容指自“海内昆仑之墟,在西北,帝下之都”[②]至“开明南……视肉”[③]。在《海内北经》的自“巫蛇之山……龟山”[④]至“舜妻登比氏生宵明……一曰登北氏”[⑤]之后,小川认为有必要将散落在《海内西经》中的诸章补缀在其后,其顺序应调整如下:

(西五)高柳在代北。

(西四)雁门山……在高柳北。

(西三)大泽方百里……在雁门北。

(西九)东胡在大泽东。

(西十)夷人在东胡东。

(西十一)貊国在汉水东北……灭之。

(西十二)孟鸟在貊国东北……东乡。

小川认为,这样调整之后,从西北隅到东北隅才算完整,不过之后应再加上《海内东经》中的“锯燕国在东北陬”这一节。这样,《海内西经》就只有剩下的内容和《海内东经》的(三)(四)(五),具体如下:

(西一)海内西南陬以北者。

① 小川琢治:『支那歴史地理研究』、東京:弘文堂書房、1928年、第137頁。
② 袁珂:《山海经校注》,成都:巴蜀书社,1996年,第344页。
③ 袁珂:《山海经校注》,成都:巴蜀书社,1996年,第354页。
④ 袁珂:《山海经校注》,成都:巴蜀书社,1996年,第357页。
⑤ 袁珂:《山海经校注》,成都:巴蜀书社,1996年,第373页。

(西二)貳负之臣……在开题西北。

(西六)后稷之葬……在氐国西。

(西七)硫黄酆氏之国……在后稷葬西。

(西八)流沙出钟山……黑水之山。

(东三)国在流沙中者埻端玺㬇……在流沙中。

(东四)国在流沙外者……月支之国。

(东五)西胡白玉山……皆在西北。

调整后的《海内西经》显得过于简短。对此,小川认为,"这或许是由于本应在此篇的脱简过多地散佚了"。[①]

除小川琢治外,神田喜一郎(1897—1984)对《山海经》中的错简也有所研究。例如,神田喜一郎在《〈山海经〉中所见中国古代的山岳崇拜》一文中对《山海经》中的中国古代山岳崇拜进行考察时就注意到一个问题,即《五藏山经》中除了《东次四经》以外,各经结尾处都有关于山岳祭祀的方法。对此,神田喜一郎认为,"《东次四经》可能跟其他诸经一样,但是由于偶然的错简而脱落了"。[②]

茅盾在《中国神话研究ABC》一书中也有注意到《山海经》的错简问题。"其实《山海经》错简甚多,篇目离合,亦有屡次。"[③]只是,茅盾并没有像小川琢治一样对《山海经》的错简问题展开具体的论述,也没有像小川琢治那样对错简进行尝试性的调整。

---

① 小川琢治:『支那歴史地理研究』、東京:弘文堂書房、1928年、第137頁。

② 神田喜一郎:「『山海経』より観たる支那古代の山岳崇拝」、『支那学』(第二巻第五号)、1922年、第29頁。

③ 茅盾:《中国神话研究初探》,上海:上海古籍出版社,2011年,第21页。

二、《山海经》讹字研究

在订正错简的时候，小川琢治也在考证《山海经》中的讹字。

关于讹字，小川认为最明显的一例就是前面本应放在《海内西经》中的《海内东经》中的一段，即“国在流沙中者埻、端、玺、映……在流沙中”。[①] 小川认为，这一段对确定《海内经》的形成年代非常重要。

对于“埻端玺映”四字，吴任臣、毕沅、郝懿行都认为是两个国家，小川经过考证，提出了不同的观点。他认为，“这四个字中的上面两个字，是同音字的连接，与西汉以来流沙中的一处泉地，即有名的敦煌的‘敦’字完全没有区别。”[②] “‘玺映’二字亦与‘埻端’相同，是相似音的异字的连接。”[③] “这四个字可以看作是由原本记作‘埻(端)皇(映)’的四字转讹而来的。”[④] 同时，小川指出，如果这种推定没有谬误，《海内经》四篇应在汉武帝开拓西北边境设郡前就已形成。

对于《海外经》，小川指出：“最明显的谬误，是《海外西经》末的龙鱼、白民国、肃慎国的位置。”[⑤] 小川发现，一般学者根据《逸周书·王会篇》的记载，都认为肃慎国的位置并非在东北陬，而是在西北陬。但是，如果这样的话，根据《逸周书·王会篇》中“稷慎”等诸国的位置，龙鱼、白民、肃慎都应在黑齿北，那么，这就会让人怀疑《海外西经》的这部分内容是否为错简。

小川经过考证指出：“这部分并非错简，而是原经文中就

① 袁珂:《山海经校注》,成都:巴蜀书社,1996 年,第 379 页。
② 小川琢治:『支那歴史地理研究』,東京:弘文堂書房,1928 年,第 142 頁。
③ 小川琢治:『支那歴史地理研究』,東京:弘文堂書房,1928 年,第 143 頁。
④ 小川琢治:『支那歴史地理研究』,東京:弘文堂書房,1928 年,第 143 頁。
⑤ 小川琢治:『支那歴史地理研究』,東京:弘文堂書房,1928 年,第 144 頁。

把位置弄错了。”[1] 根据其友人白鸟库吉（1865—1942）的旁证，小川认为，“肃慎”应为辽东地区的民族。由于《淮南子·地形训》中的这部分内容与《山海经》一致，所以小川认为，“肃慎国等诸国的错误应早在刘氏校定之前就已存在”。[2]

关于《山海经》中的错简讹字，小川琢治曾指出，对于郭氏作注前就已存在的这些错简讹字，对于在千余年流传中错误累加的经文，对其穿凿附会，即便能于千万处中说中一处，也是一种侥幸。对比小川琢治调整前后的经文和纠正前后的讹字，即便是“穿凿附会”，也是需要一定实力和下一番功夫的。

第六节 《山海经》注释研究

从前述小川琢治对《山海经》诸现行本的研究可知，他对清代吴任臣的《山海经广注》、汪绂的《山海经存》、毕沅的《山海经新校正》和郝懿行的《山海经笺疏》都有所研究，但所关注的重点明显在版本，而非注。除小川琢治外，前野直彬也对这些版本进行了仔细研究。与小川琢治不同的是，由于要对《山海经》进行译注，前野直彬更关注各个版本的注释。所以，在译注《山海经》之前，前野直彬对历代《山海经》注释进行了细致考察。

关于晋郭璞注《山海经》，前野直彬作出这样的评价：

“郭璞注是有关《山海经》的最古老、最有权威的注。

① 小川琢治:『支那歴史地理研究』、東京:弘文堂書房、1928 年、第 145 頁。
② 小川琢治:『支那歴史地理研究』、東京:弘文堂書房、1928 年、第 146 頁。

郭璞注充分发挥了他既通晓占卜又熟知动植物等知识的特色，不光在字句的解释上，在对内容的补充说明方面，也有许多有用之处。”①

在高度评价郭璞注的同时，前野也指出郭璞注所存在的问题：

“由于时代久远，在流传的过程中产生一些文字的错误和文章的混乱，很难确定哪一个为正确的原文。”②

关于明代杨慎的《山海经补注》，前野认为其有玩弄学问之嫌，并不能算是严谨的注释，所以他在译注《山海经》时，也完全没有参考。关于明代王崇庆的《山海经释义》，前野指出：“王崇庆尽可能对正文内容进行合理的解释，遇到无法解释之处，就判断其为不可信或荒唐无稽，对郭璞注也持同样态度。”③ 前野发现，历来注释家在注释时如果不注明“后来添加”都不会对正文内容有所改动，但王崇庆却毫无顾虑地对正文作了不少添加。对此，前野认为“王崇庆的注释有独创之处，但是这种独创性缺乏确切的根据，大多不过是他自己的想象，不足可信。而且，他所认为的合理的解释也相当陈腐”。④

关于清代吴任臣的《山海经广注》，前野认为其为汇集大

① 前野直彬訳注：『山海經·列仙傳』（全积漢文大系 / 宇野精一、平岡武夫編、第 33 卷）、集英社、1975 年、第 20 頁。

② 前野直彬訳注：『山海經·列仙傳』（全积漢文大系 / 宇野精一、平岡武夫編、第 33 卷）、集英社、1975 年、第 20 頁。

③ 前野直彬訳注：『山海經·列仙傳』（全积漢文大系 / 宇野精一、平岡武夫編、第 33 卷）、集英社、1975 年、第 20 頁。

④ 前野直彬訳注：『山海經·列仙傳』（全积漢文大系 / 宇野精一、平岡武夫編、第 33 卷）、集英社、1975 年、第 20 頁。

量资料的详细注释，但由于所引资料中不仅有唐、宋以后的内容，甚至引用了唐、宋诗作中的例子，前野指出："诗人读《山海经》后的诗作可以作为参考资料，但不能作为注释。"① 所以，在前野看来，吴任臣的《山海经广注》"由于罗列了杂而多的资料，尽管注释部分内容较多，起作用的却较少"。②

关于汪绂的《山海经存》，前野发现书中可以看到毕沅所注之处，而毕沅的注作于汪绂去世之后。对此，前野认为"有可能是汪绂的遗稿在流传过程中被后人添加了毕沅注的内容后才被印刷"。③ 结合汪绂的生平状况，前野指出："汪绂的注释比较简单，或许是由于著者缺乏博览诸多资料的经济能力，虽没有旁征博引之处，但在解读正文的难懂之处花费了不少精力，有见解独到之处。"④

关于毕沅的《山海经新校正》，前野指出：

> "此书运用大量资料对正文进行了严谨的校订，但校订需要对内容的理解，所以书中有不少毕沅个人的解释。让人不解的是，毕沅并不勉强标新立异，保留正文中的不明之处，注释的分量并不多，但所注内容皆有根据，值得信赖。"⑤

---

① 前野直彬訳注:『山海經·列仙傳』(全釈漢文大系 / 宇野精一、平岡武夫編、第 33 卷)、集英社、1975 年、第 20 頁。

② 前野直彬訳注:『山海經·列仙傳』(全釈漢文大系 / 宇野精一、平岡武夫編、第 33 卷)、集英社、1975 年、第 21 頁。

③ 前野直彬訳注:『山海經·列仙傳』(全釈漢文大系 / 宇野精一、平岡武夫編、第 33 卷)、集英社、1975 年、第 21 頁。

④ 前野直彬訳注:『山海經·列仙傳』(全釈漢文大系 / 宇野精一、平岡武夫編、第 33 卷)、集英社、1975 年、第 21 頁。

⑤ 前野直彬訳注:『山海經·列仙傳』(全釈漢文大系 / 宇野精一、平岡武夫編、第 33 卷)、集英社、1975 年、第 22 頁。

前野认为毕沅的《山海经新校正》是运用清代考据学方法研究《山海经》的最初成果，为以后的《山海经》研究奠定了基础。

关于郝懿行的《山海经笺疏》，前野指出：

> “此书将毕沅的业绩进一步发展，运用了更多的资料，其研究周全，没有清代初期以前的那种粗劣杂乱和臆说，是《山海经》注释中最详细、最严谨的注释，其后没有超越之例。”①

如前所述，前野在对历代关于《山海经》的注释进行考察的同时，也对这些注释者的生平和学问进行了考察，这对了解各注释者的注释态度和注释特点起了一定的作用。而且，最难能可贵的是，前野不仅考察了这些注释的长处，也留意到这些注释中存在的问题，对各注释者的注释有褒有贬，评价合理中肯。

由于着眼点不同，对比小川琢治在《山海经》版本研究中对清代《山海经》诸版本的评价，对于吴任臣的《山海经广注》和汪绂的《山海经存》，前野和小川琢治的观点并不一致。对于毕沅的《山海经新校正》和郝懿行的《山海经笺疏》，不论是小川琢治，还是前野直彬，都评价很高。只是稍有不同的是，小川琢治对毕沅的《山海经新校注》评价最高，而前野对郝懿行的《山海经笺疏》评价最高。也正因如此，前野在译注《山海经》时，将郝懿行的《山海经笺疏》作为主要的参考文献。

除前野直彬外，松田稔对郭璞注《山海经》也有所研究。

---

① 前野直彬訳注:『山海經·列仙傳』(全釈漢文大系/宇野精一、平岡武夫編、第33卷)、集英社、1975年、第22頁。

松田稔在《〈山海经〉郭璞注引书考》一文中指出："《山海经》有中国古代信仰之书、地理之书之称，其性质和成书时间等尚不明确，但现存诸注释中最早的注释由三至四世纪的晋代郭璞所注。"① 松田稔认为，与后世的诸多注释相比，郭璞注更接近《山海经》成书的时代。

松田稔以郭璞注的内容为线索，对郭璞注中所引用的文献进行了考察。通过进一步对比《山海经》与郭璞注所引文献的内容，松田稔指出："作为诗人和学者的郭璞对占卜也很擅长，对于不可思议的事物和现象，几乎毫无否定地接受，并引用能够说明这些事物和现象的其他文献中的记述。"② "郭璞对其他文献的这种接受态度，虽与郭璞本人的个性有很大关系，但在晋代初期的镇压政策背景下，以竹林七贤为代表的脱俗思想盛行，向往脱离现实世界的时代倾向应是主要原因。"③ 所以，松田稔认为：

> "记录《山海经》价值之一的古代传说这一部分，表现了郭璞的思想。郭璞引用与《山海经》中的传说属于同一系统且包含异传的其他文献，表现出其独特性和共通性，通过一个一个的记述，抹去《山海经》因司马迁在《史记·大宛列传》中'至禹本纪山海经所有怪物，余不敢言之也'这一记述而烙上的'荒唐无稽'这一烙印。"④

---

① 松田稔:『「山海経」郭璞注引書考』、『國學院女子短期大學紀要』(第 11 巻)、1993 年 3 月、第 269 頁。

② 松田稔:『「山海経」郭璞注引書考』、『國學院女子短期大學紀要』(第 11 巻)、1993 年 3 月、第 287 頁。

③ 松田稔:『「山海経」郭璞注引書考』、『國學院女子短期大學紀要』(第 11 巻)、1993 年 3 月、第 288 頁。

④ 松田稔:『「山海経」郭璞注引書考』、『國學院女子短期大學紀要』(第 11 巻)、1993 年 3 月、第 288 頁。

对此，松田稔对郭璞注《山海经》作了这样总结性的评价：

“郭璞注《山海经》虽然含有很多不可思议的内容，但从其注中能够读出郭璞有意识地将《山海经》视为保留古代传承的贵重记录。《山海经》是因郭璞这一人物而能留存于世的幸运之书。”[①]

另外，郭璞在《注山海经叙》中有记：

“物不自异，待我而后异，异果在我，非物异也。”[②]

对于郭璞的这一记述，樱井龙彦在《郭璞〈山海经〉注的态度》一文中指出：

“从中可以看出，郭璞增广异闻的主旨是为了纠正与《山海经》怀疑论相关的世人的奇异观，注释《山海经》是郭璞实现这一目的的具体实践。”[③]

樱井龙彦认为郭璞为《山海经》作注还有一个意图，即为百物归类，使彰显“圣贤遗事”的典籍不被历史所埋没。不仅如此，樱井还认为郭璞有志增广异闻的这一态度，还与当时盛行编纂类书的风潮有关。

---

① 松田稔:「『山海経』郭璞注引書考」、『國學院女子短期大學紀要』(第 11 巻)、1993 年 3 月、第 288 頁。

② 袁珂:《山海经校注》，成都：巴蜀书社，1996 年，第 542 页。

③ 樱井龍彦:「郭璞『山海経』注の態度(下)」『中京大学教養論叢』(第 35 巻第 1 号)、1994 年 9 月、第 26 頁。

从以上内容可以看出，前野直彬对《山海经》注释的研究涉及不同时代的《山海经》注释文本和注释者的生平等，可谓面面俱到，为其进行《山海经》译注奠定了良好的文献基础。松田稔和樱井龙彦则主要关注郭璞的注释，并对郭璞的思想、目的等进行研究，提出了比较独特的见解。

小 结

刘向、刘歆父子在整理《山海经》的同时，也为后人留下了一个难以破解之谜。小川琢治对《山海经》篇目的变迁进行了考证，前野直彬也对刘秀(歆)所校订《山海经》是否为十八篇这一问题进行了探讨，但都没有破解刘氏父子给后人留下的谜。

小川琢治在考证《山海经》篇目的过程中，也在研究《山海经》诸现行版本。竹内康浩则着眼于现行本《山海经》之前的原本，对郭璞作注前的《山海经》原本进行了探讨。关于《山海经》的成书，小川琢治、神田喜一郎、杤尾武等日本学者都认为《五藏山经》是《山海经》最古老的部分，高马三良却认为《山海经》最初的状态应是除去现行本《山海经》前半部分的《山经》外，剩下的由《海外四经》《海内四经》《大荒四经》《海内经》这十三经构成，即《汉书·艺文志》中所说的《山海经》十三篇。伊藤清司、松田稔、森和、大野圭介等日本学者对《山海经》的成书问题也都有所研究。同中国学者一样，日本学者在这一问题上也是众说纷纭，但《山经》和《海经》成书时期不同是论及此书时几乎一致的见解。

关于《山海经》的作者，前野直彬对“禹、益说”进行了一番探讨。经过一系列考察，不仅没有发现能够证明《山海经》为禹、益所作的材料，反而找到许多否定《山海经》为禹、益所作的材料。同前野直彬一样，伊藤清司等日本学者也都否定“禹、益说”，认为《山海经》的作者并非特定的某一个人。

小川琢治在对《山海经》篇目和版本进行考证的过程中，不仅对《山海经》中的错简进行订正，也对《山海经》中的讹字进行了考证。前野直彬不仅对《山海经》诸现行版本进行了研究，并对历代《山海经》注释进行了细致考察。同前野直彬一样，松田稔、樱井龙彦不仅对郭璞注《山海经》有所研究，还关注郭璞为《山海经》作注的思想和目的等。松田稔认为《山海经》是因郭璞而能留存于世的幸运之书，樱井龙彦认为郭璞为《山海经》作注的主旨是为了纠正与《山海经》怀疑论相关的世人的奇异观。

从日本学者在文献学层面的研究可知，小川琢治的研究最为全面，可以说涉及文献学层面的方方面面。冈本正在《关于〈山海经〉》一文中对小川琢治的研究有这样的评述：

> “小川博士从对《山海经》古今本的篇目研究开始，制作了《山海经》古本篇目表，与此同时，还将《山海经》中所见地理知识与《禹贡》等其他古地理书中所见进行对比，断定《五藏山经》的成书年代在战国以前，其作者为东周时的洛阳人。这是远远超过历代中国学者诸说的划时代意义的学说，以后的诸研究几乎都以小川博士的学说为出发点。”[①]

① 岡本正:「『山海經』について」、中国古代史研究会編『中国古代史研究』、吉川弘文館、1960年、第383—397頁。

冈本正的这段描述虽只提到小川琢治对《山海经》篇目、成书和作者的研究，却道出了小川琢治在文献学层面的研究对中日两国学者所产生的影响力。

“文献学是读书治学的基础学科”[①]。日本学者从文献学层面对《山海经》的研究涉及篇目、版本、成书、作者、错简讹字、注释等多个方面，这也为日本学者在其他层面的《山海经》研究打下良好的基础。

① 赵国璋、潘树广：《文献学辞典》，南昌：江西教育出版社，1991年，“前言”第1页。

第六章

神话学、民俗学层面的《山海经》研究

茅盾在《中国神话研究 ABC》(1929)一书的开头曾指出:

"'神话'这名词,中国向来是没有的。"①

如茅盾所言,中国古代并无"神话"一词,更无"神话学"这一学术概念。

《山海经》以"言怪"著称,在"神话"一词传入中国以前,《山海经》中的神怪内容一直不被重视。陈连山认为"真正彻底改变《山海经》命运的学科是源自西方的现代神话学"。②的确,"神话学"这一概念的传入使《山海经》得到前所未有的重视。可以说,《山海经》神话地位的变迁成就了一部中国神话学的发展史。

马昌仪在《中国神话学发展的一个轮廓》一文中曾经提到"西方神话学传入我国,主要通过两条途径:间接的通过日本;直接的来自欧洲"。③叶舒宪在《中国神话学百年回眸》一文中也曾指出:

"在明治维新以后的日本,受西学浸染的人文学者亦

① 茅盾:《中国神话研究初探》,上海:上海古籍出版社,2011 年,"序"第 1 页。

② 陈连山:从"小说家言"到"神话之渊府"——关于中国现代神话学对〈山海经〉经典地位的塑造,陈泳超编《民间文化青年论坛:中国民间文化的学术史观照》,哈尔滨:黑龙江人民出版社,2004 年,第 55—74 页。

③ 马昌仪:中国神话学发展的一个轮廓,《中国神话学文论选萃》,北京:中国广播电视出版社,1994 年,第 9 页。

先于中国人开展了神话学研究，一部分留学日本的中国学人借取日文中 Shinwa（神话）这个词，开启了本土学人的中国神话学研究之门。”①

如马昌仪、叶舒宪所言，日本学者对中国神话的研究不仅早于中国学者，而且影响了一大批中国留日学者。

继梁启超于 1902 年在《历史与人种之关系》一文中第一次使用“神话”一词后，蒋观云（1866—1929）于 1903 年在《神话·历史养成之人物》一文中提出“一国之神话与一国之历史，皆于人心上有莫大影响……神话、历史者，能造成一国之人才”②。蒋观云这篇强调“神话”之重要的论文，开启了中国神话学的篇章。之后，留日学者中有不少都对《山海经》神话有所研究，例如，鲁迅、茅盾等。关于中国古代保存神话较多的古籍，鲁迅首推《山海经》。茅盾不仅指出《山海经》包含神话最多，而且认为在中国古代的神话材料中，《山海经》的神话价值最高。

留日学者对《山海经》神话的研究又带动更多的中日两国学者开始关注和研究《山海经》神话。至《山海经》被誉为“神话之渊府”，《山海经》成为中日两国学者争相关注的对象，《山海经》的神话学价值也在不断提高。中国学者对《山海经》神话的重视也在一定程度上影响到日本学者对中国神话的态度。例如，小南一郎就认为“《山海经》无疑是研究中国古代宗教文化尤其是神话时最基本的资料之一”。③

---

① 叶舒宪：中国神话学百年回眸，《学术交流》，2005（1），第 154—164 页。

② 蒋智由：神话·历史养成之人物，《新民丛报·谈丛》（第 36 号），1903 年，第 37—42 页。

③ 小南一郎：「『山海經』研究の現況と課題」、『中国社会と文化』（2）、1987 年、第 220 頁。

《山海经》的神话学价值在不断提升的同时，其民俗学价值也受到中日两国学者的重视。早在1930年，我国民俗学家钟敬文就指出，《山海经》所记“多是民间的传说、习俗、信仰，故保存了许多我国古代的文化史料”。[①] 张步天认为“《五藏山经》是《山海经》的主体部分，它是中国上古时代以山岳山系为纲目的地理民俗博物志”。[②] 廖群指出：“《山海经》中的征兆信仰，具有十分远古的性质和丰富的内容，对于今天的民俗文化考察，有重要的原型分析价值，确是值得挖掘一番的。”[③] 日本方面，伊藤清司认为“《山海经》所描述的世界的基础部分，确实展现了中国先秦时代的民俗社会”。[④]1989年，伊藤清司的《中国的神兽·恶鬼们——山海经的世界》中文译本出版时，他在“中文版序”中写道：“我这本小册子就是把《山海经》专门作为民俗学资料来论述的。”[⑤] 在此期间，松田稔也在多篇论文中强调《山海经》的神话学、民俗学价值。

关于“神话学”和“民俗学”的关系，有必要关注一下谢六逸（1898—1945）于1928年出版的《神话学ABC》一书。在书中，谢六逸不仅介绍了西方现代神话学的理论和方法，而且还有以下论述：

“据施彭斯氏对于神话学的解释，有狭广两义。以神

① 钟敬文：《山海经》是一部什么书，《钟敬文民间文学论集（下）》，上海：上海文艺出版社，1985年，第340页。

② 张步天：《〈山海经〉研究史初论》，《益阳师专学报》，1998年第2期，第35—41页。

③ 廖群：《〈山海经〉中的原始征兆信仰及其民俗学价值》，《民俗研究》，2006年02期，第146—154页。

④ 伊藤清司：『中国の神獣·悪鬼たち——山海経の世界』、東京：東方書店、1986年、第241頁。

⑤ 伊藤清司著，刘晔译：《〈山海经〉中的鬼神世界》，北京：中国民间文艺出版社，1990年，“中文版序”。

话学为讨究神话、民谭、古谈的学问，是狭义的解释；此外以神话学为讨究习俗、信仰、技术的遗形的，是广义的解释。就广义的解释说，神话学与民俗学的领域殆难分别。本来神话学是说话的学问，而民俗学则为行为的学问，二者本为同元，可以由两方面下观察。将神话学与民俗学合并，称之为神话学；或称之为民俗学。就名称说，无论用哪一种都可以的，都可以看为研究原始人的思想及行为的科学。”①

“施彭斯视神话为化石（Fossil），以民俗为遗形（Survival），由此看来，二者的区别是明显的；不过二者都是以原始信仰为研究的对象，以二者合二为一也无有不可。”②

谢六逸在文中还指出：“神话学与民俗合并，可以成为一个传说学”“神话学与民俗学成为姊妹关系”③。

从谢六逸的这些论述可知，在诸多西方神话学家中，他最推崇神话学家施彭斯④的观点，既承认“神话学”和“民俗学”二者的区别，又十分肯定“神话学”与“民俗学”的密切关系。

关于“神话学”和“民俗学”的密切关系，田兆元在《论神话学的民俗学路径》一文中指出：

“神话学与民俗学的这种密切关系在上个世纪前期的时候人们是很清楚的，他们的关系不仅仅是称谓上的

① 谢六逸：《日本文学·神话学ABC》，郑州：中州古籍出版社，2016年，第143页。
② 谢六逸：《日本文学·神话学ABC》，郑州：中州古籍出版社，2016年，第144页。
③ 谢六逸：《日本文学·神话学ABC》，郑州：中州古籍出版社，2016年，第145页。
④ 施彭斯（Lewis Spence）(1974-1955)，全名“Janmes Lewis Thomas Chalmers Spence”，又译为“路易斯·斯宾赛”，苏格兰神话学家，著有《神话学绪论》等。

联系，而且是实质上的联系。这种关系以民俗学的神话学流派还存在延续着。但是，上个世纪中期以来，民俗研究似乎与神话学的研究渐行渐远，成为不同的学科，神话学似乎渐渐靠近文学，民俗学则进入了社会学的范畴。"①

尽管如田兆元所说，"在20世纪漫长的历史上，从理论上造成神话学与民俗学的分离是一个实在的问题"。②但是，在具体的实践研究中，神话学和民俗学互不分离、相互交叉的情况却也实实在在地存在着，《山海经》就是最典型的实例。本章主要对日本学人神话学、民俗学层面的《山海经》研究进行探讨。

第一节 "山岳神"和"山岳祭祀"研究

《山海经》由《山经》和《海经》两部分构成，《山经》又称《五藏山经》，由《南山经》《西山经》《北山经》《东山经》和《中山经》五篇构成。《五藏山经》中关于各山系的记述中，不仅记录了各种怪兽和异形神，而且在各山系记述的结尾处，还有关于山岳神的形态和祭祀方法的系统化记述。如松田稔所说：

"以系统的形式记录山岳祭祀的，先秦古书《山海经》

① 田兆元：《论神话学的民俗学路径》，《政大中文学报》（第十五期），2011年6月，第101页。

② 田兆元：《论神话学的民俗学路径》，《政大中文学报》（第十五期），2011年6月，第101页。

是唯一的一部。”[①]

《五藏山经》中关于山岳神和山岳祭祀的记述，不仅是中国学者研究的重点，也引起了日本学者的关注。

《五藏山经》中的山岳神有何特征？举行山岳祭祀的起因和目的是什么？场所在哪里？以何为对象？与其他经书中记载的山岳祭祀相比，《山海经》中的山岳祭祀有何特点？从《五藏山经》中关于山岳神和山岳祭祀的记述中，又能看出什么？与成书是否有关？不妨从神田喜一郎、伊藤清司、松田稔等日本学者的研究中寻找一下这些问题的答案。

一、“山岳神”形态和“山岳祭祀”的起因

关于《五藏山经》中的山岳神，早在1922年，神田喜一郎（以下简称“神田”）在《〈山海经〉中所见中国古代的山岳崇拜》一文中对《五藏山经》各经结尾处的山岳祭祀进行了详细考察，并发现除《东次四经》外，从《南山经》到《中山经》，各经结尾处都有关于山岳祭祀方法的记述。对此，神田指出：“根据这些记载，基本可以认为山岳中住着某种神灵。而且，可以知道这些神灵大都有着怪异的形态。”[②]

在对《五藏山经》所记山岳神的怪异形态一一列举之后，神田将《五藏山经》中形态怪异的山岳神与怪兽进行了对比。通过对比，神田指出：“中国古代民族对山岳神的观念与住在山

① 松田稔：「『山海経』五藏山経の水の神」、『漢文學會會報』（第33輯）、1988年、第15頁。

② 神田喜一郎：「『山海経』より観たる支那古代の山岳崇拝」、『支那学』（第二卷第五号）、1922年，第30頁。

中的怪兽有着根本的截然不同的区别。”[①] 虽然无法知晓这些山岳神的属性，但神田通过列举实例认为，“可以断定住在山中的奇怪的飞禽走兽之类有一种神秘的力量”。[②] 通过对《五藏山经》各经所记山岳神和山岳祭祀的考察，神田认为从《山海经》中看到的中国古代民族崇拜山岳的根本动机可以归结为两点：

“对山中动物的畏怖和将山岳本身直接视为神域。”[③]

关于山岳祭祀的起因，伊藤清司在《山川的诸神——〈山海经〉的研究》一文中指出：

“无论翻阅《山海经》主篇《山经》五篇的任何地方，都记录着猛兽毒蛇的栖息之处，无非是当时的人们对此怀有极大的恐怖。”[④]

“由于对飞蛇和如字面那样神出鬼没的妖兽、怪鸟感到恐惧，人们只有对其祈祷，寻求饶恕。”[⑤]

从伊藤清司在文中的表述可知，关于《山海经》中的山岳崇拜起因于对山中动物的畏怖这一点，伊藤清司与神田喜一

---

① 神田喜一郎:「『山海経』より観たる支那古代の山岳崇拝」、『支那学』(第二巻第五号)、1922 年，第 32 頁。

② 神田喜一郎:「『山海経』より観たる支那古代の山岳崇拝」、『支那学』(第二巻第五号)、1922 年，第 32—33 頁。

③ 神田喜一郎:「『山海経』より観たる支那古代の山岳崇拝」、『支那学』(第二巻第五号)、1922 年，第 41 頁。

④ 伊藤清司:「山川の神々(一)——「山海経」の研究」、『史学』41(4)、1969 年 3 月、第 32 頁。

⑤ 伊藤清司:「山川の神々(一)——「山海経」の研究」、『史学』41(4)、1969 年 3 月、第 33 頁。

郎的观点是一致的。

除神田喜一郎和伊藤清司以外，松田稔在《异形山岳神小考——以〈山海经〉为中心》一文中以神田喜一郎所说的动物畏怖为线索，对《五藏山经》各山系结尾处的祭祀记事中出场的山岳神形状进行了考察，并对呈动物形态的半人半兽神进行了探讨。对于神田喜一郎将中国古代山岳崇拜的根本思想归结为“对山中动物的畏怖和将山岳本身直接视为神域”[①]，松田稔并不认可。松田稔注意到《五藏山经》祭祀中的神状存在共同点，即《南山经》的“龙”的要素，《西山经》的“兽”的要素，《北山经》的“蛇”的要素，《中山经》后半部分的“龙”的要素。根据我国历史学家卫挺生（1890—1977）在《山经地理图考》一书中考释的各经山系位置，并与印顺法师（1906—2005）在《中国古代民族神话与文化之研究》一书中对中国古代神龙族、神鱼族、神鸟族、神羊族的考察相对照，松田稔指出：“《五藏山经》中神状的共同点中含有古代图腾的要素。”[②]

对于《五藏山经》中呈动物形态的半人半兽神，松田稔指出：

> “由于始祖神、祖灵依附于山的观念与氏族图腾相结合，山岳神的形状被视为氏族图腾动物的形状来崇拜和祭祀。随着时代的推移和理性思考的参与，这种动物形神被附加了可以看作人祖属性的‘人面’，以半人半兽之形流传下来的就被记入《五藏山经》中。残存其中并流传

---

① 神田喜一郎：「『山海経』より観たる支那古代の山岳崇拝」、『支那学』（第二卷第五号）、1922年，第41頁。

② 松田稔：「異形山岳神小考——『山海經』を中心として」、『漢文學會會報』（第22輯）、1976年，第56頁。

下来的西王母就是其中的一例，可以说是相当古老的信仰的残余。”①

之后，在《古代中国的神格的形状——以〈山海经〉为中心》一文中，松田稔再次指出：“《山海经》中也有图腾主义的残存。”② 由于《山海经》中记载了古代的民间山岳祭祀，其中的山岳神虽呈动物形态，但也有着“人面”“人首”等人的要素。对此，松田稔通过列举表格等对《五藏山经》中的山岳神形态进行了考察，并对呈动物形态的山岳神带有人的要素的意义进行了探讨。松田稔指出：

“即便在自然神中，山岳神也呈以图腾动物为主要因素的动物形态，《山海经》中的山岳神就保留了‘兽身人面’的形象。‘人面’这一人的要素，在天与山岳神构成的世界观形成时，受到天的要素的润色，在动物形态中添加了应与天融合的人的表象。而且，这一时期不晚于制作人面钺的殷后期。”③

另外，在《〈山海经〉中的山岳祭祀》一文中，松田稔还注意到《中次八经》到《中次十二经》各山系中的山神皆为“其神状皆鸟身而龙首”，显现出山神统一化的倾向。松田稔认为，由山神存在等级变成以山岳大小为基准，对山神崇拜变成山岳

---

① 松田稔:「異形山岳神小考——『山海經』を中心として」、『漢文學會會報』(第22輯)、1976年，第56頁。

② 松田稔:「古代中國における神格の形状——『山海經』を中心として——」、『日本文學論究』(第42冊)、1983年5月、第82頁。

③ 松田稔:「古代中國における神格の形状——『山海經』を中心として——」、『日本文學論究』(第42冊)、1983年5月、第91頁。

崇拜起到了促进作用。《山海经》中的山岳祭祀恰恰记录了从山神崇拜即将过渡到山岳崇拜时的状态。

二、“山岳祭祀”的目的、对象和特点

关于《五藏山经》中祭祀的目的和对象，松田稔在《〈山海经〉中的山岳祭祀》一文中，首先通过表格对各经末尾处有关山岳祭祀的记述进行了归纳。对于《东次三经》中“是神也，见则风雨水为败”这种一出现就会带来风雨或水灾的神，松田稔认为，这种神并没有被人们当作求雨的对象。通过对《尚书》《礼记》《左传》《春秋左氏传》《周礼》等经书中所记山岳祭祀进行考察，松田稔指出：

> “从由何人、以何目的、以何为对象、在何处举行祭祀这几点来看，经书中所见山岳祭祀由王侯举行，以治世安宁、求雨、旅行安全为目的，以山本身为对象，主要是在远离山岳之地举行的望祀。”[①]

然而，与经书中所记山岳祭祀不同的是，《山海经》中的山岳祭祀既不以“治世安宁”为目的，也不以“旅行安全”为目的。那么，《山海经》中山岳祭祀的目的为何？以何为对象？对此，松田稔认为，《山海经》中的山岳祭祀“不是以山岳本身为对象，而是敬畏山中存在的神而举行的祭祀。不是山岳祭祀，而是山

① 松田稔:「「山海經」における山岳祭祀」『國學院雜誌』(83 卷 2 号)、1982 年 2 月、第 88 頁。

神祭祀”。[1]

关于祭祀的场所,《山海经》中有“用一璧一珪,投而不糈”(《北次二经》)和“用一吉玉投而不糈”(《中次二经》)这种经书中没有的祭祀方法。对此,松田稔认为,“‘投’这种处理祭品的方法,不可能用于远距离的山岳祭祀,而是在对藏于山中的神举行的近距离的祭祀仪式”。[2]再加上《中次五经》中“祠之用一黑犬于上,用一雌鸡于下”这种明显在山中举行的祭祀仪式,松田稔指出:“与经书中的‘望祭’不同,《山海经》中的祭祀明显是‘山中祭’。”[3]

之后,在《〈山海经〉五藏山经的水神》一文中,松田稔再次强调:“《山海经》中的山岳祭祀,必须看作是记录了在山中举行的祭祀仪式。”[4]

关于《山海经》中山岳祭祀的特点,松田稔在《〈山海经〉中的山岳祭祀》一文中通过比较《山海经》与经书中所记山岳祭祀的目的、崇拜对象和祭祀场所的不同,这样总结道:

> “经书中的山岳祭祀是官方的、政治性的祭祀,由王或诸侯来举行,以祈祷天下安宁、行旅安全和求雨为目的,主要是以山岳本身为对象的远距离祭祀。另一方面,《山海经》中则主要是因为敬畏山神而在山中举行的祭祀,其山神是祖先神和山中动物的结合体,所以《山海经》中

---

① 松田稔:「『山海經』における山岳祭祀」,『國學院雜誌』(83巻2号)、1982年2月、第90—91頁。

② 松田稔:「『山海經』における山岳祭祀」,『國學院雜誌』(83巻2号)、1982年2月、第88頁。

③ 松田稔:「『山海經』における山岳祭祀」,『國學院雜誌』(83巻2号)、1982年2月、第88頁。

④ 松田稔:「『山海経』五藏山経の水の神」、『漢文學會會報』(第33輯)、1988年、第17頁。

的祭祀与其说是山岳祭祀，倒不如说是山神祭祀。而且，与经书中的官方的、政治性的祭祀不同的是，《山海经》中的祭祀是地方的、民间性的祭祀。”[①]

之后在《〈山海经〉五藏山经的水神》一文中，松田稔再次指出：“与经书中抽象的国家的祭祀相对照，《山海经》中的祭祀是以具体的神为对象的在山中举行的山岳祭祀，也就是地方的、民间的祭祀。”[②] 十年以后，松田稔在《〈山海经〉的山岳观》一文中再次指出：“在《山经》的祭祀记事中，从神的形状及祭祀的方法和祭品来看，《山经》的山岳祭祀很明显是对山岳神的祭祀。”[③] 而且，关于《山经》的山岳神祭祀的特色，松田稔列举了两方面的要点：

“第一，山经结尾处祭祀记事中的山岳神形状呈半人半兽的动物形态，可认为其中有古代氏族图腾的存在。第二，山经的祭祀，说是山岳祭祀，其实是山岳神祭祀。而且，已经显现出向山岳祭祀变化的萌芽，以洛阳为中心的山岳的山神祭品是周王朝等级系统化的表现。”[④]

松田稔认为，山岳神祭祀是《山海经》最大的特征。通过与经书中的山岳祭祀的记载进行比较，松田指出：

---

① 松田稔:「「山海經」における山岳祭祀」、「國學院雜誌」(83 巻 2 号)、1982 年 2 月、第 96 頁。

② 松田稔:「「山海経」五藏山経の水の神」、「漢文學會會報」(第 33 輯)、1988 年、第 17 頁。

③ 松田稔:「「山海経」における山岳観」、「國學院中國學會報」(38 輯)(西岡弘博士喜壽記念號)、1992 年，第 45 頁。

④ 松田稔:「「山海経」における山岳観」、「國學院中國學會報」(38 輯)(西岡弘博士喜壽記念號)、1992 年，第 46 頁。

“《山经》中的洛阳附近的山岳等级已经开始形成。经书的山岳祭祀当然是记载了由为政者主持的带有政治、军事目的的国家规模的祭祀活动。另一方面,《山经》中祭祀内容的日常性决定了其性质,其中看不出官方的、政治性的内容,而是有较强的与公家的、国家的、政治性的性质不同的私人的、地方的、民间的性质。”①

从松田稔的这些研究可以看出,松田稔不仅对《五藏山经》中山岳神的特点、山岳祭祀的目的、对象、场所和特点进行了详细的考察,而且也对《五藏山经》祭祀中的动物祭品进行了仔细研究。

三、“山岳祭祀”的祭品

关于《五藏山经》中山岳祭祀的祭品,在《〈山海经〉中的山岳祭祀》一文中,通过对《山海经》与考古发现的祭品和《周礼》等其他典籍中所记祭祀祭品进行对比,松田稔指出:“《山海经》中祭祀山神的祭品,是自中国古代就与人有关的牛、羊、猪、犬、鸡这些动物,与经书所记和考古发现的祭品并没有很大的不同。”② 但是,松田稔发现《中山经》中各山系的祭祀祭品有明显的等级差别。对此,松田稔认为,《五藏山经》在周代成书时,尤其在以洛阳为中心的《中山经》中,添加了较多经周王朝

① 松田稔:「『山海経』における山岳観」、『國學院中國學會報』(38輯)(西岡弘博士喜壽記念號)、1992年,第55頁。

② 松田稔:「「山海經」における山岳祭祀」、『國學院雜誌』(83卷2号)、1982年2月、第96頁。

润色的内容。不仅如此，松田稔还指出：

“在殷代要素较多的《五藏山经》中，以洛阳为中心的山系记述即《中山经》中的山神祭品，因山神以及山岳大小不同呈现出系统化的等级差别，起因于作为周王朝宗教制度特色的阶级差别。”①

另外，在《从羊的祭品到羊之怪——以〈山海经〉山岳祭祀的祭品为中心》一文中，松田稔发现“《山海经》的山岳祭祀中，羊作为祭品被大量使用”。② 对此，松田稔结合我国历史学家卫挺生（1890—1977）在《山经地理图考》一书中所考释的各经山系位置和印顺法师（1906—2005）在《中国古代民族神话与文化之研究》一书中对中国古代神羊族的考察，提出这样的观点：

“山岳祭祀中大量使用羊为祭品，可以说是以甲骨文为依据的羊族表达羞山崇拜的祭品羊向其他诸山岳祭祀的普及。《山海经》山岳祭祀中的祭品，在种类及其数量上，也应该属于殷代山岳祭祀中多用羊这一层次。”③

同时，松田稔还指出：“随着羞山祭祀中羊作为祭品的普及，羊被广泛用于诸多的山岳神祭祀中。《山海经》中祭祀山

① 松田稔：「『山海經』における山岳祭祀」，『國學院雜誌』（83卷2号）、1982年2月、第96頁。

② 松田稔：「羊の犧牲から羊の怪へ——『山海經』の山岳祭祀の供犧を中心として」、『國學院高等學校紀要』（18）、1982年，第76頁。

③ 松田稔：「羊の犧牲から羊の怪へ——『山海經』の山岳祭祀の供犧を中心として」、『國學院高等學校紀要』（18）、1982年，第77頁。

岳神的祭品中羊的数量最多,是可以举出的最确切的资料。”①

除松田稔外,柴叶子也对《山经》中山岳祭祀的祭品有所研究。在《〈山海经〉神话的研究——神话的编纂与变化》一文中,柴叶子发现“《中次九经》以后的冢与帝、冢与神并存的场合,必是以小牢祭祀冢,以大牢祭祀神和帝,而《西山经》和《中次一经》至《中次七经》中则以大牢祭祀冢,以比大牢数量更多的祭品祭祀神”。② 对此,柴叶子指出:“《中次九经》以后,冢的地位下降,帝的地位升于冢以上。”③

四、“山岳祭祀”与成书

关于《五藏山经》末尾的祭祀记事,森和还对《五藏山经》祭祀记事的句型结构进行了分析,从句型结构和祭祀内容上对《五藏山经》的性质和编纂过程进行了考察。

对于《五藏山经》的山岳神祭祀中完全看不到中国古代的五岳信仰这一点,森和指出:

> “这说明含有祭祀记事的山系记录完成于五岳观念形成以前。同时也可以看出,集中的祭祀记事,即各地的巫祝们在各自的活动领域内负责的山岳神祭祀,也处于与五岳观念不同的地位。”④

---

① 松田稔:「羊の犠牲から羊の怪へ——『山海經』の山岳祭祀の供犠を中心として」、『國學院高等學校紀要』(18)、1982年,第79頁。

② 柴葉子:「『山海経』の神話的研究——神話の編纂と変化」、『史觀』(第165冊)、2011年9月、第167頁。

③ 柴葉子:「『山海経』の神話的研究——神話の編纂と変化」、『史觀』(第165冊)、2011年9月、第167頁。

④ 森和:「『山海経』五藏山経における山岳神祭祀」、『日本中国学会報』(53卷)、2001年、第11頁。

然而，对于《中山六经》的祭祀记事中所出现的“岳”和“诸岳”等词，森和认为：

“这反映出《五藏山经》现行本被编纂之时，已经存在五岳观念。反过来说，《中次六经》以外的祭祀记事在《五藏山经》编纂以前，即各山系的记录完成时就已存在。”[①]

同森和一样，根据《五藏山经》祭祀记事的研究推测各山系的成书时间，或者说在研究《五藏山经》祭祀的同时，也关注各经的成书，是日本学者共同的特点之一。例如，神田喜一郎在《〈山海经〉中看到的中国古代的山岳崇拜》一文中，在考察《山海经》中的中国古代山岳崇拜思想之前，先就《山海经》的性质和创作年代进行了一番说明。柴叶子在《〈山海经〉的神话的研究——神话的编纂与变化》一文中认为《五藏山经》中关于山岳神和祭品的记述缺乏一贯性。例如，描述神的存在时，有“居”和“处”两个字，而“处”字仅在《中山经》中使用。还有，《中次九经》以后的“冢”与“帝”、“冢”与“神”并存的场合，必然是以小牢祭祀“冢”，以大牢祭祀“神”和“帝”，而在《西山经》和《中次一经》至《中次七经》中则以大牢祭祀“冢”，以比大牢数量更多的祭品祭祀“神”。柴叶子在指出“《中次九经》以后，冢的地位下降，帝的地位升于冢以上”[②]这一观点的同时，还作出这样的推测：

---

① 森和:『山海経』五藏山経における山岳神祭祀」、『日本中国学会報』(53 巻)、2001 年、第 12 頁。

② 柴葉子:「『山海経』の神話的研究——神話の編纂と変化」、『史觀』(第 165 冊)、2011 年 9 月、第 167 頁。

"《中山经》的完成要晚于《五藏山经》的其他各经。"[①]

日本学者在对《五藏山经》中山岳神和山岳祭祀进行研究的同时,也关注《五藏山经》各经的成书时间,并根据研究进行推测。除这个共同特点以外,日本学者在对《山海经》中的山岳神、山岳祭祀研究方面,还有许多共同之处。例如,他们在研究的过程中,都参考了大量中日两国学者的先行研究成果,都对所要研究的内容进行了详细考察,并通过表格等一一展现出来,让人一目了然。

当然,日本学者中也有像木内芳树在《〈山海经〉名物·祭祀一览》一文中那样,虽然用大量篇幅对《五藏山经》各山系的名物名称、功能等和神状、祭祀方法等进行列举,对于《山海经》中的祭祀,仅仅提到"《山海经》将数量众多的山分为几个山系,对神状及祭祀方法进行了记载"[②],却并没有对此进行任何论述。

综上所述,从神田喜一郎、伊藤清司、松田稔等日本学者对《五藏山经》中有关山岳神、山岳祭祀的研究中,可以找到前述诸多问题的答案。神田喜一郎认为中国古代民族崇拜山岳的根本动机在于对山中动物的畏怖和将山岳本身直接视为神域。伊藤清司与神田喜一郎的观点一致,松田稔却并不认可神田喜一郎的观点。松田稔认为,《山海经》中的山岳祭祀不是山岳祭祀,而是山神祭祀。《山海经》中有图腾主义的残存,《山海经》中的山岳祭祀记录了从山神崇拜即将过渡到山岳崇拜

---

① 柴葉子:「『山海経』の神話的研究——神話の編纂と変化」、『史觀』(第165冊)、2011年9月、第167頁。

② 木内芳樹:「『山海経』名物·祭祠一覽」、『櫻美林大學中國文學論叢』(11)、1986年、第29页。

时的状态。而且，与经书中所记祭祀不同的是，《山海经》中的祭祀是以具体的神为对象的在山中举行的地方的、民间的祭祀。对于中山经各山系的祭祀祭品有明显的等级差别，松田稔认为其起因于周王朝宗教制度特色的阶级差别。

第二节 “水神”研究

从前述日本学者对《山海经》“山岳神”“山岳祭祀”的研究可知，《五藏山经》中的“山岳祭祀”是对“山岳神”的祭祀。纵观《五藏山经》中的“山岳祭祀”，都是在山中举行的以“山神”为对象的祭祀，并没有以“水神”为对象的祭祀。但是，与《五藏山经》不同的是，《海经》中却有不少关于“水神”的记述。那么，《五藏山经》中为何没有关于“水神”的记述？《海经》中的“水神”有哪些？是怎样一种状态？《山经》和《海经》对于“水神”记述的不同，又能反映出什么问题？

一、《山经》中为何没有“水神”

对于《五藏山经》中为何没有关于“水神”的记述这个问题，松田稔在《〈山海经〉五藏山经中的水神》一文中对此进行了详细考察。松田稔首先对《五藏山经》中有关河川的记述进行了研究，并将其分为五种类型，其中第三种又细分为四类。分类情况具体如表6所示：

表 6 《五藏山经》中的河川记述分类情况[①]

<table>
<tr><th></th><th colspan="2">类型</th><th>数量</th><th>比例</th></tr>
<tr><td>Ⅰ</td><td colspan="2">○○水出焉而○流，注于○○水。</td><td>115 例</td><td>37.6%</td></tr>
<tr><td>Ⅱ</td><td colspan="2">○○水出焉而○流，注于○○水。其中有○○。</td><td>94 例</td><td>30.7%</td></tr>
<tr><td rowspan="4">Ⅲ</td><td rowspan="4">○○水出焉而○流，注于○○水。其中有○○。其状○○○，○○○。</td><td>a. 仅简单说明（10 例）</td><td rowspan="4">59 例</td><td rowspan="4">19.3%</td></tr>
<tr><td>b. 医药的记述（32 例）</td></tr>
<tr><td>c. 祝术的记述（6 例）</td></tr>
<tr><td>d. 预兆的记述（10 例）</td></tr>
<tr><td>Ⅳ</td><td colspan="2">多水</td><td>14 例</td><td>4.6%</td></tr>
<tr><td>Ⅴ</td><td colspan="2">其他（无水、临水泽、井、渊）</td><td>36 例</td><td>11%</td></tr>
</table>

通过研究《五藏山经》中有关河川的记述，松田稔没有找到任何可认为是“水神”的记述。但是，对于《中次二经》中“状如人面虎身”且“食人”的“马腹”这种伊水的水怪，伊藤清司在《山川的诸神——〈山海经〉的研究》一文中指出：“窥探伊水之马腹的一鳞半爪，与其说是‘木石之怪’‘水之怪’，倒不如说是曾被人们祭祀的有威严的山神、水神。”[②] 由此可见，《中次二经》中的水怪“马腹”，也曾被视为“水神”。对此，松田稔认为，“《五藏山经》中之所以完全没有水神要素的记述，原因是曾经存在的水神降格为水怪，这也是有可能的”。[③]

那么，曾经颇有威严的水神为何会降格为水怪？对于这种现象，松田稔列举出 8 处《五藏山经》中涉及“雨”“风雨”“渊”的记述，并对其进行研究。松田稔认为，“这些山岳

---

① 松田稔：「『山海経』五藏山経の水の神」、『漢文學會會報』（第 33 輯）、1988 年、第 18 頁。（本表根据松田稔在文中的文字表述制作）

② 伊藤清司：「山川の神々（一）——「山海経」の研究」、『史学』41（4）、1969 年 3 月、第 54 頁。

③ 松田稔：「『山海経』五藏山経の水の神」、『漢文學會會報』（第 33 輯）、1988 年、第 20 頁。

神虽为山神，却兼具水神要素，或者可以说是吸收了水神要素的山岳神”。[①] 除这8处涉及“雨”“风雨”“渊”的记述外，松田稔还发现各山系结尾处的24例祭祀记事中，有10例中的“山岳神”其状如蛇，而蛇被认为与水有关。而且，《五藏山经》中的河川，全都从各山中流出，大多数的河川名与山岳名相同。对此，松田稔提出了这样的观点：

> “在古代人的心中，水神和山神被认为是拥有很大程度的共同要素。这些共同要素，构成山神吸收水神要素的基础。还有山岳所具备的提供生活资源等的有用性与河川出自山岳的主副意识，都造成山岳神对河川神的吸收。”[②]

《五藏山经》中的“山岳祭祀”都是以“山岳神”为对象，完全没有以“河川神”“水神”为对象的祭祀。对于这个问题，松田稔在《中国古代的神——〈山海经〉山经与海经的关系》一文中指出：“《五藏山经》中没有以水神为对象的祭祀的记述，这意味着在自然诸神被崇拜的时代，山中的水神最终被山神所吸收。那些身处水渊且出入伴有光辉、风雨的山岳神，也兼具水神的特性。”[③] 例如，《中次十二经》中居住在洞庭之山“游于江渊”且“出入必以飘风暴雨”的“帝之二女”，松田稔就认为其为包含水神要素的山岳神。从这一观点来看，松田稔在

---

① 松田稔:「『山海経』五藏山経の水の神」、『漢文學會會報』(第33輯)、1988年、第20頁。

② 松田稔:「『山海経』五藏山経の水の神」、『漢文學會會報』(第33輯)、1988年、第21頁。

③ 松田稔:「中国古代の神——「山海経」山経と海経との関係」、『学苑』(577)、1988年1月号、第167頁。

《〈山海经〉五藏山经中的水神》和《中国古代的神——〈山海经〉山经与海经的关系》这两篇文章中的观点是一致的，而且也很好的解释了《五藏山经》中为何没有关于水神的记述这个问题。

二、《海经》中的“水神”

《五藏山经》中的水神要素被山神所吸收，这是松田稔反复强调的观点。但是，在《山经》中完全没有出现的水神却在《海经》中频繁出现。

《海经》中有哪些水神？这些水神的形态又如何？

《海经》中有以下两处关于“应龙”的记载：

> “应龙处南极，杀蚩尤与夸父，不得复上。故下数旱，旱而为应龙之状，乃得大雨。”[①]（《山海经·大荒东经》）
>
> “应龙已杀蚩尤，又杀夸父，乃去南方处之，故南方多雨。”[②]（《山海经·大荒北经》

关于“应龙”，早在1963年，贝冢茂树就在《诸神的诞生》一书中指出“应龙”原本应是“水神”。松田稔在《中国古代的神——〈山海经〉山经与海经的关系》一文中也认为《大荒东经》中的“应龙”具备“水神”的要素，其观点与贝冢茂树基本一致。

松田稔对《海经》中的诸神进行了仔细考察，并将其分为三类：

① 袁珂:《山海经校注》,成都:巴蜀书社,1996年,第413页。

② 袁珂:《山海经校注》,成都:巴蜀书社,1996年,第487页。

"注明'有神'的;虽未标明是神但被认为是神的;含特殊传说的。"[①]

除"应龙"外,在《海经》的诸神中,松田稔认为《海内北经》中"人面乘两龙"的"冰夷"是"河神",《海外北经》中的"相柳"同"应龙"一样也具备"水神"的要素,而《海经》中多次出现的"窫窳"是"水神"降格后的怪兽。

不仅如此,松田稔还指出:"《山经》中没有关于水神的记述,《海经》中却有水神、河伯、海神的记载。"[②]

关于《海经》中的这些水神,松田稔指出:

"这些水神呈八首人面八足八尾、八首人面虎身十尾、人面鸟身等异形,与《海经》中的其他诸神和《山经》中山岳神的异形没有任何不同。这种以动物形态为基本的异形,与《山经》的山岳神和《海经》的诸神一样,都是人们曾经一视同仁并崇拜的神。"[③]

如松田稔所言,《海外东经》中的水伯"天吴"就是"其为兽也,八首人面,八足八尾"[④]。《大荒经》中还有关于"海神"的记载。例如:

"东海之渚中,有神,人面鸟身,珥两黄蛇,践两黄蛇,

① 松田稔:「中国古代の神——「山海経」山経と海経との関係」、『学苑』(577)、1988年1月号、第169頁。

② 松田稔:「中国古代の神——「山海経」山経と海経との関係」、『学苑』(577)、1988年1月号、第173頁。

③ 松田稔:「中国古代の神——「山海経」山経と海経との関係」、『学苑』(577)、1988年1月号、第172—173頁。

④ 袁珂:《山海经校注》,成都:巴蜀书社,1996年,第303页。

名曰禺虢。黄帝生禺虢，禺虢生禺京。禺京处北海，禺虢处东海，是惟海神。”[①]（《大荒东经》）

“南海渚中，有神，人面，珥两青蛇，践两青蛇，曰不廷胡余。”[②]（《大荒南经》）

“西海渚中，有神，人面鸟身，珥两青蛇，践两青蛇，名曰弇兹。”（《大荒西经》）

“北海之中渚中，有神，人面鸟身，珥两青蛇，践两赤蛇，名曰禺疆。”[③]（《大荒北经》）

关于“海神”，高马三良在《山海经原始》一文中认为“四海神为禺虢、禺疆、弇兹、去痓”[④]。从上述《大荒南经》中的记述可知，南海海神应为“不廷胡余”。但是，高马三良却认为南海海神应为“不廷胡余”上一条“大荒之中，有山名曰去痓。南极果，北不成，去痓果”。[⑤]中的“去痓”，其理由是“海神的名字应为两个字”[⑥]。

从《大荒南经》中关于“去痓”的记述来看，高马三良的这一观点有些过于牵强。当然，不管《大荒南经》中的南海海神其名为何，《大荒经》中所记“人面，珥两青蛇，践两青蛇”的神确为海神。

郭璞在《海外北经》关于“禺疆”的注解中有记：“字玄冥，

① 袁珂：《山海经校注》，成都：巴蜀书社，1996年，第403页。

② 袁珂：《山海经校注》，成都：巴蜀书社，1996年，第426页。

③ 袁珂：《山海经校注》，成都：巴蜀书社，1996年，第486页。

④ 高馬三良：「山海經原始」、女子大文學（大阪女子大學紀要）（1）、1951年3月、第27頁。

⑤ 袁珂：《山海经校注》，成都：巴蜀书社，1996年，第425页。

⑥ 高馬三良：「山海經原始」、女子大文學（大阪女子大學紀要）（1）、1951年3月、第27頁。

水神也。"[①] 根据郭注可知,作为"海神"之一的"禺疆"即"水神"。以此类推,其他"海神"如"禺虢""禺疆""弇兹""不廷胡余",也都为"水神"。那么,与《山经》中没有"水神"的记述相比,《海经》中关于"水神"的记述的确不少。

从前述内容可知,《五藏山经》中的"水神"要素被"山神"所吸收是松田稔反复强调的观点。那么,《海经》中的"水神"要素为何没有被"山神"所吸收呢?对此,松田稔这样认为:

> "《海经》的水神是在山岳神吸收水神之前诸多自然神被崇拜时期的神。也就是说,与《海经》的水神同样的诸神曾与山岳神一起被祭祀,但最终被山岳神吸收,《山经》正是其被吸收阶段的记述。进而言之,如果将在《山经》中被祭祀的神往前追溯一个阶段,那个时期的水神之态应如《海经》中的水神。"[②]

松田稔之所以这么认为,主要有两个依据:一是《山经》和《海经》性质的不同。伊藤清司在《山川的诸神——〈山海经〉的研究》和《中国古代的民间医疗——〈山海经〉的研究》两篇文章中都曾指出"《山经》有巫祝礼仪之书的一面,是一部实用之书"。[③] 正如伊藤清司所说,《山经》不仅有关于山岳祭祀的详细记述,还有大量动植物、矿物、医药等的记述。与《山经》不同的是,《海经》则是以记录各地的国名、神人为目的,其中有大量关于异国、异人、异物的记述。

---

① 袁珂:《山海经校注》,成都:巴蜀书社,1996 年,第 295 页。

② 松田稔:「中国古代の神——「山海経」山経と海経との関係」、『学苑』(577)、1988 年 1 月号、第 173 頁。

③ 伊藤清司:「山川の神々(三)——「山海経」の研究」、『史学』42(2)、1969 年 11 月、第 75 頁。

另一方面,《海经》是图画的说明文。《海外南经》中的"方捕鱼"和《海外西经》中的"两鸟居前导之""以右手鄣其面"等记述表明《海经》应是先有图后有文。

鉴于《海经》先有图后有文,松田稔指出:

> "这表明《海经》中的神被画入图画的时间比《海经》被记录的时间要早。在这些神中,应该就有后来在《山经》中被山岳神吸收的水神。在《海经》的水神被画入图画的时代之后,民间的水神才被山神吸收,这可以说是《山经》的记述中水神皆无的理由。也就是说,《海经》的绘画时期应早于《山经》内容记述的时期。"①

关于《海经》中的水神,主要是上述松田稔的研究。从松田稔的这些研究中,不仅可以找到《五藏山经》中为何没有关于水神的记述这个问题的答案,而且对《海经中》的水神及其形态也能有所了解,对《海经》所记内容及其成书有了更深刻的认识。

第三节 "风神"和"方位神"研究

除"山岳神""水神"之外,日本学者对《山海经》中的"风神""方位神"也有所研究。

1944年,我国甲骨学家、史学家胡厚宣(1911—1995)在

① 松田稔:「中国古代の神——「山海経」山経と海経との関係」、『学苑』(577)、1988年1月号,第174頁。

《甲骨文四方风名考证》一文中指出:"此所谓四方之民与鸟兽者,亦甲骨文及《山海经》之四方名及风名合,虽间有似不同,然其转变演化之迹,固明白可辨也。"①

贝冢茂树(以下简称"贝冢")在《风神的发现》一文中先是对我国甲骨学者胡厚宣所发现的甲骨文中关于"四方风神"的记载进行了介绍,提到《山海经》中的东方风神"折"与南方风神"因"与殷墟卜辞中的记载完全一致。对于甲骨文中记载的东方神"析"和《山海经》中的"东方曰折",贝冢认为"这肯定是《山海经》在传抄的过程中将'木'字旁误写成了'手'字旁。"② 关于处于西北隅且"来风曰韦"的"石夷",贝冢也指出:"关于西方的记载,也能看出《山海经》和甲骨文的相同之处。"③ 另外,贝冢在文中还提到《尚书·尧典》中关于"四方神"的记述与《山海经》"从风名到方位都不可思议的一致"。④

从我国学者胡厚宣的论述和日本学者贝冢茂树的研究可知,《山海经》中的风神、方位神与甲骨文中所记载的风神、方位神有密切关系。

一、"风神"

在探讨《山海经》中的"风神"之前,需要先对《山海经》中有关"风"的记述进行了解。

关于《山海经》中有关"风"的记述,松田稔在《〈山海经〉中风的记述——其神话要素的考察》一文中,将《山海经》中

① 胡厚宣:《甲骨学商史论丛初集》,石家庄:河北教育出版社,2002年,第268页。
② 貝塚茂樹:『中国の神話』、筑摩書房、1971年,第80頁。
③ 貝塚茂樹:『中国の神話』、筑摩書房、1971年,第81頁。
④ 貝塚茂樹:『中国の神話』、筑摩書房、1971年,第84頁。

23例有关“风”的记述分成了6类，具体如下：

记述与“风”有关的神
记述作为预兆的“风”
记述风神、风名
记述风名
仅记述风
山名中有“风”字的记述[①]

《五藏山经》中有些神的特征是“出入有风”或是其居处“多风雨”。例如：

“又西二百里，曰符惕之山，其上多棕枏，下多金玉。神江疑居之。是山也，多怪雨，风云之所出也。”[②]（《西次三经》）

“又东百三十里曰光山，其上多碧，其下多木，神计蒙处之。其状人身而龙首，恒游于漳渊，出入必有飘风暴雨。”[③]（《中次八经》）

对于《五藏山经》中的这些记述，松田稔认为“《山海经》中风的起因可以看作是神的移动、出没所伴随的一种现象”。[④]

除《五藏山经》以外，《海经》中也有诸如此类的记述。例如：

---

① 松田稔:「『山海經』における風の記述——その神話的要素の考察」、『國學院女子短期大學紀要』(第4号)、1986年3月、第6頁。

② 袁珂:《山海经校注》,成都:巴蜀书社,1996年,第63—64页。

③ 袁珂:《山海经校注》,成都:巴蜀书社,1996年,第184—185页。

④ 松田稔:「『山海經』における風の記述——その神話的要素の考察」、『國學院女子短期大學紀要』(第4号)、1986年3月、第8頁。

"钟山之神，名曰烛阴。视为昼，瞑为夜，吹为冬，呼为夏。不饮，不食，不息，息为风。"①（《海外北经》）

"西北海之外，赤水之北，有章尾山。有神，人面蛇身而赤，直目正乘，其瞑乃晦，其视乃明，不食不寝不息，风雨是谒。是烛九阴，是烛龙。"②（《大荒北经》）

对此，松田稔认为这是视"神的气息"为"风"，从这些记述中可以看出"巨大神人的呼吸也是风的成因之一"。③

另外，对于《北次一经》和《中次十一经》中"见则天下大风"的"山狎"和"闻獜"，还有《大荒东经》中"出入水则必风雨"的"夔"，松田稔认为"这些作为预兆现象的动物的出现，也引起了大风等。"④这可以说是《山海经》中"风"的第三个成因。

松田稔认为，《山海经》中"风"的成因只有以上三种。具体可归纳如下：

①神的移动、出没所伴随的一种现象。

②巨大神人的呼吸。

③作为预兆现象的动物的出现。⑤

《山海经》中既没有《古今图书集成》中所记各地志书中"风穴"引起的风，也没有《孙子》《史记·天官书》中与"星"有

① 袁珂:《山海经校注》,成都:巴蜀书社,1996年,第277页。

② 袁珂:《山海经校注》,成都:巴蜀书社,1996年,第499页。

③ 松田稔:「『山海經』における風の記述——その神話的要素の考察」、『國學院女子短期大學紀要』(第4号)、1986年3月、第8頁。

④ 松田稔:「『山海經』における風の記述——その神話的要素の考察」、『國學院女子短期大學紀要』(第4号)、1986年3月、第8頁。

⑤ 松田稔:「『山海經』における風の記述——その神話的要素の考察」、『國學院女子短期大學紀要』(第4号)、1986年3月、第10頁。

关的“风”的记述。对此,松田稔指出:“这是《山海经》与其他书籍的性质不同的特色,可以说是保留了更古老时期的朴素信仰和神话的证据之一。”[①]

关于《山海经》中的风神,松田稔首先举出了《大荒北经》中的“风伯”。对于被称为“风神”的“风伯”,根据《大荒北经》中关于“风伯”的记述,松田稔指出:“风伯又称风师,具有起风和调节风这一神的职能。”[②]

除了“风伯”外,松田稔还列举了四个风神,分别是《大荒东经》中处东极的“折丹”、《大荒南经》中处南极的“因因乎”、《大荒西经》中处西北隅的“石夷”和《大荒东经》中处东极隅的“鵷”。这四个风神在《山海经》中的相关记述如下:

“大荒之中,有山名曰鞠陵于天、东极、离瞀、日月所出。名曰折丹——东方曰折,来风曰俊——处东极以出入风。”[③](《大荒东经》)

“有神名曰因因乎,南方曰因乎,夸风曰乎民,处南极以出入风。”[④](《大荒南经》)

“有人名曰石夷,来风曰韦,处西北隅以司日月之长短。有五采之鸟,有冠,名曰狂鸟。”[⑤](《大荒西经》)

“有人名曰鵷。北方曰鵷,来之风曰狻。是处东极隅以止日月,使无相间出没,司其短长。”[⑥](《大荒东经》)

---

① 松田稔:「『山海經』における風の記述——その神話的要素の考察」、『國學院女子短期大學紀要』(第4号)、1986年3月、第10頁。

② 松田稔:「『山海經』における風の記述——その神話的要素の考察」、『國學院女子短期大學紀要』(第4号)、1986年3月、第10頁。

③ 袁珂:《山海经校注》,成都:巴蜀书社,1996年,第401页。

④ 袁珂:《山海经校注》,成都:巴蜀书社,1996年,第426页。

⑤ 袁珂:《山海经校注》,成都:巴蜀书社,1996年,第448页。

⑥ 袁珂:《山海经校注》,成都:巴蜀书社,1996年,第412页。

鉴于胡厚宣认为《大荒经》中关于四方风神的记载与殷墟卜辞中记载风神名、风名属于同一系统，松田稔指出："《大荒经》中关于四方风神的记述，即使作为证明《山海经》为继承古老的殷代文化传统的资料，也是备受关注的。"①

由于殷墟卜辞中记载的风神及风名位于东、南、西、北四个方位，而《山海经》中所记风神则位于东、南、西北、东北四个方位，其中的"西"移动变化为"西北"，"北"移动变化为"东北"。对于《山海经》中四方风神方位的变化，对《山海经》中有关"太阳"的记述也深有研究的松田稔认为"这是由于风神的位置与掌管太阳运行的神人有关"。② 之后，松田稔进一步指出：

> "由于掌管太阳运行的神人的出现，原本已在东、西、南、北四个方位的风神，有的与掌管太阳的神人的方位重复，有的却避免与掌管太阳的神人重复，就移动了方位。"③

对于《山海经》中的方位神是否也兼具掌管日月运行的职能这个问题，在《〈山海经〉中所见太阳的记述——关于其神话要素的考察》一文中，松田稔列举了一份掌管太阳运行的神人的表格。

① 松田稔:「『山海經』における風の記述——その神話的要素の考察」、『國學院女子短期大學紀要』(第4号)、1986年3月、第12頁。

② 松田稔:「『山海經』における風の記述——その神話的要素の考察」、『國學院女子短期大學紀要』(第4号)、1986年3月、第15頁。

③ 松田稔:「『山海經』における風の記述——その神話的要素の考察」、『國學院女子短期大學紀要』(第4号)、1986年3月、第12頁。

松田稔:「『山海經』における風の記述——その神話的要素の考察」、『國學院女子短期大學紀要』(第4号)、1986年3月、第15頁。

表7 《山海经》中掌管太阳运行的神人一览表[1]

名曰折丹	有人名曰鳧	有人名曰石夷	有神…名曰嘘
东方曰折	北方曰鳧		
来风曰俊	来之风曰狻	来风曰韦	
处东极	处东极隅	处西北隅	处于西极
以出入风			
日月所出			日月所入
	以止日月，使无相间出没，司其长短	以司日月之长短	以行日月星辰之行次
大荒东经	大荒东经	大荒西经	大荒西经

通过研究表格中所列举的掌管太阳运行的神人的情况，松田稔发现"《山海经》中掌管太阳运行的三位神人中，鳧和石夷两位神人同时也是风神"。[2] 对此，松田稔指出：

"掌管太阳运行的神人中也有掌管四方风的神，可见在古代人的意识中，太阳和风关联的紧密。由风引起的云雨遮住了太阳强烈的光和热，造成天气的变化。在农耕社会，风的意义很大，但对社会成立根本条件的丰凶起支配作用的太阳也深受重视，掌管太阳的神与风神拥有共同要素，也被认为是兼具风神的职能。"[3]

① 松田稔:「『山海經』に見える太陽の記述——その神話的要素の考察」、『漢文學會會報』(第31輯)、1986年、第89頁。

② 松田稔:「『山海經』に見える太陽の記述——その神話的要素の考察」、『漢文學會會報』(第31輯)、1986年、第90頁。

③ 松田稔:「『山海經』に見える太陽の記述——その神話的要素の考察」、『漢文學會會報』(第31輯)、1986年、第90頁。

结合松田稔在上述两篇论文中的观点可知,在松田稔看来,《山海经》中四方风神方位的变化与掌管太阳运行的神人有关,其中有两位风神与掌管太阳的神人的方位重复,掌管太阳的神人也兼具风神的职能,另外两位风神则移动了方位。笔者认为松田稔的这种解释是一种较为合理的推测。

二、"方位神"

关于《山海经》中的"方位神",木内芳树(以下简称"木内")在《〈山海经〉中出现的古代传说的展开——以帝俊的传说为中心》一文中指出:"《山海经》中有与《尧典》相同或相关的记述。"①

通过对比《山海经》《尧典》《淮南子》中有关四方神的记述,木内认为"《山海经》中的方位神有两个系统"②,并将《尧典》《山海经》《淮南子》中的方位神以表格的形式列举出来。具体如表8、表9、表10、表11所示:

表8:《尧典》中的方位神

东	折丹
南	因因乎
西	石夷
北	鹓

表9:《大荒经》中的方位神

东	厥民析
南	厥民因
西	厥民夷
北	厥民隩

① 木内芳樹:「『山海經』に現われた古代説話の展開——帝俊説話を中心として——」、『大正大學大學院研究論集』(9)、1985年2月、第135頁。

② 木内芳樹:「『山海經』に現われた古代説話の展開——帝俊説話を中心として——」、『大正大學大學院研究論集』(9)、1985年2月、第141頁。

表10 《山海经》中另一系统的方位神

东	句芒
南	祝融
西	蓐收
北	玄冥

表11 《淮南子》中的五方神

东	句芒
南	祝融
中央	黄帝
西	蓐收
北	玄冥

从木内芳树在文中的表述和所列表格中的内容可知,《山海经》中方位神的两个系统为:一个是与甲骨文、《尧典》中的记述相关的方位神系统;另一个是与《淮南子》中的记载有关的方位神系统。

木内芳树指出:"《淮南子》中的方位神是以黄帝为中心的五方位神,而《山海经》中的方位神是四方位,黄帝并未被列入其中。"[①] 通过对《山海经》中"帝俊"的地位进行研究,木内指出:

"当然,《山海经》中有相当多的黄帝神话,但在《山海经》的形成阶段,帝俊神话更占优势。因此,之后随着黄

① 木内芳樹:「『山海經』に現われた古代説話の展開——帝俊説話を中心として——」、『大正大學大學院研究論集』(9)、1985年2月、第138頁。

帝神话的形成和发展，帝俊神话逐渐瓦解。在这一点上，可以说《山海经》正处于帝俊神话向黄帝神话发展的过渡期。”①

高马三良对《山海经》中的“方位神”也有所研究。在《山海经原始》一文中，高马提到《海外四经》中关于“四方神”的记述，依次是：

“一、南方祝融兽身人面乘两龙；二、西方蓐收左耳有蛇乘两龙；三、北方禺疆人面鸟身珥两青蛇践两青蛇；四、东方句芒鸟身人面乘两龙。”②

松田稔在《〈山海经〉郭璞注引书考》中也曾指出：

“《山海经》中的禺疆和句芒作为统括北方和东方的神分别被置于《海外北经》和《海外东经》的末尾，与南方的祝融和西方的蓐收一起构成四方神。”③

从高马三良和松田稔的记述来看，两位学者所说的“四方神”是一致的，即“祝融”“蓐收”“禺疆”“句芒”。

根据前述木内芳树关于“方位神”的分类，其“另一系统的方位神”为“句芒”“祝融”“蓐收”“玄冥”。郭璞在《海外

① 木内芳樹:「『山海經』に現われた古代説話の展開——帝俊説話を中心として——」、『大正大學大學院研究論集』(9)、1985年2月、第142頁。

② 高馬三良:「山海經原始」、女子大文學(大阪女子大學紀要)(1)、1951年3月、第22頁。

③ 松田稔:「『山海経』郭璞注引書考」、『國學院女子短期大學紀要』(第11巻)、1993年3月、第283頁。

北经》中关于“禺彊”的注解中有“字玄冥,水神也”。[1] 由此可知,“玄冥”即“禺彊”。那么,高马三良和松田稔所说的“四方神”正是木内芳树所说的“《山海经》中另一个系统的方位神”。

关于“四方神”,高马三良还注意到《海外四经》中关于“祝融”“蓐收”“句芒”的记述全为11个字,而关于“禺彊”的记述却多于11个字。对此,高马三良认为是北方神“禺彊”的记述中混入了“海神”的记述。

关于“禺彊”,《山海经》中有如下记述:

> “北方禺彊,人面鸟身,珥两青蛇,践两黄蛇。”[2] (《海外北经》)
>
> “东海之渚中,有神,人面鸟身,珥两黄蛇,践两黄蛇,名曰禺虢。黄帝生禺虢,禺虢生禺京。禺京处北海,禺虢处东海,是惟海神。”[3] (《大荒东经》)
>
> “北海之中渚中,有神,人面鸟身,珥两青蛇,践两赤蛇,名曰禺彊。”[4] (《大荒北经》)

从这些记述可知,现行本《山海经》关于“禺彊”的记述本身就缺乏统一性。

关于《海外北经》中的“禺彊”,郭璞注云“字玄冥,水神也。庄周曰:‘禺彊立于北极。’一曰禺京。”[5] 关于《大荒东经》中的

① 袁珂:《山海经校注》,成都:巴蜀书社,1996年,第295页。
② 袁珂:《山海经校注》,成都:巴蜀书社,1996年,第295页。
③ 袁珂:《山海经校注》,成都:巴蜀书社,1996年,第403页。
④ 袁珂:《山海经校注》,成都:巴蜀书社,1996年,第486页。
⑤ 袁珂:《山海经校注》,成都:巴蜀书社,1996年,第295页。

"禺京",郭璞注云"即禺疆也"。[1] 郝懿行注云"禺疆,北方神,已见《海外北经》"。[2] 袁珂却认为郭璞在《大荒东经》关于"禺京"即"禺疆"的注解"盖误"[3],关于《大荒北经》中的"禺疆",袁珂又注为"禺疆已见《海外北经》及《大荒东经》。《海外北经》云:"禺疆践两青蛇,与此异。"[4]

梳理郭璞、郝懿行、袁珂等三位不同时代学者的注解可知,在郭璞看来,《海外北经》和《大荒北经》中的"禺疆"和《大荒东经》中的"禺京"为同一人,为"水神"。郝懿行也认为《海外北经》中的"禺疆"和《大荒东经》中的"禺京"为同一人,为"北方神"。袁珂则认为《海外北经》中的"禺疆"和《大荒东经》中的"禺京"并非同一人,《大荒北经》中的"禺疆"和《海外北经》中的"禺疆"也并不相同。不同时代的《山海经》注释者对此所持观点并不一致。

《大荒东经》中关于"折丹"的记述中有"日月所出",《大荒西经》中关于"石夷"的记述中有"以司日月之长短",《大荒东经》关于"鳧"的记述中有"以止日月""司其短长"等。对此,阪谷昭弘在《〈山海经〉四方神考》一文中认为"《山海经》中的方位神也兼具掌管日月运行的职能"。[5] 阪谷的这一观点是有一定道理的。但是,有一点需要注意的是,阪谷在《〈山海经〉四方神考》一文中所列出的《大荒四经》中关于"方位神"的记述全是关于"海神"的记述,可以说是有将"方位神"与"海神"混淆之嫌。

阪谷昭弘还指出:"《大荒四经》中的四方神,除了南方的

---

① 袁珂:《山海经校注》,成都:巴蜀书社,1996 年,第 403 页。
② 袁珂:《山海经校注》,成都:巴蜀书社,1996 年,第 403 页。
③ 袁珂:《山海经校注》,成都:巴蜀书社,1996 年,第 486 页。
④ 袁珂:《山海经校注》,成都:巴蜀书社,1996 年,第 486 页。
⑤ 阪谷昭弘:「『山海経』四方神考」、『学林』(28 巻)、1998 年 3 月、第 28 頁。

‘不廷胡余’，全是人面鸟身的神。”[1] 从前述《大荒四经》中关于“海神”的记述可知，“不廷胡余”是南海的海神，而“人面鸟身”是《大荒四经》中除南海海神“不廷胡余”外的共同特征。在此可以进一步肯定，阪谷将《大荒四经》中的四方“海神”视为“方位神”，的确是将海神与方位神混淆了。

由此可见，由于《山海经》关于“禺疆”的记述中存在不统一之处，再加上不同时代的注者观点的不一致，这为读者和研究者在理解上的混乱埋下了伏笔。

第四节 《山海经》中的“神话”“神人”研究

茅盾在讲到《山海经》时指出：“这是一部包含神话最多的书。”[2] 袁珂更是将《山海经》誉为“神话之渊府”。[3] 的确，《山海经》中不仅有“精卫填海”“夸父逐日”等家喻户晓的经典神话，还有“西王母”“刑天”“蚩尤”等让人耳熟能详的神人。

1928 年，身在日本东京的茅盾为其《中国神话研究 ABC》[4] 一书写序，其中有记：“作者相信《山海经》的神话价值很高，所以本编有时信任《山海经》的地方比信任《楚辞》及其他书籍（如《淮南》）为较多。”[5] 如茅盾所言，《山海经》的神话价值不容置疑。《山海经》中的神话和神人，历来都是中日两国学者研究的重点之一。

---

① 阪谷昭弘:「『山海経』四方神考」、『学林』(28 巻)、1998 年 3 月、第 28 頁。

② 茅盾:《中国神话研究初探》，上海：上海古籍出版社，2011 年，第 17 页。

③ 袁珂:《山海经校注》，上海：上海古籍出版社，1980 年，“序”第 1 页。

④ 玄珠:《中国神话研究 ABC》，上海：世界书局，1929 年。

⑤ 茅盾:《中国神话研究初探》，上海：上海古籍出版社，2011 年，“序”第 2 页。

一、“太阳”和“月亮”神话

《山海经》中有多处关于“太阳”的记载。例如：

“女丑之尸，生而十日炙杀之。在丈夫北。以右手鄣其面。十日居上，女丑居山之上。”①(《山海经·海外西经》)

“下有汤谷。汤谷上有扶桑，十日所浴，在黑齿北。居水中，有大木，九日居下枝，一日居上枝。”②(《山海经·海外东经》)

“有谷曰温源谷。汤谷上有扶木。一日方至，一日方出，皆载于乌。”③(《山海经·大荒东经》)

“东南海之外，甘水之间，有羲和之国。有女子名曰羲和，方浴日于甘渊。羲和者，帝俊之妻，生十日。”④(《山海经·大荒南经》)

《淮南子·本经训》有关于“羿射十日”的记载。对于《淮南子》中有关“羿射十日”的记述，王充在《论衡》中则认为“《淮南》见《山海经》，则虚言真人烛十日，妄记尧时十日并出”。⑤唐代道家学者成玄英的《庄子疏》中有“《山海经》云：羿射九日，落为沃焦”。⑥宋代类书《锦绣万花谷》(前集卷一)中有“《山海经》云：尧时十日并出，尧使羿射十日，落沃焦”。⑦

① 袁珂：《山海经校注》，成都：巴蜀书社，1996年，第262页。
② 袁珂：《山海经校注》，成都：巴蜀书社，1996年，第308页。
③ 袁珂：《山海经校注》，成都：巴蜀书社，1996年，第408页。
④ 袁珂：《山海经校注》，成都：巴蜀书社，1996年，第438页。
⑤ 黄晖：《论衡校释》(第二册)，北京：中华书局，1990年，第511页。
⑥ (清)郭庆藩、王孝鱼点校：《庄子集释》，北京：中华书局，1961年，第565页。
⑦ 袁珂、周明：《中国神话资料萃编》，成都：四川省社会科学院出版社，1985年，第209页。

从东汉至宋代的这些文献记载可知，古本《山海经》中应该有关于“羿射十日”的记载。

关于《山海经》中“十日并出”的神话，日本学者藤田丰八（1869—1929）认为是从印度传入的。

> “关于十日并出或十日迭出之神话，印度自昔亦已有之……殆从印度传入中国者，《山海经》谓十日迭出系南方黑齿国之故事，则益觉其然。”①

小川琢治对比《吕氏春秋》《尚书》及《竹书纪年》中关于“羲和”和“十日”的记载，推想“羿射十日”和《尚书·夏书·胤征》所提到的“伐羲和”可能是一分为二的同一个传说。不仅如此，小川琢治还认为这一传说跟赫拉克勒斯射太阳神的希腊神话很相似。

在《中国古代神话》一书中，森三树三郎指出：“中国有十个太阳的传说。”② 但是，为什么是十个太阳？对于《山海经》中的“十日”传说，森三指出：

> “中国自古就有以甲乙丙丁戊己庚辛壬癸这十干来数日的习惯。《左传》中的‘天有十日’就是指这十干。但是，这个‘十日’不知何时竟然被认为是‘十个太阳’的意思，‘十日神话’也因此形成。当然，构成‘十日神话’的最初动机是为了说明‘为何太阳只有一个’这一现象。然而，这一神话确立之后，就远离了最初的动机，成了只

---

① 藤田丰八著、何健民译：《中国南海古代交通丛考》，上海：商务印书馆，1936年，第503—504页。

② 森三樹三郎：『中国古代神話』、清水弘文堂書房、1969年、第182頁。

强调曾经存在十个太阳这一事实。”①

对于《山海经·大荒东经》中的“皆载于乌”这一记述，森三树三郎认为“说起为何会产生太阳载于乌这一神话，源于乌鸦栖于太阳这一民俗信仰”。② 在列举了《淮南子·精神训》中的“日中有踆乌”等实例为证之后，森三指出：

“将太阳和鸟类结合在一起的神话，还有埃及的太阳神霍鲁斯和拉被视为鹰和不死鸟的例子，日本的金鵄等也属于同类之例。这可以说是由太阳犹如飞翔之鸟这一联想产生的神话。中国所谓的‘日中之乌’，也就是《山海经》中所说的太阳载于乌，不能不看作仍是源于同样的联想。”③

对于《山海经·大荒南经》中的“羲和之国”“女子名曰羲和”“羲和生十日”这些记述，木内芳树认为“羲和应该不是单一的一个人”。④ 贝冢茂树早就在《中国的神话》一书中指出《尚书·尧典》中的主人公羲和“有时可以分为‘羲’和‘和’，又可以四分为‘羲仲’‘羲叔’‘和仲’‘和叔’”。⑤ 通过研究《尚书·尧典》中有关“羲和”的记述，木内也指出：“羲和神话不仅与太阳有关，而且也与月亮、星等有关…… ‘羲和’可以分为‘羲’和

① 森三樹三郎:『中国古代神話』､清水弘文堂書房､1969 年､第 184 頁。
② 森三樹三郎:『中国古代神話』､清水弘文堂書房､1969 年､第 185 頁。
③ 森三樹三郎:『中国古代神話』､清水弘文堂書房､1969 年､第 185 頁。
④ 木内芳樹:「『山海經』に現われた古代説話の展開——帝俊説話を中心として——」､『大正大學大學院研究論集』(9)､1985 年 2 月､第 131 頁。
⑤ 貝塚茂樹:『中国の神話』､筑摩書房､1971 年，第 85 頁。

‘和’,还可进一步分为‘仲’‘叔’。”[1] 对此,木内认为“羲和应是掌管天象的一个群体。尤其在《山海经》中,羲和被认为是女子。由此进一步推测的话,羲和应是一个女巫的群体”。[2]

除了“太阳”之外,《山海经》中也有关于“月亮”的记载:

“有女和月母之国。”[3](《山海经·大荒东经》)

“有女子方浴月。帝俊妻常羲,生月十有二,此始浴之。”[4](《山海经·大荒西经》)

关于“女和月母”,郝懿行认为“女和月母即羲和常仪之属也”[5]。

小川琢治在《天地开辟及洪水神话》一文中先是认为《楚辞·天问》中的神女“女岐”是嫦娥神话的原型。关于月神嫦娥或姮娥,小川琢治则认为,《大荒西经》中“生月有十二”的“常仪”,如毕沅在《吕览》注中所说,“常仪”和“尚仪”同为“嫦娥”的通音。至于这两个神话的不同,小川琢治认为:

“《山海经》的古图,应是画着在西极,嫦娥给十二个儿子第一次沐浴。《天问》中的女岐的九个儿子,却是起因于朔望间月亮对着太阳位置的不同而产生的形状的变化,所以稍有不同。”[6]

---

① 木内芳樹:「『山海經』に現われた古代説話の展開——帝俊説話を中心として——」、『大正大學大學院研究論集』(9)、1985年2月、第130—131頁。
② 木内芳樹:「『山海經』に現われた古代説話の展開——帝俊説話を中心として——」、『大正大學大學院研究論集』(9)、1985年2月、第131頁。
③ 袁珂:《山海经校注》,成都:巴蜀书社,1996年,第412页。
④ 袁珂:《山海经校注》,成都:巴蜀书社,1996年,第463页。
⑤ 袁珂:《山海经校注》,成都:巴蜀书社,1996年,第412页。
⑥ 小川琢治:『支那歴史地理研究』、東京:弘文堂書房、1928年、第181頁。

同小川琢治一样，我国学者郑文光也认为“常羲”“常仪”“嫦娥”实为同一人。在《中国天文学源流》一书中，郑文光提到“常羲——常仪，一音之转”[①]“‘娥’和‘羲’在古音中是相通的”[②]，认为“生月亮的女神常羲转变为月亮神嫦娥，正如生太阳的羲和转变为驾驶太阳神车子的羲和一样”。[③]袁珂在《山海经校注》中根据《世本·帝系》中的记述，也认为“常羲即常仪”[④]。

关于《大荒西经》中的“帝俊妻常羲生月十有二”这一记述，森三树三郎认为“羲和生了十个太阳这一传说是由‘日有十干’引起的，那么常羲生了十二个月亮这一传说无疑起因于一年有十二个月”。[⑤]关于“帝俊之妻生十日”这一问题，木内芳树也认为是起因于“十干”。但是对于“帝俊妻常羲生月十有二”，木内芳树则认为“起因于自‘子’至‘亥’的‘十二支’”。[⑥]

关于“十日”与“天干”的关系，明代杨慎（1488—1559）在《山海经补注》中早就认为“十日”便是“天干”，“十二有月”为“十二地支”。继日本学者森三树三郎认为“十日”由“日由十干”引起之后，我国学者郑文光在《中国天文学源流》一书中又指出：“羲和之为十个太阳的母亲，实际上反映了天干的诞生。”[⑦]“常羲的神话十分类似于羲和的神话。”[⑧]“月十有二”

① 郑文光：《中国天文学源流》，北京：科学出版社，1979年，第24页。
② 郑文光：《中国天文学源流》，北京：科学出版社，1979年，第24页。
③ 郑文光：《中国天文学源流》，北京：科学出版社，1979年，第24页。
④ 袁珂：《山海经校注》，成都：巴蜀书社，1996年，第463页。
⑤ 森三樹三郎：『中国古代神話』、清水弘文堂書房、1969年、第188頁。
⑥ 木内芳樹：「『山海經』に現われた古代説話の展開——帝俊説話を中心として——」、『大正大學大學院研究論集』（9）、1985年2月、第132頁。
⑦ 郑文光：《中国天文学源流》，北京：科学出版社，1979年，第23页。
⑧ 郑文光：《中国天文学源流》，北京：科学出版社，1979年，第24页。

就是“子、丑、寅、卯、辰、巳、戊、未、申、酉、戌、亥十二地支的由来”。[①] 之后，日本学者木内芳树的观点又与郑文光完全一致。虽然不能确定中日两国学者在这一点上是否相互影响，但认为“十日”“十二有月”与“干支”相关的明显不止一人。

茅盾在《中国神话研究ABC》一书中论及《山海经》中的“羲和”时曾经指出：“杨慎《山海经补注》以为‘十日’便是‘自甲至癸’的天干；此说颇为新奇可喜，但是太附会了。杨慎不知道神话是发生在原始时代，那时候无所谓‘支干’。”[②]

“天干地支”是我国古代的历法之一，简称“干支”。陈遵妫在《中国天文学史》（1982）一书中指出，早在夏朝可能已有干支历法。[③] 但是，关于夏朝建立以前的原始社会是否已有“干支”，由于现已无法考证，所以也无法确定上述学者认为“十日”“十二有月”与“干支”有关是否就是“附会”。

对于《山海经·大荒东经》中的“女和月母”这一国名，贝冢茂树认为“这是采用了身为太阳之母的女子羲和之‘女和’二字为国名……而且将同为帝俊之妻的月亮之母常羲即女羲与‘月母’二字结合在一起，创造出了‘女和月母’这一四个字的国名”。[④] 森三树三郎则认为“‘女和’是女人的名字，‘月母’必是月亮的母亲之意。那么，‘女和’也就是月亮之母”。[⑤] 对于“常羲”和“女和”这两个月亮之母的名字，森三认为“‘常羲’和‘女和’这两个名字，并非完全没有关系。之所以这么说，是因为把这两人名字中的后面一个字组合在一起的话，就是‘羲

① 郑文光：《中国天文学源流》，北京：科学出版社，1979年，第25页。
② 茅盾：《中国神话研究初探》，上海：上海古籍出版社，2011年，第57页。
③ 陈遵妫：《中国天文学史》，上海：上海人民出版社，1982年。
④ 貝塚茂樹：『中国の神話』、筑摩書房、1971年，第82—83頁。
⑤ 森三樹三郎：『中国古代神話』、清水弘文堂書房、1969年、第188頁。

和’,是太阳之母的名字”。[①]

在前述有关“羲和”的研究中,木内芳树曾指出“羲和神话不仅与太阳有关,而且也与月亮、星等有关……‘羲和’可以分为‘羲’和‘和’,还可进一步分为‘仲’‘叔’”。[②] 这样看来,木内芳树的观点刚好与森三树三郎的观点相呼应。

二、“昆仑”和“西王母”神话

《山海经》中有许多关于“昆仑”和“西王母”的记载。例如:

“西南四百里,曰昆仑之丘,是实惟帝之下都,神陆吾司之。其神状虎身而九尾,人面而虎爪;是神也,司天之九部及帝之囿时。”[③](《山海经·西次三经》)

“又西三百五十里,曰玉山,是西王母所居也。西王母其状如人,豹尾虎齿而善啸,蓬发戴胜,是司天之厉及五残。”[④](《山海经·西次三经》)

“海内昆仑之虚,在西北,帝之下都。昆仑之虚,方八百里,高万仞。上有木禾,长五寻,大五围。面有九井,以玉为槛。面有九门,门有开明兽守之,百神之所在。”[⑤](《山海经·海内西经》)

“昆仑南渊深三百仞。开明兽身大类虎而九首,皆人面,东向立昆仑上。”[⑥](《山海经·海内西经》)

---

① 森三樹三郎:『中国古代神話』、清水弘文堂書房、1969年、第188頁。

② 木内芳樹:「『山海經』に現われた古代説話の展開——帝俊説話を中心として——」、『大正大學大學院研究論集』(9)、1985年2月、第130—131頁。

③ 袁珂:《山海经校注》,成都:巴蜀书社,1996年,第55—56页。

④ 袁珂:《山海经校注》,成都:巴蜀书社,1996年,第59页。

⑤ 袁珂:《山海经校注》,成都:巴蜀书社,1996年,第344—345页。

⑥ 袁珂:《山海经校注》,成都:巴蜀书社,1996年,第349页。

"西王母梯几而戴胜杖，其南有三青鸟，为西王母取食。在昆仑虚北。"① (《山海经·海内北经》)

"西海之南，流沙之滨，赤水之后，黑水之前，有大山，名曰昆仑之丘。有神——人面虎身，有文有尾，皆白——处之，其下有弱水之渊环之，其外有炎火之山，投物辄然。有人，戴胜，虎齿，有豹尾，穴处，名曰西王母。此山万物尽有。"② (《山海经·大荒西经》)

1916年，小川琢治在《艺文》杂志上发表了《昆仑与西王母》一文，对于中国古代神话中的"昆仑"与"西王母"，小川琢治指出："昆仑与西王母被视为仙境与仙人，是在汉以后，即所谓黄老家产生之后。"③ 小川琢治不仅认为司马迁在《史记·禹本纪》中关于"昆仑"的见解不足可信，同时还指出：

"在经史以外的书上，更为详细地记载昆仑及西王母的，见于《山海经》的西山经。"④

关于《西山经》中的"昆仑"，小川琢治认为"以昆仑之丘为中心的诸山，与《五藏山经》的其他部分相比，有许多的神，以帝为中心居住着。其情形，恰如希腊神话中奥林匹斯山的诸神"。⑤

关于《海外四经》《海内四经》的"昆仑"，小川琢治指出："见于《山海经》中海外、海内两经的昆仑，与见于五藏山经的

---

① 袁珂：《山海经校注》，成都：巴蜀书社，1996年，第358页。
② 袁珂：《山海经校注》，成都：巴蜀书社，1996年，第466页。
③ 小川琢治：『支那歴史地理研究』、東京：弘文堂書房、1928年、第239頁。
④ 小川琢治：『支那歴史地理研究』、東京：弘文堂書房、1928年、第242頁。
⑤ 小川琢治：『支那歴史地理研究』、東京：弘文堂書房、1928年、第248頁。

原始的空想相比，已有显著的变化行迹。尤其是海外经，想象奇怪的鬼神之类在世界的周围，其经文是记载那些和人类生息的世界完全无关的鬼神世界的。”①

关于《山海经》“昆仑”传说中的“弱水”，小川琢治指出，印度传说中也有一条类似“弱水”的没有浮力的河，即西拉斯河。对于《西山经》中的“土蝼”和《海内北经》中的“朱蛾”，小川琢治指出，印度和希腊也有“掘金蚁”的传说。经过比较印度和希腊的这个传说，小川琢治得出这样的结论：

> “昆仑传说，在中国早在战国以前就有，其内容逐渐神话化在战国末至秦汉间，是在张骞出使西域以前与西方及南部亚洲诸国间接交通的结果。”②

除小川琢治外，松冈正子和森和对《山海经》中的“昆仑之丘”都有所研究。

松冈正子在《〈山海经〉西次三经与羌族——昆仑之丘与羌的雪山》一文中不仅认为“《西次三经》中所记‘羊身人面’的神状或许同《说文解字》中关于‘羌’的解释为‘西戎牧羊人也’一样，也与羌族有关”。③，还指出“对羌族而言，青海的昆仑（即“雪山”）是被当作神山的信仰对象”。④

> “关于中国神话中最有名的大山之一的‘昆仑’，仅断

① 小川琢治:『支那歴史地理研究』、東京:弘文堂書房、1928年、第251頁。
② 小川琢治:『支那歴史地理研究』、東京:弘文堂書房、1928年、第267—268頁。
③ 松岡正子:「『山海經』西次三經と羌族——昆侖之丘と羌の雪山について——」、『中国文学研究』(12)、1986年12月、第53頁。
④ 松岡正子:「『山海經』西次三經と羌族——昆侖之丘と羌の雪山について——」、『中国文学研究』(12)、1986年12月、第53頁。

片性地散见于诸多文献中，最古老的记载见于《山海经》五藏山经。”①

如上所言，森和从《五藏山经》的经文及构造入手，对崇吾山山系中的“昆仑之丘”进行了研究，他认为，“昆仑山是崇吾山山系的宇宙山（世界的中心），有可能未必当初就被认为是中国西部或西北的山”。② 通过对《五藏山经》编纂时期的世界观进行探讨，并与《尚书》（夏书、禹贡）和《海内四经》中的“昆仑”进行比较，森和提出了这样的观点：

“从文献中可以确认的昆仑的原型为以崇吾山山系为主要活动领域的巫祝集团的宇宙山，即昆仑之丘。之后在《五藏山经》编纂时期，才有将中国视为一个平面的地理的世界观，昆仑之丘所属的崇吾山山系也被置于中国的西部。而且，这个昆仑之丘进一步发展成位于中国西北部的《海内西经》的昆仑之虚，并受到与《五藏山经》和崇吾山山系不同的世界观的影响。”③

关于“西王母”的传说，散见于我国自古至今的各种文献中。

在《昆仑与西王母》一文中，小川琢治在列举《西山经》中关于“西王母”的描述后指出：

① 森和:「『山海経』五藏山経における昆侖之丘」、『史滴』(23 巻)、2001 年 12 月、第 89 頁。

② 森和:「『山海経』五藏山経における昆侖之丘」、『史滴』(23 巻)、2001 年 12 月、第 93 頁。

③ 森和:「『山海経』五藏山経における昆侖之丘」、『史滴』(23 巻)、2001 年 12 月、第 93 頁。

"'西王母'蓬发戴华胜,又叫作'母',很明显是女神。可以想象,其跟半人半兽的神,即希腊神话中的宁芙、斯芬克斯、塞壬等类似。"①

从以上小川琢治对《山海经》中关于"昆仑"和"西王母"的研究可知,不管是论及"昆仑",还是"西王母",小川琢治都会提到类似的希腊神话或印度传说,足见其跨文化研究的视野。

关于"西王母",下斗米晟在《西王母研究》一文中指出:

"现存的中国古典文献中,记载西王母传说的初期文献为战国时代成书的《穆天子传》《庄子·内篇》《列子》《山海经》这四部。"②

根据《四库全书总目》中的记述,下斗米晟认为前述四部书的成书应以《穆天子传》为最早,然后依次是《庄子·内篇》《列子》《山海经》这一顺序。根据《尔雅·释地》中关于"西王母"的记载和郭璞注的内容,下斗米晟认为《淮南子》中的"西王母"是实际存在的人物。根据《山海经》中有关"西王母"的记述可知,豹尾虎齿的"西王母"是"司天之历及五残"的一位异形女性神。对此,下斗米晟认为《山海经》中"西王母"的造型受到战国中期以后流行的五行思想的影响,也因此推测:"《山海经》的作者将《穆天子传》中王母传说的后半部分与五行思想结合起来,将此作为西方肃杀之气的人性化之物,塑造

① 小川琢治:『支那歴史地理研究』、東京:弘文堂書房、1928 年、第 264 頁。
② 下斗米晟:「西王母研究」、『大東文化大學漢學會誌』(9 卷)、1971 年,第 1 頁。

了这种令人害怕的女性造型。”①

除下斗米晟以外，驹井和爱在《〈山海经〉中有关西王母的记载》一文中也指出：“作为可以看到西王母相关记述的文献，《山海经》是最古老的文献之一。”② 对于《西山经》中西王母“其状如人，豹尾虎齿而善啸，蓬发”这一令人害怕的形象，驹井和爱认为“这正是战国末期作为半人半兽之神的西王母的形象”。③ 驹井发现《海内北经》中的“西王母梯几而戴胜杖”这一记述与《淮南子》、司马相如的《大人赋》、张衡的《思玄赋》中的记述一致。对于《大荒西经》中“戴胜，虎齿，有豹尾”的西王母，驹井认为其为“作为戴胜的人的西王母与有令人害怕之形的西王母结合而成”。④ 通过对比东汉张揖注《大人赋》中的“西王母，其状如人，豹尾，虎齿，蓬发”和晋郭璞注《穆天子传》中的“西王母如人，虎齿，蓬发，戴胜，善啸”，驹井认为《西山经》中的“戴胜”二字可能是郭璞为《山海经》作注时添加的，而《大荒西经》中关于“西王母”的记述则有可能是郭璞在整理残简时创作的。

鉴于朝鲜乐浪出土的两个工艺和图案都相似的西汉铜盆中央所刻西王母像中，一个是作为神仙的女性形象，另一个却是半人半兽的神人形象，驹井指出：“在汉代，无论是文献记载，还是器物，西王母都有上述两种形象。这是汉代文化体现战国时代要素的例子。”⑤ 因此，对于《山海经》中存在有关“西王母”

---

① 下斗米晟:「西王母研究」、『大東文化大學漢學會誌』(9巻)、1971年，第6頁。

② 駒井和愛:「西王母に関する『山海経』の記載」、『中国考古学論叢』、慶友社、1974年，第198頁。

③ 駒井和愛:「西王母に関する『山海経』の記載」、『中国考古学論叢』、慶友社、1974年，第202頁。

④ 駒井和愛:「西王母に関する『山海経』の記載」、『中国考古学論叢』、慶友社、1974年，第202頁。

⑤ 駒井和愛:「西王母に関する『山海経』の記載」、『中国考古学論叢』、慶友社、1974年，第204頁。

的两种不同记述，驹井认为“《山海经》在现行本成立以前，历经多次修改，其中采用了汉代以前或以后的各种资料，从内容上可以证实其中有后来添加的东西”。[①]

另一方面，松田稔在《〈山海经〉郭璞注引书考》一文中指出：“《山海经》中的西王母同其他山岳神一样，是‘豹尾虎齿’且穴居的异形神。”[②] 通过与《穆天子传》《淮南子》中关于“西王母”的记述进行对比，松田稔认为，《山海经》记载了西王母原初传说，《山海经》中的西王母保留了西王母的朴素之形。

> “昆仑和西王母是中国古代神话中的土地和人物，关于昆仑和西王母，自汉代以来就有各种说法。近年来，东、西方的东方研究者又提出各种见解。”[③]

如小川琢治一百年前所言，关于“昆仑”和“西王母”的神话传说，一直以来就有各种说法，日本学者的观点也是众说纷坛。

三、“精卫填海”神话

《山海经·北次三经》云：

> “又北二百里，曰发鸠之山，其上多柘木。有鸟焉，其状如乌，文首、白喙、赤足，名曰精卫，其鸣自詨。是炎帝之

① 駒井和愛：「西王母に関する『山海経』の記載」、『中国考古学論叢』、慶友社、1974年，第204頁。

② 松田稔：「『山海経』郭璞注引書考」、『國學院女子短期大學紀要』（第11卷）、1993年3月、第281頁。

③ 小川琢治：『支那歴史地理研究』、東京：弘文堂書房、1928年、第239頁。

少女，名曰女娃，女娃游于东海，溺而不返，故为精卫，常衔西山之木石，以堙于东海。”①

这是《山海经》中有名的“精卫填海”神话，也是关于“精卫传说”的最早记载。

关于《山海经》中的“精卫填海”这一神话，早在1913年，小川琢治就在《中国上古的天地开辟及洪水传说》一文中有所论述。在这篇文章中，小川琢治认为，和天地开辟及洪水有关的人，除鲧禹之外，首屈一指的是女娲氏，而可以看作女娲止洪水的神话变异的，是《山海经》中的“精卫填海”神话。

对于《山海经·北山经》中化为精卫鸟的女娃，小川琢治指出：

> “女娃和女娲，音近，或许是把同一女神编成两样，堙水神话的根本思想是一致的。只是，与女娲的男性行为相比较，这个女娃完全是女性的，为了一雪溺海的怨恨而化鸟填之。”②

同时，小川琢治还认为，精卫填海的神话，可以看作是众水东流把土沙搬运至东海这一自然现象的说明，与《列子·汤问》中“愚公移山”的寓言属于同一类型。关于“精卫填海”中神化为鸟的传说，小川琢治指出“神化为鸟”也见于蜀人杜宇王的传说，希腊神话中宙斯的妻子海拉也化为了杜鹃。

1969年，森三树三郎（1909—1986）在《中国古代神话》

① 袁珂：《山海经校注》，成都：巴蜀书社，1996年，第111页。

② 小川琢治：『支那歴史地理研究』、東京：弘文堂書房、1928年、第196頁。

一书中认为“精卫鸟”的传说是富有余韵的神话。但是，森三也指出：“这个小鸟或者也有可能并非实际存在的小鸟，尽管中国神话贫乏，但像这种片段性的神话也能够收集到很多的。”[①]从森三的论述可知，他虽然对中国神话深有研究，但同时也是“中国神话贫乏论”的坚持者。

之后不久，栃尾武在《精卫的传说及其资料》一文中先是对《山海经》中有关“精卫”记载内容的大量注释进行了考察，进而指出：

> “人化为鸟的例子，蜀地有望帝化为杜鹃的有名的传说，这是因为有人生羽而化为仙人的思想存在，甚至有‘羽化登仙’这样的成语。精卫传说与神仙思想是分不开的。”[②]

在对《博物志》《述异记》等《山海经》之后的诸多文献中关于“精卫传说”的记述进行考察之后，栃尾武指出：

> “《山海经》之后的任何书中都没有说明溺亡于东海的女娃为何会变成小鸟。如果说人死后化为鸟就是成仙，无须说明的话，那么这个传说原本也并非精心编造，而是以名为精卫的鸟或是少女的死为契机产生的。当然，这是由于《山海经》本身似乎与神仙有些关系，不能说与神仙的传说无关，随着时代的变化，神仙思想在精卫传说中

① 森三樹三郎:『中国古代神話』、清水弘文堂書房、1969年、第264頁。

② 栃尾武:「精衛の傳説とその資料」、『櫻美林大學中國文學論叢』(2卷)、1971，第6頁。

扎下了根。”[①]

从栃尾武在文中的论述可知，同小川琢治一样，栃尾武从“精卫填海”神话中的女娃变成小鸟想到蜀人杜宇王的传说，但并没有像小川琢治那样联想到希腊神话。在他看来，《山海经》与神仙思想有关，“精卫填海”神话中就有神仙思想的存在。

除以上几位学者外，松田稔在《〈山海经〉之“精卫”传说成立考》一文中也对“精卫”传说的特征及其成立时期进行了探讨。松田稔认为“女娃”“精卫”的传说中包含“溺亡”“转生”“鸟的动作”这三个要素。

关于“溺亡”这一要素，松田稔首先指出：“在古代中国，有许多关于异常死亡的溺亡者被当作河神、水神来祭祀的记述。”[②] 在列举伍子胥、屈原等例子之后，松田稔认为“在这种将溺亡者神化的思想中，溺水而死的女娃没有成为水神而是变成了鸟，这是《山海经》的特殊之处”。[③] 对于溺水而死的女娃没有被水神化这个问题，通过对《山海经》与其他书籍中所记载的“帝之二女”“冰夷·冯夷”“鲧”“帝女”进行比较，松田稔指出：“溺水而死的女娃没有被水神化，不单是女娃如此，而是《山海经》整体的倾向。”[④] 鉴于《山海经》中所记载的内容并没有受到春秋中期才产生的理性的死后生命观的影响，松田认为《山海经》中的“精卫”传说是“形成于春秋中期以前的古

① 栃尾武：「精衛の傳説とその資料」、『櫻美林大學中國文學論叢』(2卷)、1971，第22—23頁。

② 松田稔：「『山海經』の「精衛」傳承成立考」、『國學院中國學會報』(43卷)、1997年、第3頁。

③ 松田稔：「『山海經』の「精衛」傳承成立考」、『國學院中國學會報』(43卷)、1997年、第3頁。

④ 松田稔：「『山海經』の「精衛」傳承成立考」、『國學院中國學會報』(43卷)、1997年、第5頁。

老传说”[1]。

关于“转生”这一要素，松田稔早在《转生的神话——以〈山海经〉为中心的中国神话的考察》一文中就有论述。在这篇文章中，松田稔首先列举了《五藏山经》中有关转生记述的5个例子，《山海经·北次三经》中的“女娃”化为“精卫”的记述就是其中一例。松田稔认为“《五藏山经》中的5例转生者都具备与帝有关或是其遵从者这一资格”。[2]松田稔不仅指出“女娃”化为“精卫鸟”这种转生神话是在阐述事物的起源，而且通过对《山海经》中10处转生记述进行研究，并与《淮南子》《庄子》《礼记》等其他书籍中的转生记述相比，松田稔指出：“《山海经》中的转生与其他书籍和后世奇事中的转生不同，是原始部族传说在神话中的投影。”[3]

关于“鸟的动作”这一要素，在《〈山海经〉之“精卫”传说成立考》一文中，松田稔对关于“精卫”的“常衔西山之木石，以堙于东海”这一记述进行了考察，他认为“在《山海经》的前半部分即《山经》中，除了关于精卫的记述，找不到说明事物起源的其他记述”。[4]通过与《海经》中的5例有关事物起源的记述进行对比，松田稔指出：“向海中投木石这一鸟的动作，与其将其看作说明事物起源的传说，不如将其看作是天帝、山岳神等神话的一个片段故事，讲述了溺海而亡的少女的怨恨。”[5]

---

① 松田稔:「『山海經』の「精衛」傳承成立考」、『國學院中國學會報』(43卷)、1997年、第6頁。

② 松田稔:「転生の神話——「山海経」を中心とした中国神話の考察」、『学苑』(565)、1987年1月号、第160頁。

③ 松田稔:「転生の神話——「山海経」を中心とした中国神話の考察」、『学苑』(565)、1987年1月号、第168頁。

④ 松田稔:「『山海經』の「精衛」傳承成立考」、『國學院中國學會報』(43卷)、1997年、第7頁。

⑤ 松田稔:「『山海經』の「精衛」傳承成立考」、『國學院中國學會報』(43卷)、1997年、第13頁。

除以上关于“精卫”传说的研究之外，松田稔还在《“精卫”传说的变化》一文中对“精卫”传说在中日两国文献中的接受情况进行了探讨，进而指出：“《山海经》中的女娃·精卫传说虽然朴素，却能够打动人心，也正因如此，后世的人们才会接受这个传说，并投入自己的感情，使之发生变化。”①

从以上松田稔对“精卫填海”神话的研究可知，在他看来，《山海经》“精卫填海”神话中的女娃之所以没有被水神化，是因为没有受到春秋中期才产生的死后生命观的影响。“精卫填海”神话不仅是形成于春秋中期以前的古老传说，而且是原始部族传说在神话中的投影。

四、“夸父逐日”“鲧禹治水”等神话

“夸父逐日”是《山海经》中有名的神话。关于这一神话，《海外北经》和《大荒北经》各有一处记载：

> “夸父与日逐走，入日。渴欲得饮，饮于河渭。河渭不足，北饮大泽。未至，道渴而死。弃其杖，化为邓林。”②（《海外北经》）
>
> “大荒之中，有山名曰成都载天。有人珥两黄蛇，把两黄蛇，名曰夸父。后土生信，信生夸父。夸父不量力，欲追日景，逮之于禺谷。将饮河而不足也，将走大泽，未至，死于此。”③（《大荒北经》）

---

① 松田稔：「『山海経』「精衛」の傳承の変容」、国学院大学院友学術振会編『新國學の展開』、おうふう、1997年，第54頁。

② 袁珂：《山海经校注》，成都：巴蜀书社，1996年，第284页。

③ 袁珂：《山海经校注》，成都：巴蜀书社，1996年，第487页。

对于《山海经》中关于“夸父”的这两处记载，森三树三郎指出《大荒北经》中的记载比《海外北经》详细。对此，森三认为“这是由于后者的成立年代较晚，无非是经过了各种各样的润色。前者可以说是夸父传说的主要内容。《列子·汤问》中的夸父就是基于前者”。①

关于“夸父”与日逐走这一行为，森三树三郎认为“夸父是与太阳赛跑而渴死的，后世常将其作为没有自知之明的例子，这从其名字来判断就可知道。‘夸’与‘誇’通用，‘夸父’的意思就是骄傲自大的男人。与太阳赛跑，口渴是当然的，但将黄河、渭水的水都喝干仍然不够，夸父明显不是凡人”。②

关于“夸父”，《大荒东经》云：

> “大荒东北隅中，有山名曰凶犁土丘。应龙处南极，杀蚩尤与夸父，不得复上。故下数旱，旱而为应龙之状，乃得大雨。”③

对此，大林太良指出：“关于夸父之死，应龙被杀与《山海经》中夸父与日逐走而渴死的记述相矛盾。”④不仅如此，大林太良还指出《山海经》中关于夸父形状的记述也有矛盾之处。例如，《大荒北经》中“有人珥两黄蛇，把两黄蛇”的夸父呈人形，而《北山经》和《东山经》中的夸父却被描述成一种怪兽。

如大林太良所言，《北次二经》梁渠之山中有“其状如夸

---

① 森三樹三郎:『中国古代神話』、清水弘文堂書房、1969年、第79頁。
② 森三樹三郎:『中国古代神話』、清水弘文堂書房、1969年、第80頁。
③ 袁珂:《山海经校注》,成都:巴蜀书社,1996年,第413页。
④ 大林太良:「夸父と造父——構造分析の試み」『国立民族学博物館研究報告』(13巻4号)、1988年、第729頁。

父”的鸟,《东山经》中“其状如夸父”的兽。对于《北山经》中“状如夸父”的鸟,郭璞注为“或作举父”。《西山经》“崇吾之山”一条中有“名曰举父”的兽,郭璞又注为“或作夸父”。袁珂在“崇吾之山”一条中关于“举父”注解中则认为《北次二经》和《东山经》中的“夸父”均为“形似猿猴之怪鸟兽也”[①]。由此可见,《北次二经》和《东山经》的“夸父”只是名为“夸父”的鸟、兽,并非“夸父逐日”神话中的“夸父”。

大林太良还提到茅盾提出的“夸父巨人族说”,尽管袁珂等学者也都非常赞同茅盾的这种说法,大林太良却认为“与太阳竞走的夸父并非一个集体,而是作为个人的夸父”[②]。

关于“鲧禹治水”的神话,《海内经》云:

> “洪水滔天。鲧窃帝之息壤以堙洪水,不待帝命。帝令祝融杀鲧于羽郊。鲧腹生禹。帝乃命禹卒布土以定九州。”[③]

关于“鲧禹”,小川琢治首先对《楚辞·天问》中的“伯禹腹鲧”进行了研究,他认为“伯禹腹鲧”可以理解为鲧变化而为禹。根据《海内经》的这段记载,小川琢治认为《禹贡》中的“敷土”和《大戴礼》中的“傅土”其本来的意思,应是以息壤以填洪水。不仅如此,小川琢治还认为《山海经》中“鲧禹治水”的神话类似于赫拉克勒斯完成十二伟绩的希腊神话。

---

① 袁珂:《山海经校注》,成都:巴蜀书社,1996年,第47页。

② 大林太良:「夸父と造父——構造分析の試み」『国立民族学博物館研究報告』(13卷4号)、1988年、第730頁。

③ 袁珂:《山海经校注》,成都:巴蜀书社,1996年,第536页。

五、"刑天""女魃"等神人

《山海经》神话中，除上述"西王母""夸父"等神话中的神人外，日本学者对"刑天""女魃"等神人也有所研究。

关于"刑天"，《海外西经》云：

> "刑天与帝至此争神，帝断其首，葬之常羊之山，乃以乳为目，以脐为口，操干戚以舞。"[①]

对于"刑天"这一无头神，伊藤清司在《无头神小论——山海经的民俗学的考察》一文中认为"刑天"与《大荒西经》中"无首，操戈盾立"的"夏耕之尸"虽有神人之别和称呼相异，但很难说二者性质不同。鉴于高诱在其所注《淮南子》中认为《淮南子·坠形训》中的"形残之尸"和"刑天"为同类，伊藤认为"刑天、夏耕之尸、形残之尸这三者的传说，原本应属同类"。[②]

关于无头神传说的由来，伊藤对苏雪林（1897—1999）和凌纯生（1902—1981）两位中国学者的论述进行了介绍。印度的象面神迦尼萨是印度旁遮普人所崇拜的一个无头骑马神。苏雪林在《楚辞国殇新解》一文中认为《九歌·国殇》中的无头神与印度旁遮普的锡克族所信奉的无头神有关，而且推测印度的象面神迦尼萨与这个无头神的起源可能一致。对此，伊藤虽然指出中国的无头神传说中也有同印度锡克族的无头神一样呈骑马之态，但由于欧洲也有无头族的传说，所以他认

① 袁珂：《山海经校注》，成都：巴蜀书社，1996 年，第 258 页。

② 伊藤清司：「無頭神小論——山海経の民俗学的一考察」、中国大陆古文化研究会编『中国大陸古文化研究』（第 3 集：1966 年 5 月）、風響社、1995 年，第 1 頁。

为“并不能轻率地断定《山海经》中所记载的无头神是否直接继承了印度的无头神传说”。[1]凌纯生在《国殇礼魂与馘首祭臬》一文中认为《九歌·国殇》是“馘首祭臬”的祭祀歌。对于凌纯生所论述的“馘首”,伊藤认为其与《山海经》中所记载的无头神不可同一而论。

松冈正子在《刑天——关于〈山海经〉中的“尸”与“舞”》一文中从《山海经》中的“尸”与“舞”的象征意义及其与古代祭祀的关系对“刑天”传说进行了研究。松冈正子首先列举了《山海经》中的13处有关“尸”的记述,具体如下:

奢比之尸(海外东经·大荒东经)、据比之尸(海内北经)、犁䰠之尸(大荒东经)

窫窳之尸(海内西经)、贰负之尸(海内北经)、相顾之尸(海内北经)

王子夜之尸(海内北经)

夏耕之尸(大荒南经)

戎宣王之尸(大荒北经)

女尸(中次十二经)、女丑之尸(海外西经·大荒东经)[2]

通过对《山海经》中的13处有关“尸”的记述进行研究,松冈正子发现《山海经》所记载的这些“某之尸”中,从A到E都是战败的被征服者,尤其是其中的C、D、E还被砍去头颅,是外形被损坏的“尸”,虽转变成神,但其实是被战争胜利者当

① 伊藤清司:「無頭神小論——山海経の民俗学的一考察」、中国大陸古文化研究会編『中国大陸古文化研究』(第3集:1966年5月)、風響社、1995年,第4頁。

② 松岡正子:「形天——『山海經』における「尸」と「舞」について」、『中國語文論叢』(2)、1983年,第112頁。

作祭祀的人牲，是被征服的异民族武将。所以，松冈正子认为"断首的刑天也应是在战胜方的祭祀中被当作'伐礼'的战败的异民族武将。刑天断首神话中的神战可以看作是汉族与异民族曾经不断激战的投影"。[①]

另一方面，通过对《五藏山经》中关于"干儛""儛"的记述进行研究，松冈正子还发现《五藏山经》中所记载的"干儛"明显与战争的祭祀有关，"儛"在古代则是符咒力的表现之一。因此，松冈正子认为"刑天的'以乳为目，以脐为口，操干戚以舞'这一部分可以看作是对禹、舜的武舞的传承，是假托刑天这一败者之将举行的镇服敌方神灵的巫术性的舞，可以看作是祝胜时献给征服者的舞"。[②] 简言之，在松冈正子看来，《山海经》中关于"刑天"的传说就是"讲述了刑天这一被征服的异民族之将被当作对胜者的祭品用于祝胜的祭祀中"。[③]

关于"女魃"，《山海经·大荒北经》云：

> "有系昆之山者，有共工之台，射者不敢北向。有人衣青衣，名曰黄帝女魃。蚩尤作兵伐黄帝，黄帝乃令应龙攻之冀州之野。应龙畜水，蚩尤请风伯雨师，纵大风雨。黄帝乃下天女曰魃，雨止，遂杀蚩尤。魃不得复上，所居不雨。叔均言之帝，后置之赤水之北。叔均乃为田祖。魃时亡之。所欲逐之者，令曰：'神北行！'先除水道，决通沟渎。"[④]

---

① 松岡正子:「形天——『山海經』における「尸」と「舞」について」,『中國語文論叢』(2)、1983 年,第 119 頁。

② 松岡正子:「形天——『山海經』における「尸」と「舞」について」,『中國語文論叢』(2)、1983 年,第 119 頁。

③ 松岡正子:「形天——『山海經』における「尸」と「舞」について」,『中國語文論叢』(2)、1983 年,第 119 頁。

④ 袁珂:《山海经校注》,成都:巴蜀书社,1996 年,第 490—491 页。

阪谷昭弘在《关于〈山海经〉黄帝女魃的形象》一文中指出《山海经》中的黄帝女魃是最初的具体化的旱神。在对《山海经》中的女魃为何是身着青衣的女性神形象进行考察之后，阪谷也对“青衣”和“女性”的象征意义进行了探讨。通过对《吕氏春秋》《礼记》《汉书仪》等文献典籍中关于“青衣”的记述进行研究，阪谷发现，自古以来女性就与蚕桑有着密切的关系，所以蚕神的女性神形象也被认可。但是，同蚕事时一样穿着青衣的女性神黄帝女魃与蚕神之间是否有某种联系呢？

根据《汉书》《水经》和《太平御览》等古代文献的相关记述，阪谷发现“蜀地先王蚕从氏也是着青衣的蚕神这一传说可能早在汉代就已存在”。[①] 而且，除了蚕从氏这一着青衣的男性蚕神之外，蚕神都是着青衣的女性神形象。根据《淮南子》中的“蚕食而不饮”和《齐民要术》所引《春秋考异邮》中的“蚕，阳物，大恶水”等记载，阪谷指出：“阴阳五行思想形成以后，蚕作为‘阳物’的观念已经形成。”[②] 对于《山海经》中的黄帝女魃，阪谷表达了这样的观点：

> “在《山海经·大荒北经》中黄帝与蚩尤的斗争中，黄帝女魃一方面作为平定风伯雨师所纵大风雨的治水神，因这一作为阳物的功绩无法回到天上，反过来也正因这种阳物性带来了旱灾而遭百姓排斥。《山海经》中女魃的这一阳物特征，其实是与青衣的女性神相关联之处。可以说女魃带有蚕神的恶水之阳物这一特征。”[③]

---

① 阪谷昭弘：「『山海経』黄帝女魃の形象について」、『學林』（13巻）、1989年、第9頁。
② 阪谷昭弘：「『山海経』黄帝女魃の形象について」、『學林』（13巻）、1989年、第11頁。
③ 阪谷昭弘：「『山海経』黄帝女魃の形象について」、『學林』（13巻）、1989年、第12頁。

在《关于〈山海经〉黄帝女魃的形象》一文的最后，阪谷将《山海经》中旱神黄帝女魃之所以表现为着青衣的女性神的原因归结为三个方面：

"一、新蚕时后妃们着青衣之事；二、蚕神一般表现为女性；三、后世也有着青衣的蚕神存在。"①

除刑天、女魃之外，日本学者对蚩尤等神人也有所研究，但并未见专门以《山海经》中的蚩尤为主题的研究。

茅盾在《中国神话研究ABC》一书中曾经指出：

"据最近的神话研究的结论，各民族的神话是各民族在上古时代（或原始时代）的生活和思想的产物。神话所述者，是'神们的行事'，但是这些'神们'不是凭空跳出来的，而是原始人民的生活状况和心理状况之必然的产物。"②

茅盾的这段话可谓道出了"神话"和"神们"产生的本质，《山海经》中的"神话"和"神人"亦不例外。

① 阪谷昭弘：「『山海経』黄帝女魃の形象について」、『學林』（13巻）、1989年、第12頁。

② 茅盾：《中国神话研究初探》，上海：上海古籍出版社，2011年，第2页。

小 结

《山海经》作为神话传说的宝库,不仅备受中日两国学者的关注,也是神话学和民俗学互不分离、相互交叉的最典型实例。

《五藏山经》中关于山岳神和山岳祭祀的记述,神田喜一郎认为从《山海经》中看到的中国古代民族崇拜山岳的根本动机可以归结为两点:对山中动物的畏怖和将山岳本身直接视为神域。伊藤清司与神田喜一郎观点一致,松田稔却并不认可。松田稔认为《五藏山经》中的山岳神形态中含有古代图腾的要素,《山经》的祭祀不是山岳祭祀,而是山岳神祭祀。松田稔不仅发现《中山经》中各山系的祭祀祭品有明显的等级差别,还认为《五藏山经》中的水神要素被山神所吸收,《海经》的水神是在山岳神吸收水神之前诸多自然神被崇拜时期的神。

除"山岳神""水神"之外,日本学者对《山海经》中的"风神""方位神"也有所研究。松田稔认为《大荒经》中关于四方风神的记述,可以作为证明《山海经》继承古老的殷代文化传统的资料。《山海经》中四方风神方位的变化还与掌管太阳运行的神人有关。木内芳树认为《山海经》中的方位神有两个系统,一个是与甲骨文、《尧典》中的记述相关的方位神系统;另一个是与《淮南子》中的记载有关的方位神系统。高马三良和松田稔所说的"四方神"正是木内芳树所说的"《山海经》中另一个系统的方位神"。由于《山海经》关于"禺疆"的记述中存在不统一之处,再加上不同时代的注者观点的不一致,为读者和研究者在理解上的混乱埋下了伏笔。

《山海经》中的神话和神人,历来都是中日两国学者研究的重点之一。日本学者对《山海经》中的“太阳”和“月亮”神话、“昆仑”和“西王母”神话、“精卫填海”“夸父逐日”“鲧禹治水”等神话和“刑天”“女魃”等神人都有所研究。

关于神话,茅盾在《中国神话研究ABC》一书中曾经指出:“他们不知道这特种的东西所谓‘神话’者,原来是初民的知识的积累,其中有初民的宇宙观,宗教思想,道德标准,民族历史最初期的传说,并对于自然界的认识等等。”① 如茅盾所言,《山海经》中的神话是“原始人民的生活状况和心理状况之必然的产物”。②

笔者认为,《山海经》中蕴藏着极为丰富的神话和民俗资料,有极高的神话学和民俗学价值。从《山海经》的这些神话和民俗中,可以了解中国上古时代社会生活的方方面面。日本学者也是这方面资料的研究和挖掘者。也正因如此,根据《山海经》中的神话或祭祀记事等推测各经的成书时间,或者说在研究这些内容的同时,也关注各经的成书,是日本学者共同的特点之一。

---

① 茅盾:《中国神话研究初探》,上海:上海古籍出版社,2011年,第1页。
② 茅盾:《中国神话研究初探》,上海:上海古籍出版社,2011年,第2页。

第七章 地理学、博物学层面的《山海经》研究

关于《山海经》的性质，历来众说纷纭，颇有争议。

“刘歆和郭璞都对《山海经》进行了校定和注释，并附加了序，但刘歆明显断定《山海经》为地理之书，郭璞则把《山海经》当作博物之书。”①

如冈本正所言，自古以来，认为《山海经》为“地理志”或“博物志”的学者不在少数。以下便是中日两国三位学者对《山海经》的评价：

伊藤清司（1979年）：“《山海经》自古以来有禹、益稷所作地理书之说和后世好奇之人所谓的荒唐无稽小说之说，另外还有博物志说、物产志说、医药志说、山神祭典说、神话传说集说等等诸种说法，其中占主流的是古代中国的物产、地理书说。”②

郭郛（2004年）：“经多方考证，证实中国古籍《山海经》是中国图腾崇拜的专书，中国博物学类书，中国古老民族活动、迁移、分布的类书，中国生物、医药和矿物资源的全书，中国人文地理专书，实乃中国科学技术文化

---

① 岡本正:「『山海經』について」、中国古代史研究会編『中国古代史研究』、吉川弘文館、1960年、第383—397頁。

② 伊藤清司:「羬羊と箴石——『山海經』の研究」、『東洋史·考古學論集:三上次男博士頌壽記念』、朋友書店、1979年、第79頁。

的典籍。”[①]

武部健一(2006年):“《山海经》是中国古代文献之一,是中国古代的地理、博物和神话、传说之书。”[②]

尽管还有其他诸种说法,从以上三位学者的评价可知,“地理”“博物”是《山海经》的共同特征。

《山海经》的地理学价值不可否认。据《后汉书·循吏传·王景传》记载,东汉明帝曾赐《山海经》等书籍和钱物给治水的王景。在《隋书·经籍志》中,《山海经》被列于“史部·地理类”之首。郦道元的《水经注》中大量引用了《山海经》的内容。《旧唐书·经籍志》也将《山海经》归入“地理类”。南宋尤袤的《遂初堂书目》把《山海经》列入“地理类”。清代毕沅的《山海经新校正》中视《山海经》为地理书。近代以来,仍有不少学者将《山海经》视为地理书。例如,江绍原(1898—1983)在《中国古代旅行之研究》(1935)中认为《山海经》是当时社会必不可少的旅行指南。谭其骧(1911—1992)在《〈五藏山经〉的地域范围提要》一文中认为《五藏山经》“基本上是一部反映当时真实知识的地理书”[③]。陈连山在《〈山海经〉学术史考论》中认为《山海经》“是一部远古时代的地理志(包括自然地理、人文地理)”。[④]

在《山海经注证》一书中,郭郛将《山海经》作为博物学的专著来解释。在“自序”开头部分,郭郛指出,汉代刘秀(歆)校

① 郭郛:《山海经注证》,北京:中国社会科学出版社,2004年,“序”第8页。

② 武部健一:「『山海経』の意味するもの:郭郛『山海経注証』の自序に見る、本質とその意義」、『成城国文学』(22卷),2006年3月、第65—77頁。

③ 谭其骧:《〈五藏山经〉的地域范围提要》,《山海经新探》,成都:四川省社会科学院出版社,1986年,第13页。

④ 陈连山:《〈山海经〉学术史考论》,北京:北京大学出版社,2012年,第12页。

《山海经》时,有记“考祯祥变异之物,见远国异人之谣俗”是将《山海经》归于博物之类,晋郭璞注《山海经》时有记“达观博物之客,其鉴之哉”也隐约说出《山海经》是博物之类书。[①]同时,郭郛还指出:“近300年以来西方学者提倡博物学史……经多方考证,证实中国古代典籍《山海经》是中国的博物学史,经中详细记述中国金属、玉石矿物、山川河流、海洋、森林、动物、植物、医药、疾病的分布。”[②]

关于“博物”和“博物学”,吴国盛在《自然史还是博物学?》一文中指出:“中国古代有‘博物’这个词,但没有‘博物学’这个说法。”[③]“日本人最早把natural history译成‘博物学’。一九八九年康有为的《日本书目志》中载有以‘博物学’为题的日本著作七种,并特别加注,说博物学有开发民智的效果。”[④]如吴国盛所言,同“神话学”一词一样,“博物学”一词源于西方,并经日本传入中国。

早在公元77年,古罗马博物学家普林尼就发表了“*Naturalis Historia*”(“*Natural History*”)。[⑤]这部37卷本的巨著涵盖天文学、地理学、人类学、动物学、植物学、药用植物学、药用动物学、矿物学等广泛内容,被译为《自然史》或《博物志》。

1915年,商务印书馆出版的《辞源》中对“博物学”的解释如下:

> “Natural history 其说有广狭二义。广义谓研究自然界各种事物之学。狭义为动物学、植物学、矿物学、生理

---

① 郭郛:《山海经注证》,北京:中国社会科学出版社,2004年,“序”第4页。
② 郭郛:《山海经注证》,北京:中国社会科学出版社,2004年,“序”第6页。
③ 吴国盛:《自然史还是博物学?》,《读书》,2016(01),第89—95页。
④ 吴国盛:《自然史还是博物学?》,《读书》,2016(01),第89—95页。
⑤ 普林尼(23-79),又称老普林尼,全称“Gaius Plinius Secundus”。

学之总称。普通皆用狭义。”[①]

根据“natural history”一词的辞源可知，广义的“博物学”包含“地理学”在内，狭义的“博物学”则不包含“地理学”。

如郭郛所言，《山海经》可以说是一部中国古代的博物学专著。尤其在《五藏山经》中，有大量关于医药、医疗方法的记载。1919年，小川琢治在《中国本草学的起源与神农本草经》[②]一文中提到，他在研究中国地理书中最古老的《山海经》时，发现在《山海经》所列举的物产中有记载植物、动物等的药效，便尝试将其与原始的本草古书进行比较。中尾万三在《读〈山海经〉》的系列文章中指出：“要研究中国古代的药物，《五藏山经》可以看作是最古老的记述，可以视其为本草的先驱。”[③]

关于“本草”，小川琢治曾经指出：

> “本草是源于中国的一种药物学，后来发展成包含医学的中国固有的博物学。本草与其他文物一起传入日本，最终发展成作为自然科学的博物学。……本草之名起源于植物入药最多，其中也包含动物、矿物，后来发展成涉及矿物、植物、动物的博物学。”[④]

日本三重大学图书馆在2015年12月所展出的题为“从本草学到博物学”的展示资料中也有如下内容：

① 方毅编校：《辞源》(第一册)，上海：商务印书馆，1915年，第395页。
② 小川琢治：支那に於ける本草学の起源と神農本草経、『史林』(4)、1919年。
③ 中尾万三：「山海経を読む(三)」、『本草』(第13号)、1933年、第49頁。
④ 小川琢治：『支那歴史地理研究』、東京：弘文堂書房、1928年、第303頁。

"所谓本草学，主要是研究药用植物、动物、矿物的学问，尤其是植物为对象。虽是源于中国的学问，但在奈良时代传入日本，江户时代经过贝原益轩等日本学者的努力，取得很大发展。明治以后，发展成源自西方的博物学，被用于自小学开始的理科教育中，动植物的知识也在国民中普及。"①

如上所言，源自中国的本草学在日本发展成研究植物、动物、矿物等的博物学。日本学者在博物学层面对《山海经》进行了大量研究。本章在对日本学者在地理学层面的《山海经》研究进行探讨的同时，也对日本学者在植物、动物、矿物等博物学层面的《山海经》研究进行探讨。

第一节　作为"地志"的《山海经》及其地理学价值

一、作为"地志"的《山海经》

刘歆的《上山海经表》中有如下内容：

"内别五方之山，外分八方之海，纪其珍宝其物，异方之所生，水土草木禽兽昆虫麟凤之所止，祯祥之所隐，即四海之外，绝域之国，殊类之人。"②

---

① 「本草学から博物学へ」展示資料目録、三重大学附属図書館、2015 年 12 月 3 日、第 1 頁。

② 袁珂：《山海经校注》，成都：巴蜀书社，1996 年，第 540 页。

根据刘歆的这段记述可知，他在校定《山海经》时就有将其视为“地志”的目的。陈连山曾经指出：“历代多数学者大体是认同其地理志性质的。在大多数的古代公私书目中，《山海经》一直被列为地理类著作。”①

日本奈良时代的地志《风土记》中有许多参考《山海经》而编写的痕迹。日本学者武藤元信早在1907年就指出《风土记》和《山海经》都是含有神话的地志，“《山海经》作为中国最古老的地志，其可供参考的价值是毋庸置疑的”。②

继武藤元信之后，始终将《山海经》视为“地志”的是日本学者小川琢治。

小川琢治（1870—1941）是日本著名的地质学家和历史地理学家，他从在东京帝国大学（现东京大学）读书期间就开始涉猎与中国历史地理相关的文献。1902年，小川琢治曾到中国的河北、山东、内蒙古等地进行地质考察，对中国的地理类书籍更加关注。1908年，小川琢治开始担任京都帝国大学（现京都大学）的地理学讲座讲授。在与专门研究中国学的同事们往来期间，小川也加快了中国历史地理学的研究步伐。1928年，他在《中国历史地理研究》一书的“序说”中提到“我最初注意到《山海经》是在日俄战争服军役期间，那时我在奉天的书肆里得到毕沅新校山海经和郝懿行笺疏，并在兵站司令部宿舍的烛光下阅读了这两本书”。③

对于小川琢治在“序说”中的这段叙述，武部健一在《〈山海经〉研究的历史及其现代意义》一文中认为，“日俄战争期

① 陈连山：《〈山海经〉学术史考论》，北京：北京大学出版社，2012年，第12页。
② 武藤元信：「風土記と山海経との類似」、『東洋学芸雑誌』（306号）、1907年。
③ 小川琢治：『支那歴史地理研究』、東京：弘文堂書房、1928年、第7頁。

间小川琢治在司令部阅读这两本书,很明显带有将其作为兵要地志的意思,表明小川琢治是将《山海经》作为地志来理解的”。[①] 之后,在“《山海经》的意义”这一部分,武部健一首先提到《山海经》被当作地志,并再次强调指出:

> “如前所述,小川琢治在明治年间使用《山海经》,有将其作为地志之意。当然,这并非认为《山海经》内容本身对当时的日本政府或军部来说将其作为现代意义的地志是有用的。但是,至少可以说基本上是将《山海经》作为地志来认识的。”[②]

如武部健一所言,小川琢治不仅将《山海经》作为地志来理解和认识,而且特别强调《山海经》作为地志的价值。

1912年,小川琢治在《艺文》杂志上发表了《上古地志〈禹贡〉和〈山海经〉的价值》。在这篇文章中,小川指出:“一般学者相信《禹贡》却怀疑《山海经》的价值,是有其理由的。”[③] 两个理由中,其一为两书记载内容的不同,其二为两书中所列山水名、地名的考证结果不同。通过比较《禹贡》与《山海经》关于“怪物乱神”的记载,小川得出了与一般学者不同的观点:

> “《尚书》之首的诸篇应是根据治国经世思想经儒家

① 武部健一:「『山海経』研究の歴史とその現代的意義」、『成城国文学』(23巻)、2007年3月、第74頁。

② 武部健一:「『山海経』研究の歴史とその現代的意義」、『成城国文学』(23巻)、2007年3月、第79頁。

③ 小川琢治:『支那歴史地理研究』、東京:弘文堂書房、1928年、第149頁。

之手安排的上古传说，《禹贡》中看不到任何异物怪神，是经过儒家删改的结果。依此看来，无奇异神话之记载与有之相比，其作为古书的价值更应受到怀疑。根据第一个理由而相信《禹贡》却怀疑《山海经》是一种偏见，不过是带上儒家有色眼镜的上古史观。”[①]

关于两书记载的内容，小川琢治指出，“《禹贡》中最可怀疑之处，是其九州的范围”。[②]经过考证《禹贡》的文辞及其中的九州地域，小川认为，“没有异物畸人的记载，并非增加了《禹贡》作为古书的价值，而是可以看作其被篡改的证据”。[③]经过考证《五藏山经》的内容，小川认为《五藏山经》为“名山道里记”“山岳志”。

关于“五藏山经”作为地志的价值，小川琢治指出：

“东汉明帝任命王景治理黄河时，曾赐给王景山海经及禹贡图，由此足以推断山海经在当时是被当作地理书的有用之书。”[④]

东汉明帝赐《山海经》给王景治水一事最早见于《后汉书·王景传》中，后郦道元《水经注》中也有记载。小川琢治最早提及此事是在1912年发表的《上古地志〈禹贡〉和〈山海经〉的价值》一文中，此文后被收入1928年9月出版的《中国历史地理研究》一书中。

---

① 小川琢治:『支那歷史地理研究』、東京:弘文堂書房、1928年、第153頁。
② 小川琢治:『支那歷史地理研究』、東京:弘文堂書房、1928年、第153頁。
③ 小川琢治:『支那歷史地理研究』、東京:弘文堂書房、1928年、第157頁。
④ 小川琢治:『支那歷史地理研究』、東京:弘文堂書房、1928年、第162頁。

茅盾在《中国神话研究ABC》一书中也曾指出:

"东汉明帝时,王景当治水之任,明帝赐景以《山海经》、《河渠书》、《禹贡图》,可知《山海经》在当时被视为实用的地理书了。"[①]

如前所述,茅盾于1928年7月赴日,之后在撰写《中国神话研究ABC》一书的过程中,正逢小川琢治《中国历史地理研究》一书出版。对比茅盾和小川琢治二人关于此事记叙方式和语气的相似度,茅盾在撰写《中国神话研究ABC》一书时应是阅读了小川琢治的《中国历史地理研究》一书。而且,茅盾在1928年10月撰写的"序"末尾处提到:"本书在客中仓促属稿,手头没有应参考的书,虽然有几个朋友借给些书,到底不足,所以错记及失检之处,或许难免,要请读者原谅。"[②] 此虽为谦逊之语,但对当时的茅盾而言,必然会阅读对《山海经》深有研究的小川琢治的论文和书籍。

在《上古地志〈禹贡〉和〈山海经〉的价值》一文中,经过对《中次三经》的"萯山"山脉和《中次十二经》的"洞庭山"山脉等进行考证,小川琢治认为,《五藏山经》不仅是古代的地志,其作为上古史的研究资料,也是不可藐视的。

在一系列考证的基础上,小川琢治总结《禹贡》和《山海经》的价值时,这样说道:

"与中国上古地志《禹贡》的价值甚为可疑不同,以往被中国学者认为不可信的《山海经》却大有可采之处,其

① 茅盾:《中国神话研究初探》,上海:上海古籍出版社,2011年,第1页。
② 茅盾:《中国神话研究初探》,上海:上海古籍出版社,2011年,"序"第2页。

研究在东亚地理和历史方面决不可轻易忽略，这一点基本可以明确。”①

陈连山在《〈山海经〉学术史考论》一书中曾经指出：“对于《山海经》的地理志性质，地理学界没有争议。”② 如陈连山所说，身为地质学家和历史地理学家的小川琢治，自始至终都肯定《山海经》作为“地志”的性质。

二、《山海经》的地理学价值

1915 年，小川琢治在《艺文》杂志上发表了《中国战国以前的地理认知界限》。在这篇文章中，小川以《山海经》和先秦诸书中散见的材料为基础，对中国人在张骞出使西域以前所了解的世界范围进行了考证。小川认为，在论及先秦时期人们的“世界”这一观念时，必须区分战国以前和战国以后，而春秋至战国的可靠材料却极其缺乏。经过考证，小川认为《山海经》中最初的五卷《五藏山经》在东周时就已形成。在小川看来，《五藏山经》可以说是了解先秦时期人们的“世界”这一观念的可靠材料之一。③

小川对《五藏山经》各经中的一些山川名、地名进行了考证。在一系列考证的基础上，小川指出：

“通过研究《五藏山经》可知，在战国以前，东北的燕至辽东，北方的赵、秦至沙漠南界，东部的田齐至黄海沿

① 小川琢治：『支那歴史地理研究』、東京：弘文堂書房、1928 年、第 170 頁。
② 陈连山：《〈山海经〉学术史考论》，北京：北京大学出版社，2012 年，第 216 页。
③ 小川琢治：「支那戦国以前の地理上知識の限界」、『芸文』(6)、1915 年。

岸，南方的楚统一了江南地区。这些国家在向其腹地扩张疆域以前对其周边山川的了解达到何种程度都是可知的。”①

当然，小川在肯定《五藏山经》作为可靠材料的同时，也指出了《五藏山经》中的一些地理概念的模糊性。例如，在《中国战国以前的地理认知范围》一文的最后，小川就作出这样的总结：

“《五藏山经》中可知的世界为中国核心地带的大部分，东到东海沿岸的山东地区，南到广东、云南、贵州，西南到湖南、四川的诸地，北到黄河流域中部的北方地区，但这些都只是模糊可知，核心地带的周边都不十分明确。因此，西部的河源地区、北部的泰泽等虽稍明确，但东部的芝罘、琅琊和南部的番禺等未能全知，还有辽河及辽东半岛也未能明确。”②

1919年，小川琢治在《中国本草学的起源与神农本草经》③一文中提到《山海经》时，称其为“中国地理书中最古老的《山海经》”。④

自1928年开始，日本岩波书店出版了一系列讲座丛书，按照学科分类，每一部书都收入了诸多研究学者的专业论文。1931年至1934年，全17卷本的“地质学和古生物学、矿物学

① 小川琢治:『支那歴史地理研究』、東京:弘文堂書房、1928年、第211頁。
② 小川琢治:『支那歴史地理研究』、東京:弘文堂書房、1928年、第236頁。
③ 小川琢治:支那に於ける本草学の起源と神農本草経、『史林』(4)、1919年。
④ 小川琢治:『支那歴史地理研究』、東京:弘文堂書房、1928年、第303頁。

和岩石学、地理学"讲座系列出版，其中的"地理学"讲座中首先收入的是小川琢治的《中国古代地理学史》[①]，其中第八节题为"《山海经》的地理学价值"。

在"《山海经》的地理学价值"这一节中，小川琢治开篇即提出："在这个时代，有必要关注一下最早的地理学专书《山海经》。"[②] 早在《上古地志〈禹贡〉和〈山海经〉的价值》一文中，小川就阐述了《山海经》作为"地志"的价值。在这一节中，小川不仅指出《五藏山经》可以说是一种"经济地志"，还再次提到东汉明帝任命王景治理黄河时，曾赐给王景《山海经》及《禹贡图》，由此可以推断《山海经》在当时是被认可的有用之书。对于《山海经》的价值，小川再次强调指出：

> "《山海经》的价值在于山名、水名、物产名的丰富，其记载描述了各山脉主峰间的距离和方向，还有发源于各山的河名及其流向、干流和流入湖海等。这些记载与北魏郦道元所著《水经注》中对水脉的描述堪称'双璧'。而且，《山海经》这部大约2500年前成书的古典，是先秦文献中除《穆天子传》外无与伦比的基础资料，正如晋郭璞作注时所强调的那样。"[③]

由此可见，正是对《山海经》的地理学价值有了更充分的认识，小川才在文章开篇便呼吁大家关注《山海经》。

早在《山海经篇目论》中，小川琢治在论及清代毕沅的《山海经新校正》时就曾指出："毕沅序文中论《山海经》为地理书，

① 小川琢治:『支那古代地理学史』、岩波書店、1933年。
② 『岩波講座　地理学』、岩波書店、1931—1932年、第29页。
③ 『岩波講座　地理学』、岩波書店、1931—1932年、第30页。

举出当今尚可考证的山水名称，并与郦道元《水经注》对比，创新之处颇多。断定《山海经》非为语怪之书，其篇目考如前章所述，颇致力于考究。其注文必记‘沅曰’，以区别郭注，尤其致力于地名考证。”[1] 小川高度评价毕沅的《山海经新校正》，认为其为考究《山海经》的“津梁”，并受到毕沅的影响。

在研究《山海经》的过程中，小川继承了毕沅的方法和观点，特别肯定《五藏山经》作为“地志”的价值。例如，关于《南山经》，小川指出，根据《南山经》可知，周代文化的南方界限达五岭，即长江流域和珠江流域的分水岭南岭。关于《西山经》和《北山经》，小川指出，《西山经》及《北山经》的记载与覆盖中国北方大部分的山地有关，包含自陕西、甘肃及其塞外至山西、直隶（河北）两省。关于《五藏山经》各经的研究，在“《山海经》的地理学价值”一节的结尾处，小川这样指出：

> “总而言之，由于我对《五藏山经》的研究现在还不充分，仅通过以上所指出的二、三例来介绍《山海经》为重要的文献，这一点较为遗憾。”[2]

结合这一节的题目和小川在文末所表达的遗憾之意可知，在小川琢治看来，《山海经》尤其是《五藏山经》的地理学价值还有很大的研究空间。

1929 年，《中国历史地理研究》一书的“续集”出版，小川在 600 余页的“续集”中共收入了三篇长篇论文，分别是《北中国的先秦蕃族》《周穆王的西征》和《阡陌与井田》。在第二

① 小川琢治:『支那歴史地理研究』、東京:弘文堂書房、1928 年、第 116 頁。

② 『岩波講座　地理学』、岩波書店、1931—1932 年、第 33 頁。

篇之后还有两篇附录，分别是《殷人的分布及其路径》和《黄河水源问题》，可以说一共收录了五篇论文。值得一提的是，这五篇论文虽然没有以《山海经》为主题，但在进行地名考证时，都不同程度地参考了《山海经》的内容。

不仅如此，小川在《中国历史地理研究》续集的"序说"中简述所收论文的内容时，就提到《逸周书·王会篇》和《穆天子传》都与《山海经》中的地名有不少可以互证。在第一篇《北中国的先秦蕃族》一文的开头，小川即指出："本篇是我曾经以《山海经》为中心对先秦地理进行研究的继续。"[①] 在第二篇《周穆王的西征》的开头，小川又提到"大正十五年，我在内藤博士还历祝贺的中国学论丛中以《北中国先秦蕃族考》为题起草本书的第一篇期间，作为确定《逸周书·王会篇》中所载蕃族位置的资料，我参考了《山海经》《汉书·地理志》《水经注》和《穆天子传》，注意到《穆天子传》是关于周代地理最重要的文献之一。"[②] 小川在研究《穆天子传》的过程中，不仅与《山海经》中的地名进行互证，关于《穆天子传》，小川还指出："《穆天子传》同《山海经》一样，在未经秦汉以后儒家的润色而保存至今这一点上，是其作为基础史料比《尚书》《春秋》等的价值所大之处。"[③]

这些实例都证明了小川琢治对《山海经》的地理价值非常重视。正是由于小川琢治对《山海经》地理学价值的认可，才有了上述一系列的研究。

小川琢治对《山海经》的一系列研究成果基本都收录在《中国历史地理研究》一书中。对比《中国历史地理研究》一书

---

① 小川琢治:『支那歴史地理研究』(続集)、東京:弘文堂書房、1929 年、第 25 頁。
② 小川琢治:『支那歴史地理研究』(続集)、東京:弘文堂書房、1929 年、第 165 頁。
③ 小川琢治:『支那歴史地理研究』(続集)、東京:弘文堂書房、1929 年、第 165 頁。

的“初集”和“续集”所收入的论文，可以说“初集”是对《山海经》地理价值的论证，“续集”则是对《山海经》地理价值的充分运用。

小川琢治有日本《山海经》研究的“第一人”之称，他对《山海经》地理学价值的重视对中日两国学者都产生了很大的影响。

继小川琢治之后，高马三良在《山海经原始》一文中曾经指出：“海外经以下诸篇是地理书的同时，也基于某种世界观连成一体。”① 伊藤清司在《羬羊与箴石——〈山海经〉的研究》一文中不仅认为在有关《山海经》的诸种说法中，占主流的是古代中国的物产、地理书说，而且指出：“《山经》五篇可以说是《山海经》的核心篇目……地理志性质的记述可以看作是《山海经》的最基本内容……《山海经》可以看作是地理志记载的最典型例子。”② 大野圭介认为《山海经》是“作为中国最古老的空想地理书而被知晓的古籍”。③ 松冈正子指出：“《山经》以地理书的体裁将整个国土以南西北东中的顺序区分，记载了山川、动植矿物和山岳的祭祀方法等。”④

诸如此类，日本学者中有不少在论文中提及《山海经》作为地理书的一面，也有不少学者对《山海经》中的地名等进行考证或是在考证中将《山海经》中的地理知识作为参考资料。

---

① 高馬三良:「山海經原始」、女子大文學(大阪女子大學紀要)(1)、1951年3月、第18頁。

② 伊藤清司:「羬羊と箴石——『山海經』の研究」、『東洋史·考古學論集:三上次男博士頌壽記念』、朋友書店、1979年、第78—79頁。

③ 大野圭介:「劉歆「上山海経表」をめぐって」、『中国文学報』(51巻)、1995年10月、第1頁。

④ 松岡正子:「『山海經』西次三經と羌族——昆侖之丘と羌の雪山について——」、『中国文学研究』(12)、1986年12月、第50頁。

第二节 《山海经》中的植物及其药效的研究

“草木”是《山海经》所记载的主要物产之一。《山海经》中出现的植物的名称、种类、功效等都是学者所关注的对象。中尾万三、伊藤清司等日本学者对《山海经》中的植物尤其关注。

1933年至1934年，日本医药学家中尾万三（1882—1936）在《本草》杂志上连载了《读山海经》一文。在这篇分9次发表的长文中，中尾万三虽对《山海经》篇目和成书年代有所考察，但主要从药物学的角度对《山海经》中的药物进行了研究。

关于《山经》中的植物，中尾万三在对《山经》各经所记植物的数量、种类和药效进行仔细考察后指出：“《山经》中的草木共有158种，这与共计272种的动物相比，数量相对较少。”[①] 但是，中尾同时也注意到：“《山经》中的动物多用于巫祝术或是供食用，与此相反，植物则并非如此，大多直接表明其药效。”[②] 对此，中尾得出这样的结论：“这表明本草学这一与药物相关的学问是之后才产生的，同时也说明药物中草木居多是‘本草’之名形成的理由之一。”[③] 由此，中尾认为“在《山经》成书的时代，有大量的习俗，诸如《山经》中所记载的用于保持身体健康的方法，与巫术医疗法并无太大区别”。[④]

中尾万三用大量篇幅列举了《山经》各经中的5种有功效之物，并对其功效进行了仔细研究。例如，对于《山经》中所记

① 中尾万三:「山海経を読む（五）」、『本草』(第15号)、1933年、第50頁。
② 中尾万三:「山海経を読む（五）」、『本草』(第15号)、1933年、第50頁。
③ 中尾万三:「山海経を読む（五）」、『本草』(第15号)、1933年、第51頁。
④ 中尾万三:「山海経を読む（五）」、『本草』(第15号)、1933年、第51頁。

载的服之有效的药物，中尾指出，这些药物中的植物类药物最多，有17种，动物类药物有9种，矿物类药物2种，属性不明的有1种。对于其中的植物类药物，中尾指出，这些植物类药物又有“形状特别”“香气浓郁”“其花甚美”等特点。至于“服”字的意思，中尾认为“究竟是带在身上的意思，还是将其服下的意思，并无法弄清。但是，如果是前面所说的带在身上的意思，这种药物的用法就如同将药物当作护身符一样来使用，可以说是一种极为原始的药用方法。”[①] 通过与《神农本草经》进行对比，中尾指出，《神农本草经》中并没有这种原始的药用方法。

在将《山经》中的药物与《神农本草经》进行对比的过程中，中尾发现，两经中的药物名称有很大差异。尽管《神农本草经》与《山经》因成书年代相隔久远难以比较，但两经之间也有大量相关联的药物。这些相关联的药物中，矿物类有11种，动物类有11种多，植物类有45种多。通过对比，中尾指出：

> “《山经》中方术的氛围浓厚，虽然不能离开方术来看《山经》，但《山经》中所记药物在巫医不分的时代保留了原始的真面目，并没有被过渡神仙化。”[②]

除中尾万三外，伊藤清司在《古代中国的民间医疗——〈山海经〉的研究》（一）一文中也对《山海经》中所出现的部分植物类药物进行了研究，并根据这些草药的功效，将其分成6类，分别为用于除病长寿、治梦魔的药、治抑郁症的菜、治哑病

① 中尾万三：「山海経を読む（九）」、『本草』（第19号）、1934年、第30—31頁。
② 中尾万三：「山海経を読む（九）」、『本草』（第19号）、1934年、第37頁。

和甲状腺肿、畏寒的药。

伊藤清司认为,《山海经》中用于除病长寿的代表性药草包括兰、芍药、蘼芜、芎藭这几种。在对《山海经》中用于除病长寿的药草进行考察时,伊藤首先对中国古代以草药祈平安的民俗进行了考察。以下是《中山经》中关于"葌草""蘼芜""芍药"和"芎藭"这几种药草的记述。

"又东百二十里,曰吴林之山,其中多葌草。"① (《山海经·中次一经》)

"又东南一百二十里,曰洞庭之山……其草多葌、蘪芜、芍药、芎藭。"② (《山海经·中次十二经》)

关于这几种药草,通过考察《诗经》《楚辞》《周礼》《孟子》《管子》《神农本草经》《大戴礼》《吴越春秋》等中国古代文献中的相关记述,伊藤清司作出这样的推测:"《中山经》所记吴林之山和洞庭之山的葌草与蘼芜、芎藭一样,作为灵草被记载,并被有意识地用于祭祀、巫术中。"③ 然而,《山经》只是记载了这几种药草的名称,并没有记述其属性、用途、功效等。对此,伊藤认为,"这是因为这些药草在当时是众所周知的事物,所以只记其产地和名称即可,其他反而没有记述的必要"。④

当然,与以上几种药草的记述不同的是,《山海经》关于药草的记载中,也有既记述其形状、种子、根茎等属性又记述其具

① 袁珂:《山海经校注》,成都:巴蜀书社,1996 年,第 144 页。

② 袁珂:《山海经校注》,成都:巴蜀书社,1996 年,第 216 页。

③ 伊藤清司:「古代中国の民間医療(一)——「山海経」の研究」、『史学』42(4)、1970 年 3 月、第 46 頁。

④ 伊藤清司:「古代中国の民間医療(一)——「山海経」の研究」、『史学』42(4)、1970 年 3 月、第 47 頁。

体用法和药效的例子。例如，《西山经》中关于“薰草”的记载。

“又西百二十里，曰浮山，多盼木，枳叶而无伤，木虫居之。有草焉，名曰薰草，麻叶而方茎，赤华而黑实，臭如蘼芜，佩之可以已疠。”[①]（《山海经·西山经》）

关于“蘼芜”，郭璞注为“蘼芜，香草；《易》曰：‘其臭如兰’”。[②]从《西山经》中关于“薰草”的记述可知，浮山的“薰草”也是一种香草，所散发出的香气与“蘼芜”相似。尽管《尔雅》和《广雅·释草》又将“薰草”称为“蕙草”，伊藤清司却指出，《山经》中有关于‘薰草’和‘蕙草’两种名称的记述，但很难确定两者是否是异名同物或同系异种的植物。由于郭璞在《西山经》嶓冢之山一条的注中有记“蕙，香草，兰属也”[③]，伊藤认为“即使‘兰’‘蕙草’‘薰草’并非同种，但都是芳草，根据这一特性，其用途可能相同”。[④]鉴于《汉书·龚胜传》中有“薰以香自烧”的记载，伊藤认为“薰草”这一名称可能因其可以做薰香的材料而起，而燃香草的目的是为了“降神”。对此，伊藤还作出如下推测：

“‘薰草’等草不仅被用来驱邪除病，还被用来‘降神’，可以想象这无非是人们对这些植物的香气中所含魔力的认可。”[⑤]

---

① 袁珂：《山海经校注》，成都：巴蜀书社，1996年，第30页。

② 袁珂：《山海经校注》，成都：巴蜀书社，1996年，第30页。

③ 袁珂：《山海经校注》，成都：巴蜀书社，1996年，第33页。

④ 伊藤清司：「古代中国の民間医療（一）——「山海経」の研究」、『史学』42（4）、1970年3月、第47頁。

⑤ 伊藤清司：「古代中国の民間医療（一）——「山海経」の研究」、『史学』42（4）、1970年3月、第48頁。

关于“蕙草”,《西山经》之天帝山(次一)、中皇山(次二)和《中山经》之升山(次五)中都有“多蕙”的记载。虽然这些记载中都没记述“蕙草”的用途和功效,但与“蕙草”同时出现的“菅”“棠”“薯薁”皆为药草。所以,伊藤清司认为这些“蕙草”与前述《西山经》中“薰草”的性质相同,并推测:

“这些各山中所产蕙草有作为食材以外的特定用途,很可能被当作有特殊功效的药材来使用。”①

除此以外,《山海经》中还有关于“狼草”的记载。

“又东三十里,曰大騩之山,其阴多铁、美玉、青垩。有草焉,其状如蓍而毛,青华而白实,其名曰𦯖,服之不夭,可以为腹病。”②(《山海经·中次七经》)

伊藤通过考察《离骚》《礼记》《淮南子》中有关“服”字的记述,认为《中次七经》这一记述中的“服”应为“佩服”之意。鉴于《西京杂记》有记重阳节佩戴茱萸以驱邪的习俗,伊藤清司认为重阳节佩戴茱萸这一活动是汉代以前就有的古俗。鉴于《荆楚岁时记》中也有关于重阳节佩茱萸登高和喝菊花酒的记载,伊藤清司指出:“佩戴大騩之山的𦯖草以祈求无病长寿这一《山经》时代的民俗与这些自古传承下来的民间习俗一样,其原理是一致的。”③

---

① 伊藤清司:「古代中国の民間医療(一)——「山海経」の研究」、『史学』42(4)、1970年3月、第49頁。

② 袁珂:《山海经校注》,成都:巴蜀书社,1996年,第180页。

③ 伊藤清司:「古代中国の民間医療(一)——「山海経」の研究」、『史学』42(4)、1970年3月、第51页。

关于《中次七经》泰室之山中可以“服之不昧”的“䔄草”，伊藤清司认为其为治梦魇的药。对于“不昧”一词，袁珂注为“经文不昧，王念孙校改不眯；不眯，不厌梦也，已见上文《西次四经》英鞮之山注二”。[①]袁珂所提到的《西次四经》英鞮之山的注二即郭璞将“不眯”注为“不厌梦也”。通过考察“昧”“眯”的含义，伊藤指出：“可以想象泰室之山附近的村民们被恶灵邪气附身时，他们相信可以从梦魇中逃脱出来，就从山上寻找䔄草，并有将其佩戴在身的习俗。”[②]

关于《中次一经》牛首之山中“服之不忧”的“鬼草”，郭璞并未对其作注。毕沅认为“鬼”为“茅蒐”“茜草”，“鬼”为“蒐”的讹字。对于毕沅的这一观点，伊藤清司并不认可，他认为“鬼草”可能是山西一带的地方方言。另外，《中次七经》少室之山中还有关于“帝休”的记载：

> “少室之山，百草木成囷。其上有木焉，其名帝休，叶状如杨，其枝五衢，黄华黑实，服者不怒。”[③]（《山海经·中次七经》）

对于“服者不怒”的“帝休”，鉴于唐代中药学家陈藏器（约687—757）的《本草拾遗》和宋代类书《太平御览》中都引用了《山海经》中的这一记述，伊藤认为“唐代所谓的佩戴‘帝休’之黑实可以解忧或许是源于《山海经》一书的传承”。[④]因此，

① 袁珂:《山海经校注》,成都:巴蜀书社,1996 年,第 177 页。

② 伊藤清司:「古代中国の民間医療(一)——「山海経」の研究」､『史学』42(4)､1970 年 3 月､第 53 页。

③ 袁珂:《山海经校注》,成都:巴蜀书社,1996 年,第 176 页。

④ 伊藤清司:「古代中国の民間医療(一)——「山海経」の研究」､『史学』42(4)､1970 年 3 月､第 55 頁。

伊藤这样推测：

"'帝休'之实并非去除愤怒和恐惧之巫物，其实是同鬼草一样可以使人缓解忧愁之物。"[①]

《中次七经》中还有关于"天楄"的记载：

"又东二十七里，曰堵山。神天愚居之，是多怪风雨。其上有木焉，名曰天楄，方茎而葵状，服者不哽。"[②]（《山海经·中次七经》）

关于这一记述中的"天楄"，郭璞对"楄"的注中仅有"音鞭"二字。至于"服者不哽"，郭璞注为"食不噎也。"[③] 鉴于"堵山"为山神"天愚"所居之处，伊藤清司认为"堵山之木'楄'之所以被叫作'天楄'，是因为有将其当作神灵之木而崇拜这一传承。或许'服者不哽'这一功效也是以这种传承为背景。"[④]

同在《中次七经》中，苦山上还有"服之不瘿"的"无条"，大訾山上有"服者不厥"的"牛伤"，敏山上有"服者不寒"的"葪柏"。关于这三种药草，伊藤清司除将"无条"归入治甲状腺肿的药之外，另外两种皆为治畏寒的药。关于被称作"瘿"的这种甲状腺疾病，伊藤清司指出，《淮南子》《吕氏春秋》和《说文》中都有记载。对于《中山经》中的记述，伊藤认为"《中山经》

① 伊藤清司:「古代中国の民間医療(一)——「山海経」の研究」、『史学』42（4）、1970年3月、第55頁。

② 袁珂:《山海经校注》,成都:巴蜀书社,1996年,第173页。

③ 袁珂:《山海经校注》,成都:巴蜀书社,1996年,第173页。

④ 伊藤清司:「古代中国の民間医療(一)——「山海経」の研究」、『史学』42（4）、1970年3月、第56頁。

的这一记述反映了苦山附近村落里的人们因害怕得颈瘤而佩戴山上的‘无条’之花这一习俗。至于这一习俗的由来，则没有追究的必要”。①

关于“服者不厥”的“厥”，郭璞注为“厥，逆气病”。②结合《说文》和《吕氏春秋》等文献中对“厥”的解释，伊藤清司认为“厥”为因畏寒而生的手足疾病，重可致命。所以，大害山一带的人们为了不得畏寒之疾而佩戴山上的“牛伤”。对于敏山上的“葪柏”，郝懿行注为“《玉篇》云：葪，俗蓟字”。③根据郭璞《山海经图赞》中关于“蓟柏”的记述，伊藤清司指出：“这种植物的红色果实有防寒之功效，而且早在晋代，就有以其实为药而食用的习俗。但是，在《山经》编录当时的敏山一带的村里，尚未将其当作药果而食。这里的‘服’不是内服，还是前面提到过的‘佩服’之意。在入冬以前，人们将其作为避寒防疾之物带在身上。”④

关于“无条”，《西次一经》中还有关于其“可以毒鼠”的记载。鉴于同一条记述中有“可以毒鼠”的“礜”，伊藤认为“这应是由于后人将‘鼠’与‘癙’混淆，将本来用于治疗‘癙疮’的‘无条’误写成‘可以毒鼠’”。⑤

之后，在《古代中国的民间医疗——〈山海经〉的研究》一文的第二和第三部分，伊藤除了对《山海经》中的动物类药物进行研究之外，也列举了一些植物类药物。

---

① 伊藤清司:「古代中国の民間医療(一)——「山海経」の研究」、『史学』42(4)、1970年3月、第56頁。

② 袁珂:《山海经校注》,成都:巴蜀书社,1996年,第175页。

③ 袁珂:《山海经校注》,成都:巴蜀书社,1996年,第180页。

④ 伊藤清司:「古代中国の民間医療(一)——「山海経」の研究」、『史学』42(4)、1970年3月、第56頁。

⑤ 伊藤清司:「古代中国の民間医療(三)——「山海経」の研究」、『史学』43(4)、1971年5月、第55頁。

根据这些植物的功效，伊藤将其分为治聋疾、皮肿、视力衰弱的药，等等。关于治疗聋疾的药，伊藤指出《西山经》符禺之山上有“可以已聋”的树木“文茎”，《中山经》阴山下有“食之已聋”的植物“雕棠”。关于治皮肿的药，《中次十一经》丰山中有“可以为皮张”的“羊桃”。对于“可以为皮张”，郭璞注为“治皮肿起”[①]。虽然唐代药学家苏敬在《唐本草》中有记以“羊桃”的根、茎煮汁冲洗对诸伤和肿物有效，但伊藤指出：“虽然不清楚《山经》时代的河南南阳一带，是否如后世药学家那样采用药液洗涤疗法，但‘羊桃’无疑被当作治疗皮张（即皮肤所生肿物）之药而备受重视。”[②]至于可以治疗视力衰弱的药，《中次一经》甘枣之山有“可以已瞢”的“箨”。对于“瞢”，郭璞注为“音盲”，袁珂注为“《说文》四云：瞢，目不明也”。[③]对此，伊藤认为《中次一经》恰恰是记载了“用甘枣山上的‘箨’来有效预防视力模糊这种视力衰弱病”[④]这一医疗方法。

从以上伊藤清司对《山海经》中植物类药物的研究可知，伊藤在考察《山海经》中关于这些药草的记述时，非常关注郭璞、毕沅、郝懿行等对《山海经》的注释，并对注中所引文献作进一步的考察。当然，对于并不恰当的注释，伊藤也会表示怀疑，进而提出自己的见解，并通过其他文献来证明。其次，伊藤在对《山海经》中的这些药草进行考察时，会运用大量中国古代文献中的相关记述，并与中国古代社会的民俗相结合，在此基础上再进行合理的推测。这或许就是伊藤将其研究文章命

① 袁珂：《山海经校注》，成都：巴蜀书社，1996年，第209页。

② 伊藤清司：「古代中国の民間医療（三）——「山海経」の研究」、『史学』43（4）、1971年5月、第53頁。

③ 袁珂：《山海经校注》，成都：巴蜀书社，1996年，第141页。

④ 伊藤清司：「古代中国の民間医療（三）——「山海経」の研究」、『史学』43（4）、1971年5月、第56頁。

名为《古代中国的民间医疗——〈山海经〉的研究》的原因。

总之，不论是中尾万三，还是伊藤清司，他们都非常关注《山海经》中所记载的植物的药效和使用方法，可以说他们对《山海经》中所记植物的研究完全属于药用植物学的范畴。他们在对《山海经》中的植物进行考察时，都与中国古代民间习俗和相关文献记载相结合。相比较而言，伊藤清司的研究更为详细和具体。

第三节 《山海经》中的动物及其药效的研究

《山海经》中的动物历来都是学者关注的对象。日本学者在关注《山海经》所记植物药效的同时，也关注《山海经》中所记动物的药效。

在中尾万三于 1933 年至 1934 年分 9 次连载的《读山海经》一文中，中尾对《山经》中所记载的产物进行了分类，主要分为动物、植物和矿物。通过列举《山经》中所记载的各类物产的数量，中尾指出："种类最多的是动物，其次是植物，然后是矿物。"①

关于《山经》中的动物，根据中尾万三在文中所列数据可知，《山经》中所记载的动物约有 272 种，其中兽类约 120 种，鸟类约 68 种，鱼类约 48 种，虫类约 36 种。当然，诸如蛇类又可细分为多种，但都将其看作同一种，中尾在文中也提到这一点。对于《山经》中所记载的动物数量远超植物、矿物数量这

① 中尾万三：「山海経を読む（四）」、『本草』（第 14 号）、1933 年、第 50 頁。

一现象，中尾认为“除普通的有用动物之外，还包括或被用于医药，或被用于预兆福祸吉凶，或被当作神之使徒而受尊崇的动物，这在巫医方术不分的时代可谓理所当然”。[①]

不仅如此，中尾万三还留意到《山经》各经所记物产的一些特点。例如，关于鱼类，《东山经》中的记述甚多，《南山经》中理所当然有关于犀、兕、象等兽类的记述，《西山经》中所记述的鸟类最多，《北山经》中有关于水马、天马等动物的记述，《中山经》所记物产数量最多。中尾认为，从这些物产的分布，可知编写《山经》当时的中心点。

通过对《山经》中所记载的动物、植物、矿物进行考察，中尾发现，《山经》所记产物中，有不少专门记述了其功效。对此，中尾认为，“由这些有关药效的记述，可知《山经》成书时期的药学倾向，同时亦可弄清编写《山经》的目的之一”。[②] 根据《山经》所记产物其功效的不同，中尾将其分为 5 类，具体如下：

①食之有药效之物

②佩之或服之有药效之物

③见之预兆吉凶之物

④有药效或其他功效之物

⑤对人有害之物[③]

通过对《山经》中所记产物按其功效进行分类，中尾指出：“这些记述其功效的产物中，占主要的是有药效之物和预兆吉凶之物，这些正是掌握方术之人或是巫医之徒必需之物。”[④]

---

① 中尾万三:「山海経を読む（四）」、『本草』（第 14 号）、1933 年、第 50 頁。
② 中尾万三:「山海経を読む（六）」、『本草』（第 16 号）、1933 年、第 59 頁。
③ 中尾万三:「山海経を読む（六）」、『本草』（第 16 号）、1933 年、第 59 頁。
④ 中尾万三:「山海経を読む（六）」、『本草』（第 16 号）、1933 年、第 60 頁。

关于《山经》中的“食之有药效之物”，中尾指出：“食之有药效之物共计68种，其中动物46种，植物21种，属性不明的1种。动物的数量比植物多得多。”① 对于这些“食之有药效”的动物，中尾将其进一步分类，其中兽类有9种，鸟类有15种，鱼类有21种。对此，中尾指出：“首先，容易捕获的鱼类的数量最多，其次是鸟类，然后是兽类。这一顺序说明，作为食物，越是容易得到之物，越是较多地被用作药物。”②

对于《山经》各经所载“见之预兆吉凶之物”，中尾也都进行了详细考察。中尾指出，《山经》中“见之预兆吉凶之物”共有51种，其顺序依次为兽类、鸟类、鱼类和虫类。中尾指出，这些预兆吉凶的动物中，有祯祥之兆的极少，有不详之兆的颇多。

除中尾万三外，伊藤清司在发现《本草纲目》中有许多《山海经》中所记药物的同时，也对《五藏山经》中所记载的药物展开了一系列研究。

在《古代中国的民间医疗——〈山海经〉的研究》一文中，伊藤清司分两节对《山海经》中的动物进行了研究。根据动物的医药功效，伊藤对其所考察的《山海经》中的动物进行了分类，具体分为治疗虚劳、聋疾、梦魇、瘕疾等的外佩药和治疗疫病、疥癣、疣、肿物、瘘疾（瘰疬）、视力障碍、喉痛、疟疾、风疾、疠疾（传染病）、腹痛、下痢、呕吐、甲状腺肿、痔疮、梦魇等的内服药。

《山海经·西次三经》云：

“西水行百里，至于翼望之山，无草木，多金、玉。有兽焉，其状如狸，一目而三尾，名曰讙，其音如夺百声，是

① 中尾万三：「山海経を読む（六）」、『本草』（第16号）、1933年、第61頁。
② 中尾万三：「山海経を読む（六）」、『本草』（第16号）、1933年、第61頁。

可以御凶，服之已瘅。”[①]（《山海经·西次三经》）

关于《西次三经》中的“讙”这种动物，伊藤清司将其归入治疗虚劳的药。

《太平御览》中有记“讙”的叫声为“讙讙”，伊藤认为“讙”的声音本身就具有使邪气、恶灵退散的威力。不仅如此，对于《西次三经》阴山中的“天狗”和《北次一经》譙明之山中的“孟槐”这两种“其音如榴榴”且“可以御凶”的动物，伊藤指出：“‘孟槐’和‘天狗’同‘讙’一样，其吼声大而令人恐惧，让人信其可令凶鬼退散。”[②]对于陕西历史博物馆所藏的出土文物“双獾纹瓦当”，伊藤认为，双獾纹就如同鬼瓦上的鬼面纹一样，人们希望用其来威吓击退试图侵入屋舍的恶鬼、魍魉。对此，伊藤指出：“可以想象这种民俗与《西山经》翼望之山有关‘讙’的传承是在共同的信仰基础上形成的。”[③]

通过对《西次一经》天帝山中“席其皮者不蛊”的“溪边”等皮毛有辟邪作用的动物进行考察，伊藤认为“翼望之山一带的人们用‘讙’的毛皮抵御凶邪，并将其穿在身上以治愈瘅病”。[④]对于《西次三经》记述中的“瘅”，郭璞注为“黄瘅病也，音旦”。[⑤]伊藤根据《说文》中的解释，认为“瘅病”也就是虚劳之病。所以，在他看来，《西次三经》翼望之山的“讙”是用来治虚劳之病的。除此以外，伊藤还指出《北次一经》嚣水中“食

① 袁珂：《山海经校注》，成都：巴蜀书社，1996年，第67页。

② 伊藤清司：「古代中国の民間医療(二)——「山海経」の研究」、『史学』43（3）、1970年12月、第18頁。

③ 伊藤清司：「古代中国の民間医療(二)——「山海経」の研究」、『史学』43（3）、1970年12月、第19頁。

④ 伊藤清司：「古代中国の民間医療(二)——「山海経」の研究」、『史学』43（3）、1970年12月、第22頁。

⑤ 袁珂：《山海经校注》，成都：巴蜀书社，1996年，第68页。

之不瘴”的“鳛鳛之鱼”也为治虚劳之病的鱼。

关于《山海经》中治疗聋疾的药，不仅《西山经》符禺之山上有“可以已聋”的树木“文茎”，《中山经》阴山下还有“食之已聋”的植物“雕棠”。除这些植物以外，《南次一经》杻阳之上中还有“佩之不聋”的动物“旋龟”。伊藤通过考察《礼记》、《淮南子》中关于“聋疾”的记述，认为“自汉初或者更早以前，在中国各地的村里就有不少饱受听力疾苦的人，也因此有各种治疗方法，《山海经》中正有相关记载”。①

《西次三经》翼望之山上不仅有“服之以瘅”的“讙”，还有“服之使人不厌”的“鵸鵌”。

“有鸟焉，其状如乌，三首六尾而善笑，名曰鵸鵌，服之使人不厌，又可以御凶。”②

根据郭璞注可知，这里的“不厌”即“不厌梦也”。《逸周书·王会》中有关于“头若雄鸡”且“佩之令人不昧”的“奇干”鸟的记载。我国清代学者朱右曾和日本学者小川琢治都认为《逸周书》中名为“奇干”的鸟应是《西次三经》中的“鵸鵌”。对此，伊藤认为“这种鸟虽然确实带有传说的色彩，但这一传说也阐述了一种民间信仰的存在，即如果佩戴了某种鸟的羽毛，就不会被恶梦缠身”。③不仅如此，伊藤还由《逸周书》中的“奇干”鸟联想到《中次六经》廆山中“服之不眯”的“鴒鸚”，还有《中次七经》泰室之山中可以“服之不昧”的“䔄草”。伊藤

① 伊藤清司:「古代中国の民間医療(二) ——「山海経」の研究」、『史学』43（3）、1970年12月、第23頁。

② 袁珂:《山海经校注》,成都:巴蜀书社,1996年,第67页。

③ 伊藤清司:「古代中国の民間医療(二) ——「山海経」の研究」、『史学』43（3）、1970年12月、第26頁。

指出："在中国古代社会，人们通过佩戴飞鸟、飞虫的羽毛来避雷，或是用鸟的羽毛来祈求安产。"[①] 关于《春秋繁露》中的"鸱羽去昧"这一记述，伊藤认为其为记载以禽鸟之羽毛来辟邪这一民俗的例子。而且，在他看来，《西次三经》中的'鵸䳜'与其一样，是被用来驱除恶梦的。

另外，对于《南山经》中"佩之无瘕疾"的"育沛"，鉴于郭璞和郝懿行在注中都未作说明，所以伊藤并不能确定"育沛"究竟是水栖的鸟兽、龟鳖之类，还是水草类。但是，对于"育沛"的"佩之无瘕疾"这一功效，通过考察《说文》《史记》等文献中关于"瘕"这种腹中结块病的记述，伊藤指出，先秦就有关于"瘕疾"的医学知识，但在《山海经》中，人们为了预防和治疗瘕疾，就在水边采了"育沛"这种东西佩戴在腰间等处，这其实是一种利用"育沛"的咒力来预防恶疾的咒术性的医疗习俗。

通过对《山海经》中记载的"讙""旋龟""鵸䳜""育沛"这几种"服之"或"佩之"可以预防或治疗疾病的动物的研究，伊藤指出："认为疾病因死灵、精灵等超自然事物侵入体内或作怪而引起的这种疾病观，在原始社会和古代世界中普遍被认可。即使在中国的先秦时代，这种宗教性的疾病观也极为普遍。"[②] 对于《山海经》中所记载的这些古代中国的医疗习俗，伊藤认为"这些医疗习俗带有极大的咒术性，而且各地特色不同。《山海经》中所收录的这些民间医疗，只记载了中国医学最初情形的一面"。[③]

① 伊藤清司:「古代中国の民間医療(二) ——「山海経」の研究」、『史学』43（3）、1970年12月、第27頁。

② 伊藤清司:「古代中国の民間医療(二) ——「山海経」の研究」、『史学』43（3）、1970年12月、第32頁。

③ 伊藤清司:「古代中国の民間医療(二) ——「山海経」の研究」、『史学』43（3）、1970年12月、第33頁。

从上述伊藤清司的研究可知,《山海经》中的“服”既有“佩带”“穿戴”之意,又有“内服”之意。之后,伊藤清司在《古代中国的民间医疗——〈山海经〉的研究》(三)一文中对《山海经》中可以作为内服药的动植物进行了研究。这些研究虽也涉及多种植物类药物,但主要以动物类药物为主。

《东次一经》栒状之山下有“食之无疫疾”的“箴鱼”。对于“箴鱼”为何会成为治疗“疫疾”(流行病)的药物这个问题,伊藤指出:“‘箴’(石针)自古就在医疗中被重用,与这种鱼的针状下颚让人联想到石针不无关系。”①

除了“疫疾”这种传染性的流行病之外,根据《周礼》《礼记》《管子》等文献的记载,“疥癣”也是困扰中国古代人们的流行病之一。对于如何治疗“疥癣”这种皮肤病,伊藤指出,《山海经》中有记载“疥癣”的民间疗法。例如,《西次一经》中,石脆之山中有“食之已疥”的“条”草,竹山上有“浴之已疥”的“黄雚”草,英水中有“食之不疥”的“赤鱬”。《中次一经》渠猪之水中有“可以已白癣”的“豪鱼”,《中次六经》橐水中有“食之已白癣”的“修辟之鱼”。

关于“疣”这种皮肤良性肿瘤,《山海经》中也有记载对其有治疗效果的动物。例如,《北次一经》滑水中有“食之已疣”的“滑鱼”,出自狱法之山的瀤泽中还有“食之已疣”的“鱳鱼”。《东次四经》出自旄山的苍体之水中有“食者不疣”的“鱃鱼”。伊藤认为,这些都是《山海经》中所记载的治“疣”的食疗方法。

对于《中次一经》金星之山中“可以已痤”的“天婴”这种植物,伊藤认为其为中原地区治疗肿物的妙药。但在《南山经》中,“虎蛟”这种动物也被当作治疗肿物的主治药。对于《南次

① 伊藤清司:「古代中国の民間医療(三)——「山海経」の研究」、『史学』43(4)、1971年5月、第42頁。

三经》泿水中“食者不肿，可以已痔”的“虎蛟”,伊藤认为其为预防和治疗肿物的药物。不仅如此,伊藤还找出《山经》中所记载的其他几种治疗或是预防肿物的动物类药物。例如,《南次一经》柢山中“食之无肿疾”的“鯥”,《中次七经》狂水中“可以已肿”的“三足龟”,《北次一经》谯水中“食之已痈”的“何罗之鱼”。

除此以外,对于《中次七经》中出自半石之山的来需之水中“食者不睡”的“䲇鱼”,郝懿行注为“李善注《江赋》引此经作食之不肿,《太平御览》九百三十九卷亦引作食者不肿”。[①]所以,伊藤也将《中次七经》来需之水中的“䲇鱼”归入治疗肿物之列。不仅如此,同样出自《中次七经》半石之山的合水中“食者不痈,可以为瘘”的“螣鱼”,也被伊藤归入治疗肿物之列。当然,对于“螣鱼”,伊藤指出,“螣鱼”既可治疗肿物,也是“瘘病”的主治药。

关于治疗视力障碍的药,伊藤清司不仅找出《中次一经》甘枣之山中“可以已瞢”的“箨”这种药草,而且找出《北次三经》小侯之山上“食之不㶇”的“鸪䳋”。对于“不㶇”,郭注为“不瞧目也。”[②]根据《说文》《汉书》中有关“㶇”这种眼疾的记述,伊藤指出,“㶇”就是《玉篇》中所谓的视力减退“目冥也”。另外,伊藤指出,《北次四经》中“食之不眴目”的名曰“当扈”的鸟也为治疗视力障碍的药。

《北次一经》单张之山上有“食之已嗌痛”的“白鵺”。对于“嗌”,郭璞注为“嗌,咽也。”[③]所以,伊藤将“白鵺”归入治疗喉痛的药。关于治疗风疾的药,伊藤不仅指出《中次一经》鼓

① 袁珂:《山海经校注》,成都:巴蜀书社,1996年,第176页。
② 袁珂:《山海经校注》,成都:巴蜀书社,1996年,第109页。
③ 袁珂:《山海经校注》,成都:巴蜀书社,1996年,第89页。

镫之山中有“食之已风”的“荣草”，而且指出《中次十一经》依轱之山中也有“食之已风”的动物“𤝞”。关于治疗疠疾（传染病）的药，伊藤列出的有《西次一经》英山中“食之已疠”的“肥遗”鸟，《东次一经》澧水中“食之无疠”的“珠蟞鱼”。

在《古代中国的民间医疗——〈山海经〉的研究》（三）一文的最后，伊藤还列举了《山海经》中治疗腹痛、下痢、呕吐、甲状腺肿、梦魇、痔疮的诸多动物类药物，在此不一一列举。

伊藤清司的《古代中国的民间医疗——〈山海经〉的研究》一文发表于 1971 年 5 月，同在这一年的 9 月，伊藤还发表了《〈山海经〉中的药物和太尾羊》一文。

《山海经·西山经》云：

“华山之首，曰钱来之山，其上多松，其下多洗石。有兽焉，其状如羊而马尾，名曰羬羊。其脂可以已腊。”①

关于“羬羊”，日本学者榎一雄（1913—1989）在《关于大月氏的太尾羊》一文中曾指出《山海经》中的“羬羊”就是太尾羊的一种，而且这种羊尾部两侧的脂肪块可以割取食用，伤口缝合后肉会自然恢复生长。对于榎一雄的这一观点，伊藤也比较认可。但是，对于“其脂可以已腊”，榎一雄认为“已”字应为“衍”字，“腊”为干肉之意。对此，伊藤认为这是榎一雄对“其脂可以已腊”的误解。伊藤所依据的理由是，关于“已腊”，郭璞注为“治体皴”。郝懿行也说过清代也有同样的治疗方法。余云岫（1879—1954）在《古代疾病名侯疏义》（1953）一书中也有提到郭璞注中以羊的脂肪“治体皴”这一疗法。

① 袁珂：《山海经校注》，成都：巴蜀书社，1996 年，第 24 页。

根据《山海经》中所记载的物产大多并非用于日常生活的食材或其他消费物资这一性质，伊藤指出：

“《山海经》可以看作是与巫祝有关的书，是古代中国‘萨满教’研究上的重要资料。从民族志所记载的‘跳大神之人’和‘萨满’等与医疗有渊源关系的事实、中国古典中有‘巫医’这一词汇以及‘医’的古体字为‘毉’等来看，巫祝之书《山海经》（《海外经》以下除外）中含有大量与医疗相关的记载是理所当然的。前述《西山经》华山之条的记述应该理解为与医疗相关的记载。”①

之后，在《羬羊与箴石——〈山海经〉的研究》一文中，伊藤又对《西山经》中关于“羬羊”的记述进行了探讨。结合《尔雅》《说文解字》和郭璞注中关于“羬羊”的记述，伊藤指出：“钱来之山的‘羬羊’即所谓的太尾羊之类的大羊，这一点是确实无误的。”② 对于榎一雄认为“已”字应为“衍”字这一观点，伊藤还是认为并不妥当。

通过对《山海经》中的药物进行研究，伊藤指出：“《山经》的药物名称极其独特和晦涩，有许多名称从其他书籍尤其是《神农本草经》等中药学书籍中都很难找到，加上对于药物属性描写的稚拙，其中大部分药物的实际情况都很难把握。”③

① 伊藤清司：「「山海経」の薬物と太尾羊」（第24回日本人類学会日本民族学会連合大会発表抄録）、『民族学研究』36（2）、1971年9月、第178頁。

② 伊藤清司：「羬羊と箴石——『山海經』の研究」、『東洋史·考古學論集：三上次男博士頌壽記念』、朋友書店、1979年、第80頁。

③ 伊藤清司：「古代中国の民間医療（三）——「山海経」の研究」、『史学』43（4）、1971年5月、第79頁。

在伊藤清司之前，小川琢治、中尾万三都对《山海经》和《神农本草经》中的药物进行过比较。中尾万三在对比的过程中，曾发现两经中的药物名称有很大差异。从上述伊藤清司的研究可知，他在对《山海经》中所记药物进行研究时借鉴了中尾万三的研究成果，并在此基础上作了进一步的推测。所以，他在文中提到："或许正如中尾万三所说的那样，从这点反而能够推测《山海经》是极其古老的书。"[①]

《五藏山经》中记载了大量中国古代各地独特的医疗知识。伊藤指出，这些记述大都按照固定的形式：产地（山川）名、药物名称、药物的属性（形状、存在状态）、用法和功效。对此，他认为"《山海经》中的这些药物记载，对当时关心药物的人来说，可以说是很好的药物指南。"[②]

那么，在《山经》编纂的时代，究竟是什么样的人才关心这些药物呢？伊藤认为"《山经》中既有与山川鬼神相关的知识，又与祭祀相关，可以说是带有巫祝礼仪性质的书"。[③] 中尾万三在《读山海经》一文中曾经指出《山经》中所记产物"正是掌握方术之人或是巫医之徒必需之物"。[④] 通过对比可知，伊藤清司的这一观点与中尾万三是一致的，都认为《山经》是与巫祝有关的书。在他们看来，《山经》中所记载的这些药物正是当时的巫医之徒所关心之物。

---

① 伊藤清司:「古代中国の民間医療(三)——「山海経」の研究」、『史学』43（4）、1971年5月、第79頁。

② 伊藤清司:「古代中国の民間医療(三)——「山海経」の研究」、『史学』43（4）、1971年5月、第83頁。

③ 伊藤清司:「古代中国の民間医療(三)——「山海経」の研究」、『史学』43（4）、1971年5月、第86頁。

④ 中尾万三:「山海経を読む(六)」、『本草』(第16号)、1933年、第60頁。

第四节 《山海经》中的矿物与医疗的研究

《山海经》所记载的产物中不仅有大量的动物和植物，也有种类繁多的矿物。结合前述中尾万三、伊藤清司等日本学者对《山海经》中所记植物、动物及其药效的研究，笔者从中得到启发，并产生疑问，《山海经》中的矿物是否同植物、动物一样也被当作治疗各种疾病的药物？日本学者对这一问题也早已有所研究。

早在1919年，小川琢治在《中国本草学的起源与神农本草经》一文的"《山海经》的药物"一节中指出：

> "《山海经》中所见玉石草木鸟兽虫鱼之类颇多，其中仅矿物就有黄金、赤金、白金、银、赤银、铜、赤铜、铁、锡、赤锡、雄黄、青雄黄、丹粟、青雘、丹雘、碧绿、流赭、礜、青碧、石涅、磁石、箴石等，种类颇丰。"[①]

通过与《神农本草经》进行对比，小川琢治发现《山海经》中的矿物"与《神农本草经》中同种且药效一致的除了如礜石等少许之外，可以说几乎没有"。[②] 小川琢治由此推测："博物的知识在战国以前已发展到一定程度，但作为药物学还没有完全确立。"[③]

小川琢治对《山海经》中的矿物虽然并未进行深入的研

① 小川琢治:『支那歷史地理研究』、東京:弘文堂書房、1928年、第305頁。
② 小川琢治:『支那歷史地理研究』、東京:弘文堂書房、1928年、第306頁。
③ 小川琢治:『支那歷史地理研究』、東京:弘文堂書房、1928年、第306頁。

究，但他在“《山海经》的药物”一节中的这一论述对其他学者在这一领域的研究起了很好的引导作用。以下便是中尾万三、三浦三郎、伊藤清司、松田稔等日本学者关于《山海经》中的“铜”“玉”“铁”“洗石”“箴石”等矿物的研究。

一、《山海经》中的“铜”“玉”

中尾万三在《读山海经》一文中对《山海经》中的矿物也有所研究。中尾发现《山经》中关于“金玉”的记述颇多，只是这些“金玉”的“金”并非黄金，而是指铜。所以他认为“《山经》中有大量关于‘金玉’产地的记述，说明铜和玉在那个时代是非常必要的材料”。①

关于“铜”，中尾指出，“铜在《山经》成书的年代是极为必要的矿物”。② 如中尾所说，《山经》中关于铜的产地的记述最多。根据中尾的统计，《南山经》中有 14 处，《西山经》中有 25 处，《北山经》中有 41 处，《东山经》中有 15 处，《中山经》中有 79 处。

《中山经》卷末记有“出铜之山四百六十七，出铁之山三千六百九十”。③ 这与《管子·地数篇》中的记载相同。对此，中尾指出：

> “《山经》中的实际情况与《管子》中的数量完全相反，出铜之山远比出铁之山数量多。由此可知，在《管子》成书的时代，铁比铜更多地被使用，在《山经》成书的年代，

---

① 中尾万三:「山海経を読む(五)」、『本草』(第 15 号)、1933 年、第 43 頁。
② 中尾万三:「山海経を読む(五)」、『本草』(第 15 号)、1933 年、第 47 頁。
③ 袁珂:《山海经校注》,成都:巴蜀书社,1996 年,第 220 页。

则是铜比铁更多地被使用。因此可以想象,《山经》的成书比《管子》的成书更早。”①

关于“玉”,中尾指出《山经》中产玉之地最多的是《西山经》,《中山经》和《北山经》中也有不少。通过对中国古代玉器的渊源进行考察,中尾认为在《山经》成书的时代,玉与医药有很大的关系。

关于“玉”和医药的关系,中尾万三虽已指出,却并没有进行具体的阐述。继中尾万三之后,三浦三郎、伊藤清司等日本学者对这一问题进行了继续研究。三浦三郎在《〈山海经〉药物的特征》一文中指出:

“《山经》五篇中有许多关于玉的记述。玉往往被用作利器、装饰等,自古以来用途非常广泛。其中最重要的是被当作辟邪之物和祭祀用具。在《山经》五篇关于玉的记载中,玉被当成早期的仙药。”②

例如,《西次三经》云:

“丹水出焉,西流注于稷泽,其中多白玉,是有玉膏,其原沸沸汤汤,黄帝是食是飨。是生玄玉。玉膏所出,以灌丹木。丹木五岁,五色乃清,五味乃馨。黄帝乃取峚山之玉荣,而投之钟山之阳。瑾瑜之玉为良,坚粟精密,浊泽有而色。五色发作,以和柔刚。天地鬼神,是食是飨;

① 中尾万三:「山海経を読む(五)」、『本草』(第15号)、1933年、第49頁。
② 三浦三郎:「山海経薬物の性格について」、『薬史学雑誌』(十五周年記念号)、1969年、第17頁。

君子服之，以御不祥。”①

对于《西次三经》“峚山”之条中的这段记述，三浦三郎认为，“这是与《楚辞·涉江》的‘登昆仑兮食玉英，与天地兮同寿’相关联的思想，成为后世神仙家们以玉为仙药思想系谱的先驱”。②

如三浦三郎所言，《山经》中有许多关于“玉”的记述。伊藤清司在《山海经与铁》一文中对《山经》中的“铁”进行考察的同时，也对其中的“玉”进行了考察。关于春秋时代的玉制品，佐藤武敏曾经指出：“当时玉的制作虽然盛行，但是玉的产地有限，玉匠也仅限于特定的国家才有，并没有广泛分布，玉器极其贵重，只在上流阶级中流通。”③虽然佐藤武敏没有言及战国和秦汉时代的玉器制作问题，伊藤认为战国和秦汉时代也应该不会有飞跃性的发展。但是，《山经》所记载的产玉之山却特别多。

根据伊藤的统计，《山经》中的产玉之山有214座，大约是出铁之山数量的6倍。伊藤指出：

“玉也被用作利器、装饰等，自古以来用途非常广泛。其中最重要的是被当作辟邪之物和祭祀用具。但是，《山经》是与举行祭祀山神、水神的巫祝紧密相关的书。玉作为山神祭祀中的重要用具，在《山经》中被频繁记录。对巫祝们来说，玉是祭祀的必需品。而且，玉作为早期的仙

① 袁珂：《山海经校注》，成都：巴蜀书社，1996年，第48页。

② 三浦三郎：「山海経薬物の性格について」、『薬史学雑誌』（十五周年記念号）、1969年、第17頁。

③ 佐藤武敏：「春秋戦国時代の製鉄業」、『中国古代工業史の研究』、吉川弘文館、1962年、第16頁。

药在《山经》中出现。”[①]

对比前述三浦三郎在《〈山海经〉药物的特征》一文中的论述，伊藤清司的这一论述明显是继承了三浦三郎的思想和观点。当然，在《山海经》研究方面，伊藤清司不仅仅是继承前人的观点，而是在前人研究的基础上取得了更多的研究成果。

1982年，伊藤清司的《〈山海经〉与玉》一文发表。在这篇文章中，伊藤指出，自古以来，玉的用途非常广泛，关于这方面的研究也不少，但具体论及玉材产地的却并不多。对于《山经》中所记载的各种产玉之山，伊藤对其进行了详细的统计，并通过表格列出产玉之山占总山数的比例。

表12 《山经》产玉之山情况统计[②]

	南山经	西山经	北山经	东山经	中山经	合计
全山岳数	39	77	89	46	197	448
产玉山数	18	40	54	19	76	207
所占比例	46%	52%	60%	21%	39%	46%

伊藤指出："《山经》中的产玉之山共计207座，占《山经》五篇448座山的将近半数，与《山经》中所记37座出铁之山相比，数量达其6倍。"[③]

在此，笔者留意到一点，在《山海经与铁》(1969)一文中，伊藤曾提到《山经》中的产玉之山有214座。这两篇文章中关

① 伊藤清司:「山海経と鐵」、『社会経済史の諸問題』(森嘉兵衛教授退官記念論文集)、法政大学出版、1969年、第183頁。

② 伊藤清司:「『山海經』と玉」、『中國古代史研究』(5)、1982年、第6頁。

③ 伊藤清司:「『山海經』と玉」、『中國古代史研究』(5)、1982年、第6頁。

于“产玉之山”的数据并不一致。之后,同在题为《〈山海经〉与玉》的这篇文章中,伊藤又提到“《山经》中有超过200座的产玉之山,虽然很难拿出确切证据证明这些产玉之山为当时人们所用玉器的供给源,但是不管怎样都需要强调的是,如开头所指出的那样,《山海经》中关于产玉的记载异常多”。[①]由此可见,在伊藤看来,《山经》中的产玉之山非常多,有200多座,至于具体精确到多少座,似乎没有纠结的必要。

在《〈山海经〉与玉》一文中,通过对《山海经》和《管子·地数篇》等文献中关于“玉”的记述进行研究,伊藤指出:“在中国古代社会被珍重的玉器类与《山海经》中所记载的玉石类在材质上不同,所以在用途上也有明显的不同……古代使用的玉器有材质的好坏,《山海经》中所记载的玉石种类也极其多样,质量也各种各样。”[②]伊藤认为,《山海经》中关于产玉的记载异常多,“这种明显特征意味着《山海经》是与关心玉石的人们紧密相关的著录”。[③]

那么,究竟什么样的人会关心《山海经》中所记的这些玉石?

> “玉石类的矿物,不单是制作利器和装饰用具的材料,对被称作神仙家、方士等的人们来说,还是贵重的药物。《山海经》经文中有与此相关的记载。”[④]

如伊藤所言,前述三浦三郎所提到的《西次三经》“峚山”之条中就有关于黄帝与山中所产之玉的关系。伊藤认为这个

---

① 伊藤清司:「『山海經』と玉」、『中國古代史研究』(5)、1982年、第11頁。

② 伊藤清司:「『山海經』と玉」、『中國古代史研究』(5)、1982年、第9頁。

③ 伊藤清司:「『山海經』と玉」、『中國古代史研究』(5)、1982年、第11頁。

④ 伊藤清司:「『山海經』と玉」、『中國古代史研究』(5)、1982年、第14頁。

黄帝投玉的传说,是山岳神祭祀的典型范例,“可以说山岳神祭祀也是神话性的表达”[①]。伊藤指出,古代的山岳神祭祀中,也有与这个传说相同的投玉的祭祀方法,《山经》各经的次篇中所记载的祭法中都能看到。

关于往山中投玉的目的和意义,森三鹿在《中国古代的山岳信仰》一文中指出:“投供是为了感动产出山灵万物的神秘力量,可以说是一般的增产仪礼,也可以说是拔除阻碍其功能的凶恶邪气之仪礼。”[②]对此,伊藤认为,在森鹿三看来,投玉在辟邪的同时,也是促进生产万物的山岳生产能力的祝术。对于“投玉”的“投”字,郭璞注为“以玉为种”,《广雅》及其疏注中也都将“投”解释为“种”,“投”即“播种”的意思。因此,伊藤认为“所谓投玉的目的并非投掷作为祝物的玉以促进山的生产力,而是播下玉的种子,使良玉增产的巫祝性的仪礼”。[③]

《山经》中记载的“投之钟山之阳”之后还有记“瑾瑜之玉为良”。对此,伊藤认为“这正说明钟山之所以产良玉,是因为黄帝采了峚山的玉种在山里。所以,《山经》中所记山神祭祀中的投玉这一仪礼,有可能是被神仙家们作为师表来崇拜的黄帝践行圣行的典范”。[④]

《国语·楚语下》中有关于用玉器祈祷无水旱之灾的记载。伊藤指出,如同《国语》中所记载的那样,《山海经》中除了洪水和旱魃等灾害之外,还有蝗害、疫病、战火等,关于自然灾害和人为厄难的记载极多。伊藤认为“从这些记载可以看出当时的人们生活在怎样的不安中”。[⑤]根据《山经》中所记载的

① 伊藤清司:「『山海經』と玉」、『中國古代史研究』(5)、1982 年、第 17 頁。
② 森鹿三:『東洋学研究　歴史地理編』、京都大学東洋史研究会、1970 年、第 66 頁。
③ 伊藤清司:「『山海經』と玉」、『中國古代史研究』(5)、1982 年、第 19 頁。
④ 伊藤清司:「『山海經』と玉」、『中國古代史研究』(5)、1982 年、第 19 頁。
⑤ 伊藤清司:「『山海經』と玉」、『中國古代史研究』(5)、1982 年、第 25 頁。

这些内容，伊藤指出，《山经》中所记载的这些内容是“可以推测《山经》与掌管避祸招福祝祷的巫祝们紧密相关的有力证据”。[①]

不仅如此，伊藤还认为“《山经》中有许多与医疗相关的记述，也意味着《山经》有可能是巫祝指南书。不用说，古代的巫祝们兼具巫医的特征，也会治病。《山经》中关于‘玉’的记载如此之多，也暗示着其与巫祝有关”。[②]“《山经》各次经末尾处所记载的祭祀用玉，也就是投玉石或是埋入土中，还有挂起来这些祭祀山神的方法，实施这些祭祀活动的应是当时的巫祝。”[③]

《山经》中关于产玉的记载不仅限于“有玉”“多玉”，还有关于其产地的记载。例如：《东次二经》中有“皃丽之山，其上多金、玉……”[④]，《中次六经》中有“密山，其阳多玉……”[⑤]。伊藤认为，这些都说明“玉”其实是被采取的对象。

通过研究《山经》中“玉”的用途，伊藤认为《山经》中所见玉石既是与神仙家、方士相关的仙药材料，又与巫祝有关。对于《山经》中所见玉石是否在《山经》成书之初就与神仙家、方士有关，伊藤认为还需进一步研究。例如，伊藤指出：“与神仙、方士有关的记载仅明显见于《西次三经》的峚山、钟山、玉山、昆仑丘等部分山系的记述中。这些记载所体现的特异性和地理方位上的模糊性，都与其他记载不同，有后来添加的嫌疑。”[⑥]

---

① 伊藤清司:「『山海經』と玉」、『中國古代史研究』(5)、1982年、第25頁。
② 伊藤清司:「『山海經』と玉」、『中國古代史研究』(5)、1982年、第25頁。
③ 伊藤清司:「『山海經』と玉」、『中國古代史研究』(5)、1982年、第25頁。
④ 袁珂:《山海经校注》,成都:巴蜀书社,1996年,第131页。
⑤ 袁珂:《山海经校注》,成都:巴蜀书社,1996年,第166页。
⑥ 伊藤清司:「『山海經』と玉」、『中國古代史研究』(5)、1982年、第26頁。

关于《山海经》中的玉，我国学者也多有论述。在今后的课题中，笔者将会对中日两国学者有关“玉”的研究进行比较研究。

二、《山海经》中的“铁”

关于“铁”，《中山经》卷末记有“出铁之山三千六百九十。”[①]《管子·地数篇》中亦有所记载。日本学者佐藤信渊（1769—1850）在《山相秘录》一书中曾经提到“《山海经》和《管子》等书中有云，山上有赭其下必有铁”。[②]对于佐藤信渊的这一记述，伊藤清司在《山海经与铁》一文中指出，《管子·地数篇》中确实记有“上有赭者下有铁”和“山上有赭者其下有铁”，《山海经》中虽有关于中国各地矿产的记载，却并没有佐藤信渊在《山相秘录》中所提到的相关记述。

通过考察《山经》五篇中“铁”与“赭”产地的相关记述，伊藤指出：“《山经》中的出铁之山有 37 座，产赭之山有 11 座。《山海经》中关于‘铁’‘赭’产地的记述，虽然也如同《管子·地数篇》中一样，以‘山上’‘山下’这一位置关系来记述，但是，两者出产于同一山中的却只有 1 例。”[③]这一例即《中次十一经》中的如下记载：

“又东南一百里，曰求山。求水出于其上，潜于其下，中有美赭。其木多苴，多䉋。其阳多金，其阴多铁。”[④]

---

① 袁珂：《山海经校注》，成都：巴蜀书社，1996 年，第 220 页。

② 「新校正山相秘録」（下巻）、『佐藤信淵家学全集』（上巻）、岩波書店、1925 年、第 170—171 頁。

③ 伊藤清司：「山海経と鐵」、『社会経済史の諸問題』（森嘉兵衛教授退官記念論文集）、法政大学出版、1969 年、第 175 頁。

④ 袁珂：《山海经校注》，成都：巴蜀书社，1996 年，第 211 页。

通过对《山经》中关于“铁”和“赭”的记述进行分类整理，伊藤指出：“《山相秘录》中所提到的‘上(阳)有赭下(阴)有铁’这种情况在《山海经》中完全不存在。”[①] 通过比较，伊藤发现，《山海经》与《管子·地数篇》中关于“铁”和“赭”出土状况的记述明显不一致。

《中山经》末尾处记有“禹曰……出铁之山三千六百九十。”[②]《山经》中实际记载的出铁之山却只有37座。对此，伊藤认为“从数量对比上极端的不平衡来看，所谓的禹曰之类的文字，应是后世添加的。”[③] 根据伊藤的这一观点可知，这也应是前述伊藤否定《山海经》作者“禹益说”的理由。

虽然《管子·地数篇》的开头有与《中山经》末尾处相同的内容，但《山海经》的实际情况与《管子·地数篇》中关于矿产的记述却明显不一致。对此，伊藤指出：

> “如前所述，《山经》和《管子·地数篇》是明显不同的矿产资料，奇怪的是二者却有相同的一段文字。虽然无法确证《中山经》中这段文字是否出自《管子·地数篇》，但《山经》中禹曰之类的文字无疑是相信《山海经》为禹所作这一传说是后人将其作为禹之言而添加的。”[④]

另外，在《山海经与铁》一文中，伊藤清司通过考察《山经》五篇中的矿物产地发现，《山经》五篇中，《东山经》中除了有关

---

① 伊藤清司:「山海経と鐵」、『社会経済史の諸問題』(森嘉兵衛教授退官記念論文集)、法政大学出版、1969年、第176頁。

② 袁珂:《山海经校注》,成都:巴蜀书社,1996年,第220页。

③ 伊藤清司:「山海経と鐵」、『社会経済史の諸問題』(森嘉兵衛教授退官記念論文集)、法政大学出版、1969年、第176頁。

④ 伊藤清司:「山海経と鐵」、『社会経済史の諸問題』(森嘉兵衛教授退官記念論文集)、法政大学出版、1969年、第176—177頁。

于金、金玉的记述外，并没有其他矿物名称。《南山经》中所见金属名称也仅限于金、赤金、黄金、白金这些带“金”字的矿物，未见铜、银等。再加上“郡县”二字只集中出现在《南次二经》中，伊藤认为“《南山经》《东山经》中没有关于铁矿产地的记载，意味着在先秦时代，制铁尚未普及”。①

从前述伊藤对“玉”的研究可知，在伊藤看来，《山经》中的“玉”是山神祭祀中的重要工具，是巫祝们举行祭祀的必需品。不仅如此，伊藤还认为，《山经》中所记载的石针材料“箴石”也是当时的巫祝们所关心的矿物。那么，《山经》中所记载的各山出产的铁、赭类是否也是巫医所用的药材呢？

伊藤指出：“早在2世纪的印度外科医书和6、7世纪的内科医书中，就有将铁粉当作外用药和内服药的记载。在中国后来的各种中医书中，也有关于铁被入药的记载。”② 尽管没有确切的证据证明铁在先秦时代也被当作药用材料，通过对《山经》中所记载的矿物进行研究，伊藤得出如下结论：

> “第一，矿物等被认为是山川诸神所赐之物，而且巫祝们也将其用于对山川诸神的祭祀中。第二，在古代，金属冶炼本身就富有巫术性，巫祝们拥有金属相关的技术知识，与此相关的可靠材料能够说明这一点。”③

---

① 伊藤清司:「山海経と鐵」、『社会経済史の諸問題』(森嘉兵衛教授退官記念論文集)、法政大学出版、1969年、第189頁。

② 伊藤清司:「山海経と鐵」、『社会経済史の諸問題』(森嘉兵衛教授退官記念論文集)、法政大学出版、1969年、第185頁。

③ 伊藤清司:「山海経と鐵」、『社会経済史の諸問題』(森嘉兵衛教授退官記念論文集)、法政大学出版、1969年、第187頁。

三、《山海经》中的“洗石”“箴石”

除了“玉”“铁”之外，伊藤清司还对《山海经》的“洗石”“箴石”等有所研究。

“洗石”是能溶解污垢的含碱之石。《山海经》中有关于“洗石”的记载：

“华山之首，曰钱来之山，其上多松，其下多洗石。”[①]（《山海经·西山经》）

“又东南二百里，曰琴鼓之山，其木多榖、柞、椒、柘，其上多白珉，其下多洗石。”[②]（《山海经·中次八经》）

对于《西山经》钱来之山的“洗石”，郭璞注为“澡洗可以磢体去垢圿”。[③] 郝懿行注为“磢当为瓾；《说文》云，瑳垢瓦石”。[④] 根据袁珂对《中次八经》中“洗石已见上文《西山经》首钱来之山”[⑤] 的注释可知，《山海经》中的这两处“洗石”为同一种可去污垢之石。

“洗石”又名“浮石”“轻石”。对于《山海经》中的“洗石”，伊藤清司在《〈山海经〉与轻石》一文中从郭璞注推想“轻石”在晋代时可能被用于除污垢，例如同为晋代的刘欣期在《交州记》中就有关于“浮石”可以磨脚亦可止渴的记载。虽然不能确定郭璞注释所依据的是当时的习俗还是钱来之山或琴鼓之山产出的洗石被用于除垢这一传承，伊藤清司根据东汉《说文

---

① 袁珂：《山海经校注》，成都：巴蜀书社，1996 年，第 24 页。
② 袁珂：《山海经校注》，成都：巴蜀书社，1996 年，第 188 页。
③ 袁珂：《山海经校注》，成都：巴蜀书社，1996 年，第 24 页。
④ 袁珂：《山海经校注》，成都：巴蜀书社，1996 年，第 24 页。
⑤ 袁珂：《山海经校注》，成都：巴蜀书社，1996 年，第 188 页。

解字》卷十二中“甗，瑳垢瓦石”的记载，认为“用洗石除垢这一习俗文化在汉代就已存在”。[1]

1957年11月，河南省陕县后川的西汉墓中出土了一块长9.4厘米、宽5.2厘米、厚3.2厘米的椭圆叶状浮石。关于这块椭圆叶状的浮石，我国考古学家安志敏(1924—2005)在《古代的糙面陶具》一文中认为应是“石甗”，即《山海经》中记载的“洗石”之类。[2]另外，从安志敏在文中的记述可知，我国考古学家梁思永(1904—1954)在其遗稿中也曾提到河南安阳小屯出土的殷代遗物中有“陶甗”一事。伊藤清司结合安志敏和梁思永的研究成果，并在此基础上指出：

> “如果梁思永所说的殷墟出土品中有‘陶甗’一事为事实的话，那么去垢之具可以追溯到殷代，《山海经》中所记载的‘洗石’可能正如郭璞所注，是用来给肌肤除垢的。那么，结合《山海经》中关于温泉、礜石等其他诸多药物、医疗的记载，可以想象这个‘洗石’也是与古代的保健、医疗有关之物。”[3]

在《羬羊与箴石——〈山海经〉的研究》一文中，伊藤指出《山海经》中有许多关于“砥”“砺”产地的记载。例如，《西次四经》中有“崦嵫之山……苕水出焉，而西流注于海，其中多砥、砺”。[4]除此以外，关于“砥砺”，《东山经》中有1例(葛山)，《中山经》中有6例(发视之山、鼓钟之山、讙山、师每之山、高

① 伊藤清司：「『山海経』と軽石」、『史学』(第48卷第4号)、1978年、第100頁。
② 安志敏：《古代的糙面陶具》，《考古学报》，1957年第4期，第69—79页。
③ 伊藤清司：「『山海経』と軽石」、『史学』(第48卷第4号)、1978年、第101頁。
④ 袁珂：《山海经校注》，成都：巴蜀书社，1996年，第77页。

梁之山、江浮之山）。另外，《北山经》和《中山经》中各有 2 例只记载“砥”的产地，《中山经》中有 2 例只记载“砺”的产地。

通过研究《书经》《淮南子》《尸子》中关于“砥砺”的记述和中国古代自殷代就盛行的“砥砺”文化，伊藤指出：“砥砺被用来磨尖箴石。可以想象，至少在春秋战国时代，使用磨尖的箴石扎入皮肤治病的医术就已相当普及。”①

伊藤认为，“《山海经》中有关于作为石针原料的石材的记载，这种石材就是有石针之称的箴石。”②不仅如此，《山海经》中也有不少关于“箴石”的记载，例如：

> “高氏之山，其上多玉，其下多箴石。”③（《东次一经》）
>
> “凫丽之山，其上多金玉，其下多箴石。”④（《东次二经》）

关于“箴石”，鉴于郭璞注为“可以为砥（砭）针治臃肿之物。”⑤伊藤认为，高氏之山和凫丽之山所产的箴石就是用砥砺可以磨制成石针的材料。同时，伊藤还指出：“《山海经》中既有关于‘砥砺’的记载，又有关于‘箴石’材料的记载，决不能认为只是偶然。”⑥鉴于《山经》五篇中记载了相当数量的药物之名，伊藤指出：“从这些记载内容来看，《山海经》并非只是

---

① 伊藤清司:「羬羊と箴石——『山海經』の研究」、『東洋史·考古學論集:三上次男博士頌壽記念』、朋友書店、1979 年、第 86 頁。

② 伊藤清司:「羬羊と箴石——『山海經』の研究」、『東洋史·考古學論集:三上次男博士頌壽記念』、朋友書店、1979 年、第 87 頁。

③ 袁珂:《山海经校注》,成都:巴蜀书社,1996 年,第 123 页。

④ 袁珂:《山海经校注》,成都:巴蜀书社,1996 年,第 131 页。

⑤ 袁珂:《山海经校注》,成都:巴蜀书社,1996 年,第 124 页。

⑥ 伊藤清司:「羬羊と箴石——『山海經』の研究」、『東洋史·考古學論集:三上次男博士頌壽記念』、朋友書店、1979 年、第 88 頁。

古代的地理书……也是与巫祝群体有关的人们紧密相关的书籍。”①

除此以外，松田稔对《山海经》中的矿物也有所研究。松田稔在《〈山海经〉中的矿物观》一文中提到：“《山海经》五藏山经记载了447座山，其中的322座山中有57种共计634处关于矿物的记载。”② 通过对《山海经》中有关矿物的记述尤其是“玉”和“金”的记述进行研究，松田稔发现“《山海经》五藏山经中的矿物记述中，‘玉’和‘金’的记述占绝大多数。总共634处记述中，玉占45%，金占37%，共计82%。由于玉类被用于民间祭祀等，所以并不能给国家提供大量的良玉”。③ 通过对《山经》中矿物的记述形式进行研究，松田稔认为：

> “这些矿物与将动植物作为医药品以及祝术之物的有效性有关，与人们生活密切相关，说明《山海经》这部书中的记载并非荒唐无稽，可以说，这些都已深深植根于古代人们的生活和信仰中。”④

从松田稔对《山海经》中所记载的矿物的研究来看，他不仅在文中多次引用伊藤清司的观点，其研究结论也与伊藤清司一致，即《山海经》中的矿物与巫祝有关。

从以上日本学者对《山海经》中矿物的研究可知，《山海

---

① 伊藤清司：「羬羊と箴石——『山海經』の研究」、『東洋史·考古學論集：三上次男博士頌壽記念』、朋友書店、1979年、第89頁。

② 松田稔：「『山海経』における鉱物観」、『國學院女子短期大學紀要』（創立五周年記念号）、1988年3月、第87頁。

③ 松田稔：「『山海経』における鉱物観」、『國學院女子短期大學紀要』（創立五周年記念号）、1988年3月、第95頁。

④ 松田稔：「『山海経』における鉱物観」、『國學院女子短期大學紀要』（創立五周年記念号）、1988年3月、第95頁。

经》中的矿物同植物、动物一样，与医疗有很大的关系，有些被直接用作治疗疾病的药物，有些则被当作医疗工具。不仅如此，日本学者还指出，《山海经》中的这些矿物与巫祝有关，是巫祝们所关心之物，并因此认为《山海经》是与巫祝有关的书。

关于《山海经》中的动植物、矿物及其药效，我国学者钟敬文（1903—2002）早在《我国古代民众关于医药学的知识》一文中不仅指出《山经》中有关各种动、植物和矿物等的形状和医疗功能的记载体现了原始民族中巫、医不分的情形，而且指出《山经》中药用动、植物的记载为后世本草学的滥觞。[1]关于钟敬文先生的这一研究，根据我国当代学者刘宗迪的考证，钟敬文早在1930年在一封致地理学家郑德坤的信中就列出一个《山海经研究》的提纲，而《我国古代民众关于医药学的知识》一文"属于计划中的第三部第三章，即原始医药章……写于1931年11月"。[2]

前述小川琢治在《中国本草学的起源与神农本草经》（1919）一文中专门列出的一节"《山海经》的药物"虽然对这一领域的研究方面起了很好的引导作用，但在内容上并未展开深入论述，而且此文在钟敬文撰写《我国古代民众关于医药学的知识》一文之前并未被译成中文。钟敬文虽于1934年4月至1936年7月赴日本早稻田大学进修民俗学和民间文艺学，但中尾万三在《本草》杂志上分9次连载《读山海经》一文则是在1933年至1934年间。总之，在这一时期，不论是中国学者，还是日本学者，都自发地认识到《山海经》中的动植物、矿物与医疗的关系，并进行了博物学范畴的相关研究，这是《山海经》

① 钟敬文：《我国古代民众关于医药学的知识》，《民众教育季刊》，1932年第1期。
② 刘宗迪：《钟敬文先生的〈山海经〉研究》，《民族艺术》，2007年第1期，第7—10页。

本身所内含的博物学价值的具体体现。

小 结

自古以来，认为《山海经》为“地理志”或“博物志”的学者不在少数。

《山海经》的地理学价值不可否认。日本奈良时代的地志《风土记》中有许多参考《山海经》编写的痕迹。武藤元信早就指出《山海经》作为中国最古老的地志，其可供参考的价值毋庸置疑。小川琢治不仅将《山海经》作为地志来理解和认识，而且特别强调《山海经》作为地志的价值。小川琢治认为，《五藏山经》不仅是古代的地志，而且作为上古史的研究资料，在东亚地理和历史研究方面不可轻易忽略。在小川看来，《五藏山经》是了解先秦时期人们的“世界”这一观念的可靠材料之一，其地理学价值还有很大的研究空间。小川琢治对《山海经》地理学价值的重视对中日两国学者都产生了很大的影响，其后的日本学者中有不少在论文中提及《山海经》作为地理书的一面，也有不少学者对《山海经》中的地名等进行考证或是将《山海经》中的地理知识作为参考资料。

广义的“博物学”包含“地理学”，狭义的“博物学”则不包含“地理学”。在狭义的“博物学”领域，日本学者对《山海经》中的植物、动物、矿物都有所研究。

《山海经》中所记载的植物的名称、种类、功效等都是学者所关注的对象。中尾万三发现《山经》中的植物大多直接表明其药效，认为《山经》中所记药物在巫医不分的时代保留了原始的真面目。伊藤清司根据《山海经》中所记草药的功效进行了详细分类，并结合中国古代民间习俗和相关文献记载进行了细致研究。

日本学者在关注《山海经》中植物药效的同时，也关注《山海经》中动物的药效。中尾万三不仅对《山经》中所记产物按功效进行分类，而且指出这些记述其功效的产物中，占主要的是有药效之物和预兆吉凶之物，这些正是掌握方术之人或是巫医之徒必需之物。根据动物的医药功效，伊藤清司对《山海经》中的动物进行了分类，认为《山海经》中所记载的古代中国的医疗习俗带有极大的咒术性，记载了中国医学最初情形的一面。鉴于《山海经》中所记载的物产大多并非用于日常生活的食材或其他消费物资这一性质，伊藤也把《山海经》看作是与巫祝有关的书。

《山海经》所记载的产物中也有种类繁多的矿物。日本学者对《山海经》中的“铜”“玉”“铁”“洗石”“箴石”等矿物都有所研究。中尾万三认为在《山经》成书的时代，玉与医药有很大关系。三浦三郎指出，《山经》五篇关于玉的记载中，玉被当成早期的仙药。伊藤清司认为《山经》中的“玉”不仅是与神仙家、方士相关的仙药材料，又与巫祝有关，是山神祭祀的重要工具，是巫祝们举行祭祀的必需品。尽管没有确切的证据证明“铁”在先秦时代也被当作药用材料，伊藤认为《山经》中禹曰之类的文字为后人所添加。不仅如此，伊藤还认为《山经》中所记载的“洗石”“箴石”也与医疗有关，是当时的巫祝们所关心的矿物。

不论是植物、动物，还是矿物，日本学者在研究《山海经》中的这些物产时，都关注其药效，并对这些药物的使用方法有所研究。

小川琢治指出《山经》体现了中国药物学的最原始思想，其中药物的使用方法颇多，除“食之”外，还有“佩之”和“服之”，这表明药物有辟邪之功效，还有如护身符的作用。中尾万三指出，《山经》除了有关山川的记载之外，还有关于祭祀方法的记载，关键还记载了有各种药效的动植物和预兆吉凶之物。所以，他认为《山经》是为了方士们而作，并非地理之书。三浦三郎认为《山经》五篇所收录的药物是生活在原始社会的人们必需之物，担任采药和施疗任务者为向山川诸神祈求招福辟邪的巫祝之类的人。伊藤清司认为《山海经》并非只是古代的地理书，也是与巫祝有关的人们紧密相关的书籍。松田稔对《山海经》中的植物、动物、矿物等也都有所研究，其研究结论与伊藤清司基本一致，认为《山海经》中的动物、植物和矿物都与巫祝有关。

根据日本学者在地理学和博物学层面对《山海经》的研究，笔者认为，《山海经》尤其是《山经》有作为地志的一面，其地理学价值不可否认，但也正如伊藤清司所说，《山海经》并非只是古代的地理书，《山经》所记载的植物、动物、矿物等与巫祝有关，《山海经》形成于巫医不分的上古时期，是当时的巫祝们所关心之书。

第八章

比较文学层面的《山海经》研究

"比较文学"最早产生于欧洲。1816年,法国学者诺埃尔和拉普拉斯在他们合编的《比较文学教程》中第一次使用了"比较文学"一词。1886年,英国学者波斯奈特的《比较文学》一书发表,标志着"比较文学"作为一门学科问世。

"比较文学"这一学术概念虽源自西方,中国比较文学的"端倪"却可以追溯到汉代或者更早时期。《史记·大宛列传》云"条枝在安息西数千里……安息长老传闻条枝有弱水、西王母,而未尝见"。① 据考证,这里的"安息"相当于"波斯","条枝"相当于"阿拉伯半岛"。徐志啸在《中国比较文学简史》中认为《史记·大宛列传》中的这条记载"涉及了比较文学最原始的记载"②。杨乃乔在《比较文学概论》中认为这条记载"可以视为中国比较文学的最初萌芽"③。

如上所言,由于《山海经》《穆天子传》《竹书纪年》等典籍中都有关于"弱水"和"西王母"的记载,《山海经》等典籍无疑也成为中国古代比较文学较早的参考资料和研究对象。20世纪以来,随着《山海经》社会地位的逐步提高,《山海经》成为现代学术界所关注的对象,在比较文学领域亦不例外。从中外比较文学方面的专著和论文中,可以看到诸多《山海经》的踪影。

日本明治维新以后,在引进西方技术和学习欧美的浪潮

---

① 司马迁:《史记》,北京:中华书局,1959年,第3163—3164页。
② 徐志啸:《中国比较文学简史》,武汉:湖北教育出版社,1996年,第6页。
③ 杨乃乔:《比较文学概论》(第三版),北京:北京大学出版社,2006年,第26页。

中，坪内逍遥（1859—1935）很快就读到英国学者波斯奈特的《比较文学》（1886），之后于1889年在当时的东京专科学校（今早稻田大学）开设了以“比照文学”为题的讲座。渡边洋在《比较文学研究入门》一书中认为坪内逍遥这一举措“拉开了日本比较文学的序幕”。[①] 不仅如此，坪内逍遥对东西方文学进行了尝试性的比较。例如，1890年，坪内以《兄弟文学》为题，在《读卖新闻》上不仅对《西游记》和《天路历程》进行了对比，还以比较文学的视角对莎士比亚的喜剧和日本歌舞伎、净琉璃的关系，尾崎红叶的《夏小袖》与莫里哀的《守财奴》的关系等进行了评论。但是，渡边洋从坪内逍遥将“比较文学”译为“比照文学”“对照文学”这一点上认为坪内逍遥“当时并不完全理解这一学科”。[②]

继坪内逍遥之后，高山樗牛（1871—1902）、畔柳芥舟（1871—1923）、高安月郊（1869—1944）、土居光知（1886—1979）等日本学者在日本比较文学史上都有所建树。例如，高山樗牛在《近松巢林子的人生观》（1895）一文中对近松和莎士比亚进行了比较。畔柳芥舟不仅发表了论文《命运悲剧之比较研究》（1896）和《抒情诗之研究法》（1897），还出版了《文谈花谈》（1907），大力推崇比较文学。高安月郊出版了《东西方文学比较评论》（1916），分门别类地对东西方的一些作家、作品进行了比较。土居光知在《文学序说》（1921）中不仅梳理了东西方文化交流史，还对日本古典文学与西方文学的关系进行了考察。

对于这些学者在日本比较文学史上的贡献，渡边洋虽都

① 渡辺洋:『比較文学研究入門』、世界思想社、1997年、第10頁。

② 渡边洋著、张青编译:《比较文学研究导论》，北京：中国社会科学出版社，2007年，第10页。

给予较高评价，却认为这些日本学者的研究还只是“日本比较文学的前史”，还不算是发端于法国的现代意义的比较文学。①

尽管20世纪20年代以前的日本比较文学研究尚处于“日本比较文学的前史”阶段，但在日本学者有关《山海经》的最初的研究中，不仅能找到比较文学的研究方法，亦能窥见跨文化的研究视野。本章主要就日本学者在比较文学层面的《山海经》研究进行探讨。

第一节 《山海经》的影响研究

如前所述，渡边洋认为坪内逍遥等日本学者的研究还不算是发端于法国的现代意义的比较文学。那么，发端于法国的现代意义的比较文学有何特征？杨乃乔在《比较文学概论》一书中的论述可以说是恰好回答了这个问题。

> “法国学派是第一个比较文学学派。这一学派的许多著名学者，如维尔曼、巴尔登斯伯格、梵第根等等，都为比较文学学科的建立与发展做出了这样或那样的贡献，之所以将他们归为一派，原因不在于他们都是法国人，而在于他们都提倡一种以事实联系为基础的影响研究，因此法国学派又被称为‘影响研究学派’。”②
>
> “法国学派所提倡的影响研究是比较文学最早的研

① 渡辺洋：『比較文学研究入門』、世界思想社、1997年、第15頁。

② 杨乃乔：《比较文学概论》（第三版），北京：北京大学出版社，2006年，第173页。

究方法，后来则成为最主要的研究方法之一。”[①]

如杨乃乔所言，影响研究是比较文学最基本的研究方法之一，强调“事实联系”和“实证方法”。这也确实是坪内逍遥等“日本比较文学的前史”阶段的学者们尚未使用的研究方法。但是，这正是在这一阶段，日本《山海经》研究史上的开篇之作，却恰恰属于法国学派所提倡的影响研究。

一、《山海经》在日本的影响研究

《山海经》虽然自奈良时代或者更早时期就已传入日本，但日本学者对《山海经》的研究却是进入近代以后才开始。武部健一曾在《〈山海经〉研究的历史及其现代意义》一文中指出：“在日本，作为最初的研究而言及《山海经》的，是地理学家小川琢治。”[②]

如前所述，小川琢治（1870—1941）是日本著名的历史地理学家，1928年，他在《中国历史地理研究》一书的“序说”中提到：

> “我最初注意到《山海经》是在日俄战争服军役期间，那时我在奉天的书肆得到毕沅新校山海经和郝懿行笺疏，并在兵站司令部宿舍的烛光下阅读了这两本书。”[③]

① 杨乃乔：《比较文学概论》（第三版），北京：北京大学出版社，2006年，第176页。

② 武部健一：「『山海経』研究の歴史とその現代的意義」、『成城国文学』（23巻）、2007年3月、第74頁。

③ 小川琢治：『支那歴史地理研究』、東京：弘文堂書房、1928年、第7頁。

从小川琢治的这段话可知，他最初注意到《山海经》是在日俄战争（1904—1905）期间。那时，他在中国东北的书店里买到毕沅的《山海经新校正》和郝懿行的《山海经笺疏》，并开始了对《山海经》的仔细研究。武部健一的前述论断或许就是以此为依据。但是，尽管小川琢治自日俄战争期间就开始了对《山海经》的研究，却并没有立即发表与《山海经》相关的论文，直到1911年在《艺文》杂志上发表了《山海经篇目论》。

值得注意的是，早在1907年，武藤元信（1854—1918）就在《东洋学艺》杂志上发表了《风土记与山海经的类似》。所以，尽管不能确定小川琢治自日俄战争期间至发表《山海经篇目论》之前有没有在其他论文中言及《山海经》，也无法知晓武藤元信对《山海经》的研究是否比小川琢治更早，但可以肯定的是，武藤元信的《风土记与山海经的类似》是日本近代以来最早公开发表的以《山海经》为主题的研究论文。

在《风土记与山海经的类似》一文中，武藤元信指出《风土记》同《日本书纪》等日本古书一样深受中国文献典籍的影响，尤其与《山海经》有许多明显的相似之处。通过对比《风土记》与《山海经》在性质、结构等方面的诸多相似之处，武藤元信指出，《风土记》有明显模仿《山海经》的痕迹。通过对比《风土记》与《山海经》在记述内容上的一些相似之处，武藤元信认为，《风土记》中不光散布着《山海经》的零碎断片，其模仿的痕迹甚至贯穿全篇。关于武藤元信在《风土记与山海经的类似》一文中的具体论述，前述第一章的第一节中已将其作为论据材料，在此不再赘述。

武藤元信对比《风土记》与《山海经》的相似之处时，不仅找出《风土记》与《山海经》的事实联系，而且运用实证的方法，强调《风土记》对《山海经》的模仿。武藤元信的这篇文章不仅是日本近代以来最早公开发表的以《山海经》为主题的研究论文，而且是一篇典型的影响研究类型的论文。所以，可以说日本的《山海经》研究始于比较文学。

同武藤元信一样，小岛宪之在《上代日本文学与中国文学》（1964）一书中也对《风土记》和《山海经》进行了比较研究。小岛首先通过列举实例证明《出云国风土记》的框架结构与《山海经》如出一辙，无疑是《山海经》的投影。不仅如此，小岛还指出《出云国风土记》与《山海经》在记述内容和方法、语言表达等方面的诸多相似之处，认为《风土记》参考了《山海经》。（具体内容参见本书第一章第一节）

1994年，松田稔的《〈山海经〉的基础的研究》一书出版，在这部书的第五章最后收入了一节"日本文学主要作品中的《山海经》"。在这一节中，松田稔以岩波书店出版的《日本古典文学大系》中所收入的100部作品为对象，对奈良至江户时代日本文学主要作品中所引《山海经》的状况进行了调查，并列举了其中的59部作品中与《山海经》相关的记述，指出日本文学诸作品的作者在接受中国古书《山海经》时的四个基本的特点：

> 第一，关注西王母等与长生不老、神仙内容相关的人物和动植物；第二，对于神仙以外的神话和传说的相关记载也较为关心；第三，视《山海经》为作为他国的中国的新奇地理知识、地理书，并多有引用；第四，受《山海经》为记述异形、异物之书这一意识的强烈影响。[①]

① 松田稔:『「山海經」の基礎的研究』、笠間書院、1994年、第504頁。

那么,日本古典文学作品中所引用的《山海经》相关内容是否直接出自《山海经》?

关于这个问题,松田稔在文中指出:"日本文学中所引《山海经》的记载当然有可能直接引自《山海经》,但引自类书的也有很多。"①

2006年,松田稔又在《〈山海经〉的比较的研究》一书的最后收入了"'精卫'传承在日本的接受"。② 在这一小节中,松田稔对日本古典文学中女娃、精卫的接受情况进行了调查,并重点对《太平记》③ 和《椿说弓张月》④ 中的《山海经》元素进行了分析。例如,《太平记》和《椿说弓张月》中都提到了"精卫填海"的传说。《太平记》不仅有"发鸠山"这一场所,还有名为"精卫"的人物。不仅如此,松田稔还发现,《太平记》卷十和《椿说弓张月》虽然都将"精卫填海"的故事作为徒劳之例,但在《太平记》卷三十四中,名为"精卫"的父亲溺水而亡后,他的儿子因悲伤而投水自尽,由"徒劳"这一主题转向了"孝"这一主题。⑤

对于日本文学中"精卫"传承的接受情况,松田稔通过对日本文学接受这一传承的路径进行分析,最后总结指出:

> "《山海经》中的女娃·精卫的故事虽然朴素,却可以打动人心。正因如此,后世的人们才会接受,并投入个人的想法,使之发生了变化。可以说正是由于故事的朴素,

---

① 松田稔:『「山海經」の基礎的研究』、笠間書院、1994年、第505頁。

② 松田稔:『「山海經」の比較的研究』、笠間書院、2006年、第242—245頁。

③ 《太平记》:日本南北朝时代(1336-1392)的军纪物语,作者不详,据传为小岛法师等著。

④ 《椿说弓张月》:日本江户时代曲亭马琴的读本小说,1807—1811年间连载出版。

⑤ 松田稔:『「山海經」の比較的研究』、笠間書院、2006年、第248頁。

才能抓住人心而被传承下去。”[1]

根据松田稔的这些研究可知，日本古典文学中有大量与《山海经》相关的内容，不论这些内容是直接引自《山海经》，还是引自类书，《山海经》对日本文学的影响都实实在在地存在着。而且，《山海经》在被日本文学接受的过程中，有许多元素都发生了不同程度的变异。

除以上几位学者的研究之外，石川了在《江户狂歌中的另一个古典知识——〈山海经〉与〈狂歌百鬼夜狂〉等》一文中也提到《山海经》对日本的一些影响。

首先，石川认为日本的“九尾狐”传说中有《山海经》的影响成分。说起“九尾狐”，石川了首先提到《海外东经》和《大荒东经》中的“九尾狐”，进而指出，日本“九尾狐”的传说之源“在古代中国的神话世界中可见其片鳞”。[2]

其次，石川指出，鸟山石燕的妖怪绘卷受到《山海经》的影响。石川不仅提到鸟山石燕《今昔百鬼拾遗》中“烛阴”的注文中有《山海经》，还提到鸟山石燕在《画图百鬼夜行》中的自跋：“中国有《山海经》，吾朝有（狩野）元信的《百鬼夜行》，余亦学习之，拙而污纸笔。”[3] 石川认为，鸟山石燕不仅熟知《山海经》的内容，而且在创作《画图百鬼夜行》等作品时参考了《山海经》。正因如此，石川也认为以鸟山石燕的《画图百鬼夜行》为题材的《百鬼夜狂》等江户狂歌也受到《山海经》的影响。

最后，石川还指出日本江户时代的读本小说《万国山海

---

① 松田稔：『「山海經」の比較的研究』、笠間書院、2006年、第249頁。

② 石川了：「江戸狂歌におけるもう一つの古典知：『山海経』と『狂歌百鬼夜狂』のことなど」、『アジア遊学』（155巻）、2012（7）、第178頁。

③ 鳥山石燕：『画図百鬼夜行』（前編）、長野屋勘吉出版（国立国会図書館蔵）、1805年、“石燕自跋”。

经》也受到《山海经》的影响。他在文中提到:"含有《山海经》内容的通俗小说,还有同时期天明三年序、宽正四年出版的读本小说《万国山海经》。"①

在石川所指出的这些内容中,关于《山海经》对鸟山石燕的妖怪绘卷的影响,日本鬼怪漫画家水木茂早在《东渡日本的精灵们》一文中就曾指出,江户时代的妖怪画家鸟山石燕在妖怪画集《画图百鬼夜行》中参考了《山海经》。不仅如此,水木茂还指出源自《山海经》的九尾狐、狒狒、天狗、穷奇、雷神、河伯等妖怪都远渡到了日本,从《山海经》中很可能还能找到诸多日本土著妖怪。②

日本妖怪文化盛行,从日本鬼怪漫画家水木茂的叙述可知,《山海经》无疑对日本的妖怪文化也产生了一定的影响。关于《山海经》对日本妖怪文化的影响,近年来已引起中日两国学者的关注。

从以上内容可知,自武藤元信以后,小岛宪之、伊藤清司、松田稔、石川了等日本学者都有注意到《山海经》对日本的影响。而且,这些影响不仅限于文学。

关于"影响研究",渡边洋曾经指出:

"'影响研究'中有给予影响的一方和接受影响的一方。文化上的欧洲中心主义和法国在欧洲文化中所处的主导地位,使法国出现了一味关注本国文学对他国的施惠,而忽视本国文学接受他国影响的片面认识时代。日本的情形恰好相反,在文化上日本完全是接受恩惠的一方,

① 石川了:「江戸狂歌におけるもう一つの古典知:『山海経』と『狂歌百鬼夜狂』のことなど」、『アジア遊学』(155巻)、2012(7)、第179頁。

② 水木しげる:「日本に渡った精霊たち」、高馬三良訳『山海経——中国古代の神話世界』、平凡社、1994年、第196—203頁。

与产生'影响'相比,日本文学更多的是'收受',更确切地说是'接受',所以日本的比较文学主要是'接受研究'。"[1]

如渡边洋所说,《山海经》传入日本后,不论在文学上还是文化上,日本都是接受恩惠的一方,与"影响"相比,更多的是"接受"。所以,日本学者对《山海经》在日本的影响研究也可以说是《山海经》在日本的接受研究。

二、《山海经》在欧洲的影响研究

除《山海经》在日本的影响研究以外,日本学者还对《山海经》在欧洲的影响研究也有所关注。例如,森濑寿三的《〈山海经〉的西渐》一文。

在《〈山海经〉的西渐》一文中,森濑寿三提到德国学者鲁道夫·维特科尔(Rudolf Wittkower)在《东方的奇迹——怪物史研究》[2]一文中所收入的一幅1554年的德国木版画,上面有"大足人""一眼人""双头人""腹部有脸人"和"兽头人"。当森濑看到这幅画中的人物时,他觉得这与《山海经》中的人物很像,并对《山海经》中类似的怪物进行了考察。

"一目国在其东,一目中其面而居。一曰有手足。柔利国在一目东,为人一手一足,反膝,曲足居上。一云留利之国,人足反折。"[3](《山海经·海外北经》)

---

① 渡边洋著、张青编译:《比较文学研究导论》,北京:中国社会科学出版社,2007年,第23页。

② Rudolf Wittkower. "Marvels of the East:A Study in the History of Monsters.", *Journal of the Warburg & Courtauld Institutes*,(5)1942.

③ 袁珂:《山海经校注》,成都:巴蜀书社,1996年,第278—279页。

“缟羝山之首，曰平逢之山。南望伊、洛，东望穀城之山，无草木，无水，多沙、石。有神焉，其状如人而二首，名曰骄虫，是为螫虫，实惟蜂蜜之庐。”[①]（《山海经·中次六经》）

“刑天与帝至此争神，帝断其首，葬之常羊之山，乃以乳为目，以脐为口，操干戚以舞。”[②]（《山海经·海外西经》）

“大荒之中，有山名曰北极天柜，海水北注焉。有神，九首人面鸟身，名曰九凤。又有神衔蛇操蛇，其状虎首人身，四蹄长肘，名曰彊良。”[③]（《山海经·大荒北经》）

以上几条是《山海经》中关于“一目国”“柔利国”“骄虫”“刑天”“彊良”等的记载。

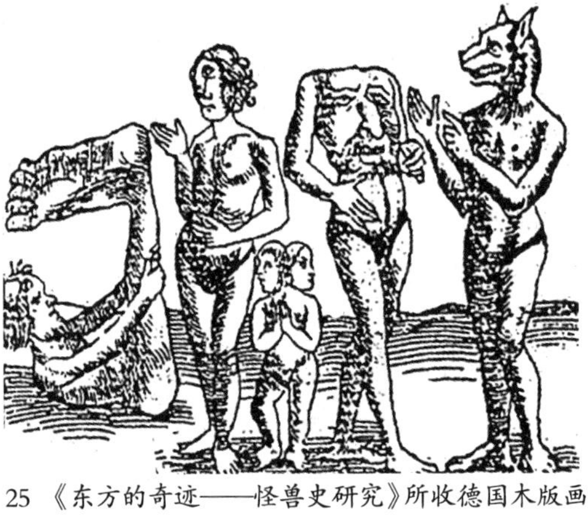

图 25 《东方的奇迹——怪兽史研究》所收德国木版画[④]

① 袁珂:《山海经校注》,成都:巴蜀书社,1996 年,第 164 页。
② 袁珂:《山海经校注》,成都:巴蜀书社,1996 年,第 258 页。
③ 袁珂:《山海经校注》,成都:巴蜀书社,1996 年,第 486 页。
④ 森瀬寿三:「『山海経』の西漸」、『或問』(第 2 号)、2001 年、第 69 頁。

根据德国木版画上所见怪物的顺序，森濑认为，木版画最左边“大足人”的形象像《海外北经》中的“柔利国人”，之后站着的“一眼人”是《海外北经》中的“一目国人”，其右侧的“双头人”与《中山经》中“骄虫”很像，第四个“腹部有脸人”酷似《海外西经》中的“刑天”，最右端的“兽头人”像《大荒北经》中的“疆良”。不仅如此，森濑还发现，许多西欧中世的画像中所见“大足人”形象都与《山海经》中“柔利国人”一条中的记述完全一致。[①]

森濑在文中指出：“梵蒂冈所藏‘Races of monster(de universo)’中所见怪物画中也有与《山海经》中的‘长股国’和‘聂耳国’这些异类酷似的形象。而且，现存的大量遍布西欧中世各地的画像中，有许多与《山海经》中所记的异类相似。”[②]至于这方面比较新的著作，森濑认为英国学者威廉姆斯·大卫的《异形之语：中世纪思想和文学中怪物的功能》[③]中所载的几幅画像就是如此。另外，森濑还认为《山海经》中也可见西欧的“珀伽索斯”[④]那种“天马”和同“独角兽”一样只有一只角的野兽。

对于欧洲绘画中所出现的这些《山海经》的影响痕迹，森濑指出：“这样看来，《山海经》这部书及其图像在较早时期就传入欧洲的这一推测是成立的。”[⑤]至于《山海经》何时传入欧洲，森濑认为“虽说可能始于汉代，但一般都认为是宋元以后”。[⑥]

---

① 森瀬寿三:「『山海経』の西漸」、『或問』(第2号)、2001年、第69—72頁。

② 森瀬寿三:「『山海経』の西漸」、『或問』(第2号)、2001年、第71頁。

③ Williams, David. “*Deformed Discourse: The Function of the Monster in Medieval Thought and Literature*”, University of Exeter Press, 1996.

④ Pegasus:希腊神话中的飞马。

⑤ 森瀬寿三:「『山海経』の西漸」、『或問』(第2号)、2001年、第71頁。

⑥ 森瀬寿三:「『山海経』の西漸」、『或問』(第2号)、2001年、第71頁。

在我国宋代,造船和航海技术先进,海外贸易繁荣。元代时,不论水路还是陆路,都设置了大量“站赤”[①],所设驿站甚至延伸到欧洲。森瀬指出:“可以推测,《山海经》及其图像在元朝时以某种形式传到西欧。而且,往前追溯到宋代,‘大航海’时期驶向西方的中国船只上载着《山海经》的可能性也不是没有。”[②]

从以上森瀬寿三的研究可知,《山海经》主要以绘画的形式在欧洲社会留下诸多的影响痕迹。除森瀬寿三外,并未见其他日本学者对《山海经》在欧洲产生的影响进行研究。

第二节　跨文化视野下的《山海经》研究

美国学者唐纳德·A·吉布斯在《阿布拉姆斯艺术四要素与中国古代文论》一文中关于“比较文学”的表述如下:

> “比较文学就是超越了单一的民族文学范围的文学研究,而它主要关心的是不同的文学之间的实际联系:它们的起源、影响、传播媒介等,始终围着关系这个题目。然而比较文学也包含这样一种内容:对互相之间毫无联系的文学进行比较。”[③]

---

① 站赤:驿站的译称,蒙语音译,本意为司驿者,即管理驿站的人,兼指站官及站户。元代在全国交通线上都设置了“站赤”,以便“通达边情,布宣号令”。

② 森瀬寿三:「『山海経』の西漸」、『或問』(第2号)、2001年、第72頁。

③ (美)唐纳德·A.吉布斯著、龚文庠译:阿布拉姆斯艺术四要素与中国古代文论,《国外文学》,1981年第4期,第43—46页。

与法国学派所强调的影响研究相比，唐纳德·A·吉布斯的这一表述又多了一层平行研究的内容。日本学者在比较文学层面对《山海经》的研究除前述影响研究之外，亦有平行研究的方法和内容。但是，与单纯意义上的平行研究相比，日本学者对《山海经》的比较研究始终处于跨文化的研究视野中。本节主要对日本学者在跨文化视野下的《山海经》研究进行探讨。

一、《山海经》与《圣经》

继武藤元信之后，佐佐木安五郎(1872—1934)在《读卖新闻》朝刊的文化专栏上发表了其连载作品《2900年前的西域探险日志》中的一篇《〈山海经〉与〈圣经〉》(1909)。在这篇文章中，佐佐木对《山海经》和《圣经》进行了比较，并找出《圣经》与《山海经》的一些相似之处。

《山海经·海内南经》云：

> "夏后启之臣孟涂，是司神于巴。人请讼于孟涂之所，其衣有血者执之，是请生。居山上；在丹山西。"[①]

关于《山海经·海内南经》中的这个孟涂与《圣经》中的摩西，佐佐木首先认为"夏后启之臣孟涂与摩西是同一模型的人"。[②] 佐佐木指出："同《圣经》中在西奈山看到神火的摩西的事迹一样，禹在崇山看到神火，而这个孟涂是禹的后继者启

① 袁珂：《山海经校注》，成都：巴蜀书社，1996年，第326页。
② 佐々木安五郎：『二千九百年前西域探検日誌』、日高有倫堂、1912年、第120頁。

之臣。”[①]《山海经》中的孟涂是掌管巴人诉讼之人，佐佐木发现《圣经》中的摩西也与诉讼有关。《摩西五经》是《希伯来圣经》最初的五部经典，《申命记》是《摩西五经》中的最后一卷，记载了摩西临终前对以色列百姓的最后训诫，其第五章中与禁令、律法相关的内容颇多。

《山海经·海内南经》中的孟涂对“其衣有血者”执之，《申命记》第十三章中有关于禁止“食血”和禁食“食血动物”的训诫。对此，佐佐木指出：

> “摩西说，血就是生命，你们不能将生命与肉同食。这也是《山海经》中‘其衣有血者执之’的理由，集中于‘是请生’三字中。‘生’即‘生命’，所谓‘请生’，是祈望生命存续之意。对照《圣经》，这一点极其一致。”[②]

由于《竹书纪年》卷三中也有“帝启八年，帝使孟涂如巴涖讼”这一记载，通过对《竹书纪年》所记孟涂的年代和《圣经》中摩西的年代进行研究，佐佐木指出：“将《圣经》中的摩西与《竹书纪年》中的孟涂进行对照的话，两者最远相差760年，最近相差不超过450年。”[③]佐佐木认为《竹书纪年》中“孟涂”一条中的“巴”，有可能是“巴卢”的“巴”，也有可能是“巴比伦”的“巴”，并对这两种可能的情况进行了进一步的推测。他甚至认为《山海经》和《竹书纪年》中的“孟涂”可能就是《圣经》中的摩西，二者可能为同一人。

当然，佐佐木的这种推测只是假设和猜测，并没有确切的

---

① 佐々木安五郎：『二千九百年前西域探検日誌』、日高有倫堂、1912年、第121頁。
② 佐々木安五郎：『二千九百年前西域探検日誌』、日高有倫堂、1912年、第122頁。
③ 佐々木安五郎：『二千九百年前西域探検日誌』、日高有倫堂、1912年、第123頁。

根据。笔者认为，佐佐木安五郎这一研究如同之后美国学者亨莉埃特·默茨（Henriette Mertz）在 *Pale Ink*①（1953）一书中认为《山海经》与美洲大陆有关一样，都是基于某些巧合基础上的想象式的推测。

《山海经》是“东方的上古奇书”，《圣经》是“西方的第一天书”。佐佐木安五郎对这两部原本毫无联系的东西方两大典籍进行比较研究，他的这一研究比较符合前述美国学者唐纳德·A·吉布斯所指出的比较文学所包含的内容之一，即对互相之间毫无联系的文学进行比较。这也正是比较文学研究方法之一的平行研究。佐佐木安五郎这一研究体现了一种跨文化研究的视野，这种跨文化研究视野的形成，与其身为政治家并曾在蒙古探险有关，也与当时正热衷于学习西方文明的日本的社会背景有很大关系。

二、《山海经》与希腊、印度、埃及神话

希腊有“西方文明的发源地”之称，希腊神话作为欧洲最早的文学形式，由“神的故事”和“英雄传说”两部分构成。同样是原始社会的精神产物，希腊神话与《山海经》神话是否有相似之处？这也是小川琢治等日本学者在《山海经》研究中留意到的问题。

继武藤元信、佐佐木安五郎之后，小川琢治发表了一系列与《山海经》相关的研究论文，例如《〈山海经〉篇目论》《关于〈山海经〉的错简》《作为中国上古地志的〈禹贡〉和〈山海经〉的价值》《中国上古的天地开辟及洪水传说》《昆仑与西王母》

① （美）亨莉埃特·默茨：《几近退色的记录——关于中国人到美洲探险的两份古代文献》，北京：海洋出版社，1993年。

等等，小川琢治也因此被誉为日本《山海经》研究的“第一人”。在小川琢治的这一系列论文中，有不少都体现了跨文化研究的视野，特别是在《山海经》神话的研究中，小川琢治的跨文化视野体现得尤为明显。以下便是具体的实例：

首先，早在《作为中国上古地志的〈禹贡〉和〈山海经〉的价值》(1912) 一文中，在论及《五藏山经》以外的经文时，小川琢治就指出：“其他记载异物、畸人、怪神等的海外、海内两经，有不少与麦加斯特尼斯和索利努等人的关于希腊古代的东方故事相符。”[①]

其次，在《中国上古的天地开辟及洪水传说》中，小川认为《楚辞·天问》中的神女“女岐”为嫦娥神话的原型，而《大荒西经》中的“常仪”就是嫦娥。当论及这两个神话的不同时，小川指出，希腊神话也非常混杂，不同的场所和不同时代形成的神话错综混杂。例如，希腊神话中的月神阿尔忒弥斯后又被当成处女神、丰产女神等。小川认为，“阿尔忒弥斯后来被混同着看作月神，这类似于女岐是嫦娥的异名，实为同一个人”。[②]关于《海外西经》中的“女丑之尸，生而十日炙杀之”[③]这一记述，小川认为“羿射炙杀女丑的十日，这跟赫拉克勒斯射太阳神的希腊神话很相似”。[④]关于《海内经》中“大禹治水”的神话，小川认为“这两人的神话，恰如希腊英雄传说中赫拉克勒斯的十二伟绩，即引两河之水一日扫除家畜之圂的疏水事业，并移走两大岩石，打通地中海和大西洋，竖起了海格力斯之柱”。[⑤]关于《北山经》中“精卫”神化为鸟的传说，小川指

---

① 小川琢治:『支那歴史地理研究』,東京:弘文堂書房、1928 年、第 169 頁。
② 小川琢治:『支那歴史地理研究』,東京:弘文堂書房、1928 年、第 182 頁。
③ 袁珂:《山海经校注》,成都:巴蜀书社,1996 年,第 262 页。
④ 小川琢治:『支那歴史地理研究』,東京:弘文堂書房、1928 年、第 184 頁。
⑤ 小川琢治:『支那歴史地理研究』,東京:弘文堂書房、1928 年、第 190 頁。

出:"这也见于蜀人的杜宇王的传说。希腊神话中宙斯的妻子海拉也是化为杜鹃的。"①

然后,在《昆仑与西王母》一文中,当论及"西王母"时,小川指出:"'西王母'蓬发戴华胜,又叫作'母',很明显是女神。可以想象,其跟半人半兽的神,即希腊神话中的宁芙、斯芬克斯、塞壬等类似。"② 在论及"崦嵫之山"等诸山时,小川又指出:"以昆仑之丘为中心的诸山,与《五藏山经》的其他部分相比,有许多的神,以帝为中心居住着。其情形,恰如希腊神话中奥林匹斯山的诸神。"③

从以上小川琢治对《山海经》神话的研究可以看出,小川并不是孤立的研究《山海经》中的某一个神话,而是以《山海经》及《楚辞》《淮南子》《尚书》《列子》《吕氏春秋》等上古文献为基本资料,互相参证,将与《山海经》有关的神话传说联系起来,并与希腊神话进行比较,处处彰显其跨文化研究的视野。

当然,小川琢治的跨文化视野并不仅仅局限于在论及《山海经》神话时提到类似的希腊神话,在论及《山海经》神话时,他还会提到类似的印度神话。例如,前述第六章关于神话学层面的研究中已经提到,小川在论及昆仑传说中的"弱水"时曾指出印度传说中也有一条类似"弱水"的没有浮力的河,即西拉斯河,在论及《西山经》中的"土蝼"和《海内经》中的"朱蛾"时,小川也指出印度和希腊也有"掘金蚁"的传说,并对印度和希腊的这个传说进行了比较。小川琢治在日本《山海经》研究史上的地位举足轻重,他的跨文化视野不仅为后世学者带来

① 小川琢治:『支那歴史地理研究』,東京:弘文堂書房、1928年、第196頁。
② 小川琢治:『支那歴史地理研究』,東京:弘文堂書房、1928年、第264頁。
③ 小川琢治:『支那歴史地理研究』,東京:弘文堂書房、1928年、第248頁。

很大影响，同时也树立了比较神话学的典范。

1969年，伊藤清司在《山川的诸神——〈山海经〉的研究》一文中论及《西山经》中的异兽“土蝼”时，提到了印度“掘金蚁”的传说。

> “麦加斯梯尼、希罗多德等希腊古代历史学家曾记载过印度北部沙漠里有掘金蚁的传说。传说大蚁能挖出地下埋藏的金子，偷金子的人们有时会被大蚁追上而丧命，为了逃避危险，人们会骑上跑得快的骆驼去偷金子。”①

从伊藤清司关于印度“掘金蚁”传说的记述可知，他可能接触过古希腊历史学家麦加斯梯尼（Megasthenes，前350—前290）的《印度志》和希罗多德（Herodotus，约前484—前425）的《历史》。但是，伊藤清司在文中提到“小川琢治因其将昆仑的土蝼与这个大蚁进行比较而备受关注”。② 从这一点可以看出，伊藤清司其跨文化研究视野的形成在某种程度上应是受到小川琢治的影响。

不仅如此，在之后的《无头神小论——〈山海经〉的民族学考察》一文中，伊藤清司在考察《海外西经》中的“刑天”和《大荒西经》中的“夏耕之尸”等古代中国的无头神时，留意到印度的锡克族所信仰的无头骑马神。

如前所述，伊藤清司在文中曾提到中国学者苏雪林（1897—1999）在《楚辞国殇新解》中认为《国殇》为祭祀无头

---

① 伊藤清司:「山川の神々(一)——「山海経」の研究」『史学』41(4)、1969年3月、第48頁。

② 伊藤清司:「山川の神々(一)——「山海経」の研究」『史学』41(4)、1969年3月、第48—49頁。

神的祭祀歌，这个无头神可能与印度旁遮普地区所信奉的无头神有关，进而推测这个无头神与印度的象面神迦尼萨可能为同一源流。由此可知，伊藤清司这一跨文化研究的视野在很大程度上是受到苏雪林的启发。

通过对古代中国的“无头神”传说进行考察，伊藤清司指出：“在中国有关无头神的传说中，也有与印度锡克族的无头神一样是骑在马上的。”[①] 但是，关于《山海经》中的“无头神”，伊藤清司却表达了这样的观点：“不能贸然断定《山海经》中关于无头神的记载是否直接受到印度无头神传说的影响。”[②] 对此，伊藤清司解释说他之所以这么认为，是因为即使在欧洲也有众所周知的眼睛长在胸上的无头族的传说。

由此可见，伊藤清司其跨文化视野的形成虽得益于小川琢治的影响和苏雪林的启发，但在《山海经》研究过程中，伊藤清司已经不自觉地以跨文化的视野研究《山海经》中的问题。

除小川琢治、伊藤清司外，从森三树三郎等学者的《山海经》研究中也能窥见跨文化的研究视野。例如，《大荒东经》云：

> “有谷曰温源谷。汤谷上有扶木。一日方至，一日方出，皆载于乌。”[③]

关于《大荒东经》中“皆载于乌”这一记述，森三树三郎在《中国古代神话》一书中指出：“将太阳和鸟类结合在一起的神话，还有埃及的太阳神霍鲁斯和拉被视为鹰和不死鸟的例子，

---

① 伊藤清司:「無頭神小論——山海経の民俗学的一考察」、中国大陸古文化研究会編『中国大陸古文化研究』(第3集:1966年5月)、風響社、1995年、第4頁。

② 伊藤清司:「無頭神小論——山海経の民俗学的一考察」、中国大陸古文化研究会編『中国大陸古文化研究』(第3集:1966年5月)、風響社、1995年、第4頁。

③ 袁珂:《山海经校注》,成都:巴蜀书社,1996年,第408页。

日本的金鵄等也属于同类之例。”[1]

从以上内容可知，日本学者在研究《山海经》神话的过程中，会联想到希腊、印度和埃及的同类型神话，这些都是日本学者跨文化的视野在《山海经》研究过程中的具体体现。

三、《山海经》与日本妖怪、诸神

如前所述，森三树三郎在论及《大荒东经》中的“皆载于乌”这一记述时不仅提到埃及的太阳神，还提到日本的金鵄。同森三树三郎一样，伊藤清司在研究《山海经》中的一些问题时，不仅会提到印度的神话传说，也时常会提到日本的妖怪和诸神。

《南山经》中有“其状如雕而有角，其音如婴儿之音，是食人”[2]的“蛊雕”，《中山经》中有“其状如牛，苍身，其音如婴儿，是食人”[3]的“犀渠”。1969年，伊藤清司在《山川的诸神——〈山海经〉的研究》一文的“山川的妖怪”一节中，当论及“蛊雕”“犀渠”等“其音如婴儿”的食人怪兽时，都会提到日本的妖怪也发出类似要吃人的吓人的声音。当论及《南山经》中的“九尾狐”时，伊藤也提到日本的“玉藻前”传说，指出日本的“九尾狐”传说源于中国。直到1986年，伊藤在《中国的神兽、恶鬼们——〈山海经〉的世界》一书中再次表达了同样的观点。不仅如此，当论及《中山经》中的水怪“马腹”时，伊藤提到日本的水怪“河童”。伊藤在论及《山海经》中的这些动物时，时常由此及彼，联想到日本的妖怪，这些都是其跨文化视

---

① 森三樹三郎:『中国古代神話』、清水弘文堂書房、1969年、第185頁。

② 袁珂:《山海经校注》，成都：巴蜀书社，1996年，第16页。

③ 袁珂:《山海经校注》，成都：巴蜀书社，1996年，第156页。

野的具体体现。

伊藤在论及《山海经》中的诸神时，也会提及日本类似的诸神。

《山海经》云：

> “符惕之山，其上多棕楠，下多金、玉，神江疑居之。是山也，多怪雨，风云之所出也。”① (《西次三经》)
>
> “萯山之首，曰敖岸之山，其阳多玉雩琈之玉，其阴多赭、黄金。神熏池居之。是常出美玉。北望河林，其状如蒨如举。有兽焉，其状如白鹿而四角，名曰夫诸，见则其邑大水。”② (《中次三经》)
>
> “光山，其上多碧，其下多木。神计蒙处之，其状人身而龙首，恒游于漳渊，出入必有飘风暴雨。”③ (《中次三经》)

在《山川的诸神——〈山海经〉的研究》一文的“风水之神”一节中，伊藤清司认为《西次三经》符惕之山的江疑既是山神，也是风水之神，《中次八经》光山的计蒙也是暴风雨之神。不仅如此，伊藤还指出：“日本也有许多栖居在高山、丘陵但司水的龙蛇之神”④，并举了多个例子证明。例如，日本龙蛇神的代表八歧大蛇就有“峰(丘)之灵”的意思。之后，在论及《中次三经》中“状如白鹿”且“见则其邑大水”的神兽夫诸时，伊藤又提到“《日本书纪》仁德六十七年一条中有记吉备国的

① 袁珂:《山海经校注》,成都:巴蜀书社,1996 年,第 64 页。
② 袁珂:《山海经校注》,成都:巴蜀书社,1996 年,第 150 页。
③ 袁珂:《山海经校注》,成都:巴蜀书社,1996 年,第 184—185 页。
④ 伊藤清司:「山川の神々(二)——「山海経」の研究」,『史学』42(1)、1969 年 8 月、第 74 頁。

川岛河之主大虬曾化为鹿身显灵。或许，状如鹿的夫诸也有可能是山神自身显灵时的化身”。[①]

从以上日本学者关于《山海经》中的神话和诸神的研究可知，与《山海经》同类型的诸神、神话不仅见于一衣带水的邻国日本，也见于距离遥远的希腊、印度和埃及。这也正如陈建宪所言：

> “神话可以看成是一系列叙事元素，同类型的神话故事不仅在地理相接、文化交流密切的民族间发现，在相距遥远、没有任何文化联系、不同民族中也存在。”[②]

笔者认为，在人类社会发展的漫长历程中，不同国家、不同民族很可能会有类似的神话和诸神传说。在这些相似的神话和诸神传说中，有些是同源神话和传说，有些并非同源，只是偶然的巧合。不管是否同源，对不同国家、不同民族类似的神话和诸神传说进行比较研究，都需要一种跨文化的视野。小川琢治、伊藤清司等日本学者在这方面早就站在了学术前沿。

小 结

自20世纪九十年代起，日本学者松田稔陆续发表了一些

① 伊藤清司:「山川の神々(二)——「山海経」の研究」『史学』42(1)、1969年8月、第77頁。

② 蔡艳菊：从洪水神话看比较神话学的研究方法和发展前景——陈建宪教授访谈录，《世界文学评论》，2008年第2期，第1—5页。

对《山海经》和《楚辞》《淮南子》《列子》等中国典籍中的相关记述进行比较的论文。2006年，松田稔的《〈山海经〉的比较的研究》[1]一书出版，其中分章节收入了《山海经》与《尚书》《列子》《吕氏春秋》《淮南子》《楚辞》等进行比较的诸多论文。书名虽为《〈山海经〉的比较的研究》，但书中所收入的论文中，除下编第二章《"精卫"传承的考察》的"'精卫'传承在日本的接受"这一部分属于比较文学层面的研究，其他论文并不属于比较文学的范畴。这也正如如张隆溪所言："比较是认识事物的一种方式，并非比较文学所独有。"[2]

杨乃乔在《比较文学概论》一书中认为法国学派和美国学派有一个共通点："两者把比较文学定位在从'国际学术视域'进行'文学研究'这两点上，是达成共识的。当然在'国际学术视域'这一概念下包含着跨语言、跨民族、跨文化与跨国界四个层面的意义。"[3]日本学者在比较文学层面对《山海经》的研究正是在"国际学术视域"中进行"文学研究"的具体体现，都具备"跨语言""跨民族""跨文化""跨国界"这些比较文学的标识性特征。

武藤元信的《风土记与山海经的类似》和佐佐木安五郎的《山海经与圣经》(1909)是日本《山海经》研究史上最早的两篇论文。这两篇论文中，前者强调《山海经》对日本《风土记》的影响，后者以跨文化的视野对《山海经》和《圣经》进行了比较。可以说，日本的《山海经》研究始于比较文学，武藤元信和佐佐木安五郎两位学者为后世学者在比较文学层面的《山海经》研究确定了方向。

① 松田稔:『「山海經」の比較的研究』、笠間書院、2006年。
② 张隆溪:《比较文学研究入门》，上海：复旦大学出版社，2009年，第1页。
③ 杨乃乔:《比较文学概论》(第三版)，北京：北京大学出版社，2006年，第73页。

《山海经》在日本的影响研究，也可以说是《山海经》在日本的接受研究。在《山海经》的影响研究方面，日本学者不仅关注《山海经》在日本的影响研究，也关注《山海经》在欧洲的影响研究。小川琢治、森三树三郎、伊藤清司等日本学者在对《山海经》中的神话、诸神进行研究时，处处彰显其跨文化研究的视野。日本学者对《山海经》和东西方同类型的神话、诸神进行跨文化的比较研究，不仅有很大的价值和意义，也为后世学者确立了比较神话学的典范。

杨乃乔在《比较文学概论》一书中曾经指出："中国比较文学研究最重要的特点是跨文化。"[①] 从日本学者对《山海经》的研究看来，同中国比较文学研究一样，"跨文化"也是日本学者在比较文学层面研究《山海经》的重要特点。

除以上日本学者从多个层面对《山海经》的研究之外，大多数日本学者在研究《山海经》的过程中，都对《山海经》学术史有所关注，有不少还对《山海经》学术史进行了深入研究。例如，冈本正的《关于〈山海经〉》[②]、小南一郎的《〈山海经〉研究的现状和课题》[③] 和武部健一的《〈山海经〉的内涵：从郭璞〈山海经注证〉的自序看其本质及意义》[④] 等等。在梳理中国《山海经》学术史的同时稍微提及日本学者的《山海经》研究，是这些学术史层面《山海经》研究的共同特点。

鉴于日本学者对中国《山海经》研究情况的熟悉以及他们

---

① 杨乃乔：《比较文学概论》（第三版），北京：北京大学出版社，2006年，第205页。

② 岡本正：「『山海經』について」、中国古代史研究会編『中国古代史研究』、吉川弘文館、1960年、第383—397頁。

③ 小南一郎：「「山海經」研究の現況と課題」、『中国社会と文化』（2）、1987年、第220—226頁。

④ 武部健一：「『山海経』の意味するもの：郭郛『山海経注証』の自序に見る、本質とその意義」、『成城国文学』（22巻）、2006年3月、第65—77頁。

在研究中大多以历代中国学者的研究为参考对象，笔者在对日本学者的《山海经》研究进行研究时也稍微提及中国学者的相关研究。但是，如同冈本正在《关于〈山海经〉》一文中仅提及小川琢治对《山海经》篇目、成书和作者的研究一样，小南一郎在《〈山海经〉研究的现状和课题》一文中仅列举了小川琢治和伊藤清司两位日本学者的研究，武部健一也只是提及小川琢治、前野直彬、松田稔的研究。的确，小川琢治、伊藤清司、前野直彬、松田稔这几位学者在日本《山海经》研究史上作出了很大的贡献，但其他众多日本《山海经》研究者的研究也不能轻易忽略。这正是笔者对日本学人的《山海经》研究进行综合研究的价值所在，也是笔者没有以学者划分章节而是以学术内容划分章节的原因。

总之，日本学者对《山海经》的研究涉及文献学、神话学、民俗学、地理学、博物学、比较文学、学术史等多个层面。对此，可以借用范开宏在《千古奇书——〈山海经〉》一文的结语作为总结：

> “无论《山海经》是一部什么性质的书，作者是谁，成书于何时，都不会影响它的价值，也不妨碍我们去阅读它。通过它，地理学家可以观察到山川物产的历史演变；民俗学家可以看出古代巫术的产生和嬗变；文学家可以看出小说的源头和风格；社会学家可以了解古代社会的社会概况和发展等。”①

① 范开宏：千古奇书——《山海经》，《河南图书馆学刊》，2004 年第 6 期，第 77—79 页。

结　语

《山海经》是中国文献典籍中比较特别的一部,也是中国古代文化对外传播的载体之一。

《山海经》中有关于日本的最早记录,一系列线索表明《山海经》自奈良时代或者更早时期就传入日本,《山海经》之名在奈良时代已成为日本贵族所熟知的对象。早在平安时代前期,日本已有《山海经》的藏本。平安时代中期或者更早些时候,《山海经》的内容已通过艺术的形式渗透到日本上层社会的日常生活,给当时的平安贵族带来不小影响。不论是平安时代的绘画作品,还是文学作品,抑或是文学价值较高的类书中,都可寻觅到《山海经》的诸多踪影。同平安时代一样,镰仓至安土桃山时代,《山海经》仍然以文学和艺术的形式渗透到日本社会,但与平安时代相比,《山海经》在这段时间内对日本社会的影响并不明显,散见的影响痕迹也从上层社会走向民间,为江户时代《山海经》在日本的广泛传播做了一定的铺垫。进入江户时代以后,诸多明、清版《山海经》传入日本,《山海经》在日本被广泛阅读。日本不仅出现了和刻本《山海经》,也出现了大量深受《山海经》影响的类书、绘画和文学作品等,《山海经》对日本的影响已经渗透到日本社会内部。

明治维新以后,日本虽仍有和刻本《山海经》出现。明治、大正时代,《山海经》对日本绘画和文学的影响并不像江户时代那么明显,但日本学者关于《山海经》的研究却一经发端便取得突破性成果。这些研究让日本学者认识到《山海经》的价值,对中日两国的《山海经》研究学者产生了重要影响,增进了日本人对《山海经》的了解。昭和时代的日本社会虽然激荡多变,社会文化也深受影响,但《山海经》在日本文学、艺术等方面的影响依然清晰可见,在学术领域也得到前所未有的重视。昭和时代前期的文学中,有不少《山海经》的影响痕迹。二战以后的昭和时代,有关《山海经》的介绍、翻译及日本《山海经》刊本的次第出现,对《山海经》在日本的传播起了很大的推动作用。日本学者对《山海经》更加关注,并取得大量《山海经》研究的成果。

20世纪90年代以来,《山海经》译本及其相关书籍的出版为《山海经》在日本传播方式的多元化奠定了文本基础。在日本各地举办的各种文化展览中,有许多涉及《山海经》相关的内容,这对《山海经》在日本的普及和推广起到了很大的宣传作用。日本各地举办的讲座和学术会议的演讲、发表中,《山海经》成为频繁出现的对象,这为《山海经》在当代日本的传播增添了“有声”的力量。日本不仅有大量《山海经》的研究成果,影视、网络等现代媒体对《山海经》在日本的传播也起了一定的促进作用。《山海经》在日本的传播方式呈现多元化倾向,《山海经》以多元的方式走进日本人的生活,被越来越多的日本人所认识和了解。

《山海经》在日本传播的过程中,还有一些一直都在无形中对《山海经》的传播起到推动作用的元素。例如,陶渊明的《读山海经·孟夏草木长》早在奈良时代就已走进日本的上层社会。在漫长的历史进程中,陶渊明的诗对日本文学产生了很大的影响，陶渊明及其诗也成为日本学术界广泛研究的对象。随着陶渊明的诗在日本的广泛流传，《读〈山海经〉十三首》也走入众多日本人的内心深处，日本人在无形中增进了对《山海经》的了解。与此类似的还有鲁迅的《阿长与〈山海经〉》。随着鲁迅作品在日本的广泛传播，《阿长与〈山海经〉》也随着鲁迅成为日本学者的研究对象，《山海经》也随之走进更多日本人的视野。另外，《天地瑞祥志》在日本的传播对《山海经》在日本的传播也起了一定的推动作用。

《山海经》从一开始传入日本之初就被当作编纂地志等的参考对象，并以艺术和文学的形式在日本扎根。直到今天，《山海经》以多元的形态透入到日本社会的方方面面。《山海经》在日本的传播与日本的社会文化背景有很大关系，不同的时代背景下，《山海经》在日本传播的轨迹和形式也不同。《山海经》在日本的传播过程中虽然也随着社会文化的变迁历经沉浮，却一直不断生根发芽、开枝散叶。一方面是由于《山海经》这部文献典籍作为中国古代文化的载体之一，它本身就蕴含着丰富的价值。另一方面，日本是一个善于学习外来文化的民族，这为《山海经》等中国典籍传入日本提供了合适的土壤。在漫长的历史进程中，《山海经》中的一些内容在与日本不同历史阶段的社会文化相契合的同时，也对日本的社会文化产生了多方面、多层次的影响，并在对日本社会文化产生影响的过程中被选择性地接受。诸多《山海经》元素在被接受的过程中发生了不同程度的变异，成为日本文化的一部分。

20世纪以来，《山海经》成为现代学术界所关注的对象，以《山海经》为研究对象的日本学者越来越多。日本不仅有多部研究《山海经》的专著，迄今为止公开发表的以《山海经》为主题的论文已有200余篇，在文中涉及《山海经》内容的专著和论文更是不计其数。日本学者的《山海经》研究已成为《山海经》在日传播的一股主要力量。

日本学者在文献学层面对《山海经》的研究涉及篇目、版本、成书、作者、错简讹字、注释等多个方面,其中以小川琢治的研究最为全面,不仅对中日两国学者产生很大的影响,也为日本学者在其他层面的《山海经》研究打下良好的基础。

《山海经》中蕴藏着极为丰富的神话和民俗资料,有极高的神话学和民俗学价值,日本学者作为这方面资料的研究和挖掘者,不仅对《山海经》中的"山岳神"和"山岳祭祀"、"水神"、"风神"和"方位神"等进行了探讨,也对"太阳"和"月亮"神话、"昆仑"和"西王母"神话、"精卫填海""夸父逐日""鲧禹治水"等神话以及"刑天""女魃""蚩尤"等神人都有所研究。根据《山海经》中的神话或祭祀记事等推测各山系的成书时间,是日本学者共同的特点之一。

自古以来,认为《山海经》为"地理志"或"博物志"的学者不在少数。《山海经》的地理学价值不可否认。武藤元信早就指出《山海经》作为中国最古老的地志,其可供参考的价值毋庸置疑。小川琢治不仅将《山海经》作为地志来理解和认识,而且特别强调《山海经》作为地志的价值,他对《山海经》地理学价值的重视对中日两国学者都产生了很大的影响。在狭义的"博物学"领域,日本学者对《山海经》中的植物、动物、矿物都有所研究,不仅关注这些物产的药效,而且对这些药物的使用方法有所研究。小川琢治指出《山经》体现了中国药物学的最原始思想,《山经》中的药物有辟邪之功效。中尾万三认为《山经》是为了方士们而作,并非地理之书。三浦三郎认为《山经》五篇所收录的药物是生活在原始社会的人们的必需之物,担任采药和施疗任务者为向山川诸神祈求招福辟邪的巫祝之类的人。伊藤清司认为《山海经》并非只是古代的地理书，也是与巫祝有关的人们紧密相关的书籍。松田稔的研究结论与伊藤清司基本一致，认为《山海经》中的动物、植物和矿物都与巫祝有关。中日两国学者都自发地认识到《山海经》中的动植物、矿物与医疗的关系，并进行了相关的研究，这是《山海经》本身所内含的博物学价值的体现。

日本的《山海经》研究始于比较文学，武藤元信和佐佐木安五郎两位学者为后世学者在比较文学层面的《山海经》研究确定了方向。日本学者不仅关注《山海经》在日本的影响研究，也关注《山海经》在欧洲的影响研究。《山海经》在日本的影响研究，也可以说是《山海经》在日本的接受研究。“跨文化”也是日本学者在比较文学层面研究《山海经》的重要特点。小川琢治、森三树三郎、伊藤清司等日本学者在对《山海经》的神话、诸神进行研究时，处处章显跨文化研究的视野。他们对《山海经》和东西方同类型的神话、诸神进行跨文化的比较研究，还为后世学者确立了比较神话学的典范。

日本学者在《山海经》研究的过程中，都对《山海经》学术史有所关注，有不少还对《山海经》学术史进行了深入研究。日本学者的《山海经》研究涉及比较文学、文献学、神话学、民俗学、地理学、博物学、学术史等多个层面。《山海经》研究既是一种传播手段，又是《山海经》透入日本社会的一种形态，也是《山海经》在日本社会产生影响的具体表现。日本学者的这些研究不仅让日本学者认识到《山海经》的价值，对后来的《山海经》研究学者产生重要影响，也增进了日本人对《山海经》的了解，对《山海经》在日本的传播和影响又能起到很大的推动作用。

"'汉籍东传'是一个充满生命力的创造性过程,是一种'活形态'。我们从事'汉籍在日本的研究'和'域外汉籍研究',正是沿着典籍本身行进中表现出的生命活力,追踪他们的轨迹,揭示内含的精神价值,透视其丰富多彩的时代特征。透过'汉籍东传',在一个层面上展现了中日两大民族共同努力创造东亚灿烂的古代文明的生命过程。"①

如严绍璗先生所言,作为"汉籍东传"的个案,《山海经》在日本传播的过程中也表现出丰富的生命力。对《山海经》传入日本的线索和轨迹进行追踪,对《山海经》透入日本文化的多元形态进行考察,对《山海经》在日本的研究进行梳理,对《山海经》在日本的影响进行把握,挖掘中日两国文学和文化的深层关系,不仅可以更好地明证中日文化交流的历史,更好地了解日本文化的内涵,而且也能够展现古代东亚文明共同体内中日两国共同创造古代文明的生命过程,对中国文化在海外的传播研究也能起到一定的促进作用。

《山海经》已经透入日本社会文化的深处,其影响已经渗透到日本社会的方方面面。关于《山海经》在日本影响的深度和广度,还需要进一步发现、挖掘、整理和研究,《山海经》对日本社会多元的价值意义也需要更深入的探讨。这是一个长期的过程,笔者将此作为今后的研究课题。

① 严绍璗:汉籍的东传与文化的对话,《中国典籍与文化》,2012(1),第27—38页。

参考文献

中文书目：

1.【西汉】司马迁：《史记》，北京：中华书局，1959年。

2.【东汉】王充：《论衡》，上海：上海古籍出版社，1990年。

3.【东汉】班固：《汉书》，北京：中华书局，1962年。

4.【梁】周兴嗣撰、（后梁）李逻注：《纂图附音增广古注千字文》（3卷），日本国立国会图书馆藏元和年3年（1617）活字印本。

5.【北魏】郦道元：《水经注》，北京：商务印书馆，1958年。

6.【清】汪绂释：《山海经存》，京都大学附属图书馆藏光绪二十一年（1895）刊本。

7.【清】郝懿行：《山海经笺疏》，阮氏琅嬛仙馆（京都大学附属图书馆藏），1809年。

8.【清】吴任臣：《山海经广注》，北京：商务印书馆，1937年（影印）。

9.【清】郭庆藩、王孝鱼点校：《庄子集释》，北京：中华书局，1961年。

10. 江侠庵编译：《先秦经籍考》，北京：商务印书馆，1912年。

11. 方毅编校：《辞源》，上海：商务印书馆，1915年。

12.（日）藤田丰八著、何健民译：《中国南海古代交通丛考》，北京：商务印书馆，1936年。

13. 袁珂：《中国古代神话》，北京：中华书局，1960年。

14. 郑文光：《中国天文学源流》，北京：科学出版社，1979

年。

15. 袁珂:《山海经校注》,上海:上海古籍出版社,1980年。

16. 严绍璗:《日本的中国学家》,北京:中国社会科学出版社,1980年。

17. 张隆溪选编《比较文学译文集》,北京:北京大学出版社,1982年。

18. 张舜徽:《中国文献学》,郑州:中州书画社,1982年。

19. 陈遵妫:《中国天文学史》,上海:上海人民出版社,1982年。

20. 吕子方:《中国科学技术史论文集》(下册),成都:四川人民出版社,1984年。

21. 袁珂:《山海经校译》,上海:上海古籍出版社,1985年。

22. 袁珂、周明:《中国神话资料萃编》,成都:四川省社会科学院出版社,1985年。

23. 钟敬文:《钟敬文民间文学论集》(下),上海:上海文艺出版社,1985年。

24. 中国《山海经》学术讨论会编辑:《山海经新探》,成都:四川省社会科学院出版社,1986年。

25. 严绍璗:《中日古代文学关系史稿》,长沙:湖南文艺出版社,1987年。

26. 叶舒宪选编:《神话——原型批评》,西安:陕西师范大学出版社,1987年。

27. 黄晖:《论衡校释》(第二册),北京:中华书局,1990年。

28. 陆坚、王勇:《中国典籍在日本的流传与影响》,杭州:杭州大学出版社,1990年。

29.(日)伊藤清司著,刘晔译:《〈山海经〉中的鬼神世界》,北京:中国民间文艺出版社,1990年。

30. 赵国璋、潘树广:《文献学辞典》,南昌:江西教育出版社,1991年。

31. 严绍璗:《汉籍在日本的流布研究》,南京:江苏古籍出版社,1992年。

32. 叶名:《中国神话传说》,北京:新华出版社,1993年。

33.(美)亨莉埃特·默茨:《几近退色的记录——关于中国人到美洲探险的两份古代文献》,北京:海洋出版社,1993年。

34. 马昌仪:《中国神话学文论选萃》,北京:中国广播电视出版社,1994年。

35. 宋柏年:《中国古典文学在国外》,北京:北京语言学院出版社,1994年。

36. 袁珂:《山海经校注》,成都:巴蜀书社,1996年。

37. 徐志啸:《中国比较文学简史》,武汉:湖北教育出版社,1996年。

38. 高有鹏、孟芳:《神话之源:〈山海经〉与中国文化》,郑州:河南大学出版社,2001年。

39. 马昌仪:《古本山海经图说》,济南:山东画报出版社,2001年。

40. 胡厚宣:《甲骨学商史论丛初集》,石家庄:河北教育出版社,2002年。

41. 李建国:《中国狐文化》,北京:人民文学出版社,2002年。

42. 马昌仪:《全像山海经图比较》,北京:学苑出版社,2003年。

43. 李庆:《日本汉学史》,上海:上海外语教育出版社,2004年。

44. 叶舒宪、萧兵、(韩)郑在书:《山海经的文化寻踪——"想象地理学"与东西文化碰撞》,武汉:湖北人民出版社,

2004 年。

45. 郭郛:《山海经注证》,北京:中国社会科学出版社,2004 年。

46. 徐南洲著、徐晓晴整理:《古巴蜀与〈山海经〉》,成都:四川出版集团,2004 年。

47. 鲁迅:《鲁迅全集》(第二卷),北京:人民文学出版社,2005 年。

48. 丁山:《古代神话与民族》,北京:商务印书馆,2005 年。

49. 王金林:《日本人的原始信仰》,银川:宁夏人民出版社,2005 年。

50. 杨乃乔:《比较文学概论》(第三版),北京:北京大学出版社,2006 年。

51. 严绍璗:《日藏汉籍善本书录》,北京:中华书局,2007 年。

52. 马昌议:《古本山海经图说》(增订珍藏版),桂林:广西师范大学出版社,2007 年。

53. (日)冨谷至著、刘恒武译:《木简竹简述说的古代中国——书写材料的文化史》,北京:人民出版社,2007 年。

54. (日)渡边洋著、张青编译:《比较文学研究导论》,北京:中国社会科学出版社,2007 年。

55. 白庚胜、叶舒宪主编:《神话中原—— 2006 中国神话学国际学术研讨会论文集》,郑州:大象出版社,2008 年。

56. 方韬译注:《山海经》,北京:中华书局,2009 年。

57. 茅盾:《中国神话研究初探》,上海:上海古籍出版社,2011 年。

58. 林文月译、清少纳言著:《枕草子》,南京:译林出版社,2011 年。

59. 严绍璗:《比较文学与文化"变异体"研究》,上海:复旦大学出版社，2011 年。

60. 王克林：《〈山海经〉与仰韶文化》，太原：山西人民出版社，2011 年。

61. 陈连山：《〈山海经〉学术史考论》，北京：北京大学出版社，2012 年。

62. 陈成：《山海经译注》，上海：上海古籍出版社，2012 年。

63. 陈桥驿译注、王东补注：《水经注》，北京：中华书局，2012 年。

64. 谢六逸：《日本文学·神话学 ABC》，郑州：中州古籍出版社，2016 年。

65. 严绍璗、刘渤：《中国与东北亚文化交流志》，北京：北京大学出版社，2016 年。

日文书目：

1.【奈良】神宅臣金太理 勘造：『出雲国風土記』、金築氏和藤原姓正恒〔写〕1728 年（国立国会図書館蔵）。

2.【平安】『続日本紀（巻 6）』（国史大系·第 2 巻）、経済雑誌社、1897—1901 年。

3.【平安】藤原佐世：『本朝見在書目録』、891 年。京都大学附属図書館所蔵『伴信友蔵書』第四十五冊、1831 年。

4.【平安】紫式部：『源氏物語』（巻三）、中央公論社、1939—1941 年。

5.【平安】『今昔物語集』（巻第 26）、近藤圭造（国立国会図書館蔵）、1882 年。

6.【江戸】寺島良安：『和漢三才図会』（上巻）、日本随筆大成刊行会、1928 年。

7.【江戸】風来山人：『風流志道軒伝』（巻 4）（国立国会

図書館蔵古典資料)刊年不明。

8.【江戸】鳥山石燕:『画図百鬼夜行』(前編)、長野屋勘吉出版(国立国会図書館蔵)、1805年。

9.【江戸】狩谷棭斎:『箋注倭名類聚抄』(巻第1)、印刷局、1883年。

10.【江戸】狩谷棭斎:『箋注倭名類聚抄』(巻第3)、印刷局(国立国会図書館蔵)、1883年。

11.【江戸】葛飾北斎:『北斎漫画』(3編)、片野東四朗出版(国立国会図書館蔵)、1878年。

12.【江戸】曲亭主人:『椿説弓張月:鎮西八郎為朝外伝』(続編巻1—3)、東京稗史出版社、1883年。

13.【江戸】竜沢馬琴:『殺生石後日怪談』,共隆社,1887年。

14. 佐々木安五郎:『二千九百年前西域探検日誌』、東京:日高有倫堂、1912年。

15. 冨田溪仙画:『山海経』、京都:富田燕巣楼、1912年。

16. 川田順:『山海経』、東京:東雲堂書店、1922年。

17. 物集高量校注:『新釈日本文学叢書·第4巻·竹取物語』、東京:日本文学叢書刊行会、1923年。

18. 田中貢太郎:『貢太郎見聞録』、大阪:大阪毎日新聞社、1926年。

19. 小川琢治:『支那歴史地理研究』、東京:弘文堂書房、1928年。

20. 小川琢治:『支那歴史地理研究続集』、東京:弘文堂書房、1929年。

21. 永井一孝:『源氏物語新考:集注』(第1巻)、東京:国民図書、1930年。

22. 高知県誌刊行会:「土佐山海経」、『高知県誌』、高知:

高知県誌刊行会、1933年。

23. 小川琢治:『支那古代地理学史』、(岩波講座地理学第1)、東京:岩波書店、1934年。

24. 佐久節:『陶淵明の詩』、東京:日本放送出版協会、1941年。

25. 清野謙次:『太平洋に於ける民族文化の交流』、東京:創元社、1944年。

26. 幸田露伴校閲:『陶淵明集:訳注』、東京:岩波書店、1948年。

27. 下中邦彦:『アジア歴史事典』、東京:平凡社、1960年。

28. 袁珂著、伊藤敬一、高畠穣、松井博光訳:『中国古代神話』、東京:みすず書房、1960年。

29. 森三樹三郎:『中国古代神話』、東京:清水弘文堂書房、1969年。

30. 小島憲之:『上代日本文学と中国文学』、東京:塙書房、1964年。

31. 永積安明、島田勇雄校注:『古今著聞集』(日本古典文学大系84)、東京:岩波書店、1966年。

32. 大庭脩:『江戸時代における唐船持渡書の研究』、大阪:関西大学東西学術研究所、1967年。

33. 本田済、沢田瑞穂、高馬三良訳:『抱朴子　列仙傳·神仙傳　山海經』(中国古典文学大系8)、東京:平凡社、1969年。

34. 貝塚茂樹:『中国の神話』、東京:筑摩書房、1971年。

35. 貝塚茂樹:『中国神話の起源』、東京:角川文庫、1973年。

36. 小池藤五郎校訂:『南総里見八犬伝』(九)、岩波書店、1973年。

37. 窪田蔵郎:『鉄の考古学』(改訂版)、東京:雄山閣、

1975 年。

38. 前野直彬訳注:『山海經·列仙傳』(全釈漢文大系 / 宇野精一、平岡武夫編、第 33 巻)、東京:集英社、1975 年。

39. 松前健:『出雲神話』、東京:講談社、1976 年。

40. 柳田国男:『妖怪談義』、東京:講談社、1977 年。

41. 中田祝夫編:『倭名類聚抄』、勉誠社文庫、1978 年。

42. 小松茂美編:『日本絵巻大成 25 能恵法師絵詞·福富草紙·百鬼夜行絵巻』、東京:中央公論社、1979 年。

43. 大庭脩:『江戸時代における中国文化受容の研究』、京都:同朋社、1984 年。

44. 小南一郎:『中国の神話と物語り』、東京:岩波書店、1984 年。

45. 真弓常忠:『古代の鉄と神々』、広島:学生社、1985 年。

46. 伊藤清司:『中国の神獣·悪鬼たち——山海経の世界』、東京:東方書店、1986 年。

47. 秋庭隆:『日本大百科全書 9』、東京:小学館、1986 年。

48. 白川静:『文字逍遥』、東京:平凡社、1987 年。

49. 湯川秀樹:「『山海経』の絵図を見て」、『湯川秀樹著作集 6』、東京:岩波書店、1989 年。

50. 奈良国立文化財研究所:『平城京長屋王邸宅と木簡』、東京:吉川弘文館、1990 年。

51. 高馬三良訳:『山海経——中国古代の神話世界』、東京:平凡社、1994 年。

52. 白川静:『文字逍遥』、東京:平凡社、1994 年。

53. 松田稔:『「山海経」の基礎的研究』、東京:笠間書院、1995 年。

54. 渡辺洋:『比較文学研究入門』、京都:世界思想社、

1997年。

55. 草野巧:『幻想動物事典』、東京:新紀元社、1997年。

56. 和島村教育委員会:『下ノ西遺跡:出土木簡を中心として』、新潟:和島村教育委員会、1998年。

57. 徐朝龍:『三星堆·中國古代文明の謎——史實としての『山海經』、東京:大修館書店、1998年。

58. 袁珂著、鈴木博訳:『中国神話·伝説大事典』、東京:大修館書店、1999年。

59. 田中貴子:『図説百鬼夜行絵巻をよむ』、河出書房新社、1999年。

60. 東方学会編:『東方学回想Ⅱ·先学を語る(2)』,東京:刀水書房、2000年。

61. 水木しげるほか:『新たなる13の旅へ(ワールド·ミステリー·ツアー13 = World mystery tour 13, 13;空想篇)』、同朋舎、2000年。

62. 伊藤清司監修:『怪奇鳥獣図巻——大陸からやってきた異形の鬼神たち』、東京:工作舎、2001年。

63. 近藤瑞木編:『百鬼繚乱——江戸怪談·妖怪絵本集成』、東京:国書刊行会、2002年。

64. 武田雅哉:「『山海経』——いまも息づく怪物幻想」、『朝日百科:世界の文学(全13巻)』(101号)、東京:朝日新聞社、2002年。

65. 長野市立博物館編:『あの世·妖怪 信州異界万華鏡』、長野:長野市立博物館、2003年。

66. 鳥山石燕:『画図百鬼夜行全画集』、東京:角川文庫、2005年。

67. 松田稔:『「山海経」の比較的研究』、東京:笠間書院、

2006 年。

68. 竹田晃、梶村永、高芝麻子、山崎藍:『穆天子伝·漢武故事·神異経·山海経他(漢·魏)』(中国古典小説選Ⅰ)、東京:明治書院、2007 年。

69. 九頭見和夫:「日本の「人魚」像——『日本書紀』からヨーロッパの「人魚」像の受容まで」、東京:和泉書院、2012 年。

70. 伊藤清司:『中国の神獣·悪鬼たち——山海経の世界』(増補改訂版)、東京:東方書店、2013 年。

71. 水野俊平、百元籠羊:『日·韓·中 トンデモ本の世界』、東京:サイゾー、2014 年。

72. 富谷至、目黒杏子、土口史記:『木簡と中国古代』、東京:研文出版、2015 年。

中文论文:

1. 蒋智由:《神话·历史养成之人物》,《新民丛报·谈丛》(第 36 号),1903 年。

2. 陆侃如:《论山海经的著作年代》,《新月》(第 1 卷第 5 期),1928 年 7 月。

3. 小川琢治著、蒋经三译:《山海经篇目考》,《语历所周刊百期纪念号》(清华大学图书馆藏),1929 年。

4. 钟敬文:《我国古代民众关于医药学的知识》,《民众教育季刊》,1932 年第 1 期。

5. 安志敏:《古代的糙面陶具》,《考古学报》,1957 年第 4 期。

6. 袁珂:《〈山海经〉"盖古之巫书"试探》,《社会科学研究》,1985 年第 6 期。

7. 钟敬文:《〈山海经〉是一部什么书》,《钟敬文民间文学论集(下)》，上海：上海文艺出版社，1985年。

8. 徐南洲：《〈山海经〉——一部中国上古的科技史书》，中国《山海经》学术讨论会编辑《山海经新探》，成都：四川省社会科学院出版社，1986年。

9. 谭其骧：《〈五藏山经〉的地域范围提要》，《山海经新探》，成都：四川省社会科学院出版社，1986年。

10. 严绍璗：《日本手抄室生寺本〈本朝见在书目录考略〉》，《古籍整理与研究》，1986年创刊号。

11. 张步天：《〈山海经〉研究史初论》，《益阳师专学报》，1998年第2期。

12. 张步天：《20世纪〈山海经〉研究回顾》，《青海师专学报》，1998年第3期。

13. 张步天：《20世纪〈山海经〉性质的讨论》，《益阳师专学报》，2000年第3期。

14. 马昌仪：《山海经图：中国古文化珍品》，《民俗研究》，2000年第3期。

15. 潘树广：《论古典文献学与现代文献学的交融》，《苏州大学学报》(哲学社会科学版)，2000年第4期。

16. 马昌仪：《山海经图：寻找〈山海经〉的另一半》，《文学遗产》，2000年第6期。

17. 张步天：《20世纪〈山海经〉作者和成书经过的讨论》，《益阳师专学报》，2001年第1期。

18. 马昌仪：《明代中日山海经图比较——对日本〈怪奇鸟兽图卷〉的初步考察》，《中国历史文物》，2001年第2期。

19. 马昌仪：《明刻山海经图探析》，《文艺研究》，2001年第3期。

20. 马昌仪：《〈山经〉古图的山神与祠礼》，《民族艺术》，

2001年第4期。

21. 马昌仪:《明代中日山海经图比较——对日本〈怪奇鸟兽图卷〉的初步考察》,《中国历史文物》,2002年第2期。

22. 胡远鹏:《纵观海内外〈山海经〉研究五十年》,《福建师范大学福清分校学报》,2003年S1期。

23. 马昌仪:《从战国图画中寻找失落了的山海经古图》,《民族艺术》,2003年第4期。

24. 马昌仪:《山海经图的传承与流播》,《广西民族学院学报(哲学社会科学版)》,2004年第2期。

25. 陈连山:《从"小说家言"到"神话之渊府"——关于中国现代神话学对〈山海经〉经典地位的塑造》,陈泳超编《民间文化青年论坛:中国民间文化的学术史观照》,黑龙江人民出版社,2004年。

26. 范开宏:《千古奇书——〈山海经〉》,《河南图书馆学刊》,2004年第6期。

27. 叶舒宪:《中国神话学百年回眸》,《学术交流》,2005(1)。

28. 马昌仪:《明清山海经图版本述略》,《西北民族研究》,2005年第3期。

29. 刘宗迪:《钟敬文先生的〈山海经〉研究》,《民族艺术》,2007年第1期。

30. 水口干记、陈小法:《日本所藏唐代佚书〈天地瑞祥志〉述略》,《文献》,2007年第1期。

31. 郑利锋:《〈日本国见在书目录〉著录〈山海经〉卷数考辨》,《山东图书馆季刊》,2007年第3期。

32. 蔡艳菊:《从洪水神话看比较神话学的研究方法和发展前景——陈建宪教授访谈录》,《世界文学评论》,2008年第

2 期。

33. 米彦军:《日本〈风土记〉论述》,《沧桑》,2011 年第 5 期。

34. 田兆元:《论神话学的民俗学路径》,《政大中文学报》(第十五期),2011 年 6 月。

35. 严绍璗:《汉籍的东传与文化的对话》,《中国典籍与文化》,2012 年第 1 期。

36. 张步天:《〈山海经〉在世界的传播》,王红旗著《山海经鉴赏辞典》,上海:上海辞书出版社,2012 年。

37. 李菲、张雯鹏、韩一充:《妖怪的力量——中日文学作品中妖怪的形象对比》,《青春岁月》,2013 年第 8 期。

38. 廖群:《〈山海经〉中的原始征兆信仰及其民俗学价值》,《民俗研究》,2006 年第 2 期。

39. (韩)朴胜鸿撰、(韩)李新春译:《〈天地瑞祥志〉编纂者研究》,《古典文献研究》,2014 年第 2 期。

40. 张西艳:《小川琢治的〈山海经〉研究》,《汉学研究》,2016 年秋冬卷。

41. 张西艳:《〈山海经〉中的"人鱼"形象在日本的变异》,《人文丛刊》,2015 年。

42. 吴国盛:《自然史还是博物学?》,《读书》,2016 年第 1 期。

43. 张西艳:《鲁迅眼中的〈山海经〉》,《长江大学学报(社科版)》,2016 年第 8 期。

44. 张西艳:《中日两国〈山海经〉图同时展现》,《中华读书报》,2019 年 10 月 30 日,第 19 版。

45. 张西艳:《〈山海经〉与日本江户文学》,《浙江学刊》,2019 年第 6 期。

46. 张西艳:《〈山海经〉东传日本考》,《中国典籍与文化》,

2020年第1期。

日文论文：

1. 武藤元信:「風土記と山海経との類似」、『東洋学芸雑誌』(306号)、1907年。

2. 小川琢治：「山海経篇目論」、『芸文』(2)、1911年。

3. 小川琢治：「山海経篇目論補遺」、『芸文』(2)、1911年。

4. 小川琢治：「山海経の錯簡に就て」、『芸文』(2)、1911年。

5. 小川琢治：「支那上古の地誌としての禹貢と山海経の価値」、『芸文』(3)、1912年。

6. 小川琢治:「支那上古の天地開闢及洪水伝説」、『芸文』(4)、1913年。

7. 小川琢治:「支那戦国以前の地理上知識の限界」、『芸文』(6)、1915年。

8. 小川琢治：「崑崙と西王母」、『芸文』(7)、1916年。

9. 小川琢治:「支那に於ける本草学の起源と神農本草経」、『史林』(4)、1919年。

10. 内藤湖南:「禹貢製作の時代」、『東亜経済研究』(第六巻第一号),1922年2月。

11. 神田喜一郎:「『山海経』より観たる支那古代の山岳崇拝」、『支那学』(第二巻第五号)、1922年。

12. 喜田貞吉:「「ケット」と「マット」」、『歴史地理』(第五八巻第五号)、1931年11月。

13. 中尾万三:「山海経を読む(三)」、『本草』(第13号)、1933年。

14．中尾万三:「山海経を読む」(四)」、『本草』(第14号)、1933年。

15．中尾万三:「山海経を読む」(六)」、『本草』(第16号)、1933年。

16．中尾万三:「山海経を読む」(五)」、『本草』(第15号)、1933年。

17．中尾万三:「山海経を読む」(九)」、『本草』(第19号)、1934年。

18．高馬三良:「山海經原始」、女子大文學(大阪女子大學紀要)(1)、1951年3月。

19．岡本正:「『山海經』について」、中国古代史研究会編『中国古代史研究』、吉川弘文館、1960年。

20．佐藤武敏:「春秋戦国時代の製鉄業」、『中国古代工業史の研究』、吉川弘文館、1962年。

21．伊藤清司:「無頭神小論——山海経の民俗学的一考察」、『中国大陸古文化研究』(第3集)、1966年5月。

22．伊藤清司:「山川の神々(一)——「山海経」の研究」、『史学』41(4)、1969年3月。

23．伊藤清司:「山川の神々(二)——「山海経」の研究」、『史学』42(1)、1969年8月。

24．伊藤清司:「山川の神々(三)——「山海経」の研究」、『史学』42(2)、1969年11月。

25．三浦三郎:「山海経薬物の性格について」、『薬史学雑誌』(十五周年記念号)、1969年。

26．伊藤清司:「山海経と鐵」『社会経済史の諸問題』(森嘉兵衛教授退官記念論文集)、法政大学出版、1969年。

27．伊藤清司:「古代中国の民間医療(一)——「山海経」

の研究」、『史学』42（4）、1970年3月。

28. 伊藤清司:「古代中国の民間医療(二)——「山海経」の研究」、『史学』43（3）、1970年12月。

29. 伊藤清司:「古代中国の民間医療(三)——「山海経」の研究」、『史学』43（4）、1971年5月。

30. 水津一郎:「小川琢治先生とその後の日本における歴史地理学」、『地理学評論』44（8）、1971年。

31. 伊藤清司:「「山海経」の薬物と太尾羊」(第24回日本人類学会日本民族学会連合大会発表抄録)、『民族学研究』36（2）、1971年9月。

32. 下斗米晟:「西王母研究」、『大東文化大學漢學會誌』(9巻)、1971年。

33. 栃尾武:「精衛の傳説とその資料」、『櫻美林大學中國文學論叢』(2巻)、1971年。

34. 駒井和愛:「西王母に関する『山海経』の記載」、『中国考古学論叢』、慶友社、1974年。

35. 松田稔:「異形山岳神小考——『山海經』を中心として」、『漢文學會會報』(第22輯)、1976年。

36. 伊藤清司:「『山海経』と軽石」、『史学』(第48巻第4号)、1978年。

37. 伊藤清司:「羬羊と箴石——『山海經』の研究」、『東洋史·考古學論集:三上次男博士頌壽記念』、朋友書店、1979年。

38. 松田稔:「「山海經」における山岳祭祀」、『國學院雜誌』(83巻2号)、1982年2月。

39. 伊藤清司:「『山海經』と玉」、『中國古代史研究』(5)、1982年。

40. 松田稔:「羊の犧牲から羊の怪へ——『山海經』の山岳祭祀の供犧を中心として」、『國學院高等學校紀要』(18)、1982年。

41. 松岡正子:「形天——『山海經』における「尸」と「舞」について」、『中國語文論叢』(2)、1983年。

42. 松田稔:「古代中國における神格の形状——『山海經』を中心として——」、『日本文學論究』(第42冊)、1983年5月。

43. 木内芳樹:「『山海經』に現われた古代説話の展開——帝俊説話を中心として——」、『大正大學大學院研究論集』(9)、1985年2月。

44. 松田稔:「『山海經』における風の記述——その神話的要素の考察」、『國學院女子短期大學紀要』(第4号)、1986年3月。

45. 松田稔:「『山海經』に見える太陽の記述——その神話的要素の考察」、『漢文學會會報』(第31輯)、1986年。

46. 木内芳樹:「『山海経』名物·祭祠一覽」、『櫻美林大學中國文學論叢」(11)、1986年。

47. 松岡正子:「『山海經』西次三經と羌族——昆侖之丘と羌の雪山について——」、『中国文学研究』(12)、1986年12月。

48. 松田稔:「転生の神話——「山海経」を中心とした中国神話の考察」、『学苑』(565)、1987年1月号。

49. 竹内康浩:「後漢時代における『山海經』——現行本の成立の問題について」、『道教と宗教文化』、平河出版社、1987年。

50. 小南一郎:「「山海經」研究の現況と課題」、『中国社会と文化』(2)、1987年。

51．松田稔:「『山海経』五藏山経の水の神」、『漢文學會會報』(第33輯)、1988年。

52．松田稔:「中国古代の神——「山海経」山経と海経との関係」、『学苑』(577)、1988年1月号。

53．松田稔:「『山海経』における鉱物観」、『國學院女子短期大學紀要』(創立五周年記念号)、1988年3月。

54．阪谷昭弘:「『山海経』黄帝女魃の形象について」、『學林』(13巻)、1989年。

55．奈良国立文化財研究所:「平城京発掘調査出土木簡概報」(二十二)、1990年5月。

56．松田稔:「『山海経』における山岳観」、『國學院中國學會報』(38輯)(西岡弘博士喜壽記念號)、1992年。

57．松田稔:「『山海経』郭璞注引書考」、『國學院女子短期大學紀要』(第11巻)、1993年3月。

58．櫻井龍彦:「郭璞『山海経』注の態度(下)、『中京大学教養論叢』(第35巻第1号)、1994年9月。

59．大野圭介:「劉歆「上山海経表」をめぐって」、『中国文学報』(51巻)、1995年10月。

60．松田稔:「『山海經』の「精衛」傳承成立考」、『國學院中國學會報』(43巻)、1997年。

61．松田稔:「『山海経』「精衛」の傳承の変容」、国学院大学院友学術振会編『新國學の展開』、おうふう、1997年。

62．岡田俊裕:「小川琢治の中国研究」、『地理学評論』(70)、1997年。

63．大野圭介:「『山海経』海内四経の成立」、『富山大学人文学部紀要』(28巻)、1998年3月。

64. 川崎晃:「古代史雑考二題——山海経と越中・能登木簡 」、『高岡市萬葉歴史館紀要 』(第 10 号)、2000 年 3 月。

65. 森和:『山海経 』五藏山経における山岳神祭祀 」、『日本中国学会報 』(53 巻)、2001 年。

66. 森瀬寿三:「『山海経 』の西漸 」、『或問 』(第 2 号)、2001 年。

67. 桐本東太、長谷山彰:「『山海経 』と木簡 : 下ノ西遺跡出土の繪畫板をめぐって 」、『史学 』(第 70 巻第 2 号)、2001 年。

68. 森和:「『山海経 』五藏山経における昆侖之丘 」、『史滴 』(23 巻)、2001 年 12 月。

69. 枋尾武:「明・蒋應鎬畫『山海経 』: 明刊本と和刻本 」、『成城國文學論集 』(29 巻)、2004 年 3 月。

70. 枋尾武:「明・蒋應鎬畫『山海經 』続: 明刊本と和刻本 」、『成城國文學論集 』(30 巻)、2005 年 3 月。

71. 志野敏夫:「美作中山神社とオオナムヂ・物部氏——中山神社社伝を中心として 」、『岡山理科大学紀要 』(第 41 号)、2005 年。

72. 武部健一:「『山海経 』の意味するもの : 郭秊『山海経注証 』の自序に見る、本質とその意義 」、『成城国文学 』(22 巻), 2006 年 3 月。

73. 吉本道雅:「山海経研究序説 」、『京都大学文学部研究紀要 』(46), 2007 年 3 月。

74. 武部健一:『「山海経 」研究の歴史とその現代的意義 』,『成城国文学 』(23) ,2007 年第 3 期。

75. 松岡芳恵:「大江文坡 の対外観 」、『東洋大学院紀要 』(45 集)、2008 年。

76. 栃尾武:「日本における山海経図——山海経絵と山

海異物」、『東洋学報』(第91巻4号)、2010年3月。

77. 水野耕嗣:「「手長足長」彫刻の発生とその展開——近世山車彫刻の図様に関する研究」、『飯田市美術博物館研究紀要』、2010(3)。

78. 柴葉子:「『山海経』の神話的研究——神話の編纂と変化」、『史觀』(第165冊)、2011年9月。

79. 石川了:「江戸狂歌におけるもう一つの古典知:『山海経』と『狂歌百鬼夜狂』のことなど」、『アジア遊学』(155巻)、2012(7)。

80. 劉捷:『天地瑞祥志』から見た『山海経』の受容と伝播、『東アジア研究』(13)、2015年3月。

中文硕士、博士论文:

1. 金凤龄:《东亚古代文献中司水的诸神——以〈古事记〉、〈山海经〉、〈三国遗事〉为中心》,东北师范大学硕士学位论文,2010年。

2. 李文博:《日本妖怪文化研究》,青海师范大学硕士学位论文,2013年。

3. 吴宜简:《从传说的妖怪到绘画的妖怪——浅谈日本妖怪文化艺术语言的转换与发展》,云南艺术学院硕士学位论文,2014年。

4. 刘捷:《〈山海经〉接受史研究》,山东大学博士学位论文,2015年。

5. 周娜:《山东京传的读本对中国古代文学、文化的接受研究》,北京外国语大学博士学位论文,2015年。

日文硕士、博士论文:

1. 谷川源:「平等院·金銅鳳凰(鳳凰堂中堂旧棟飾)の制作に関する考察」、三重大学2011年度修士論文。

2. 松浦史子:「六朝文学に於ける『山海経』の受容について:郭璞と江淹の場合」、 東京大学2009年度博士論文、甲第25241号。

日文报纸:

1.「長屋王邸の木簡　漢の地理誌「山海経」記す　天平年間に伝来　風土記の手本に?」、『読売新聞』、1990年11月24日「大阪朝刊」。

2.「「山海経」伝来は奈良時代　「長屋王邸」木簡に名　遣唐使が持ち帰る?」、『読売新聞』、1990年12月11日「東京夕刊」。

附录

附录1　日本《山海经》研究相关著作、论文目录

著作、译作等

1. 小川琢治 :『支那歴史地理研究』、弘文堂書房、1928年。

2. 小川琢治 :『支那歴史地理研究続集』、弘文堂書房、1929年。

3. 森鹿三 :「山海経」、下中邦彦編『アジア歴史辞典』(5)、平凡社、1959年。

4. 本田済、沢田瑞穂、高馬三良訳:『抱朴子　列仙傳·神仙傳　山海經』(中国古典文学大系8)、平凡社、1969年。

5. 本田済、沢田瑞穂、高馬三良訳 :『抱朴子　列仙伝·神仙伝　山海経』(中国の古典シリーズ4)、平凡社、1973年。

6. 前野直彬訳注:『山海經·列仙傳』(全釈漢文大系/宇野精一、平岡武夫編、第33巻)、集英社、1975年。

7. 伊藤清司:『中国の神獣·悪鬼たち——山海経の世界』、東方書店、1986年。

8. 李岳勲:『わたしの山海経 : 古代日本の風土記』、日野史談会、1991年。

9. 李岳勲、田中紀子 共著:『山海経絵図解読 : 日本太古の風土記』、日野史談会、1992年。

10. 高馬三良訳:『山海経——中国古代の神話世界』、平凡社、1994年。

11. 松田稔:『「山海經」の基礎的研究』、笠間書院、1995年。

12. 上野昭夫:『燕都の残照 天の巻(高氏山海経周辺と古史概考)』、『ツーワンライフ』、1996年。

13. 徐朝龍:『三星堆・中國古代文明の謎——史實としての『山海經』』、大修館書店、1998年。

14. 袁珂著、鈴木博訳:『中国神話・伝説大事典』、大修館書店、1999年。

15. 武田雅哉:「『山海経』——いまも息づく怪物幻想」、『朝日百科:世界の文学(全13巻)』、東京:朝日新聞社、2002年。

16. 松田稔:『「山海經」の比較的研究』、笠間書院、2006年。

17. 竹田晃、梶村永、高芝麻子、山崎藍:『穆天子伝・漢武故事・神異経・山海経他(漢・魏)』(中国古典小説選Ⅰ)、明治書院、2007年。

18. 松浦史子:『漢魏六朝における『山海経』の受容とその展開—神話の時空と文学・図像』、汲古書院,2012年。

19. 伊藤清司、慶應義塾大学古代中国研究会:『中国の神獣・悪鬼たち——山海経の世界』(増補改訂版)、東方書店、2013年。

论文

1. 武藤元信:「風土記と山海経との類似」、『東洋学芸雑誌』(306号)、1907年。

2. 佐々木安五郎:「山海経とバイブル」、『西域探検日誌:二千九百年前』(上巻)、日高有倫堂、1910年。

3. 小川琢治:「山海経篇目論」、『芸文』(2)、1911年。

4. 小川琢治:「山海経篇目論補遺」、『芸文』(2)、1911年。

5. 小川琢治:「山海経の錯簡に就て」、『芸文』(2)、

1911 年。

6. 小川琢治：「支那上古の地誌としての禹貢と山海経の価値」、『芸文』（3）、1912 年。

7. 小川琢治：「支那上古の天地開闢及洪水伝説」『芸文』（4）、1913 年。

8. 小川琢治：「崑崙と西王母」、『芸文』（7）、1916 年。

9. 小川琢治：「支那に於ける本草学の起源と神農本草経」、『史林』（4）、1919 年。

10. 小川琢治：「支那上古の開闢伝説補遺」、『芸文』（10）、1921 年。

11. 神田喜一郎：「『山海経』より観たる支那古代の山岳崇拝」、『支那学』（第二巻第五号）、1922 年。

12. 中尾万三：「山海経を読む (1) ～ (9)」、『本草』（第 13 ～ 20 号）、1933 ～ 1934 年。

13. 小川琢治：「山海経の地理学的価値」、『支那古代地理学史』、『岩波講座地理学』（第 1 ）、岩波書店、1934 年。

14. 赤津健寿：「五蔵山経について」、『大東文化学報』（第六輯）、1942 年。

15. 赤津健寿：「五蔵山経について（完）」、『大東文化学報』（第九輯）、1943 年。

16. 藤田元春：「山海経に記された倭国」、『上代日支交通史の研究』、刀江書院、1943 年。

17. 高馬三良：「山海經原始」、女子大文學（大阪女子大學紀要）（1）、1951 年 3 月。

18. 大原利武：「山海経と倭と蓋国に就りて」、『朝鮮』（212 号）、1953 年 1 月。

19. 岡本正：「『山海經』について」、中国古代史研究会編

『中国古代史研究』、吉川弘文館、1960年。

20. 伊藤清司:「并逢と協脅と——古代シナのいわゆる「怪力乱神」に関する一研究」、『史学』36(4)、1963年12月。

21. 伊藤清司:「無頭神小論——山海経の民俗学的一考察」、中国大陸古文化研究会編『中国大陸古文化研究』(第3集:1966年5月)、風響社、1995年。

22. 伊藤清司:「山川の神々(一)——「山海経」の研究」、『史学』41(4)、1969年3月。

23. 伊藤清司:「山川の神々(二)——「山海経」の研究」、『史学』42(1)、1969年8月。

24. 伊藤清司:「山川の神々(三)——「山海経」の研究」、『史学』42(2)、1969年11月。

25. 伊藤清司:「山海経と鐵」、『社会経済史の諸問題』(森嘉兵衛教授退官記念論文集)、法政大学出版、1969年。

26. 三浦三郎:「山海経薬物の性格について」、『薬史学雑誌』(創立十五周年記念号)、1969年。

27. 伊藤清司:「古代中国の民間医療(一)——「山海経」の研究」、『史学』42(4)、1970年3月。

28. 伊藤清司:「古代中国の民間医療(二)——「山海経」の研究」、『史学』43(3)、1970年12月。

29. 栃尾武:「精衛の伝承とその資料」、『桜美林大学中国文学論叢』(第二号)、1970年。

30. 松田稔:「山海経における災異」、『日本文学論究』(第30冊)、1971年3月。

31. 伊藤清司:「古代中国の民間医療(三)——「山海経」の研究」、『史学』43(4)、1971年5月。

32. 伊藤清司:「「山海経」の薬物と太尾羊」(第24回日

本人類学会日本民族学会連合大会発表抄録)、『民族学研究』36(2)、1971年9月。

33. 水津一郎:「小川琢治先生とその後の日本における歴史地理学」、『地理学評論』(第44巻8号)、1971年。

34. 下斗米晟:「西王母研究」、『大東文化大學漢學會誌』(9巻)、1971年。

35. 栃尾武:「精衛の傳説とその資料」、『櫻美林大學中國文學論叢』(2巻)、1971年。

36. 駒井和愛:「西王母に関する『山海経』の記載」、『中国考古学論叢』、慶友社、1974年。

37. 武者章:「卜辞に見える咸戊と咸」、『史学』47(4)、1976年。

38. 松田稔:「異形山岳神小考——『山海經』を中心として」、『漢文學會會報』(第22輯)、1976年。

39. 伊藤清司:「『山海経』と軽石」、『史学』(第48巻第4号)、1978年。

40. 立石広男:「流布本「山海経」の音注対校表(中沢信三先生退任記念号)」、『漢学研究』(16·17合併)、1978年9月.

41. 伊藤清司:「羬羊と箴石——『山海經』の研究」、『東洋史·考古學論集:三上次男博士頌壽記念』、朋友書店、1979年。

42. 伊藤清司:「古代中國の戰禍·劍難回避の呪法——『山海經』の研究」、『史學』(東洋史第50巻記念号)、1980年11月。

43. 三條彰久:「帝臺に関する若干の考察」、『史学』(東洋史第50巻記念号)、1980年11月。

44. 伊藤清司:「巫祝と戰爭——『山海經』の研究」、『池田末利博士古稀記念東洋學論集』、1980年。

45. 大久保莊太郎：「山海經について」、『羽衣學園短期大學研究紀要』(第17号、1980年。

46. 松田稔：「『山海經』における瑞祥」、『漢文學會會報』(第27輯)、1981年。

47. 松岡正子:「人魚傳説——『山海經』を軸として——」、『中國文學研究』(8)、1982年12月。

48. 松田稔:「「山海經」における山岳祭祀」、『國學院雜誌』(83卷2号)、1982年2月。

49. 松田稔:「羊の犧牲から羊の怪へ——『山海經』の山岳祭祀の供犧を中心として」、『國學院高等學校紀要』(18)、1982年。

50. 伊藤清司:「『山海經』と玉」、『中國古代史研究』(5)、1982年。

51. 松岡正子:「形天——『山海經』における「尸」と「舞」について」、『中國語文論叢』(2)、1983年。

52. 松田稔:「『山海経』における動物観」、『國學院女子短期大學紀要』(創刊号)、 1983年2月。

53. 松田稔:「古代中國における神格の形状——『山海經』を中心として——」、『日本文學論究』(第42冊)、1983年5月。

54. 松田稔:「『山海經』における植物觀」、『國學院女子短期大學紀要』(第2号)、1983年。

55. 松田稔:「「五采鳥」考——『山海經』における鳳の系譜——」、『漢文學會會報』(30卷)、1984年。

56. 松田稔:「陶淵明「讀山海經」考」、『國學院高等學校紀要』(第19輯)、1984年。

57. 木内芳樹:「『山海経』における古代説話の一考察」、

『中國學研究』(4)、1984年3月。

58. 門脇広文:「陶淵明ノート——「読山海経」第一首<頗迴故人車>の解釈について」、『東洋研究』(72)、1984年7月。

59. 伊藤清司:「『山海経』研究上の一課題」、『史學』(55卷第1号)、1985年8月。

60. 木内芳樹:「『山海經』に現われた古代説話の展開——帝俊説話を中心として——」、『大正大學大學院研究論集』(9)、1985年2月。

61. 伊藤清司:「『山海経』の民俗社会的背景」、『國學院雜誌』(第86卷第11号)、1985年11月。

62. 松田稔:「『山海經』における風の記述——その神話的要素の考察」、『國學院女子短期大學紀要』(第4号)、1986年3月。

63. 松岡正子:「『山海經』西次三經と羌族——昆侖之丘と羌の雪山について——」、『中国文学研究』(12)、1986年12月。

64. 木内芳樹:「『山海経』名物·祭祠一覽」、『櫻美林大學中國文學論叢」(11)、1986年。

65. 松田稔:「『山海經』に見える太陽の記述——その神話的要素の考察」、『漢文學會會報』(第31輯)、1986年。

66. 松田稔:「転生の神話——「山海経」を中心とした中国神話の考察」、『学苑』(565)、1987年1月号。

67. 小南一郎:「「山海經」研究の現況と課題」、『中国社会と文化』(2)、1987年。

68. 竹内康浩:「後漢時代における『山海經』——現行本の成立の問題について」、『道教と宗教文化』、平河出版社、1987年。

69. 大形徹:「『山海經』の「山經」に見える藥物と治療」、『中國古代養生思想の總合的研究』、坂出詳伸編、平河出版社、1988年。

70. 松田稔:「中国古代の神——「山海経」山経と海経との関係」、『学苑』(577)、1988年1月号。

71. 松田稔:「『山海経』における鉱物観」、『國學院女子短期大學紀要』(創立五周年記念号)、1988年3月。

72. 松田稔:「『山海経』五藏山経の水の神」、『漢文學會會報』(第33輯)、1988年。

73. 松田稔:「『山海経』の海経における絵画的要素」、『学苑』(590)、1989年1月号。

74. 伊藤清司:「異形の民——『山海経』の対周辺民族観」、『中國古代史研究』(第6卷)、1989年。

75. 阪谷昭弘:「『山海経』黃帝女魃の形象について」、『學林』(13卷)、1989年。

76. 松田稔:「山岳祭祀における玉——『山海経』を中心として」、『漢文學會會報』(第36輯)、1990年。

77. 竹内康浩:「海外諸経の成立——『山海経』現行本の成立の問題について(二)」、『史流』(31卷)、1991年3月。

78. 松田稔:「『山海経』の山経と海経」、『学苑』(627)、1992年1月。

79. 小島晋治:「魯迅「阿長と『山海経』をめぐって——保姆から聞いた「長毛」(太平天国)の話」、『人文研究:神奈川大学人文学会誌』(112)、1992年3月。

80. 谷本茂:「『周髀算経』『山海経』の里単位」、古田武彦編『「邪馬台国」徹底論争·第1卷』、東京:新泉社、1992年。

81. 松田稔:「『山海経』における山岳観」、『國學院中國

學會報』(38 輯)(西岡弘博士喜壽記念號)、1992 年。

82. 松田稔:「『山海経』郭璞注引書考」、『國學院女子短期大學紀要』(第 11 巻)、1993 年 3 月。

83. 松田稔:「中国古代の「帝」の伝承——『山海経』を中心として——」、『説話文学研究』(28 巻)、1993 年 6 月。

84. 松田稔:「日本文学主要作品中の『山海経』」、『國學院短期大學國文學會創立 10 周年記念論文集　日本文学の伝統』、1993 年。

85. 松田稔:「『山海經』の海外經と大荒經」、『學苑』649 巻、1994 年 1 月。

86. 櫻井龍彦:「『山海経』注にみる郭璞の『変化』論、『中京大学教養論叢』34 巻 3 号、1994 年 2 月。

87. 櫻井龍彦:「郭璞『山海経』注の態度(上)、『中京大学教養論叢』34 巻 4 号、 1994 年 5 月。

88. 竹内康浩:「『初学記』と『山海経』(上)、『史流』34 巻、1994 年 6 月。

89. 阪谷昭弘:「『山海経』鍾山条についての一試論——神々の闘争について」、『学林』(21)、1994 年 7 月。

90. 櫻井龍彦:「郭璞『山海経』注の態度(下)、『中京大学教養論叢』(第 35 巻第 1 号)、1994 年 9 月。

91. 野崎充彦:「不死の神話と思想—山海経·抱朴子·列仙伝·神仙伝についての研究」、『東方宗教』(85)、1995 年 5 月。

92. 武井滿幹:「陶淵明「読山海経」詩について」、『中国中世文学研究』(28 巻)、1995 年 9 月。

93. 大野圭介:「劉歆「上山海経表」をめぐって」、『中国文学報』(51 巻)、1995 年 10 月。

94. 松田稔:「『山海経』の巫と『楚辞』」、『國學院中國學會報』(第41輯)、1995年。

95. 伊藤清司:「「『山海経』の基礎的研究」松田稔——統計から『山海経』を読み解く大著」、『東方』(184)、1996年7月。

96. 阪谷昭弘:「松田稔著「『山海経』の基礎的研究」」、『学林』(25)、1996年9月。

97. 松田稔:「『尚書』禹貢と『山海経』——その記述意識の對比を中心として」、『国学院雑誌』(97巻11号)(中国学特集)、1996年11月。

98. 井波律子:「『山海経』——幻想の力」(特集　中国の博物学——絵入り百科・博物書の世界)、『月刊しにか』7(12)、1996年12月。

99. 伊藤直哉:「陶淵明『読山海經』其四について」、『東洋學論集:中村璋八博士古稀記念』、汲古書院、1996年。

100. 松田稔:「『山海経』「精衛」の傳承の変容」、国学院大学院友学術振会編『新國學の展開』、おうふう、1997年。

101. 松田稔:「『山海經』の「精衛」傳承成立考」、『國學院中國學會報』(43巻)、 1997年。

102. 阪谷昭弘:「『山海経』四方神考」、『学林』(28巻)、1998年3月。

103. 大野圭介:「『山海経』海内四経の成立」、『富山大学人文学部紀要』(28巻)、 1998年3月。

104. 松田稔:「『淮南子』墬形訓と『山海経』」、『國學院雑誌』(第99巻第10号)、1998年10月。

105. 田中紀子:「山海経と信濃の山々」、『信濃』(第50巻第10号)、1998年10月。

106. 大野圭介:「『山海経』大荒・海内経原始」、『富山大学人文学部紀要』(第30号)、1999年3月。

107. 中尾健一郎:「陶淵明「讀山海經」詩に見える『楚辭』の影響」、『東洋古典學研究』(7巻)、1999年5月。

108. 佐竹保子:「郭璞『山海経図賛』の文体と認識」、『西晋表現論』(第六章第一節)、日本東北大学博士学位論文、1999年12月。

109. 佐竹保子:「郭璞『山海経図賛』と『荘子』及び『荘子注』」、『西晋表現論』(第六章第二節)、日本東北大学博士学位論文、1999年12月。

110. 井波律子:「中国怪異ものがたり(11)空想旅行記」、『月刊しにか』(11巻2号)、2000年2月。

111. 阪谷昭弘:「『山海經』「海經」の誅罰説話をめぐって——「夭」「壽」「聖人」の概念について」、『立命館文學』(563巻)、2000年2月。

112. 寺沢友里:「古代中国の妖怪——『山海経』を中心に」、『長野国文』(8巻)、2000年3月。

113. 川崎晃:「古代史雑考二題——山海経と越中・能登木簡」、『高岡市萬葉歴史館紀要』(第十号)、2000年3月。

114. 佐竹保子:「見果てぬ夢——郭璞「山海経図賛」の叙法と認識」、『東洋古典學研究』(9号)、2000年5月。

115. 中野美代子:「『山海経』の世界を俯瞰する」、『ワールド・ミステリー・ツアー13』(空想篇)、2000年6月。

116. 大野圭介:「『山海経』海外四経原始」、『富山大学人文学部紀要』(33巻)、 2000年8月。

117. 松田稔:「『淮南子』の神話的記述と『山海経』——十日・共工・禹の治水を中心として——」、『国学院雑誌』(第

101 卷第 12 号)、2000 年 12 月。

118. 森和:「『山海経』五藏山経の世界構造」、『史滴』(22 卷)、2000 年 12 月。

119. 大野圭介:「「爰に理想郷有り」——『山海經』と『穆天子傳』の「爰有」——」、『興膳教授退官記念中國文學論集』、汲古書院、2000 年。

120. 森瀬寿三:「『山海経』の西漸」、『或問』(第 2 号)、2001 年。

121. 切畑健:西域南道·尼雅遺跡出土の経錦意匠にみる「伝統と想像」—『淮南子』と『山海経』の世界、『大手前大学人文科学部論集』(2 号)、2001 年。

122. 竹内康浩:「『初学記』と『山海経』(下)」、『史流』(40 卷)、2001 年 4 月。

123. 松田稔:「『淮南子』の崑崙·西王母と『山海經』」、『東洋文化』(第 86 号)、 2001 年 5 月。

124. 森和:「『山海経』五藏山経における昆侖之丘」、『史滴』(23 卷)、2001 年 12 月。

125. 森和:『山海経』五藏山経における山岳神祭祀」、『日本中国学会報』(53 卷)、2001 年。

126. 桐本東太、長谷山彰:「『山海経』と木簡:下ノ西遺跡出土の繪畫板をめぐって」、『史学』(70 卷 2 号)、2001 年。

127. 立石廣男:「郭璞の音注について(3)《山海經》全音注資料」、『日本大學文理學部人文科學研究所研究紀要』(63 卷)、2002 年 1 月。

128. 伊藤清司:「『山海経』図の本格的な研究——馬昌儀著『古本山海経図説』」、『東方』(255 卷)、2002 年 5 月。

129. 松田稔:「中国における太陽説話——『山海経』『列

子』の「逐日」を中心として」、『国学院中国学会報』(48巻)、2002年12月。

130. 松浦史子:「江淹「五色の筆」新考—『山海經』・郭璞の系譜から」、『中国詩文論叢』(21巻)、2002年12月。

131. 松田稔:「楚辞と『山海経』——その神話的記述の考察」(特集アジア世界の文化と交流)、『國學院雜誌』(103巻11号)、2002年。

132. 松田稔:「『列子』の神話的記述と『山海經』」、『傳統と創造の人文科學:國學院大學大學院文學研究科創設50周年記念論文集』、国学院大学大学院、2002年。

133. 張競:「動物幻想とその表象類型——『山海経』の幻想動物の形態的特徴をめぐって」、『明治大學教養論集』(363巻)、2003年1月。

134. 杤尾武:「明・蒋應鎬畫『山海経』:明刊本と和刻本』、『成城國文學論集』(29巻)、2004年3月。

135. 大野圭介:「蒼梧考」、『中国文学報』(68巻)、2004年10月。

136. 松田稔:「『山海經』の怪異」(特集アジアの怪)、『アジア遊學』(71巻)、2005年1月。

137. 杤尾武:「明・蒋應鎬畫『山海經』続:明刊本と和刻本』、『成城國文學論集』(30巻)、2005年3月。

138. 松田稔:「『山海経』における表現の考察」、『東洋文化』(95号)、2005年10月。

139. 松田稔:「『論衡』と『山海経』--「鬼門・神荼・鬱壘」の記述を中心として」、『國學院雜誌』(106巻11号)、2005年11月。

140. 武部健一:「『山海経』の意味するもの:郭郛『山海

経注証』の自序に見る、本質とその意義」、『成城国文学』(22巻),2006年3月。

141. 松浦史子:「崑崙と水——郭璞『山海経図讃』「崑崙丘」にみる水の宇宙」、『松浦友久博士追悼記念中国古典文学論集』、研友出版、2006年3月。

142. 竹内康浩:「『山海經』五藏山經の天下・國・邑」、『東方宗教』(108巻)、2006年11月。

143. 吉本道雅:「山海経研究序説」、『京都大學文學部研究紀要』(46巻)、2007年3月。

144. 武部健一:「『山海経』研究の歴史とその現代的意義」、『成城国文学』(23巻)、2007年3月。

145. 松浦史子:「江淹「遂古篇」について -- 郭璞『山海経』注との関わりを中心に」、『東洋文化研究所紀要』(151巻)、2007年3月。

146. 湯浅邦弘:「『山海経』『龍魚河図』『史記』の蚩尤像」、『戦いの神——中国古代兵学の展開』、研友出版、2007年9月。

147. 臼倉直樹:「『山海経』の形成過程及びその性質」、『立命館文學』(606巻)、2008年3月。

148. 陶淵明「讀山海經」詩の西王母像興膳宏、「陶淵明「讀山海經」詩の西王母像」、『中国文学報』(75巻)、2008年4月。

149. 大野圭介、「『山海経』五蔵山経と『管子』」、『富山大学人文学部紀要』(第49号)、2008年。

150. 松浦史子:「江淹「瑶草」考——郭璞「「ヨウ」草」の継承と展開」、『東洋文化研究所紀要』(155巻)、2009年3月。

151. 巨人の残照—『山海経』の奇異な国々、「王さまと九人の兄弟」の世界　君島久子著　岩波書店,2009年。

152. 松浦史子:「中国南陽の漢代画像石にみる独角獣について——『山海経』にみる異獣「「シ」のゆくえ(「美術に関する調査研究の助成」の研究報告)—(2009年度助成)」、『鹿島美術財団年報』(27巻)、2009年。

153. 松浦史子:「六朝文学に於ける『山海経』の受容について:郭璞と江淹の場合」、東京大学2009年博士論文、甲第25241号。

154. 杤尾武:「日本における山海経図 -- 山海経絵と山海異物」、『東洋学報』(91巻4号)、2010年3月。

155. 熊澤美弓:「神獣「白澤」と文化の伝播」、『愛知県立大学文化財研究所年報』(第3号)、2010年3月。

156. 柴葉子:「『山海経』の神話的研究——神話の編纂と変化」、『史觀』(第165冊)、2011年9月。

157. 松浦史子:「漢魏晋南北朝に於ける『山海経』の受容について:神話と政治·文学」、科学研究費補助金研究成果報告書、2011年。

158. 金鳳齢:「東アジアの水の神の役割について:『古事記』、『山海経』、『三国遺事』を中心に」、『外国語学会誌』(41巻)、2011年。

159. 金鳳齢:「東アジアの古代文献に見られる水神の誕生とその形態:『古事記』、『山海経』、『三国遺事』を中心に」、『外国語学研究』(13巻)、2012年。

160. 石川了:「江戸狂歌におけるもう一つの古典知:『山海経』と『狂歌百鬼夜狂』のことなど」、『アジア遊学』(155巻)、2012年7月。

161. 下西紀子:「Digital Mapを活用した『山海経』五蔵山経の成立に関する考察——「五蔵山経」の地理情報の可

視化に基づく検証」、『Core ethics ア・エシックス』(8巻)、2012年。

162. 増子和男:「『山海経』所載の獺怪?をめぐって」、『神話と詩:日本聞一多学会報』(11巻)、2013年3月。

163. 加藤文彬:「陶淵明「讀山海經」詩十三首考」、『六朝学術学会報』(14巻)、2013年3月。

164. 安本美典:「魏志倭人伝」外伝—中国古伝承のなかの「倭」(『山海経』のなかの「倭」;刺客、荊軻　ほか),『大炎上「三角縁神獣鏡＝魏鏡説」: これはメイド・イン・ジャパン鏡だ』(第五章)、勉誠出版、2013年3月。

165. 木村英樹:"有"構文の初出導入機能から見た『山海経』各経の内部差異,中国語文法論叢:木村英樹教授還暦記念,白帝社,2013年5月。

166. 劉捷:「『天地瑞祥志』から見た『山海経』の受容と伝播」、『東アジア研究』(13巻)、2015年3月。

167. 下西紀子:「統計的手法による『山海経』編著者の識別」、『Core ethics ア・エシックス』(第11巻)、2015年3月。

168. 劉捷:『天地瑞祥志』から見た『山海経』の受容と伝播、『東アジア研究』(13)、2015年3月。

169. 秋山陽一郎:「劉向・劉歆校書事業における重修の痕跡(上)——『山海経』と「山海経序録」の事例から」、『中国古代史論叢(八集)』(立命館東洋史学会叢書十一)、京都:田中プリント、2015年7月。

170. 董濤:「『山海経図讃』のテキストについて」、『東方宗教』(127)、2016年5月。

171. 松田稔:「『山海経』佚文考」、『国学院雑誌』117(11)、2016年11月。

172. 朽尾武:「『山海経』における神鳥鳳凰:異鳥なれど異鳥にあらず」、『成城国文学』(33)、2017年3月。

173. 朽尾武:「『山海経』の図像学序説 : 異鳥の同定」(成城学園創立100周年記念号)、『成城文藝』、2017年6月。

174. 尹青青:「『山海経』に見る帝俊説話——黄帝説話との比較を中心に」、『人文研紀要』(第88号)、2017年9月。

(整理时间:2017年10月)

附录2　日本"全国汉籍数据库"检索《山海经》藏本

1. 傅山先生山海經魚名 說文引說字者 清 傅山 書 清代 自筆鈔本 関大

2. 增補繪像山海經廣註十八卷 圖五卷 清 吳任臣 撰 清 吳志伊 注 清 刊 東北大

3. 山海經一卷 諸子平議補錄 群馬大

4. 山海經一卷 諸子平議諸子平議補錄 一橋大

5. 山海經一卷 諸子平議補錄 高知大

6. 山海經一卷 諸子平議補錄 二松學舍

7. 山海經一卷 諸子平議補錄 京産大

8. 山海經一卷 諸子平議補錄 広島大

9. 山海經一卷 諸子平議補錄 京大人文研 東方 jpg

10. 山海經一卷 讀書管見 京大人文研 東方

11. 山海經一卷 諸子平議補錄 東京都立 中央

12. 山海經一卷 清 俞樾 撰 諸子平議補錄 東大東文研

13. 山海經三卷 晉 郭璞 傳 景北京圖書館藏淳熙七年跋刊本 古逸叢書三編第四種 京大人文研 東方

14. 山海經十五卷 晉 郭璞 傳 日本 刊本 阪大総

15. 山海經十八册 晉 郭璞 撰 正統道藏太玄部第七十六函第六百七十五·六百七十六册 東北大

16. 山海經十八卷 四部叢刊正編子部第四六二～四六四

册 立命館大學

17. 山海經十八卷 四部叢刊正編子部第四六二～四六四册 立命館大學

18. 山海經十八卷 坿古今本篇目考一卷 晉 郭璞 傳 清 畢沅 撰篇目考 光緒三年 淛江書局 據經訓堂叢書本重刊 東大総

19. 山海經十八卷 坿古今本篇目考一卷 晉 郭璞 傳 清 畢沅 校 大字精校圈點註釋三十六子全書 東大総

20. 山海經十八卷 圖二卷 晉 郭璞 傳 明 胡文煥 增補重繪圖 明萬曆二十一年序 刊本 東洋文庫

21. 山海經十八卷 圖五卷 晉 郭璞 傳 筆記小說大觀四編第一第二册 京大人文研 東方

22. 山海經十八卷 圖五卷 晉 郭璞 傳 清 畢沅 校 光緒二十三年 圖書集成局 石印本 関大

23. 山海經十八卷 圖五卷 晉 郭璞 傳 清 畢沅 校 光緒二十年 善成堂 刊本 関大

24. 山海經十八卷 圖五卷 晉 郭璞 傳 清 畢沅 校 清光緒二十年 善成堂 仿畢氏圖註原本刊 東洋文庫

25. 山海經十八卷 圖五卷 晉 郭璞 傳 清 畢沅 校 清光緒十六年 學庫山房 仿畢氏圖註原本校刊 大阪府立 中之島

26. 山海經十八卷 坿圖五卷 晉 郭璞 撰 光緒二十三年 圖書集成局 活字刊本 九大 六本松

27. 山海經十八卷 坿圖 晉 郭璞 傳 明 蔣應鎬 繪圖 大坂河內屋吉兵衛 後印本 東大総

28. 山海經十八卷 坿圖 晉 郭璞 傳 明 蔣應鎬 繪圖〔江戶中期〕刻本 中央大

29. 山海經十八卷 坿圖 晉 郭璞 傳 明 蔣應鎬 繪圖 江戶刊本 東大総

30. 山海經十八卷 坿圖 晉 郭璞 傳 明 蔣應鎬 繪圖 江戶刊本 東大総

31. 山海經十八卷 坿圖 晉 郭璞 傳 明 蔣應鎬 繪圖 江戶後期 刻本 伊那市立高遠町

32. 山海經十八卷圖五卷 晉 郭璞 傳 清 畢沅 校 光緒十四年 上海掃葉山房 據畢氏靈巖山館本校刊 圖朱墨套印 東大東文研

33. 山海經十八卷 圖讚一卷 晉 郭璞 注 光緒 版 岡大資生研

34. 山海經十八卷 圖讚一卷 敍錄一卷 坿訂譌一卷 晉 郭璞 傳并撰圖讚 清 郝懿行 箋疏并撰訂譌 清光緒十三年(一八八七)程氏永凝堂 校刻本 中央大

35. 山海經十八卷 圖讚一卷 坿補註一卷 晉 郭璞 傳併撰圖讚 明 楊慎 撰補註 光緒元年 武昌崇文書局 刊本 子書百家之一 東大総

36. 山海經十八卷 圖讚一卷 坿補註一卷 晉 郭璞 傳併撰圖讚 明 楊慎 撰補註 光緒元年 武昌崇文書局 刊本 子書百家之一 東大総

37. 山海經十八卷 圖讚一卷 坿訂譌一卷 卽山海經箋疏 晉 郭璞 傳併撰圖讚 清 郝懿行 箋疏併撰訂譌 一九九一年 北京中國書店 用光緒十二年上海還讀樓校刊本景印 海王邨古籍叢刊之一 京大人文研 東方

38. 山海經十八卷 圖讚一卷 坿訂譌一卷 卽山海經箋疏 晉 郭璞 傳併撰圖讚 清 郝懿行 箋疏併撰訂譌 一九八五年 成都巴蜀書社 用光緒十三年上海還讀樓校刊本景印 京大人文研 東方

39. 山海經十八卷 圖讚一卷 訂譌一卷 敍錄一卷 晉 郭璞

注 清 郝懿行 疏 清嘉慶十四年序 刊 国士舘

40. 山海經十八卷 圖讚一卷 坿訂譌一卷 晉 郭璞 傳併撰 圖讚 清 郝懿行 箋疏併撰訂譌 嘉慶十四年 儀徵阮元琅嬛僊館刊 光緒八年 東路廳同知郝聯薇 修本 郝氏遺書之一 東大総

41. 山海經十八卷 坿山海經五方山經章首山名題目不分卷 晉 郭璞 傳 清 畢沅 校 日本 森約之 撰坿 元治元年(一八六四)森約之 據靈巖山館刊本鈔 関大

42. 山海經十八卷 坿山海經古今本篇目考 晉 郭璞(傳)清 畢沅(撰)(附)子書二十二種第三十六册 立命館大學

43. 山海經十八卷 坿山海經古今本篇目考 晉 郭璞(注)經訓堂叢書第一~三册 立命館大學

44. 山海經十八卷 坿山海經古今篇目考 晉 郭璞(傳)清 畢沅(撰)(篇目考)二十二子第八〇~八二册 立命館大學

45. 山海經十八卷 卽山海經圖 晉 郭璞 注 明 蔣應鎬 畫 明 刊 公文書館

46. 山海經十八卷 山海經圖讚一卷 訂僞一卷 晉 郭璞 傳 清 郝懿行 箋疏訂僞 清嘉慶十四年序 刊本 東洋文庫

47. 山海經十八卷 敘錄一卷 訂譌一卷 圖讚一卷 晋 郭璞 傳 清 郝懿行 箋疏 覆棲霞郝氏遺書本 龍谿精舍叢書史部所收 神戶大

48. 山海經十八卷 晉 郭樸 傳 景江安傅氏雙鑑樓明成化庚寅刊本 四部叢刊子部 東大東文研

49. 山海經十八卷 晉 郭璞 子書百家 小說家異聞類 第六十二·六十三册 国士舘

50. 山海經十八卷 晉 郭璞 增定古今逸史第七册 静嘉堂文庫

51. 山海經十八卷 晉 郭璞 子書百家小說家異聞類 東京

都立 中央

52. 山海經十八卷 晉 郭璞 傳 古今逸史第十三至十五册 東北大

53. 山海經十八卷 晉 郭璞 傳 刊 東北大

54. 山海經十八卷 晉 郭璞 傳 刊 東北大

55. 山海經十八卷 晉 郭璞 傳 子書百家小說家異聞類第八十七至八十八册 東北大

56. 山海經十八卷 晉 郭璞 傳 景印元明善本叢書第六至九帙古今逸史逸志分志 東北大

57. 山海經十八卷 晉 郭璞 傳 子書百家小說家異聞類 東大総

58. 山海經十八卷 晉 郭璞 傳 祕書二十一種 東大総

59. 山海經十八卷 晉 郭璞 傳 江安傅氏雙鑑樓藏成化六年刊本 四部叢刊 子部 東大総

60. 山海經十八卷 晉 郭璞 傳 江安傅氏雙鑑樓藏明成化六年刊本 四部叢刊子部 一橋大

61. 山海經十八卷 晉 郭璞 傳 古今逸史逸志分志 一橋大

62. 山海經十八卷 晉 郭璞 傳 百子全書小說家異聞類 一橋大

63. 山海經十八卷 晉 郭璞 傳 江安傅氏雙鑑樓藏成化六年刊本 四部叢刊子部 新潟大

64. 山海經十八卷 晉 郭璞 傳 江安傅氏雙鑑樓藏成化六年刊本 四部叢刊初編子部 新潟大

65. 山海經十八卷 晉 郭璞 傳 百子全書小說家異聞類 京大文

66. 山海經十八卷 晉 郭璞 傳 景江安傅氏雙鑑樓藏明成化六年刊本 四部叢刊子部 京大文

67. 山海經十八卷 晉 郭璞 傳 欽定四庫全書第一千四十二册 子部第三百四十八 京大人文研 本館

68. 山海經十八卷 晉 郭璞 傳 祕書二十一種 阪大総

69. 山海經十八卷 晉 郭璞 傳 景江安傅氏雙鑑樓藏明成化庚寅刊本 四部叢刊子部 阪大総

70. 山海經十八卷 晉 郭璞 傳 百子全書小說家異聞類 愛媛大

71. 山海經十八卷 晉 郭璞 傳 景江安傅氏雙鑑樓藏成化六年刊本 四部叢刊子部 愛媛大

72. 山海經十八卷 晉 郭璞 傳 子書百家小說家異聞類 高知大

73. 山海經十八卷 晉 郭璞 傳 江安傅氏雙鑑樓藏成化六年刊本 四部叢刊子部 高知大

74. 山海經十八卷 晉 郭璞 傳 四部叢刊子部 九大

75. 山海經十八卷 晉 郭璞 傳 百子全書小說家異聞類所收 長崎大 経済

76. 山海經十八卷 晉 郭璞 傳 子書百家小說家異聞類 神外大

77. 山海經十八卷 晉 郭璞 傳 景江安傅氏雙鑑樓藏明成化六年刊本 四部叢刊子部第四六五·四六六册 神外大

78. 山海經十八卷 晉 郭璞 傳 景江安傅氏雙鑑樓 藏明成化庚寅刊 四部叢刊子部之一 二松學舍

79. 山海經十八卷 晉 郭璞 傳 江安傅氏雙鑑樓藏成化六年刊本 四部叢刊 子部 二松學舍

80. 山海經十八卷 晉 郭璞 傳 江安傅氏雙鑑樓藏成化六年刊本 四部叢刊正編 024 愛知学院大

81. 山海經十八卷 晉 郭璞 傳 欽定四庫全書第

一千四十二册 子部第三百四十八 愛知学院大

82. 山海經十八卷 晉 郭璞 傳 子書百家小說家異聞類 金城学院大

83. 山海經十八卷 晉 郭璞 傳 江安傅氏雙鑑樓藏明成化六年刊本 四部叢刊子部 金城学院大

84. 山海經十八卷 晉 郭璞 傳 日本 刊本 関大

85. 山海經十八卷 晉 郭璞 傳 廿二子彙函上册家 民博

86. 山海經十八卷 晉 郭璞 傳 百子全書五十一 民博

87. 山海經十八卷 晉 郭璞 傳 祕書廿一種 千葉縣立 中央

88. 山海經十八卷 晉 郭璞 傳 道藏擧要第七類 東大東文研

89. 山海經十八卷 晉 郭璞 傳 祕書廿一種 東大東文研

90. 山海經十八卷 晉 郭璞 傳 覆經訓堂叢書本 叢書集成初編 東大東文研

91. 山海經十八卷 晉 郭璞 傳 子書百家小說家異聞類 東大東文研

92. 山海經十八卷 晉 郭璞 傳 鈔本 東大東文研

93. 山海經十八卷 晉 郭璞 傳 古今逸史逸志分志 広島大

94. 山海經十八卷 晉 郭璞 傳 百子全書小說家異聞類 広島大

95. 山海經十八卷 晉 郭璞 傳 江安傅氏雙鑑樓藏明成化六年刊本 四部叢刊子部 広島大

96. 山海經十八卷 晉 郭璞 傳 子書百家小說家異聞類第八八·八九册 大阪府立 中之島

97. 山海經十八卷 晉 郭璞 傳 古今逸史逸志分志第一五至一七册 大阪府立 中之島

98. 山海經十八卷 晉 郭璞 傳 景江安傅氏雙鑑樓藏明成

化庚寅刊本 四部叢刊子部第四六五·四六六册 大阪府立 中之島

99. 山海經十八卷 晉 郭璞 傳 江安傅氏雙鑑樓藏成化六年刊本 四部叢刊子部 神戸市立中央

100. 山海經十八卷 晉 郭璞 傳 子書百家小說家異聞類所收 九大 六本松

101. 山海經十八卷 晉 郭璞 傳 子書百家小説家異聞類 京大人文研 東方 jpg

102. 山海經十八卷 晉 郭璞 傳 古今逸史逸志分志 京大人文研 東方

103. 山海經十八卷 晉 郭璞 傳 秘書二十一種 京大人文研東方

104. 山海經十八卷 晉 郭璞 傳 江安傅氏雙鑑樓藏成化六年刊本 四部叢刊子部 京大人文研 東方

105. 山海經十八卷 晉 郭璞 傳 江安傅氏雙鑑樓藏成化六年刊本 四部叢刊子部 京大人文研 東方

106. 山海經十八卷 晉 郭璞 傳 百子全書第七册 京大人文研 東方

107. 山海經十八卷 晉 郭璞 傳 欽定四庫全書第一千四十二册 子部第三百四十八 京大人文研 東方

108. 山海經十八卷 晉 郭璞 傳 古今逸史第七册 蓬左文庫

109. 山海經十八卷 晉 郭璞 傳 古今逸史第十五至十七册 国会

110. 山海經十八卷 晉 郭璞 傳 祕書二十一種第七、八册 国会

111. 山海經十八卷 晉 郭璞 傳 成化刊 四部叢刊子部第一千二百八十五、一千二百八十六册 国会

112. 山海經十八卷 晉 郭璞 傳 子書百家小說家異聞類 新潟県図

113. 山海經十八卷 晉 郭璞 傳 江安傅氏雙鑑樓藏明成化戊子刊本 四部叢刊子部 岡山県図

114. 山海經十八卷 晉 郭璞 傳 百子全書小說家異聞類 岡山県図

115. 山海經十八卷 晉 郭璞 傳 四部叢刊子部第四百六十六·四百六十七册 静嘉堂文庫

116. 山海經十八卷 晉 郭璞 傳 古今逸史逸志 分志 前田育德会

117. 山海經十八卷 晉 郭璞 傳 山水經 前田育德会

118. 山海經十八卷 晉 郭璞 傳 子書百家小說家異聞類第八十七至八十九册 東京都立 中央

119. 山海經十八卷 晉 郭璞 傳 子書百家小說家異聞類 東京都立 中央

120. 山海經十八卷 晉 郭璞 傳(增定)古今逸史逸史 分志 東京都立 中央

121. 山海經十八卷 晉 郭璞 傳 歙縣項氏群玉書堂 校刊本 東洋文庫

122. 山海經十八卷 晉 郭璞 傳 子書百家小說家異聞類 東洋文庫

123. 山海經十八卷 晉 郭璞 傳 祕書廿一種 東洋文庫

124. 山海經十八卷 晉 郭璞 傳 日本 刊本 市立米沢

125. 山海經十八卷 晉 郭璞 傳 □ 蔣應鎬 繪圖 日本 刊本 東洋文庫

126. 山海經十八卷 晉 郭璞 傳 乾隆中 天都黃晟槐蔭草堂校刊本 新潟大

127. 山海經十八卷 晉 郭璞 傳 乾隆十八年序 天都黃晟槐蔭草堂 覆康熙五十三年五十四年歙縣項絪羣玉書堂刊本 東大総

128. 山海經十八卷 晉 郭璞 傳併圖讃 道藏太玄部 東大東文研

129. 山海經十八卷 晉 郭璞 傳併圖讃 道藏太玄部所收 九大 六本松

130. 山海經十八卷 晉 郭璞 傳併圖讃 道藏舉要第一百六十八、一百六十九册 国会

131. 山海經十八卷 晉 郭璞 傳併撰圖讃 道藏太玄部 一橋大

132. 山海經十八卷 晉 郭璞 傳併撰圖讃 道藏太玄部 新潟大

133. 山海經十八卷 晉 郭璞 傳併撰圖讃 道藏太玄部 京大人文研 本館

134. 山海經十八卷 晉 郭璞 傳併撰圖讃 道藏太玄部 京大人文研 東方

135. 山海經十八卷 晉 郭璞 傳併撰圖讃 道藏第二十一册太玄部 京大人文研 東方

136. 山海經十八卷 晉 郭璞 傳併撰圖讃 道藏太玄部 京大人文研 東方

137. 山海經十八卷 晉 郭璞 傳 光緒三年 刊 二十二子 東大総

138. 山海經十八卷 晉 郭璞 傳 光緒三年(一八七七)[杭州]浙江書局 民博

139. 山海經十八卷 晉 郭璞 傳 明 刊本 大阪府立 中之島

140. 山海經十八卷 晉 郭璞 傳 明 吳中珩 校 祕書二十一

種 九大

141. 山海經十八卷 晉 郭璞 傳 明 吳中珩 校 清 刊本 千葉縣立 中央

142. 山海經十八卷 晉 郭璞 傳 明 楊慎 補注 明治三十五年 名古屋梶田勘助 刊 国会

143. 山海經十八卷 晉 郭璞 傳 明 蔣應鎬 書 刊本 明治中重印 千葉縣立 中央

144. 山海經十八卷 晉 郭璞 傳 明 蔣應鎬 畫 日本 刊本 宮城県図

145. 山海經十八卷 晉 郭璞 傳 明 蔣應鎬 畫 刊 後印 三康

146. 山海經十八卷 晉 郭璞 傳 明 蔣應鎬 畫 日本 刊本 新潟大

147. 山海經十八卷 晉 郭璞 傳 明 蔣應鎬 畫 明 刊 国会

148. 山海經十八卷 晉 郭璞 傳 明 蔣應鎬 畫 明治三十五年 名古屋市梶田勘助 刊本 大阪府立 中之島

149. 山海經十八卷 晉 郭璞 傳 明 蔣應鎬 畫 刊 明治三十五年 印 東京都立 中央

150. 山海經十八卷 晉 郭璞 傳 明 蔣應鎬 畫 江戶 刊 国会

151. 山海經十八卷 晉 郭璞 傳 明 蔣應鎬 畫 江戶時代 刊本 大阪府立 中之島

152. 山海經十八卷 晉 郭璞 傳 明 蔣應鎬 繪圖 江戶期 刻後年 重印本 實踐女子

153. 山海經十八卷 晉 郭璞 傳 昭和三十九年 本所 用東京靜嘉堂文庫藏嘉靖十五年江夏馮氏刊本景照 京大人文研 東方

154. 山海經十八卷 晉 郭璞 傳 民國 上海涵芬樓 成化四年刊本影印 国会

155. 山海經十八卷 晉 郭璞 傳 清光緒元年 刊 湖北崇文書

局 東京都立 中央

156. 山海經十八卷 晉 郭璞 傳 清 吳志伊 注 寶華樓 刻本 飯田市立中央

157. 山海經十八卷 晉 郭璞 傳 清 畢沅 校 二十二子第八十一至八十三册 東北大

158. 山海經十八卷 晉 郭璞 傳 清 畢沅 校 百部叢書集成之二十八經訓堂二十一種叢書 東北大

159. 山海經十八卷 晉 郭璞 傳 清 畢沅 校 乾隆四十八年刊 經訓堂叢書 東大総

160. 山海經十八卷 晉 郭璞 傳 清 畢沅 校 百部叢書集成第二十八經訓堂二十一種叢書 一橋大

161. 山海經十八卷 晉 郭璞 傳 清 畢沅 校 經訓堂叢書 一橋大 jpg

162. 山海經十八卷 晉 郭璞 傳 清 畢沅 校 子書四十八種 阪大総

163. 山海經十八卷 晉 郭璞 傳 清 畢沅 校 乾隆四十八年刊 經訓堂叢書 高知大

164. 山海經十八卷 晉 郭璞 傳 清 畢沅 校 和本 九大

165. 山海經十八卷 晉 郭璞 傳 清 畢沅 校 畢氏靈巖山館本 二十二子 文教大 越谷

166. 山海經十八卷 晉 郭璞 傳 清 畢沅 校 鎮洋畢氏靈巖山館本 光緒三年刊 二十二子 愛知学院大

167. 山海經十八卷 晉 郭璞 傳 清 畢沅 校 子書二十五種 京産大

168. 山海經十八卷 晉 郭璞 傳 清 畢沅 校 畢氏靈巖山館本 子書二十八種彙函 京産大

169. 山海經十八卷 晉 郭璞 傳 清 畢沅 校 百部叢書集成

二十八 經訓堂二十一種叢書 京大人文研 東方

170. 山海經十八卷 晉 郭璞 傳 清 畢沅 校 廿二子彙函第十六册 国会

171. 山海經十八卷 晉 郭璞 傳 清 畢沅 校 經訓堂叢書第一册 国会

172. 山海經十八卷 晉 郭璞 傳 清 畢沅 校 畢氏經訓堂本二十二子 東洋文庫

173. 山海經十八卷 晉 郭璞 傳 清 畢沅 校 畢氏經訓堂本子書二十二種 東洋文庫

174. 山海經十八卷 晉 郭璞 傳 清 畢沅 校 畢氏經訓堂本二十二子全書 東洋文庫

175. 山海經十八卷 晉 郭璞 傳 清 畢沅 校 乾隆四十八年刊 經訓堂二十一種叢書 阪大総

176. 山海經十八卷 晉 郭璞 傳 清 畢沅 校 乾隆四十八年刊 經訓堂二十一種叢書第一·二册 大阪府立 中之島

177. 山海經十八卷 晉 郭璞 傳 清 畢沅 校 乾隆四十八年刊 經訓堂二十一種叢書 京大人文研 東方

178. 山海經十八卷 晉 郭璞 傳 清 畢沅 校 乾隆四十六年序 刊本 一橋大

179. 山海經十八卷 晉 郭璞 傳 清 畢沅 校 光緒三年 刊 畢氏靈巖山館本 二十二子 新潟大

180. 山海經十八卷 晉 郭璞 傳 清 畢沅 校 覆畢氏經訓堂本 光緒三年 刊 二十二子全書 京大文

181. 山海經十八卷 晉 郭璞 傳 清 畢沅 校 覆畢氏經訓堂本 光緒三年 刊 二十二子全書 阪大総

182. 山海經十八卷 晉 郭璞 傳 清 畢沅 校 光緒三年 浙江書局 據畢氏靈巖山館本校刊 二十二子之一 二松學舍

183. 山海經十八卷 晉 郭璞 傳 清 畢沅 校 光緒三年 據畢氏經訓堂本刊 二十二子 二松學舍

184. 山海經十八卷 晉 郭璞 傳 清 畢沅 校 光緒三年 據畢氏經訓堂本刊 二十二子 二松學舍

185. 山海經十八卷 晉 郭璞 傳 清 畢沅 校 光緒三年 浙江書局 據鎮洋畢氏靈巖山館本重刊 京大人文研 東方 jpg

186. 山海經十八卷 晉 郭璞 傳 清 畢沅 校 光緒三年 據畢氏經訓堂本刊 二十二子 京大人文研 東方 jpg

187. 山海經十八卷 晉 郭璞 傳 清 畢沅 校 光緒三年 浙江書局 刊 国会

188. 山海經十八卷 晉 郭璞 傳 清 畢沅 校 光緒三年（一八七七）浙江書局 據畢氏靈巖山館本重刊 関大

189. 山海經十八卷 晉 郭璞 傳 清 畢沅 校正 經訓堂叢書 第一至三册 東北大

190. 山海經十八卷 晉 郭璞 傳 清 畢沅 校注 經訓堂二十一種叢書 東洋文庫

191. 山海經十八卷 晉 郭璞 傳 清 畢沅 校注 經訓堂叢書 東洋文庫

192. 山海經十八卷 晉 郭璞 傳 清 畢沅 校注 經訓堂叢書 横浜ユーラシア

193. 山海經十八卷 晉 郭璞 傳 清 畢沅 校 清光緒三年 淛江書局 據畢氏靈巖山館刊本重刊 東洋文庫

194. 山海經十八卷 晉 郭璞 傳 清 黃晟 校 清 刊 天都黃氏槐蔭草堂 刊本 二松學舍

195. 山海經十八卷 晉 郭璞 傳 清 黃晟 校 清 天都黃氏槐蔭草堂 校刊本 宮城県図

196. 山海經十八卷 晉 郭璞 傳 清 吳志伊 注 文秀堂 刊本

京大人文研 本館

197. 山海經十八卷 晉 郭璞 傳 清 畢沅 校 覆畢氏靈巖山館本 二十二子 東大東文研

198. 山海經十八卷 晉 郭璞 傳 清 畢沅 校 覆畢氏靈巖山館本 上海古籍出版社景印二十二子 東大東文研

199. 山海經十八卷 晉 郭璞 傳 清 畢沅 校 光緒三年 浙江書局 據沈洋畢氏靈巖山館本重刊 京大人文研 本館

200. 山海經十八卷 晉 郭璞 傳 淸 天都黃晟 校刊本 蓬左文庫

201. 山海經十八卷 晉 郭璞 撰 祕書二十一種 滋賀大 教育

202. 山海經十八卷 晉 郭璞 撰 祕書廿一種 愛媛大

203. 山海經十八卷 晉 郭璞 撰 祕書廿一種第八至十册 国会

204. 山海經十八卷 晉 郭璞 撰 明治三十五年 刊(舊版重刷)文光堂 国士舘

205. 山海經十八卷 晉 郭璞 注 祕書廿一種第九至十册 東北大

206. 山海經十八卷 晉 郭璞 注 四部叢刊子部第四百六十四·四百六十五册 東北大

207. 山海經十八卷 晉 郭璞 注 百子全書小說家異聞類 阪大総

208. 山海經十八卷 晉 郭璞 注 二十二子全書 愛知大

209. 山海經十八卷 晉 郭璞 注 百子全書第八十八、八十九册 国会

210. 山海經十八卷 晉 郭璞 注 二十五子彙函第十六册 国会

211. 山海經十八卷 晉 郭璞 注 祕書廿一種 第九. 十册 公

文書館

212. 山海經十八卷 晉 郭璞 注 經訓堂叢書 第一 - 四册 公文書館

213. 山海經十八卷 晉 郭璞 注 子書百家小說家異聞類 東洋文庫

214. 山海經十八卷 晉 郭璞 注 古今逸史 東洋文庫

215. 山海經十八卷 晉 郭璞 注 增定古今逸史 東洋文庫

216. 山海經十八卷 晉 郭璞 注 文化八年 刊 静嘉堂文庫

217. 山海經十八卷 晉 郭璞 注 明嘉靖 刊 覆宋 静嘉堂文庫

218. 山海經十八卷 晉 郭璞 注 明 蔣應鎬 畫 刊 椙山女

219. 山海經十八卷 晉 郭璞 注 明 蔣應鎬 畫 刊 後印 東京都立 中央

220. 山海經十八卷 晉 郭璞 注 明 蔣應鎬 畫 刊 明治三十五年 印 名·文光堂梶田勘助 山梨県図

221. 山海經十八卷 晉 郭璞 注 明 蔣應鎬 畫 江戸 刊 後印 公文書館

222. 山海經十八卷 晉 郭璞 注 明 蔣應鎬 畫 江戸 刊 酒田市立

223. 山海經十八卷 晉 郭璞 注 明 鄭熜 校 明萬曆二十八年 刊 格古齋 公文書館

224. 山海經十八卷 晉 郭璞 注 明 鄭熜 校 明萬曆二十八年 刊 格古齋 公文書館

225. 山海經十八卷 晉 郭璞 注 清 刊 槐蔭草堂 茨城大

226. 山海經十八卷 晉 郭璞 注 清 刊 島根県図

227. 山海經十八卷 晉 郭璞 注 清乾隆 刊 水經注合刊 静嘉堂文庫

228. 山海經十八卷 晉 郭璞 注 清 畢沅 校 浙江書局彙刻書第四十七至四十九册 静嘉堂文庫

229. 山海經十八卷 晉 郭璞 注 清 畢沅 校 二十二子 東洋文庫

230. 山海經十八卷 晉 郭璞 注 清 畢沅 校 子書二十二種 東洋文庫

231. 山海經十八卷 晉 郭璞 注 清 畢沅 校 二十二子 東洋文庫

232. 山海經十八卷 晉 郭璞 注 清 郝懿行 箋疏 郝氏遺書 東洋文庫

233. 山海經十八卷 晉 郭璞 注 清 黃晟 校 乾隆三十二年(一七六七)刊 館林市立

234. 山海經十八卷 晉 郭璞 注 清 黃晟 校 清 刊 槐蔭草堂 公文書館

235. 山海經十八卷 晉 郭璞 註 子書二十八種 九大

236. 山海經十八卷 晉 郭璞 註 嘉靖刊 國會圖書館攝製北平圖書館善本書膠片 国会

237. 山海經十八卷 晉 郭璞 註 格致叢書 東洋文庫

238. 山海經十八卷 晉 郭璞 註 乾隆年間 天都黃晟 據舊本校刊槐蔭草堂本 刊本 関大

239. 山海經十八卷 晉 郭璞(傳)併(撰)(圖讃)道藏太玄部第六百七十五·六百七十六册 立命館大學

240. 山海經十八卷 晉 郭璞(傳)清 畢沅(校)百部叢書集成經訓堂二十一種叢書第二三二五册～二三二七册 立命館大學

241. 山海經十八卷 晉 郭璞(注)子書百家小說家異聞類第六十四册 立命館大學

242. 山海經十八卷 晉 郭璞（注）明 吳中珩（校）祕書廿一種第九・一〇册 立命館

243. 山海經十八卷 晉 郭璞傳 子書百家 小說家異聞類 第八十八. 八十九册 公文書館

244. 山海經十八卷 晋 郭璞 傳 百子全書小說家異聞類所收 神戸大

245. 山海經十八卷 晋 郭璞 傳 百子全書小說家異聞類所收 神戸大

246. 山海經十八卷 晋 郭璞 傳 景江安傅氏雙鑑樓藏明成化六年刊正監學本重印 四部叢刊所收 神戸大

247. 山海經十八卷 晋 郭璞 傳 清 畢沅 校 覆畢氏經訓堂本 二十二子全書所收 神戸大

248. 山海經十八卷 坿校勘記一卷 晉 郭樸 傳 清 黃丕烈撰校勘記 景江安傅氏雙鑑樓明成化庚寅刊本 四部叢刊殘二十種 東大東文研

249. 山海經十八卷 坿校勘記一卷 晉 郭璞 傳 林志烜 撰校勘記 江安傅氏雙鑑樓藏成化六年刊本 四部叢刊初編子部 京産大

250. 山海經十八卷 坿校勘記 晉 郭璞 傳 四部叢刊子部 東京都立 中央

251. 山海經十八卷 坿校勘記 晉 郭璞 傳 四部叢刊子部 東洋文庫

252. 山海經十八卷 坿校勘記 晉 郭璞 注 四部叢刊子部第四百六十五・四百六十六册 三康

253. 山海經十八卷 清 郭璞 傳〔浙江書局彙刻書〕東京都立 中央

254. 山海經十八卷 坿篇目考 晉 郭璞 傳 清 畢沅 校併撰

篇目考 光緒三年 據靈巌山館本刊 二十二子 高知大

255. 山海經十八卷 坿篇目考 晉 郭璞(撰)清 畢沅(校)·(撰)(篇)三十六子全書第三十七—三十九册 立命館大學

256. 山海經十八卷 卽繪圖山海經十八卷 卽山海經圖?(題簽扉)晉 郭璞(注)清 畢?(校)民國六年 上海,會文堂書局 石印 立命館大學

257. 山海經十八卷 坿訂譌 坿圖讃 坿敘錄 晉 郭璞 傳 清 郝懿行 箋疏 龍谿精舍叢書史部 東洋文庫

258. 山海經十八卷 坿訂譌 坿圖讃 坿敘錄 晉 郭璞 傳 清 郝懿行 附 龍谿精舍叢書史部 東京都立 中央

259. 山海經十八卷 附圖五卷 晉 郭璞 傳 清 畢沅 校 光緒二十三年 上海圖書集成局 刊 国会

260. 山海經十八卷 坿首(山海經古今本篇目考等)一卷 晉 郭璞(注)清 畢?(校)清 畢?(撰)(山海經古今本篇目考等)清,光緒二十三年 上海,文瑞樓 活版 立命館大學

261. 山海經十八卷 坿首(山海經古今本篇目考等)一卷 晉 郭璞(注)清 畢?(等)(校)清 畢?(撰)(山海經古今本篇考等)清,光緒三年 浙江書局 刊本 立命館大學

262. 山海經十八卷 魏 酈道元 經訓堂叢書第一·二册 静嘉堂文庫

263. 山海經十八窓 晉 郭璞 傳 古今逸史逸志分志 京大文

264. 山海經十六卷 晉 郭璞 傳 日本 刊本 広島大

265. 山海經卷一至十三、十六至十八 晉 郭璞 傳 道藏太玄部 阪大総

266. 山海經卷一至十三、十六至十八 晉 郭璞 傳 道藏太玄部第六百七十五、六百七十六册 国会

267. 山海經卷一至十三、十六至十八 晉 郭璞 傳 道藏太玄部 東洋文庫

268. 山海經四卷 晉 郭璞 傳 清 吳志伊 注 清 成或因 畫 清光緒十年 刊 蘇州掃葉山房 東京都立 中央

269. 山海經四卷 晉 郭璞 傳 清 吳志伊 注 海清樓 刊本 京大人文研 本館

270. 山海經 晉 郭璞 傳 堺市立 中央

271. 山海經 晉 郭璞 傳 秘書廿一種 堺市立 中央

272. 山海經〔箋疏〕十八卷 坿山海經圖讚一卷 坿山海經訂譌一卷 清 郝懿行 嘉慶十四年(一八〇九)序 刊 光緒七年(一八八一)修 東京都立 中央

273. 山海經佚文一卷 玉函山房輯佚書續編三種經籍佚文 京大人文研 東方

274. 山海經圖二卷 明 胡文煥 增修 格致叢書 東洋文庫

275. 山海經圖五卷 清 闕名 繪 昭和五十五年 本所 用臺北國立中央圖書館藏稿本景照 京大人文研 東方

276. 山海經圖 卽新刻山海經圖二卷 撰人未詳 古今人物圖攷 前田育德会

277. 山海經圖 晉 郭璞 編 清 畢沅 校 上海會文堂書局 民國六年(一九一七)刊 石印 東京都立 中央

278. 山海經圖讚 晉 郭璞 百子全書小說家異聞類 阪大総

279. 山海經圖讚 札迻卷三 一橋大

280. 山海經圖讚 札迻卷三 一橋大

281. 山海經圖讚 札迻卷三 京産大

282. 山海經圖讚 札迻卷三第二册 大阪府立 中之島

283. 山海經圖讚 札迻卷三 京大人文研 東方

284. 山海經圖讚 紹興先正遺書第二集羣書拾補初編 東洋

文庫

285. 山海經圖讚 抱經堂叢書羣書拾補初編 東洋文庫

286. 山海經圖讚一卷 紹興先正遺書第二集第十三至二十四册羣書拾補初編 国会

287. 山海經圖讚一卷 晉 郭璞 子書百家 小說家異聞類 第六十四册 国士舘

288. 山海經圖讚一卷 晉 郭璞 子書百家 小說家異聞類 第九十册 公文書館

289. 山海經圖讚一卷 晉 郭璞 藝海珠塵 革集 第五十四册公文書館

290. 山海經圖讚一卷 晉 郭璞 子書百家第六十四册 静嘉堂文庫

291. 山海經圖讚一卷 晉 郭璞 撰 子書百家小說家異聞類東大総

292. 山海經圖讚一卷 晉 郭璞 撰 百子全書小說家異聞類一橋大

293. 山海經圖讚一卷 晉 郭璞 撰 百子全書小說家異聞類京大文

294. 山海經圖讚一卷 晉 郭璞 撰 百子全書小說家異聞類愛媛大

295. 山海經圖讚一卷 晉 郭璞 撰 子書百家小說家異聞類高知大

296. 山海經圖讚一卷 晉 郭璞 撰 百子全書小說家異聞類所收 長崎大 経済

297. 山海經圖讚一卷 晉 郭璞 撰 子書百家小說家異聞類神外大

298. 山海經圖讚一卷 晉 郭璞 撰 子書百家 小說家類 愛

知大

299. 山海經圖讚一卷 晉 郭璞 撰 藝海珠塵 革集 愛知大

300. 山海經圖讚一卷 晉 郭璞 撰 藝海珠塵 革集 愛知大

301. 山海經圖讚一卷 晉 郭璞 撰 子書百家小說家異聞類 金城学院大

302. 山海經圖讚一卷 晉 郭璞 撰 子書百家小說家異聞類 東大東文研

303. 山海經圖讚一卷 晉 郭璞 撰 百子全書小說家異聞類 広島大

304. 山海經圖讚一卷 晉 郭璞 撰 子書百家小說家異聞類 第九〇册 大阪府立 中之島

305. 山海經圖讚一卷 晉 郭璞 撰 子書百家小說家異聞類 京大人文研 東方 jpg

306. 山海經圖讚一卷 晉 郭璞 撰 百子全書第七册 京大人文研 東方

307. 山海經圖讚一卷 晉 郭璞 撰 百子全書第九十册 国会

308. 山海經圖讚一卷 晉 郭璞 撰 藝海珠塵革集 国会

309. 山海經圖讚一卷 晉 郭璞 撰 子書百家小說家異聞類 新潟県図

310. 山海經圖讚一卷 晉 郭璞 撰 百子全書小說家異聞類 岡山県図

311. 山海經圖讚一卷 晉 郭璞 撰 蕿古介書前集第二册 静嘉堂文庫

312. 山海經圖讚一卷 晉 郭璞 撰 子書百家小說家異聞類 東洋文庫

313. 山海經圖讚一卷 晋 郭璞 傳 百子全書小說家異聞類所收 神戸大

314. 山海經圖讚一卷 晋 郭璞 傳 百子全書小說家異聞類所收 神戸大

315. 山海經圖讚一卷 補遺一卷 晉 郭璞 撰 藝海珠塵七革集第三十三册 東北大

316. 山海經圖讚一卷 補遺一卷 晉 郭璞 撰 藝海珠塵革集新瀉大

317. 山海經圖讚一卷 補遺一卷 晉 郭璞 撰 藝海珠塵革集京大文

318. 山海經圖讚一卷 補遺一卷 晉 郭璞 撰 藝海珠塵革集高知大

319. 山海經圖讚一卷 補遺一卷 晉 郭璞 撰 藝海珠塵革集東大東文研

320. 山海經圖讚一卷 補遺一卷 晉 郭璞 撰 藝海珠塵革集京大人文研 東方

321. 山海經圖讚一卷 補遺一卷 晉 郭璞 撰 藝海珠塵革集第五十四册 国会

322. 山海經圖讚一卷 補遺一卷 晉 郭璞 纂 藝海珠塵八集革集 関大

323. 山海經圖讚三卷 晉 郭璞 唐宋叢書載籍 前田育德会

324. 山海經圖讚二卷 同補遺 晉 郭璞 祕册彙函 前田育德会

325. 山海經圖讚二卷 晉 郭璞 祕册彙函第八·九册 静嘉堂文庫

326. 山海經圖讚二卷 晉 郭璞 葉氏觀古堂彙刻書本 前田育德会

327. 山海經圖讚二卷 補遺一卷 晉 郭璞 撰 百部叢書集成之十五祕册彙函 東北大

328. 山海經圖讚二卷 補遺一卷 晉 郭璞 撰 百部叢書集成第十五祕册彙函 一橋大

329. 山海經圖讚二卷 補遺一卷 晉 郭璞 撰 秘册彙函 京大人文研 東方 jpg

330. 山海經圖讚二卷 補遺一卷 晉 郭璞 撰 百部叢書集成十五 秘册彙函 京大人文研 東方

331. 山海經圖讚二卷 坿補遺一卷 晉 郭璞（撰）百部叢書集成祕册彙函第五九一册 立命館大學

332. 山海經圖讚二卷 補遺 晉 郭璞 祕册彙函 東洋文庫

333. 山海經圖讚二卷 坿補遺 晉 郭璞 撰 明 沈士龍 校 明 胡震亨 校 明 刊 公文書館

334. 山海經圖讚十三卷 晉 郭璞 撰 鈔本 國會圖書館攝製北平圖書館善本書膠片 国会

335. 山海經圖讚 晉 郭璞 子書百家小說家異聞類第八十七至八十九册 東京都立 中央

336. 山海經圖讚 晉 郭璞 子書百家小說家異聞類 東京都立 中央

337. 山海經圖讚 晉 郭璞 子書百家小說家異聞類 東京都立 中央

338. 山海經圖讚 晉 郭璞 子書百家小說家異聞類 東洋文庫

339. 山海經圖讚 晉 郭璞 撰 淸 郝懿行 校 郝氏遺書 東洋文庫

340. 山海經圖讚 晉 郭璞 纂 百子全書五十二 民博

341. 山海經圖讚 晉 郭璞 編 子書百家小說家異聞類第八十九册 東北大

342. 山海經圖讚 晉 郭璞（編）子書百家小說家異聞類第

六十五册 立命館大學

343. 山海經圖讚 坿補遺 晉 郭璞 藝海珠塵革集 東洋文庫

344. 山海經圖讚校 清 孫詒讓 撰 孫籀廎先生集札迻卷三 東大東文研

345. 山海經圖讚補逸一卷 抱經堂叢書羣書拾補 東北大

346. 山海經圖讚補逸一卷 叢書集成初編 總類羣書拾補 東北大

347. 山海經圖讚補逸一卷 抱經堂叢書 羣書拾補初編 東大総

348. 山海經圖讚補逸一卷 紹興先正遺書 第二集 羣書拾補初編 東大総

349. 山海經圖讚補逸一卷 抱經堂叢書第三十九至四十八册羣書拾補初編 一橋大

350. 山海經圖讚補逸一卷 羣書拾補初編 一橋大

351. 山海經圖讚補逸一卷 抱經堂叢書羣書拾補初編 京大文

352. 山海經圖讚補逸一卷 抱經堂叢書羣書拾補初編 高知大

353. 山海經圖讚補逸一卷 紹興先正遺書第二集羣書拾補初編 高知大

354. 山海經圖讚補逸一卷 抱經堂叢書羣書拾補初編 広島大

355. 山海經圖讚補逸一卷 抱經堂叢書羣書拾補初編第三二册 大阪府立 中之島

356. 山海經圖讚補逸一卷 抱經堂叢書羣書拾補初編 京大人文研 東方

357. 山海經圖讚補逸一卷 抱經堂叢書羣書拾補初編 京大

人文研 東方

358. 山海經圖讚補逸一卷 紹興先正遺書第二集羣書拾補初編 京大人文研 東方

359. 山海經圖讚補逸一卷 羣書拾補初編 岡山県図

360. 山海經圖讚補逸一卷 清 盧文弨 撰 紹興先正遺書第二集第十三至二十四册 東北大

361. 山海經圖讚補逸一卷 清 盧文弨 撰 羣書拾補初編 関大

362. 山海經圖讚補逸一卷 清 盧文弨 撰 紹興先正遺書第二集羣書拾補初編 東大東文研

363. 山海經圖讚［補逸］一卷 抱經堂叢書羣書拾補初編 蓬左文庫

364. 山海經圖贊一卷 坿元曹仲良寫本山海經附全贊一卷 坿元寫本山海經圖贊校勘記一卷 晉 郭樸 撰 張宗祥 校錄 一九五八年 上海古典文學出版社 排印本 東大東文研

365. 山海經圖贊一卷 晉 郭璞 撰 清 錢熙祚 輯 指海第十八集 京大人文研 東方

366. 山海經圖贊一卷 晉 郭璞 撰 清 錢熙祚 輯 指海第十八集第一百四十四册 国会

367. 山海經圖贊二卷 葉氏觀古堂彙刻書 前田育德会

368. 山海經圖贊二卷 晉 郭璞 唐宋叢書載籍第二十七册 静嘉堂文庫

369. 山海經圖贊二卷 晉 郭璞 觀古堂彙刻書第一集第二册 静嘉堂文庫

370. 山海經圖贊二卷 晉 郭璞 撰 觀古堂彙刻書第一集第二册 東北大

371. 山海經圖贊二卷 晉 郭璞 撰 清 嚴可均 編 觀古堂彙

刻書 第一集 第二册 椙山女

372. 山海經圖贊二卷 晉 郭璞 撰 清 嚴可均 編 葉氏郎園刊書 東洋文庫

373. 山海經圖贊二卷 晉 郭璞 撰 清 嚴可均 編 觀古堂彙刻書第一集 東洋文庫

374. 山海經圖贊二卷 晉 郭璞 撰 清 嚴可均 編 光緒二十一年 覆手書稿本刊 觀古堂彙刻書第一集第四册 大阪府立 中之島

375. 山海經圖贊二卷 晉 郭璞 撰 清 嚴可均 輯 光緒二十一年刊 觀古堂彙刻書 第一集 東大総

376. 山海經圖贊二卷 晉 郭璞 撰 清 嚴可均 輯 叢書菁華第四觀古堂彙刻書 一橋大

377. 山海經圖贊二卷 晉 郭璞 撰 清 嚴可均 輯 觀古堂彙刻書第一集 阪大総

378. 山海經圖贊二卷 晉 郭璞 撰 清 嚴可均 輯 據手書稿本 觀古堂彙刻書第一集 愛知学院大

379. 山海經圖贊二卷 晉 郭璞 撰 清 嚴可均 輯 用長沙葉氏郎園藏板刊本 觀古堂彙刻書第一集 関大

380. 山海經圖贊二卷 晉 郭璞 撰 清 嚴可均 輯 叢書菁華第一期觀古堂彙刻書 京大人文研 東方

381. 山海經圖贊二卷 晉 郭璞 撰 清 嚴可均 輯 光緒二十一年 覆手書稿本刊 觀古堂彙刻書第一集 京大人文研 東方

382. 山海經圖贊二卷 晉 郭璞 撰 清 巖可均 輯 覆手書稿本 光緒二十一年 長沙葉氏郎園 刊 觀古堂彙刻書第一集 群馬大

383. 山海經圖贊二卷 晉 郭璞 撰 清 巖可均 輯 覆手書稿

本 觀古堂彙刻書第一集 東大東文研

384. 山海經圖贊 晉 郭璞 撰 清 錢熙祚 編 指海第十八集 東洋文庫

385. 山海經地理今釋六卷 清 吳承志 求恕齋叢書 東洋文庫

386. 山海經地理今釋六卷 清 吳承志 撰 叢書菁華第七求恕齋叢書 一橋大

387. 山海經地理今釋六卷 清 吳承志 撰 民國十一年 南林劉氏求恕齋 刊本 求恕齋叢一書之一 二松學舍

388. 山海經地理今釋六卷 清 呉承志 撰 叢書菁華第二期求恕齋叢書 京大人文研 東方

389. 山海經地理今釋六卷 清 呉承志 撰 民國十一年刊本求恕齋叢書 京大人文研 東方

390. 山海經地理今釋六卷 清 呉承志 撰 民國十一年 南林劉氏求恕齋 刊本 求恕齋叢書之一 京大人文研 東方 jpg

391. 山海經地理今釋六卷 清 吳承志 撰 民國十一年 南林劉氏求恕齋 刊本 求恕齋叢書之一 東大東文研

392. 山海經地理今釋六卷 清 吳承志 撰 民國十一年 南林劉氏求恕齋 刊本 求恕齋叢書之一 東大東文研

393. 山海經存九卷 汪雙池先生叢書第一百三十至一百三十三册 静嘉堂文庫

394. 山海經存九卷 光緒二十一年 石印 汪雙池先生叢書京大人文研 東方

395. 山海經存九卷 清 汪紱 釋 汪雙池先生叢書 東洋文庫

396. 山海經存九卷 清 汪紱 釋 清 程夢元 等校 光緒二十一年 石印 汪雙池先生叢書 国会

397. 山海經存九卷 清 汪紱 釋 光緒二十一年 石印本 汪雙

池先生叢書之一 京大人文研 本館

398. 山海經存九卷 首一卷 清 汪紱 釋 光緒二十一年(一八九五)長安趙舒翹等 據立雪齋原本石印 汪雙池先生叢書之一 飯田市立中央

399. 山海經廣注十八卷 圖五卷 晉 郭璞 傳 清 吳任臣 注 康熙六年序 刊本 名大

400. 山海經廣注十八卷 圖五卷 清 吳任臣 撰 康熙六年序 刊 国会

401. 山海經廣注十八卷 圖五卷 清 吳任臣 撰 康熙六年序 刊本 京大人文研 東方 jpg

402. 山海經廣注十八卷 圖五卷 讀山海經語一卷 雜述一卷 清 吳任臣 撰 康熙六年序 刊本 広島大

403. 山海經廣注十八卷 圖五卷 雜述一卷 清 吳任臣 撰 清 康熙六年跋 刊本 東洋文庫

404. 山海經廣注十八卷圖五卷 清 吳任臣 撰 康熙六年序 寶仁堂 刊本 東大東文研

405. 山海經廣注十八卷 山海經雜述一卷 山海經圖五卷 清 吳任臣 清乾隆五十一年 刊 公文書館

406. 山海經廣注十八卷 清 吳任臣 撰 四庫全書珍本三集 子部小說家類 愛媛大

407. 山海經廣注十八卷 清 吳任臣 撰 欽定四庫全書第一千四十二册 子部第三百四十八 愛知学院大

408. 山海經廣注十八卷 清 吳任臣 注 四庫全書珍本三集 子部 国会

409. 山海經廣注十八卷 清 吳任臣 撰 欽定四庫全書第一千四十二册 子部第三百四十八 京大人文研 本館

410. 山海經廣注十八卷 清 吳任臣 撰 欽定四庫全書第

一千四十二册 子部第三百四十八 京大人文研 東方

411. 山海經廣注十八卷 清 呉任臣 撰 四庫全書珍本三集 子部小説家類 京大人文研 本館

412. 山海經廣注十八卷 讀山海經語一卷 雜述一卷 圖五卷 清 呉任臣 撰併輯雜述 宋 舒雅 繪 康熙三十五年 仁和呉任臣 刊本 東大総

413. 山海經廣注十八卷 雜述一卷 圖五卷 清 呉任臣 撰 清乾隆五十一年 刊本 大阪府立 中之島

414. 山海經廣註十八卷 圖五卷 清 呉任臣 撰 清康熙 刊 静嘉堂文庫

415. 山海經廣註十八卷 圖五卷 清 呉任臣 撰 清康熙 刊 静嘉堂文庫

416. 山海經廣註十八卷 圖五卷 清 呉任臣 撰 清康熙五年六年序 刊本 蓬左文庫

417. 山海經廣註 清 呉任臣 東華雜錄 東洋文庫

418. 山海經敍錄 郝氏遺書 東洋文庫

419. 山海經校注十八卷 坿索引 袁珂 校注 張明華 輯索引 一九八〇年 上海古籍出版社 排印本 東洋文庫

420. 山海經校注十八卷 附錄一卷 索引一卷 袁珂 注 張明華 輯附錄索引 一九八〇年 上海古籍出版社 排印本 京大人文研 東方

421. 山海經校注十八卷 附錄一卷 坿索引 袁珂 校注 張明華 輯附錄索引 一九八〇年 上海古籍出版社 排印本 一橋大

422. 山海經校譯十八卷 袁珂 撰 一九八五年 上海古籍出版社 排印本 愛知学院大

423. 山海經注十八卷 晉 郭璞 子書百家第六十二·六十三册 静嘉堂文庫

424. 山海經注十八卷 晉 郭璞 傳 子書百家 小說家類 愛知大

425. 山海經為詩經舊傳攷一卷 廖平 撰 六譯館叢書四益館雜著 東大東文研

426. 山海經箋疏 郝氏遺書 東北大

427. 山海經箋疏十八卷 圖五卷 圖讚一卷 訂譌一卷 敍錄一卷 晉 郭璞 傳 清 郝懿行 箋疏 光緒十二年序 善成堂 刊 国会

428. 山海經箋疏十八卷 圖讚一卷 訂譌一卷 敍錄一卷 清 郝懿行 撰 上海中華書局 據郝氏遺書本排印 四部備要史部之一 蓬左文庫

429. 山海經箋疏十八卷 圖讚一卷 訂譌一卷 敘錄一卷 晉 郭璞 傳 清 郝懿行 撰 臺北藝文印書館 用嘉慶十四年揚州阮氏琅嬛僊館刊本景印 一橋大

430. 山海經箋疏十八卷 圖讚一卷 訂僞一卷 敍錄一卷 晉 郭璞 傳 清 郝懿行 箋疏 晉 郭璞 撰圖讚 郝氏遺書第三帙第十三至十六册 国会

431. 山海經箋疏十八卷 圖讚一卷 訂僞一卷 敘錄一卷 清 郝懿行 撰 據郝氏遺書本排印 四部備要史部第二百二十一册 京大人文研 東方

432. 山海經箋疏十八卷 圖讚一卷 訂譌一卷 叙錄一卷 晉 郭璞 注 清 郝懿行 箋疏 晉 郭璞 撰圖讚 清 郝懿行 撰訂譌叙錄 光緒十二年 上海還讀樓 刊本 京大文

433. 山海經箋疏十八卷 圖讚一卷 訂譌一卷 敍錄一卷 嘉慶十四年 儀徵阮氏 刊 郝氏遺書 京大人文研 東方

434. 山海經箋疏十八卷 圖讚一卷 訂譌一卷 敍錄一卷 晉 郭璞 傳 清 郝懿行 箋疏 嘉慶十四年 刊 国会

435. 山海經箋疏十八卷 圖讚一卷 訂譌一卷 敍錄一卷 晉

郭璞 傳 清 郝懿行 箋疏 嘉慶十四年(1809)刊 法政大 多摩

436. 山海經箋疏十八卷 圖讚一卷 訂譌一卷 敍錄一卷 晉郭璞 傳 清 郝懿行 箋疏 晉 郭璞 撰圖讚 郝蘭皐著述書第四至七册 国会

437. 山海經箋疏十八卷 圖讚一卷 訂譌一卷 敍錄一卷 晉郭璞 傳 清 郝懿行 箋疏 民國 臺北藝文印書館 嘉慶十四年刊本影印 国会

438. 山海經箋疏十八卷 圖讚一卷 訂譌一卷 敍錄一卷 晉郭璞 撰 清 郝懿行 疏 光緒七年十二月 東路庁同知郝聯薇 刊九大

439. 山海經箋疏十八卷 圖讚一卷 訂譌一卷 敍錄一卷 清 郝懿行 撰 棲霞郝氏遺書本 龍谿精舍叢書史部 京大人文研 東方

440. 山海經箋疏十八卷 圖讚一卷 訂譌一卷 敍錄一卷 清郝懿行 撰 嘉慶十四年 揚州阮氏琅嬛僊館 刊本 高知大

441. 山海經箋疏十八卷 圖讚一卷 訂譌一卷 敍錄一卷 清郝懿行 撰 嘉慶十四年 揚州阮氏琅嬛僊館 刊本 京大人文研 東方 jpg

442. 山海經箋疏十八卷 圖讚一卷 訂譌一卷 敍錄一卷 清郝懿行 撰 嘉慶十四年序 刊本 広島大

443. 山海經箋疏十八卷 圖讚一卷 訂譌一卷 敍錄一卷 清郝懿行 撰 民國六十三年 臺北藝文印書館 用嘉慶十四年揚州阮氏琅嬛僊館刊本景印 愛知学院大

444. 山海經箋疏十八卷 圖讚一卷 訂譌一卷 敍録一卷清 郝懿行 撰 嘉慶十四年 揚州阮氏琅嬛僊館 刊本 京大人文研 本館

445. 山海經箋疏十八卷 圖讚一卷 訂譌一卷 敘錄一卷 郝

氏遺書 第一三至一六册 椙山女

446. 山海經箋疏十八卷 圖讚一卷 訂譌一卷 敘錄一卷 嘉慶十四年 儀徵阮元 刊 郝氏遺書 阪大総

447. 山海經箋疏十八卷 圖讚一卷 訂譌一卷 敘錄一卷 嘉慶十四年 儀徵阮元 刊 郝氏遺書第一四至一七册 大阪府立 中之島

448. 山海經箋疏十八卷 圖讚一卷 訂譌一卷 敘錄一卷 晉郭璞 傳 清 郝懿行 箋疏 嘉慶十四年 揚州阮氏琅嬛僊館 刊本 一橋大

449. 山海經箋疏十八卷 圖讚一卷 訂譌一卷 敘錄一卷 清 郝懿行 撰 國學標準典籍所收 神戸大

450. 山海經箋疏十八卷 圖讚一卷 訂譌一卷 敘錄一卷 清 郝懿行 撰 上海中華書局 據郝氏遺書本校印 四部備用之一 二松學舍

451. 山海經箋疏十八卷 圖讚一卷 訂譌一卷 敘錄一卷 清 郝懿行 撰 光緒十九年 上海仿古齋 刊本 熊本大

452. 山海經箋疏十八卷 圖讚一卷 訂譌一卷 敘錄一卷 清 郝懿行 撰 嘉慶十四年 阮氏琅嬛僊館 刊本 愛知大

453. 山海經箋疏十八卷 圖讚一卷 訂譌一卷 敘錄一卷 清 郝懿行 撰 嘉慶十四年序 揚州阮氏琅嬛倦館 刊本 二松學舍

454. 山海經箋疏十八卷 圖讚一卷 訂譌一卷 敘錄一卷 清 郝懿行 撰 嘉慶十四年(一八〇九)跋 揚州阮氏琅嬛僊館 刊本 関大

455. 山海經箋疏十八卷 圖讚一卷 訂譌一卷 敘錄一卷 清 郝懿行 撰 清嘉慶十四年 揚州阮氏 刊本 大阪府立 中之島

456. 山海經箋疏十八卷 圖讚一卷 訂譌一卷 敘錄一卷 清 郝懿行 箋疏 嘉慶十四年 揚州阮氏琅嬛僊館 刊本 阪大総

457. 山海經箋疏十八卷 圖讚一卷 訂譌一卷 敘錄一卷 清 郝懿行 撰 郝氏遺書 東大東文研

458. 山海經箋疏十八卷 圖讚一卷 訂譌一卷 敘錄一卷 清 郝懿行 撰 嘉慶十四年 儀徵阮氏琅嬛僊館 刊本 東大東文研

459. 山海經箋疏十八卷 圖讚一卷 訂譌一卷 清 郝懿行 撰 張鼎三 等點校 郝懿行集 京大人文研 東方

460. 山海經箋疏十八卷 圖讚一卷 訂譌一卷 清 郝懿行 撰 清光緒十二年 刊 静嘉堂文庫

461. 山海經箋疏十八卷 圖讚一卷 訂譌一卷 清 郝懿行 撰 清嘉慶 刊 静嘉堂文庫

462. 山海經箋疏十八卷 圖讚一卷 訂譌一卷 清 郝懿行 撰 清嘉慶 刊 静嘉堂文庫

463. 山海經箋疏十八卷 圖贊一卷 訂譌一卷 叙錄一卷 清 郝懿行 撰 續修四庫全書第一千二百六十三册 京大人文研 東方

464. 山海經箋疏十八卷 山海經圖讚一卷 山海經訂譌一卷 山海經敘錄一卷 清 郝懿行 撰 晉 郭璞 撰圖讚 清光緒末期 用清嘉慶十四年儀徵阮元琅嬛僊館刻本景印 實踐女子

465. 山海經箋疏十八卷 坿山海經圖讚一卷 坿山海經訂譌一卷 清 郝懿行（撰）清，光緒十二年 上海，還讀樓 刊本 立命館·立命館大學

466. 山海經箋疏十八卷 坿訂譌一卷 清 郝懿行 撰 宣統元年 江左書林 刊本 京大文

467. 山海經箋疏十八卷 附三卷 清 郝懿行 撰 上海中華書局 景印郝氏遺書本 神戸大

468. 山海經箋疏十八卷 附四卷 晉 郭璞 傳 清 郝懿行 疏 四部備要史部第一百九帙 東北大

469. 山海經箋疏附圖讚訂譌十八卷 郝氏遺書第三十五至三十八册 東北大

470. 山海經腴詞一卷 分類紺珠 静嘉堂文庫

471. 山海經腴詞一卷 清 朱銓 編 羣玉閣彙刊類書第六册東北大

472. 山海經補注 升菴外集 第十一册 卷五十 公文書館

473. 山海經補注 升菴外集 第八. 九册 卷五十 公文書館

474. 山海經補注 外庵雜著大明清類天文分野書附 前田育德会

475. 山海經補注一卷 明 楊慎 子書百家第六十四册 静嘉堂文庫

476. 山海經補注一卷 明 楊慎 撰 子書百家 小說家類 愛知大

477. 山海經補注 明 楊慎 升菴雜著本 前田育德会

478. 山海經補注 明 楊慎 撰 百子全書五十二 民博

479. 山海經補註一卷 升庵雜著 東大総

480. 山海經補註一卷 明 楊慎 子書百家 小說家異聞類 第六十四册 国士舘

481. 山海經補註一卷 明 楊慎 子書百家 小說家異聞類 第九十册 公文書館

482. 山海經補註一卷 明 楊慎 函海 第四十四册 公文書館

483. 山海經補註一卷 明 楊慎 藝海珠塵 匏集 第三十七册公文書館

484. 山海經補註一卷 明 楊慎 藝海珠塵第三十八册 静嘉堂文庫

485. 山海經補註一卷 明 楊慎 撰 函海第五十六册 東北大

486. 山海經補註一卷 明 楊慎 撰 藝海珠塵五匏集第

二十二册 東北大

487. 山海經補註一卷 明 楊慎 撰 百部叢書集成之三十五 藝海珠塵 東北大

488. 山海經補註一卷 明 楊慎 撰 子書百家小說家異聞類 東大総

489. 山海經補註一卷 明 楊慎 撰 函海 東大総

490. 山海經補註一卷 明 楊慎 撰 百部叢書集成第三十五 藝海珠塵 一橋大

491. 山海經補註一卷 明 楊慎 撰 百子全書小說家異聞類 一橋大

492. 山海經補註一卷 明 楊慎 撰 藝海珠塵匏集 新潟大

493. 山海經補註一卷 明 楊慎 撰 百子全書小說家異聞類 京大文

494. 山海經補註一卷 明 楊慎 撰 函海第十一函 京大文

495. 山海經補註一卷 明 楊慎 撰 藝海珠塵匏集 京大文

496. 山海經補註一卷 明 楊慎 撰 百子全書小說家異聞類 所收 神戸大

497. 山海經補註一卷 明 楊慎 撰 百子全書小說家異聞類 所收 神戸大

498. 山海經補註一卷 明 楊慎 撰 百子全書小說家異聞類 愛媛大

499. 山海經補註一卷 明 楊慎 撰 子書百家小說家異聞類 高知大

500. 山海經補註一卷 明 楊慎 撰 藝海珠塵匏集 高知大

501. 山海經補註一卷 明 楊慎 撰 百子全書小說家異聞類 所收 長崎大 経済

502. 山海經補註一卷 明 楊慎 撰 子書百家小說家異聞類

神外大

503. 山海經補註一卷 明 楊愼 撰 藝海珠塵 匏集 愛知大

504. 山海經補註一卷 明 楊愼 撰 藝海珠塵 匏集 愛知大

505. 山海經補註一卷 明 楊愼 撰 子書百家小說家異聞類 金城学院大

506. 山海經補註一卷 明 楊愼 撰 百子全書小說家異聞類 広島大

507. 山海經補註一卷 明 楊愼 撰 子書百家小說家異聞類 第九〇册 大阪府立 中之島

508. 山海經補註一卷 明 楊愼 撰 函海第一五函第五七册 大阪府立 中之島

509. 山海經補註一卷 明 楊愼 撰 子書百家小說家異聞類 京大人文研 東方 jpg

510. 山海經補註一卷 明 楊愼 撰 函海第十一函 京大人文研 東方

511. 山海經補註一卷 明 楊愼 撰 函海第十五函 京大人文研 東方

512. 山海經補註一卷 明 楊愼 撰 藝海珠塵匏集 京大人文研 東方

513. 山海經補註一卷 明 楊愼 撰 百部叢書集成 三十五 藝海珠塵 京大人文研 東方

514. 山海經補註一卷 明 楊愼 撰 百子全書第七册 京大人文研 東方

515. 山海經補註一卷 明 楊愼 撰 百子全書第九十册 国会

516. 山海經補註一卷 明 楊愼 撰 函海第十一函第五十三册 国会

517. 山海經補註一卷 明 楊愼 撰 藝海珠塵匏集第三十七

册 国会

518. 山海經補註一卷 明 楊慎 撰 子書百家小說家異聞類 新潟県図

519. 山海經補註一卷 明 楊慎 撰 百子全書小說家異聞類 岡山県図

520. 山海經補註一卷 明 楊慎 撰 函海第四十二册 静嘉堂文庫

521. 山海經補註一卷 明 楊慎 撰 子書百家小說家異聞類 東洋文庫

522. 山海經補註一卷 明 楊慎 纂 藝海珠塵八集匏集 関大

523. 山海經補註一卷 明 楊慎 撰 藝海珠塵匏集 東大東文研

524. 山海經補註一卷 明 楊慎 撰 函海第十五函 東大東文研

525. 山海經補註一卷 明 楊慎 撰 子書百家小說家異聞類 東大東文研

526. 山海經補註 明 楊慎 百子全書小說家異聞類 阪大総

527. 山海經補註 明 楊慎 愛香樓博物書 第十九册 公文書館

528. 山海經補註 明 楊慎 子書百家小說家異聞類第八十九册 東京都立 中央

529. 山海經補註 明 楊慎 子書百家小說家異聞類 東京都立 中央

530. 山海經補註 明 楊慎 子書百家小說家異聞類 東京都立 中央

531. 山海經補註 明 楊慎 子書百家小說家異聞類 東洋文庫

532. 山海經補註 明 楊愼 函海 東洋文庫

533. 山海經補註 明 楊愼 函海 東洋文庫

534. 山海經補註 明 楊愼 藝海珠塵匏集 東洋文庫

535. 山海經補註 明 楊愼 函海 東洋文庫

536. 山海經補註 明 楊愼 撰 子書百家小說家異聞類第八十九册 東北大

537. 山海經補註 明 楊愼（撰）百部叢書集成藝海珠塵第二九三八册 立命館大學

538. 山海經補註 明 楊慎（撰）子書百家小說家異聞類第六十五册 立命館大學

539. 山海經訂譌 郝氏遺書 東洋文庫

540. 山海經通檢 中法漢學研究所通檢叢刊巴黎大學北京漢學研究所通檢叢刊九 東洋文庫

541. 山海經通檢 巴黎大學北平漢學研究所 輯 民國三十七年 北平巴黎大學北平漢學研究所 排印本 巴黎大學北平漢學研究所通檢叢刊之九 一橋大

542. 山海經通檢 巴黎大學北平漢學研究所 輯 民國三十七年 北平巴黎大學北平漢學研究所 鉛印 巴黎大學北平漢學研究所通檢叢刊之九 国会

543. 山海經通檢 巴黎大學北平漢學研究所 輯 民國三十七年 北平輯者 排印本 東洋文庫

544. 山海經郭璞注 札迻卷三 一橋大

545. 山海經郭璞注 札迻卷三 一橋大

546. 山海經郭璞注 札迻卷三 京産大

547. 山海經郭璞注 札迻卷三第二册 大阪府立 中之島

548. 山海經郭璞注 札迻卷三 京大人文研 東方

549. 山海經郭璞注校 清 孫詒讓 撰 孫籀廎先生集札迻卷

三 東大東文研

550. 山海經釋義十八卷 圖一卷 明 王崇慶 撰 清華大學圖書館藏明萬曆大業堂刻本 四庫全書存目叢書 子部 第二四五册 京大人文研 東方

551. 山海經釋義十八卷 圖一卷 明 王崇慶 撰 明 董漢儒校 康熙二十八年 玉堂 重刊本 一橋大

552. 山海經釋義十八卷 圖一卷 明 王崇慶 撰 昭和五十五年 本所 用臺北國立中央圖書館藏萬曆四十七年序大業堂刊本景照 京大人文研 東方

553. 山海經釋義十八卷 圖一卷 明 王崇慶 釋義 萬曆四十七年(一六一九)跋 刊本 関大

554. 山海經釋義十八卷 明 王崇慶 明嘉靖十七年序 刊 公文書館

555. 山海經錯簡一卷 清 孫詒讓 撰 籀廎遺著輯存 京大人文研 東方

556. 新刻山海經十八卷 晉 郭璞 格致叢書 第二十册 公文書館

557. 新刻山海經十八卷 晉 郭璞 格致叢書 第二十册 公文書館

558. 新刻山海經十八卷 晉 郭璞 傳 百家名書第二十二册 蓬左文庫

559. 新刻山海經十八卷 晉 郭璞 傳 格致叢書第四十一至四十三册 国会

560. 新刻山海經十八卷 晉 郭璞 傳 百家名書 前田育德会

561. 新刻山海經十八卷 晉 郭璞 傳 格致叢書 前田育德会

562. 新刻山海經圖二卷 □ 闕名 撰 明 胡文煥 校 景北京圖書館藏明刊格致叢書本 中國古代版畫叢刊二編第一輯 京大人文研 東方

563. 水經四十卷 坿山海經十八卷 後魏 酈道元 注 晉 郭璞

傳附 乾隆十八年 新安黃氏槐蔭草堂 刊 国会

564. 水經四十卷 山海經十八卷 漢 桑欽 撰 後魏 酈道元 注 晉 郭璞 注(山)明 吳琯 校(山)明萬曆序 刊 公文書館

565. 水經注四十卷 坿山海經十八卷 後魏 酈道元 撰 明 朱謀㙔 箋 晉 郭璞 傳山海經 康熙五十三年五十四年 歙縣項氏群玉書堂 刊本 京大人文研 東方 jpg

566. 水經注四十卷 坿山海經十八卷 後魏 酈道元 撰 晉 郭璞 撰山海經 乾隆十八年(一七五三)序 新安 刊本 関大

567. 索居一首用陶公讀山海經 聞宥 撰 國學彙編第三集詩錄 一橋大

568. 讀山海經一卷 春在堂全書第三十九至四十八册俞樓雜纂 東北大

569. 讀山海經一卷 德清俞蔭甫所箸書 俞樓襍纂 東大総

570. 讀山海經一卷 春在堂全書 俞樓襍纂 東大総

571. 讀山海經一卷 春在堂全書俞樓襍纂 一橋大

572. 讀山海經一卷 春在堂全書俞樓雜纂 新潟大

573. 讀山海經一卷 春在堂全書俞樓雜纂 京大文

574. 讀山海經一卷 春在堂全書俞樓雜纂 阪大総

575. 讀山海經一卷 春在堂全書俞樓雜纂 高知大

576. 讀山海經一卷 春在堂全書俞樓雜纂 九大

577. 讀山海經一卷 春在堂全書兪樓雜纂第三九至四八册大阪府立 中之島

578. 讀山海經一卷 春在堂全書俞樓襍纂 神戸市立中央

579. 讀山海經一卷 春在堂全書俞樓雜纂 京大人文研 東方

580. 讀山海經一卷 春在堂全書俞樓雜纂第二十三 蓬左文庫

581. 讀山海經一卷 春在堂全書第四十五至五十四册俞樓襍纂 国会

582. 讀山海經一卷 清 俞樾 撰 春在堂全書俞樓雜纂所收 神戸大

583. 讀山海經一卷 清 俞樾 撰 光緒二十五年重定春在堂全書俞樓雜纂 東大東文研

584. 讀山海經 清 俞樾 春在堂全書俞樓襍纂第二十三 前田育德会

585. 足本山海經圖讚一卷 晉 郭璞 撰 民國 張宗祥 校 一九五八年 上海古典文學出版社 東北大

586. 郭璞山海經圖讚一卷 晉 郭璞 撰 漢唐地理書鈔七十種 一橋大

587. 郭璞山海經圖讚一卷 晉 郭璞 撰 漢唐地理書鈔七十種 愛媛大

588. 郭璞山海經圖讚一卷 晉 郭璞 撰 漢唐地理書鈔七十種 京産大

589. 郭璞山海經圖讚一卷 晉 郭璞 撰 重訂漢唐地理書鈔第一册 京大人文研 東方

590. 郭璞山海經圖讚一卷 晉 郭璞 撰 漢唐地理書鈔七十種 京大人文研 東方

591. 郭璞山海經圖讚一卷 晉 郭璞 撰 漢唐地理書鈔七十種 国会

592. 郭璞山海經圖讚一卷 晉 郭璞 撰 重訂漢唐地理書鈔七十種 東洋文庫

593. 郭璞山海經圖讚一卷 晉 郭璞 撰 清 王謨 輯 重訂漢唐地理書鈔 東大東文研

594. 郭璞山海經圖讚一卷 晉 郭璞 撰 清 王謨 輯 景印重訂漢唐地理書鈔 東大東文研

（检索时间:2015 年 11 月 12 日）

后记

中日两国一衣带水,汉籍东传日本的历史相当久远,数量非常多,规模非常大,对日本文化的影响极其深远。自清末以来,我国有无数学者踏上了东瀛访书之旅。恩师严绍璗先生曾往返日本三十余次,前前后后到过日本一百多个机构访书,在日藏汉籍研究领域取得丰硕卓著的成果。沿着严先生走过的访书之旅开始砥砺前行时,才深深体会到先生当年访书的艰辛和不易。在浩如烟海的日藏汉籍中,我选择了"千古奇书"《山海经》进行个案研究。如果运用比喻的修辞方法,可以说严先生在日藏汉籍研究领域栽种了一大片茂密的森林,作为学生的我,只是从老师的森林里选了一棵小小的树苗。

本书是在我博士论文的基础上稍作修改而成。从我博士论文的选题到论文撰写完成,恩师严先生对我每一阶段的指导都犹如醍醐灌顶,让我在茅塞顿开时也深感先生治学态度的严谨。在我修读东亚文学关系研究方向的课程期间,不论严寒还是酷暑,严先生都坚持来北外给我上课,有时也会让我带上一起听课的几位同学一起到北大感受学术氛围。在我出国访学之前,严先生帮我亲笔手写了长达两页多的推荐信。在我论文初稿完成之时,严先生在伴有眼疾的情况下依然非常仔细地帮我修改论文。每次面谈或是打电话,严先生都会关切地问我先生和孩子的情况,并交代我给他们问好。严先生的谆谆教诲和悉心关怀,成为我潜心于学术的动力。

日本京都大学人文科学研究所的冨谷至先生不仅接纳我前去访学,还为我查找资料和外出考察等提供了诸多帮助。京都大学的吉本道雅教授、宫宅洁准教授及其主持的秦简研究班的诸位老师、奈良文化财研究所的马场基研究员、天理大学的太田喜三老师、日本学术振兴会的特别研究员菊地大树老师等日本学者在我的学习和论文资料收集方面,都给予热心的帮助。

在本书成书的过程中,北京大学的陈连山教授、漆永祥教授、北京语言大学的周阅教授、北京外国语大学的张西平教授、石云涛教授、魏崇新教授、梁燕教授、柳若梅教授、顾钧教授、张洪波教授等诸位老师给予我诸多的指导和帮助。我的学术启蒙老师李光贞教授和我的硕士导师谭晶华教授多年来一直鼓励我在学术道路上踏实前行。在东京、京都、大阪、名古屋等日本多地访学的多位前辈和学友在我查找资料过程中给予很多的帮助,北上广三地的多位老师和好友也给予我很多的关心和支持。

在我走上学术道路的过程中,父母和爱人对我的支持、鼓励、包容和爱护,亲人对我的帮助,都是我坚强的后盾。

在感谢恩师、朋友和家人的同时,我也非常感谢北京大学"东方文化集成"系列的编委将我的书稿纳入书系,感谢国家出版基金的资助,感谢书系责编樊津芳老师和线装书局的责编李媛老师的认真负责。如果不是两位老师每隔一段时间就询问书稿的进展情况,以我的慢吞吞且有些追求完美的性格,不知要将书稿修改到何年何月。

学术研究的日新月异,多位同好的催促和鼓励,疫情发生以来的所见所闻和所感所悟,都使我决定尽早将拙著付梓。《山海经》在日本影响的广度和深度,是一个需要不断挖掘的过程。本书只是"《山海经》在日本的流布与影响研究"这一课题的阶段性成果,其中个别章节已先后于《汉学研究》《中华读书报》《浙江学刊》《中国典籍与文化》等期刊发表。今后几年内，本人还将继续深入探讨《山海经》在日本的影响、接受和变异情况，并对日藏《山海经》版本的流布状况及其文献价值进行考述。

书稿定稿时，正值草木茂盛的孟夏时节，不由想起陶渊明的《读山海经·孟夏草木长》一诗。书中错误和不足之处在所难免，敬请批评指正。

张西艳

2020年孟夏 书于北外西院

《东方文化集成》已出版丛书目录

季羡林主编

书　　名	作　者
《文化交流的轨迹——中华蔗糖史》	季羡林
《东西文化议论集》(上、下册)	季羡林、张光璘
《新诗格律与语言的诗化》	林　庚
《古犹太文化史》	朱维之、韩可胜
《现代伊斯兰主义》	陈嘉厚　等
《阿拉伯史纲》	郭应德
《中阿关系史》	江淳、郭应德
《当代中国伦理与道德》	魏英敏
《阿拉伯伊斯兰文化史纲》	孙承熙
《中国评书艺术论》	汪景寿、曾惠杰　等
《当代中国经济学》	宋光华
《世界四大文化与东南亚文学》	梁立基、李谋
《战后东南亚华人社会变化研究》	梁英明
《日本文学思潮史》	叶渭渠
《伊朗通史》(上、下册)	叶奕良(译)

《印度古代史纲》	林承节
《蒙古国现代文学》	史习成
《佛法与宇宙》	池田大作〔日本〕
《诸神流窜——论日本古事记》	梅原猛〔日本〕
《日本文化论》	加藤周一〔日本〕 叶渭渠　等(译)
《汉代丝绸之路的咽喉——河西路》	王宗维
《中国—朝鲜·韩国关系史》(上、下册)	杨昭全、何彤梅
《东方文学交流史》	孟昭毅
《东方戏剧美学》	孟昭毅
《同根生的民族——壮泰各族渊源与文化》	范宏贵
《中缅关系史》	余定邦
《敦煌文化》	颜廷亮
《亚洲汉文学》	王晓平
《日本天皇制及其精神结构》	王金林
《古代波斯医学与中国》	宋　岘
《印度神话》	孙士海、王镛(译)
《布哈里圣训实录全集》①②③	康有玺(译)
《现代日本政治》	王新生
《中亚五国概论》	赵常庆　等
《简明伊斯兰史》	马明良
《新兴宗教与日本近现代社会》	张大柘
《印度苏非派及其历史作用》	唐孟生

《满汉全席源流考述》	赵荣光
《印度独立后的政治经济社会发展史》	林承节
《中印文学比较研究》	薛克翘
《唐代前期军事史略论稿》	王永兴
《儒释道背景下的唐代诗歌》	陈炎、李红春
《日本文学史》(近代卷、现代卷)	叶渭渠、唐月梅
《印度尼西亚文学史》(上、下册)	梁立基
《五四文学思想主流与基督教文化》	喻天舒
《波斯文学史》	张鸿年
《泰戈尔文学作品研究》	唐仁虎　等
《中国—朝鲜·韩国文化交流史》(1—4卷)	杨昭全
《日本文学史》(古代卷上、下)	叶渭渠、唐月梅
《日本文学史》(近古卷上、下)	叶渭渠、唐月梅
《道安评传》	方广锠
《朝鲜—韩国当代文学史》	金柄珉　等
《文史探真》	汪春泓
《日本起源考》	沈仁安
《阿拉伯现代文学史》	仲跻昆
《中亚五国与中国西部大开发》	赵常庆　等
《易学哲学史》(1—4卷)	朱伯崑
《近代中国与日本——互动与影响》	王晓秋
《吐火罗人起源研究》	徐文堪
《东南亚近现代史》(上、下册)	梁英明、梁志明　等

《印度的罗摩故事与东南亚文学》	张玉安、裴晓睿
《斯里兰卡的民族宗教与文化》	王　兰
《早期道教史》	汤一介
《蒙元驿站交通研究》	党宝海
《佛教与中国文化》	薛克翘
《印象：东方戏剧叙事》	孟昭毅　等
《从唐音到宋调——以北宋前期诗歌为中心》	曾祥波
《唐五代北宋前期词之研究——以诗词互动为中心》	董希平
《汉魏两晋南北朝佛教史》(增订本)	汤用彤
《佛经文学与古代小说母题比较研究》	王　立
《日本近现代经济简史》	周启乾
《赫梯条约研究》	李　政
《“升起来吧！像太阳一样”——解析苏美尔史诗〈恩美卡与阿拉塔之王〉》	拱玉书
《希伯来语圣经——来自考古和文本资料的信息(至公元前586年)》	陈贻绎
《尼泊尔——人民和文化》	王宏纬
《中国印度诗学比较》	郁龙余　等
《阿富汗文化和社会》	张　敏
《波斯拉施特〈史集·中国史〉研究与文本翻译》	王一丹
《新时代的日本经济》	张舒英
《古代东南亚历史与文化研究》	梁志明、李谋　等

《中国知识分子的形与神》	乐黛云
《东方民间文学概论》(1—4卷)	张玉安、陈岗龙　等
《中国楹联学概论》	谷向阳
《中国印度文化交流史》	薛克翘
《陶渊明集译注及研究》	孟二冬
《日本戏剧史》	唐月梅
《梵语诗学论著汇编》(上、下册)	黄宝生
《现代汉语话语情态研究》	徐晶凝
《缅甸语与汉藏语系比较研究》	汪大年
《厨川白村文艺思想研究》	李　强
《中国建筑与城市文化》	吴良镛
《隋唐审计史略》	李锦绣
《中国新诗格律问题》	丁　鲁
《战后日本出版文化研究》	诸葛蔚东
《中国哲学大纲》(上、下卷)	张岱年
《〈聊斋志异〉——中印文学溯源比较研究》	王立、刘卫英
《中世纪印度宗教文学》(上、下卷)	薛克翘、唐孟生　等
《日本近现代佛教史》	杨曾文　等
《马来古典文学史》(上、下卷)	廖裕芳〔新加坡〕 张玉安　等(译)
《中国文学与阿拉伯文学比较研究》	林丰民　等
《海洋文化影响下的中国神话与小说》	王　青
《阿拉伯电影史》	陆孝修、陈冬云

《〈西游补〉校注》	李前程（校著）
《波斯古典诗学研究》	穆宏燕
《中国古代绘画理论要旨》	杨　铸
《东方文学史论》	黎跃进
《大帆船贸易与跨太平洋文化交流》	吴杰伟
《日本古代史》	王海燕
《日本中世史》（上、下卷）	王金林
《中日经济关系史》（上、下卷）	郭蕴静、周启乾
《东方现代民族主义思潮研究》（上、下卷）	黎跃进　等
《波斯帝国史》	张鸿年
《“同文”的现代转换——日语借词中的思想与文学》	董炳月
《中亚五国新论》	赵常庆
《中国东方文学翻译史》（上、下卷）	孟昭毅　等
《日本古代诗学汇译》（上、下卷）	王向远（译）
《华夷译语》研究	黄宗鑑
《中庸与调和——儒家和阿拉伯伊斯兰思想的比较研究》	吴旻燕
《阿拉伯古代文学史》（上、下卷）	仲跻昆
《近代中日文化交流史人物研究》	王晓秋
《世界文明起源研究——历史与现状》	拱玉书　等
《古代近东教谕文学》（上、下卷）	李　政　等
《东方文艺思潮研究》	孟昭毅

《蒙汉目连救母故事比较研究》	陈岗龙
《日本近世史》	李　卓　等
《日本近现代文论》(上、下卷)	李　强　等
《赫梯文明研究》	李　政
《占婆文化史》	刘志强
《喀尔喀历史地理研究》	那顺达来
《蒙古文〈索勒哈尔奈故事〉的文化背景研究》	宝　花
《〈山海经〉在日本的传播和研究》	张西艳
《叙事学视域中的〈平家物语〉研究》	邵艳平
《宫崎市定史学方法论》	王广生
《俄国地理学会的中国边疆史地考察与研究(迄于1917年)》	张艳璐
《印度古典诗学》	黄宝生

《东方文化集成》拟出版丛书目录

《东南亚古代史史料汇编》	李谋
《东南亚古代文化:整体、多样与发展》	贺圣达
《菲律宾阿拉安芒扬人的神话、巫术和仪式研究》	史阳
《中国典籍中南亚史料汇编》	北京大学南亚研究所
《印度政治发展新格局——从国大党长期执政到联合政府》	林承节
《印度作家阿格叶耶小说创作研究》	郭童
《凤凰再生——伊朗现代新诗研究》	穆宏燕
《理想与现实之间——论纳吉布·马哈福兹的〈我们街区的孩子们〉》	蒋和平
《撒哈拉以南非洲文学》	魏丽明
《诺贝尔文学奖东方获奖作家研究》	孟昭毅
《中华饮食文化》	赵荣光
《佛学概论》	姚卫群
《南海寄归内法传校注》	王邦维

主编 刘烜 王守常 **编委** 王邦维

日本文化编

主编 叶渭渠 **编委** 潘金生 王家骅 卞崇道 王新生

朝鲜、韩国、蒙国文化编

主编 陶炳蔚 **编委** 金柄珉 李昌奂 史习成

东南亚文化编

主编 梁立基 **编委** 梁英明 梁志明 李谋 裴晓睿

南亚文化编

主编 黄宝生 **编委** 王邦维 王 镛 刘曙雄 葛维均

伊朗阿富汗文化编

主编 叶奕良 **编委** 张鸿年 张 敏

西亚、北非文化编

主编 郭应德 赵国忠 **编委** 杨灏城 孙承熙

中亚文化编

主编 赵常庆 **编委** 余太山 穆立立

古代东方文化编

主编 林志纯 **编委** 拱玉书

东方文化研究会编辑部

主任 张殿英 **副主任** 马克承 卢蔚秋 张光璘

编辑 李 强 金景一 姚秉彦 唐孟生 傅增有

《东方文化集成》书籍设计 朱 虹

丛书出版编辑监制 胡子清

第二届
《东方文化集成》编辑委员会

第三届
《东方文化集成》编辑委员会

作者简介

张西艳　1982年生于山东临沂，山东师范大学日语专业学士，上海外国语大学日语语言文学硕士，北京外国语大学比较文学与跨文化研究专业博士，日本京都大学人文科学研究所外国人共同研究员，北京外国语大学国际中国文化研究院博士后，现为北京外国语大学国际中国文化研究院副教授，研究方向为东亚文学与文化关系研究、日本汉学（中国学），主持或参与国家级、省部级、校级科研项目多项，于《戏曲艺术》《汉学研究》《浙江学刊》《中国典籍与文化》《戏剧艺术》等期刊发表论文20余篇，出版译著《汉简语汇考证》等。